人文大讲堂

传统道德与中华人文精神

肖群忠 著

中国人民大学出版社
·北京·

目　录

第一章 铸民族文化道德之魂

中华文化源远流长，灿烂辉煌，它积淀着中华民族最深沉的精神追求，是民族生生不息、发展壮大的丰厚滋养。21 世纪，中华文化出现了复兴的曙光，没有中华文化的繁荣兴盛，就没有中华民族的伟大复兴。

中华文化蕴含着丰富的道德理念和规范，体现着评判是非曲直的价值标准，潜移默化地影响着中国人的行为方式。只要中华民族一代接一代追求真善美的道德境界，我们的民族就会永远健康向上，永远充满希望。

对于任何一种民族文化而言，价值规范系统都是其核心。梁漱溟先生说："盖人类文化占最大部分的，诚不外那些为人生而有的工具手段、方法技术、组织制度等。但这些虽极占分量，却只居从属地位。居中心而为之主的，是其一种人生态度，是其所有之价值判断——此即是说，主要还在其人生何所取舍，何所好恶，何是何非，何去何从。这里定了，其他一切莫不随之。不同的文化，要在这里辨其不同。"① 这种认识是文化学术界的一

① 梁漱溟．中国文化要义．上海：上海人民出版社，2003：113.

种共识。

中华文化较之西方文化、印度文化，更是一种道德本位的文化，或者说道德是我们中华文化的核心、灵魂与特色。中华文化是以人生智慧和道德智慧为核心的，它们是中华文化的鲜明特色。那么，什么是智慧与道德智慧？道德智慧与人生智慧是什么关系？这是我们在这一章要加以了解与探讨的基础性问题。

一、道德是中华文化的核心

如果从文化比较学的角度对中华文化与西方文化、印度文化做一个最简要的比较概括的话，那么，一般认为，中华文化是一种人文性、道德性的德性主义文化，西方文化是一种倡导科学与理性的智性主义文化，而印度文化则是一种神性主义文化。

1. 道德是中华文化的鲜明特色

中华文化的德性主义特点在文化的经典原创或所谓轴心时代就已经表现出来了，并在文化发展的长河中得以延续。李泽厚先生是这样描述这一特点的最初状态的："先秦各家为寻求当时社会大变动的前景出路而授徒立说，使得从商周巫史文化中解放出来的理性，没有走向闲暇从容的抽象思辨之路（如希腊），也没有沉入厌弃人世的追求解脱之途（如印度），而是执着人间世道的实用探求。以氏族血缘为社会纽带，使人际关系（社会伦理和人事实际）异常突出，占据了思想考虑的首要地位。"①

中华文化从其发端时起就体现出了一种人文性和现实性的特性。任何一种文化，从最初的形态上看都表现为神话和宗教意

① 李泽厚．中国古代思想史论．北京：人民出版社，1986：304.

识，中华文化也不例外。中华文化在周代就有对祖先神的崇拜，而不是纯粹的对超越神的崇拜。祖先神既是神又是人。说它是神，因为它已经不在现实社会中存在了，或者已经不是活着的人了。作为已经死去的人，被人们认为有某种与上天对话的神性。说它是人，因为它又是我们的祖先，和我们有着血缘的联系。这种对祖先神的崇拜，本身就未能区隔神与人，这从一开始就给中华文化打上了现实性、人文性的烙印。

儒家文化在中华文化中占据主导地位，是一种人伦性的现实主义文化。孔子在其学生问到关于死的问题时说："未知生，焉知死?"(《论语·先进》)孔子说他连生都没搞清楚，怎么可以知道死呢?"子不语怪、力、乱、神"(《论语·述而》)，这说明儒家文化不太关心人死后的超越的、神性的事，而更为关注现实人生的问题，人伦关系、社会治道、修身养性、内圣外王、修齐治平，这些是儒家学派所着力关心的问题。

如果说印度文化是超越的、神性主义的，那么，中华文化则是现实的、人本主义的；如果说西方文化比较重视对外部世界的认识，比较重视知识论的传统，是一种智性主义的文化，那么，中华文化则较少关注纯粹知识性的问题，特别是外部世界的自然性的知识问题，而是非常重视人本的、道德的思考。儒家学派是一个道德学派，其思想特质是道德中心主义，蕴含了泛道德主义、道德本位或道德至上的思想。儒家文化塑造了中华文化的德性主义特质。

2. 道德是中华文化的核心

从文化的诸要素的关系来看，中华文化是以道德为其核心的。梁漱溟先生在其《中国文化要义》中明确地把"道德气氛特重"列为中华文化的一大特征。"融国家于社会人伦之中，纳政治于礼俗教化之中，而以道德统括文化，或至少是在全部文化中道德气氛特重，确为中国的事实。”① 韦政通先生在其《中国文化概论》一书中也指出：“在中国文化中，有‘一本万殊’的理念，于是坚信一切文化都有一个共同的基础，这基础就是道德。中国传统中讲道德，不像西方人讲道德只限制在人生的范围内，而是弥漫在文化的一切领域。因此，中国的政治理想是‘德治’，文学理想是‘文以载道’，经济的理想是‘不患寡而患不均’。其他如教育、法律，也莫不以道德为基础。”② 钱穆先生说得更加明确：“中国文化是以‘道德精神’为其最高领导的一种文化。由道德精神具体落实到政治。这一种政治，亦该是道德性的政治。再由政治控制领导着经济。这一经济，亦该是道德性的经济。至于文学艺术，莫不皆然，其最高领导者，还是道德精神。中国文化之最弱点，则在宗教与科学。中国亦有宗教，然宗教地位仍受道德精神之支配。如祭祖宗、祭圣贤、祭各地有功德之人物，乃至祭天地诸神，亦一切以颂德报功之道德意义为骨干。中国是以道德精神来洗炼了宗教信仰，并非由宗教信仰来建立道德根据。”③ 这几位学者的观点都不约而同地指出了道德是中华文化的核心与灵魂。中华文化是一种伦理本位型的德性主义文化，其核心和精华体现为伦理精神和价值观，这是中华文化的特质，也是它对人类的突出贡献。

梁漱溟先生认为中华文化具有“以道德代宗教”的特点，儒家的学说是一种准宗教，发挥了宗教的一些基本功能。中国哲学思想也是以伦理思想为核心的，本体论、认识论都是相对薄弱的或者说是服从于伦理学的。就伦理与政治、法律的关系而言，伦

① 梁漱溟. 中国文化要义. 上海：上海人民出版社，2003：27.
② 韦政通. 中国文化概论. 长沙：岳麓书社，2003：58.
③ 钱穆. 文化学大义. 北京：九州出版社，2011：75-76.

理是政治、法律的基础，政治、法律以伦理为价值目标与评价标准，这就是所谓的政治、法律伦理化。而所谓的伦理政治化是强调伦理为政治服务，政治是推行道德的主要手段。法律是以道德为基础的，法律也是用以保障道德实行的。艺术也是与道德相联系的，正如《礼记·乐记》中所说："乐者，通伦理也。"艺术要"文以载道""诗言志"，乐教重在发挥"正人心"的作用。礼乐文明是紧密联系的。礼是指导我们生活的行为规范，礼治秩序是我们的基本生活情态，礼仪之邦是我们民族的精神标识。

3. 道德至上是儒家学说的根本

儒家学说是中华文化的核心，中华文化的德性特质在一定意义上可以说是由儒家塑造的。《礼记·大学》是儒家学说的一篇纲领性文本，其"三纲领"、"八条目"和其内圣外王之道很好地体现了儒家学说以道德为本的思想。

> 大学之道，在明明德，在亲民，在止于至善。(《礼记·大学》)

这是儒家为学、修身和治世的三条根本原则，也被称为"三纲领"，即为学的首务在于弘扬我们人性中光明的道德，并将这种道德推己及人，亲近、影响民众，使人民日新其德，成为新民，从而达到社会和人生的至善境界。"三纲领"的总体目标的实现要通过"八条目"加以贯彻落实。

> 古之欲明明德于天下者，先治其国；欲治其国者，先齐其家；欲齐其家者，先修其身；欲修其身者，先正其心；欲正其心者，先诚其意；欲诚其意者，先致其知；致知在格物。物格而后知至，知至而后意诚，意诚而后心正，心正而后身修，身修而后家齐，家齐而后国治，国治而后天下平。(《礼记·大学》)

在格物、致知、诚意、正心、修身、齐家、治国、平天下这“八条目”中，修身是关键，格物、致知、诚意、正心都是修身的过程和功夫，而齐家、治国与平天下则被看作修身的目的。修身是齐家、治国、平天下的基础，如果没有好的道德，或者说如果没有“内圣”，就不可能有家齐、国治、天下平的结果。道德是政治的基础，后者被称为“外王”，因此，儒家这种通过修养自己的道德并通过道德的推扩来实现家齐、国治、天下平的伦理政治之道也常常被称为“内圣外王之道”。

伦理道德不仅是修身、齐家、治国、平天下的基础，相较于经济、军事等硬实力，其作为一种文化软实力也为儒家所推崇。

> 子贡问政。子曰：“足食，足兵，民信之矣。”子贡曰：“必不得已而去，于斯三者何先？”曰：“去兵。”子贡曰：“必不得已而去，于斯二者何先？”曰：“去食。自古皆有死，民无信不立。”（《论语·颜渊》）

正因为儒家在中国封建社会历史发展过程中是占据统治地位的学派，其学说的这种崇德特质深深影响了中华文化，使中华文化也具有了鲜明的德性主义特点，崇德向善成为中华文化的重要特征。

4．道德为本是国人文化认同和日常生活的灵魂

每一个生活在中华文化背景下的人，不管他有没有系统地学习过中华文化，我相信下面这些话他都耳熟能详：我国自古以来就是一个礼仪之邦；中华民族是一个自强不息、勤劳勇敢的民族；修身为本，德教为先；己所不欲，勿施于人；己欲立而立人，己欲达而达人；君子坦荡荡，小人长戚戚；君子一言，驷马难追；平日不做亏心事，不怕半夜鬼敲门；但行好事，莫问前程；善有善报，恶有恶报，不是不报，时间没到；君子爱财，取

之有道；人之初，性本善；尽人事，知天命；百善孝为先；等等。顾炎武的“天下兴亡，匹夫有责”，范仲淹的“先天下之忧而忧，后天下之乐而乐”，文天祥的“人生自古谁无死，留取丹心照汗青”，这些名人名言所包含的道德教训和人生智慧都为大家所熟悉。“二十四孝”的故事按鲁迅先生的说法是“家喻户晓、妇孺皆知”的，关羽之义、诸葛亮之智、岳飞之忠是不论文化水平高低的人都知道的。这些名言警句、名人事迹和高尚人格之所以为中国人世代传诵，就是因为它们体现了中国人所信奉的核心价值观、人生观与道德智慧。

人的名字是一个文化符号，它往往是文化沉淀和人们的核心价值追求的直接体现，或者说直接体现着当时社会的价值取向。如果我们稍微分析一下六十岁以上的人甚至祖辈人的名字，大家就会发现很多中国男性的名字中有儒家的伦理范畴：如仁、义、礼、智、信、孝、忠、温、良、恭、俭、让、儒、德等。例如马有德、刘尚智、王有仁、张忠信、赵孝义、李有德、许惠敏、侯宽仁等。其实，不仅是男性，女性虽大多以表示柔美的字词如琼、瑶、玉、娥等来命名，但也有许多女性是以道德德目来命名的，记得本人小学时的一位女同学名叫“李怀贞”，那意思很明确，就是家长希望她心怀贞节之道德。中国传统社会是家族社会，血缘宗法关系备受重视，所谓“人伦”就是不同辈分和类别的人际关系，同时，伦理又强调家族团结，因此，过去人取名，大多都是一辈人中的亲兄弟、堂兄弟要用字辈，一看姓名，就知道你是哪一辈，这样辈分就不会乱，而且兄弟之间又加强了同胞之情，如宗仁、宗礼、宗义、宗智、宗信、宗儒、宗财等都是很常见的人名。

在中国人实际的交往和生活中，道德无处不在，我们的日常生活、吃喝住穿、节日民俗等都体现着这种道德价值至上的导向。如在四合院内什么辈分的人该住什么方位的屋，这本身就是伦理秩序的外在体现。中国人的人生礼仪如生日、婚礼、丧礼等都充分体现了中国的伦理观念。以婚礼为例，儒家经典《礼记·昏义》开篇是这样的："昏礼者，将合二姓之好，上以事宗庙，而下以继后世也，故君子重之。"这是说人们结成婚姻的目的不是实现爱情，而主要是两家结亲，生儿育女，从而起到承先启后、血脉不断的作用，这是婚姻的主要意义，这显然强调的是一种对家族的伦理责任。中国的岁时节日民俗也是中国传统道德的集中表现。如过年，不仅是一个综合节日，而且首要的是省亲和祭祖。清明节不仅是在开春时节踏青，也要去祖上坟地行孝。四时上坟体现着我们的孝道伦理。九九重阳节体现着我们的敬老伦理。传统戏曲、弹词等都体现着道德教化的内容。文学是人学，如果我们把四大名著的章题做一个统计的话，会发现其中包含了大量的"忠""孝""仁""义"等道德范畴。可见，道德观念是广泛渗透于传统中国人的生活中的核心价值观念、行为规范和生活方式。

二、何谓智慧？

哲学就是爱智慧，学习哲学就是要不断增强我们的人生智慧与道德智慧。那么，什么是智慧？在给出智慧的定义前，我们先从如下几方面来进行厘清和探讨：

第一，智慧是认识与实践的统一。

要理解智慧，就不能不探讨它与知识的关系。智慧虽然并不排除知识，但智慧与知识是有区别的。知识有可能成为智慧的养料，但有时"好像掌握知识的多少和智慧的深浅没有直接的关系。众所周知，不少'文盲'却很有智慧。譬如，世界各地没有书写文字的原住民，就是靠他们的长老口传心授，把长期凝聚的智慧一代代承接下来的。就连公认的、极有智慧的人物也有不识字的，比如传闻中的六祖惠能……儒家传统里有‘知之为知之，不知为不知，是知也’的观点，这才是真正的智慧”。“陆象山曾说过，‘吾虽一个大字不识，也可堂堂正正做人’。这至少表明了人格的培养不能全靠知识的积累来完成。”① 知识是对各种事物的认识和理解。它可以考证，可以传授，可以通过多年的学习生涯积累，可以通过“头悬梁、锥刺股”的苦读获取。学贯中西、文通古今的人未必是智者，智慧不是知识多、心眼多，而是有远见、有眼光，有对事物和人生的整体性把握，有长期和全面的观点，能举一反三、融会贯通，有所创新，有所为有所不为。可见，智慧不离知识但又不等于知识。智慧虽然离不开知识，但有时我们常常看到有的人知识很丰富在生活与实践中却并无智慧，甚至还有知识越多智慧越少的人。这说明只有把知识正确运用到实践中去才能产生智慧。

知识是关于整个外部客观世界的认识成果，是一种纯粹理性，它只是告诉我们事物是什么样的；而智慧则是实践理性的表现形式，它不仅指理论的完善，而且也指实践的完善，它指导我们应当如何去做。智慧不仅涉及认识，而且离不开实践。

其实，对外部世界的纯粹认知，其目的仍然是为了人类的实践。知是为了行，是为了完美人性，实现人生目的。就如“知物”是为了“用物”，“知人”是为了“爱人”，“知天”是为了“敬天”一般。在古希腊，人们之所以谈论哲学，是因为它能为生活提供智慧的指导。亚里士多德说：“我们当前所进行的工作，不像哲学的其他分支那样，以思辨、以理论为目的（我们探讨德性是什么，不是为着求知，而是为了成为善良的人，若不然这种

---

① 杜维明. 轻叩智慧之门. 光明日报，2011-01-14.

辛劳就全无益处了）。所以，我们所探讨的必然是行动，是应该怎样去行动。”① 对一切价值观念与规范体系的探讨与建构，都是为了人们的实践，离开了实践这个目的和归结点，一切将变得没有意义。因此，我们经常说道德是一种实践理性，在一定的意义上也可以说，道德是一种实践智慧。

第二，智慧是真理性认识与价值合理性选择的统一。

知识是一种对外部世界纯认知的态度，而智慧则是一种涉及人生主体实践的、体验的、觉解的态度。对于“智慧”一词，当代哲学家李泽厚先生也有近似的理解：“‘智慧’一词，不只是指某种思维能力、知性模式。它不只是 wisdom，intellect；而是指包括它们在内的整体心理结构和精神力量，其中也包括伦理学和美学的方面，例如道德自觉、人生态度、直观才能等等。中国思维的特征也恰恰在于它的智力结构与这些方面交融渗透在一起。”②

真理性是指一个判断与客观实际相符合，这也就是真假问题。合理性则不同，它是指一个判断具有充足的理由，是合目的性的或者合乎情理的，可以为人们所理解或体谅，这是善恶问题。人类不仅要知道真假，而且要知道对错和善恶。知识只能告诉我们真假，只有智慧可以告诉我们对错和善恶。合理性所强调的不是判断或认识与客观实际的符合，而是能不能给所做的判断提供令人信服的理由。合理性是一种比真理性复杂得多的标准。真理性所涉及的主要是主观与客观的一致性关系，它一般不考虑其他因素。合理性则涉及多种因素，是综合考虑和权衡多种因素的结果。首先，这些因素不仅包括客体的属性，而且还要考虑与人的总体的、根本的需要的满足关系。其次，这些因素不仅包括

---

① 亚里士多德．尼可马科伦理学．北京：中国社会科学出版社，1990：27.

② 李泽厚．中国古代思想史论．北京：人民出版社，1986：297.

主体与客体的满足关系，而且包括许多其他方面，如时间、场合、年龄、性别、职业、民族、国家、习俗等。这样也就可以明白，为什么知识是分析的、简单的、清晰的，而智慧则是综合的、总体的、觉解的。最后，知识是理性的，而智慧也许是兼具理性和信仰的，“最深刻的思想是不可言传的，故古人说‘言不尽意’；最高的道是难以身传的，故古人强调需要自己体悟；最高的智慧是超越理性和超越分析的，故古人强调需要全体的把握和本体的直观”①。因此，智慧是致广大而尽精微、极高明而道中庸的，智慧的落脚点在生活世界，但其观照却在天人之际。

第三，智慧是普遍性与特殊性的统一。

从知识与智慧的表现形式和评价标准上看，知识具有普遍性、规律性、真理性等特点，而智慧则具有普遍性与特殊性相结合、规律与变异相统一、真理性与合理性相统一等特点。现代的知识论认为，真理就是具有某种普遍性、可重复、有规律的东西，而智慧虽然不排除这种普遍性的知识，但却是普遍性与特殊性的统一。比如，按儒家伦理普遍要求是“男女授受不亲”，但当“嫂溺”时则要根据这种特殊情景施之于权而“援之以手”，这种经与权的统一就是一种智慧。如果在这一具体实践场合还一味地顽固坚持“男女授受不亲”，置嫂子生命于不顾，那不仅不是智慧，而且是愚昧或没有人性了。能够在各种特殊的情况下做出正确的是非判断和行动决断才是智慧。那种一味按照普遍性的条条框框办事的人不是智慧的人而是书呆子和教条主义者。适宜、得当、中庸、时中才是智慧。

第四，智慧是能力、品质和境界的统一。

王蒙先生撰文指出：“智慧，是指人的一种高级的、主要是

① 焦国成．智慧四境界说．新华文摘，2010（22）：45.

知性方面的精神能力。‘智’强调的是知识与胆识，是能够作出正确的判断、估量、选择与决策。‘慧’主要是悟性，是对于是非、正误、成败、得失等的迅速感受与理解掌控。尽管智慧给人的印象首先是一种能力，但能力不可能完全脱离品质与境界。”①智慧是人的智慧，智慧的特性固然要涉及人的认识与实践的关系，事实认识与价值选择即真理性与合理性的关系，以及普遍性与特殊性的问题，但更重要的从主体的素质的角度看，它是人的能力、品质和境界的统一。王蒙先生正确揭示了智慧是人的能力、品质和境界的统一，不过在此仍然可以对他的观点做一些补充完善。智慧作为能力和品质，不仅是一种认知的理性能力，而且包括人的感情能力，即敏感程度和善恶性质，这也就是我们平时所说的不仅智商高，而且情商高。另外，王蒙先生也认识到智慧不仅是知识而且也是胆识，这里所说的胆识实际上就是人的意志品质，按《礼记·中庸》“三达德”即知、仁、勇所讲，这里所说的“胆”已经是勇德了。有胆有识是谓英雄，有功有德是谓圣贤。刘劭《人物志》中有《英雄》一文，明确提出“聪明秀出谓之英，胆力过人谓之雄”的论断，这就是说，所谓“英”即聪明，所谓“雄”即有胆力。“英”与“雄”的关系就是“聪明”和“胆力”的关系，二者是相辅相成的。只有兼备二者，“各济其所长”，为“文武茂并”者，才谓之英雄。英雄只能创大业、行霸道，成为齐桓、晋文式的人物，而不能致太平、行王道，成为尧、舜、禹、汤、文、武、周公这样的圣人。在刘劭看来，圣人是明《易》象、叙诗书、制礼乐、行教化道德于天下的人：“是以圣人著爻象，则立君子小人之辞；叙《诗》志，则别风俗雅正之业；制礼乐，则考六艺祗庸之德；躬南面，则援俊逸辅相

① 王蒙. 说“知”论“智”. 广州日报，2011-01-21.

之材。皆所以达众善，而成天功也。”（《人物志·序》）一个智慧的人不仅要有决断的能力，而且要有敢作敢为的行动力，人的智、情、意、行诸能力构成人的品质或称“德商”。因此，一个智慧之人是智商、情商、德商都高的人。品质是指人的综合素质，教养主要是指人的道德品质，境界是指一个人的人生觉解和修养的疆界、层次、水平。在中国文化中，如果一个人仅有知识和能力而没有德性，恐怕不仅不会具有人生智慧，而且还会给自己带来生命危险。司马迁在《史记·孔子世家》中记载，老子送给孔子的临别赠言便是“聪明深察而近于死者，好议人者也。博辩广大危其身者，发人之恶者也”。这句话是说，一个人聪明，明察秋毫，更容易招来杀身之祸，因为他好议论人尤其是好议论人之恶。因此，单纯有知识和能力不仅不能给人们带来人生智慧和幸福，而且知识越多、能力越强，反倒会给自己带来危险。真正的大智慧是一种不损人而利人的德性，也是一种如老子所说的“无己”的境界。德性是智慧之巅，智慧是知识、德性与境界的统一。

那么，究竟何谓智慧？在我看来，智慧是人的智力（智商）、情感力（情商）、道德能力（德商）的统一，是人对外部世界的真善美的一种全面把握的能力，是能力、品质和境界的统一。

马克思曾经描述了人与外部世界的几种主要关系，即基于人的理性的思维或认识关系，基于人的情感的艺术和宗教关系，基于人的意志的实践即道德、法律关系。在人与外部世界的这三种关系中，群体性的成果就是所谓的文明，即通过认识的成果——科学技术来认识、改造客观世界以取得物质文明，以艺术和宗教来勉慰人们的情志以提高人的情操与境界，以道德和法律来调节人们之间的社会关系以维持社会秩序与和谐。而智慧就是人通过上述智、情、意三方面的精神活动来掌握外部世界所形成的总体性的能力、品质和境界的总和，也就是认识性的智力（智商）、情感性的情感能力（情商）和意志性的道德能力（德商）。因此，可以说智慧是人类的全部文明成果在个体身上的凝结，是人对外部世界的真善美进行全面把握之后形成的能力、品质和境界。

智商就是智力商数，它的英文缩写是 IQ。智力或智能、智商是人们认识客观事物并运用知识解决实际问题的能力。通常用智力商数来表示智力的发展水平。智力包括多个方面，如观察力、记忆力、想象力、分析判断能力、思维能力、应变能力等。智力商数就是这些能力的数字表示。智商是智慧的知性基础。一个人的智商如果未能高于他人，甚至还处于低于正常水平的状态的话，那他无论如何是不会成为智慧之人的。

情商就是情感能力，它的英文缩写是 EQ。情商是由哈佛大学的彼得·萨洛瓦里和新罕布什大学的约翰·梅耶两位心理学家在 1990 年首次提出的，并对其应包含的能力内容做出了界定。这种能力是：区分自己与他人情绪的能力，调节自己与他人情绪的能力，运用情绪信息去引导思维的能力。一个人的智慧，不仅取决于他知性上的聪明，而且取决于他的“慧觉”，即在情感上他是一个敏感的、领悟力极高的人。哲学家狄德罗曾经说过，感情淡薄使人平庸。在一个人的一生中，情感往往成为行为与事业的动力源头。如果一个人缺乏对生活的热情，他如何能有很高的智慧并做出一番事业来呢？有的职业如以形象思维为主要特征的艺术类职业就更需要高的情商。情商高的人，其情感动力会进一步促进其知性的发展。

德商的英文是 Moral Intelligence，按照道格·莱尼克和弗雷德·基尔（《德商：提高业绩，加强领导》一书的作者）的定义，德商即“决定如何将普适的人类原则运用到我们的价值观、目标和行动中去的能力”，或者说从普适原则的角度来区分对与错的能力，是建立并且遵循“道德罗盘”的能力。德商实际上就是人的道德能力。智慧不仅是知真假，而且要明对错。道德能力就是人的善恶评价、选择、决定和执行的能力，它是人的智慧在人际关系和社会生活中的体现和实践。

智慧是智商、情商与德商的统一。智商是基础，情商是动力，德商是方向和目标。智慧是能力、品质和境界的统一，是智、情、意、行的统一。

在中华文化看来，一个具有大仁、大智、大勇之人，才是真正有大智慧的人，才是一个德才兼备、道合天地的圣贤。大仁、大智、大勇不仅是人的素质，也是人生的境界。境界是指一个人的人生体悟与修养的疆界、层次和水平。有很深刻的人生体悟的人，才会成为一个具有真智慧、大智慧的人。一个有智慧的人必然能“究天人之际，观古今之变”，对天道、人道有深刻的了解和清醒的自觉。因此，一个智慧之人绝不是有点小聪明的人，而是有人生大气象和高境界的人。

三、道德智慧与人生智慧

从上面对智慧及其特性的讨论中我们已经看到，智慧作为认识与实践的统一，作为普遍与特殊的权衡，作为人的能力、品质与境界的统一，总是与伦理道德相关的。道德智慧是智慧的主要形式。换句话说，智慧所具有的特质，道德智慧都具有。尽管如此，我们还是要继续探讨什么是道德智慧，以及道德智慧与人生智慧是什么关系。

要讨论道德智慧，首先应该明确“道德”这个概念的含义和适用范围，因为道德智慧无非就是“道德的智慧”。狭义的道德仅指道德规范和美德，但广义的道德包括人生观和价值观。在中西方的传统哲学中，人生哲学问题、价值哲学问题都是归属于伦理学或者哲学价值论的，虽然随着现代哲学知识的不断丰富和分化，人生哲学与价值哲学都成了某些哲学家专门的研究领域，但实际上，人生观、价值观、道德观仍然是紧密联系着的。道德是一种实践理性和实践智慧，它告诉我们如何过一种善的和幸福的生活，如何正确地行动，要做什么样的人，应该履行什么样的义务，要具有何种美德，等等。这些问题的解决离不开人生实践和价值观选择，也离不开人伦关系的处理和自己的修身养性与安身立命。

道德是人的道德，只有在人的社会生活中才有道德。要正确地行动，要做一个好人或君子，是以对人生问题的正确觉解为基础的，因此，人生观实际上成为道德观的主体认识前提。正确的行动和美好的品质都是建立在对善和价值的正确认识的基础上的，因此，价值观是正确的道德行为和美好品质的价值前提。一个无可争辩的事实是，在历史上，伦理学处于哲学价值论的核心地位。离开了对善恶正邪的价值判断和对理想与价值目标的探索及追寻，伦理道德也就失去了其价值基础。规范系统的建构总是以价值的确认为前提的：人们首先是根据价值形态来规定行为的规范和评价的准则的。“什么应当做”与“什么是善”之间存在着内在的一致性，唯有对善与恶有所认定，才能进而形成何者当为、何者不当为的行为规范。在某种意义上可以说，道德与人的整个生活方式和生活态度有关。我曾提出过一种道德观，认为“道德是主体基于自身人性完善和社会关系完善的需要而在人类现实生活中创造出来的一种文化价值观念、规范及其实践活动”①。

根据以上的分析，我们认为“道德智慧”的内涵或主要内容

---

① 肖群忠. 伦理与传统. 北京：人民出版社，2006：9.

可以概括为如下四个方面：人生觉解、价值澄明、知世明伦、修身立命。

（1）人生觉解

道德是一种渗透于人生和社会关系诸方面的社会现象。道德主要是以人的内心信念为维持手段的，因此，道德作为一种精神力量，其深层动力来自主体的一定的人生观和坚定信念。一个有道德智慧的人必然能“究天人之际，通古今之变”，对天道、人道有深刻的了解和高度的自觉。比如，儒家有“三才”之说，天居于上，地承于下，而人居其中，与天地合德。因此，人应效法天地的某些特性来选择自己的行为方式。《易传》有言，“天行健，君子以自强不息”“地势坤，君子以厚德载物”。“天行”，即天或自然的运行。“健”，即强壮、刚健，它是乾卦也就是天的特性和品格。“君子以”是“君子应该”的意思。《说卦》说：“坤，顺也。”坤代表地，具有柔顺承天、博厚载物的品性。人立于天地之间，应效法天地，自强不息，厚德载物。正如王夫之所说：“以‘自强不息’为修己之纲，以‘厚德载物’为治人之本，故曰：‘《乾》《坤》者其《易》之门户’，道从此而出，德从此而入也。”① 儒家的人生态度最核心的就是这两点，即刚健有为，自强不息；厚德载物，宽容待人。儒家的这种人生态度实际上就是它的基本道德精神，可见，只有对儒家这种积极入世的人生观有所觉解和体认，才会信奉、弘扬儒家的自强精神、厚德精神。如果没有积极入世的态度，就不会重视道德。比如，道家坚持道法自然和道常无为的人生观，因此，就不主张人为的道德，而是追求一种自然无为、超越自由的生活境界。可见道德智慧首先是对人生大道的觉解，它可以从根本上决定我们人生实践中的基本价

① 船山全书：第1册. 长沙：岳麓书社，2011：698.

值取向和道德选择。

（2）价值澄明

“澄明”一词似乎已经在说一种道德智慧的境界了，实际上作为一种动态过程的道德智慧，也可以说是不断地“价值澄清”的活动。道德作为一种实践理性，实际上是人们的一种实践的价值选择意识亦即善恶意识，它不同于认识事物的真假意识和审美的美丑意识。一个积极投身于社会生活的人，一个追求道德智慧的人，总是要能够分清是非善恶，才能称得上有道德智慧，而不能像庄子那样齐彼是、齐是非、齐善恶。庄子的这种相对主义的善恶观是他不辨差别、齐生死、忘物我的人生态度的体现，不失为一种人生智慧，但却不能被看作道德智慧，而是一种超道德智慧。道德智慧总是要分清是非善恶，这就像儒家所坚持的“以德报德”“以直报怨”，要分清是非、赏罚分明，而不是像一些宗教所宣扬的那样“以德报怨”“别人打你的右脸，你把左脸也给他打”，这也许是一种更为超越的“宗教道德智慧”，却不是我们每个庸常之人所能做到的。

道德智慧的价值澄明不仅包括认知评价上的价值澄清活动，而且包括实践意义上的价值选择。光有认识而不能落实为实践，就不能把道德智慧坚持到底。生活中时时存在着很多道德的选择，如道义与利益、群体与个体、理想与现实、理性与欲望等的选择。道德智慧就是人在日常行为中和关键时刻都能做出符合道义的正确选择。如人的生命是宝贵的，也是人的最大利益，但当它与道义发生严重冲突而不能两全时，儒家却鼓励人们要杀身成仁、舍生取义。“富与贵是人之所欲也，不以其道得之，不处也；贫与贱是人之所恶也，不以其道得之，不去也。”（《论语·里仁》）孔子倡导并坚持“义以为上”的价值观，他虽承认富与贵是“人之所欲”，但认为对富贵的追求应该合乎道义，不可违背道义去追求富贵，“不义而富且贵，于我如浮云”（《论语·述而》）。因为一旦仅仅以利本身为出发点，而不以义去约束利，则往往会导致不良的行为后果：“放于利而行，多怨。”（《论语·里仁》）所以孔夫子一再强调要“见利思义”（《论语·宪问》），“见得思义”（《论语·季氏》），并且把这看作一项基本的道德要求。孟子则认为“非其道，则一箪食不可受于人；如其道，则舜受尧之天下，不以为泰”（《孟子·滕文公下》）。总之，道德智慧要求人们能够做正确的价值观选择。近年来常看到许多贪腐的高官为了钱财而丢了官甚至性命，常常为此感叹。这些人能到高位，他们的智商和人生权谋可能都是很高的，但他们缺乏道德智慧，因为他们在义利观问题上未能做出正确选择。可见道德智慧对人生是多么重要。

（3）知世明伦

知世故、明人伦是道德智慧的又一重要方面。所谓“人世”也就是人与人组成的现实社会的人伦关系，道德智慧无非是一种审时度势、善处人际关系的明智。俗语说：“世事洞明皆学问，人情练达即文章。”这句话是道德智慧的“知世明伦”的朴素表达。在中国语境中，所谓“学问”主要是做人的“为己之学”，所谓“文章”是与道德相联系的“道德文章”，是“尊德性而道问学”“极高明而道中庸”（《礼记·中庸》）的统一。

知世故要求人们能够审时度势，知先后，掂轻重，择缓急，体现为实践过程中的明智恰当。“识时势”就是通常所说的审时度势，也就是道德主体在行道过程中对于“道”之行与不行的现实性及可行性的客观条件的判断。孔子曾经说：“天下有道则见，无道则隐。”（《论语·泰伯》）“邦有道，则仕；邦无道，则可卷而怀之。”（《论语·卫灵公》）也就是说，智者要善于判断究竟形势是否适合行道，可行道则出来当官，不可行道则隐居以养志。

在孟子看来，孔子正是具有“识时势”之智德的典范。孟子说：“孔子，圣之时者也。孔子之谓集大成。”（《孟子·万章下》）“可以仕则仕，可以止则止，可以久则久，可以速则速，孔子也。”（《孟子·公孙丑上》）正所谓“识时务者为俊杰”，也就是说一个大仁、大智、大勇之人不仅是胸怀高远理想和道义原则的人，而且是能够了解客观情势，掌握运命与时机的人，所谓“时势造英雄”。他们高于凡人的地方不仅在于他们有仁以为己任、天下为公的胸怀，也具有审时度势、顺天应人的智慧，这样才会成事，才能利国惠己。仅有仁德而无审时度势之智，就会空有报国报民之志而壮志未酬身先去。同时还要有判别轻重缓急的意识，明白当下之务。真正具有智德的人，在具体的道德境遇中，能够权衡利弊得失，分清轻重缓急，知道先后顺序，迅速判断当下应该完成的最重要的任务。

所谓“明人伦”就是要求我们了解自己与他人、与环境的关系，善识人。孔子有时甚至将“知人”作为“知”的定义，樊迟问“知”，孔子回答说：“知人。”（《论语·颜渊》）在孔子看来，所谓“知人”，主要指正确地认识人、客观地鉴别人、清醒地理解人。“知人”也就是“辨识人之诚伪、善恶、智愚、贤不肖”①。道德智慧不仅要求能知人，而且要求能与人进行友好的交往，与人为善，善处人际关系，不失原则，不做乡愿之人，与人保持友好和谐的关系。应该对自己的身份与角色有高度的自觉，有责任感、义务感，知所当为，有所不为，根据自己在人伦秩序中的地位来正确行动，既要“非礼勿视，非礼勿听，非礼勿言，非礼勿动”（《论语·颜渊》），又要当仁不让，勇于承担，尽伦尽分。

① 陈立夫．人理学研究．台北：台湾中华书局，1975：360．

（4）修身立命

这类道德智慧主要是解决如何做人、如何过一种好生活的问题，其内容在我看来主要是知己的明智、修己的实践和安身立命的境界。具有自知之明，正确地认识自己，被儒家看作比“使人知己”“知他人”更为高明的德性，儒家将之视为君子的基本德性之一。这一见解与儒家强调的“反求诸己”的思想是一致的。《老子》第三十三章有云：“知人者智，自知者明。”说的也是同样的道理。所谓“自知”，主要是对于自己的德性高低、能力大小及优缺点有清醒的认识。能正确认识自己的德性、能力和优缺点，方能不妄自尊大，不好高骛远，亦不妄自菲薄。孔子说：“文，莫吾犹人也。躬行君子，则吾未之有得。”又说：“若圣与仁，则吾岂敢？抑为之不厌，诲人不倦，则可谓云尔已矣。”（《论语·述而》）孔子的这些说法正是“自知之明”的生动体现。人贵有自知之明。有自知之明的人是一个充满道德智慧的人，知人难，自知更难，因此，这种自知的道德智慧也需要在人生的长途中，在人与人的交往中不断提高。

知己是道德智慧的认识活动，而修身则是道德智慧的实践活动。修身不仅需要学、思，而且还重在习、行。一个有道德智慧的人必然是有高度的道德修养自觉性的人，化德性为生活，培养自己的人格，形成自己文明优雅的生活方式，从而达到安身立命的人生境界。那么，何为安身立命的人生境界？在我看来主要体现为：第一，知命、立命的人生定见，即孔子所说的“不知命，无以为君子”（《论语·尧曰》）。第二，独善其身的道德追求，即孟子所说的“修身见于世”（《孟子·尽心上》）。第三，安之若素的行为方式。《礼记·中庸》有言：“君子素其位而行，不愿乎其外。素富贵，行乎富贵；素贫贱，行乎贫贱；素夷狄，行乎夷狄；素患难，行乎患难；君子无入而不自得焉。在上位不陵下，在下位不援上，正己而不求于人，则无怨。上不怨天，下不尤人。故君子居易以俟命，小人行险以徼幸。”第四，心安情乐的精神状态。“心安是由于他们对自己的命运有清楚的认识，对自己的行为有良好的自控，对自己的道德有高度的自信，对自己的人格操守有充分的自尊，因此在心理上形成了一种心平如镜、不假外求、怡然自得的平和状态。”① 用现代的话说就是他们的心理特别平衡，用伊壁鸠鲁的话说就是“灵魂的无纷扰”。不仅如此，他们的精神状态是快乐的，得志时乐其政，不得志时乐其道。“君子坦荡荡，小人长戚戚”（《论语·述而》）就是对这种状态的最简明的概括和认同。

道德智慧与人生智慧是密切联系的，这是因为道德是一种总体性、整全性的人生事象，人的道德智慧总是在人生过程中追求并实现的，但二者也有其范围大小的不同和性质的殊异。道德智慧在性质上仅指向善的价值的智慧，而人生智慧是否包括趋向于恶的奸智虽尚可讨论，但有很多中性的智慧则肯定可以算作人生智慧却不能算作道德智慧。冯友兰先生在其《新原人》一书中将人生的境界分为自然境界、功利境界、道德境界和天地境界。在我看来，处于道德境界和天地境界的人由于他们的人生实践是行义的、尽伦尽职的，参天地之化育，尽心、知性、知天进而事天、乐天、同天，对人生有高度的觉解，可以做到“从心所欲不逾矩”，因此，自然可视为达到道德智慧境界了。而处于自然境界的人是循自然本性和社会习俗而行的人，处于功利境界的人是求名求利的人。这些行为是一种自然的、功利的、非善非恶的人生现实活动，在这个过程中，也需要很多达成相关人生目的的智慧，这些智慧不能算作道德智慧，却是人生智慧。比如，人们为

① 肖群忠. 儒者的安身立命之道. 哲学研究，2010 (2).

了生存，为了求得物质财富，就要有商人的精于计算、长于经营的智慧。有的人为了求得更大的政治利益，为了获得高位，玩弄权术，长于管理，这虽非道德智慧，却是一种政治智慧。这些智慧有时可能在道德善恶性质上是中性的，是非善非恶的，比如，“权术”既可用于道德的政治目的的达成，也可服务于个人或团体利益。我们不能因为道德智慧而否认这些智慧的存在及其价值。

道德智慧的本质在于坚持正义原则和善恶是非原则，它虽然并不全然排斥利益，但却是超功利的，认为坚持道义所获得的利益才是长远利益，才令人心安理得，才会促进人生的幸福和社会的和谐。而功利智慧的所谓“聪明”有可能“反被聪明误”，用权谋机巧获得的利益可能是暂时的，是有一利必有一害的。道德智慧是仁以爱人，义以正己，以德服众，以德修身，以德见于世，以德安身立命。

第二章　传统道德智慧及其培育

中华传统道德智慧包含哪些丰富的内容？如何以科学的态度对待我们祖先留给我们的这笔弥足珍贵的文化宝藏？如何在当下弘扬中华优秀传统文化的形势下加强青年一代乃至国民的传统美德教育？这是我们在这一章将要探讨的问题。

一、传统道德智慧的核心内容

正如前述，广义的道德概念包括人生观、价值观、道德观，传统的人生论、价值论、道德论有非常丰富的思想，传统道德智慧的核心内容就体现或凝结在其中。本书将分三个单元即人生论、价值论、德性论来加以讨论，从思想史的角度来叙述这些思想观念的形成演变过程，分析其蕴含的核心义理，并揭示它们在现代社会中的应用价值。

人生论包括人性论、处世论、处己论、处人论。人生问题首先来自对人是什么这个问题的回答，这是一切人生认识的前提性的问题。处世论所讲的是一种人生的总体态度，即：是儒家的积极有为还是道家的自然无为？我们的民族性格主要是由儒道两家的思想塑造的，那么，这两种基本的人生态度对我们的人生进退有什么启示和借鉴？这是我们每一个人在现代社会中都会不断思考的问题。处己论，是每一个人生主体都要面临的一些人生问题，如力（或义）命、穷达、荣辱、忧乐、生死等，对这些问题的正确认识和选择，会决定我们人生的态度和境界。现实中的人总是要与他人打交道的，那么，如何与他人打交道，如何从总体上识人、知人，如何待人，这是人生论中的处人论所要解决的问题。

在价值论这一单元，我们选取了义利、公私、理欲、德才这些人生的根本价值选择问题。宋儒曾经说过：义利之辨乃儒者第一义。道德与物质利益、群体与己身、理性与欲望的关系问题，都是人生的重大价值选择问题，如何进行选择取舍是我们每个人都要解决的问题，它不仅影响我们的人生价值观的形成，对人们的道德选择和道德实践产生重要影响，而且会影响人生的福祸、安危、境遇。义利、公私、理欲这三个问题在中国传统文化中特别是在儒学中，是相互联系又有区别的三个问题，是中国传统价值观的核心问题。而德才观则是价值观问题在人的素质构成上的体现，如何正确认识和处理人的德才关系，不仅关系到社会选人用人的标准，还会涉及教育的原则和个体修养的目标，因此，讨论这一问题不仅有必要，而且为我们从人生论、价值论过渡到德性论提供了一个必要的逻辑过渡环节。

德性论或称道德论包括中国传统道德的七种最基本的德目，掌握其观念沿革、实践意蕴、现代价值，能够直接有益于道德实践和德性修养。这七个德目分别是孝、忠、仁、义、礼、智、信。为什么要选择这七个德目呢？

孝与忠，实际上对于传统中国人而言是两种最重要的德性和伦理义务，也是中国传统道德的两个最重要的德目。由于它们往往被看作一类人如儿子或者臣子的特殊道德而未被列入“五常”之中，但它们的地位与作用在传统道德中是高于“五常”的，它们是维护“三纲”中的“父为子纲”“君为臣纲”的。中国传统道德的基本结构是“三纲五常”，因此，除了孝与忠，在我看来，传统道德最重要的就是五种恒常的、普遍的道德，即仁、义、礼、智、信。什么是中国传统道德的基本德目？对此中国不像西方那样有一个比较稳定和统一的看法。西方的世俗道德长期奉行柏拉图提出的“智慧、勇敢、节制、公正”，而基督教道德主要坚守如下三主德：信、爱、望。在传统中国社会，孔子、子思把智、仁、勇看作“君子道者三”或“三达德”，管子把礼、义、廉、耻看作“国之四维”，宋儒主要提倡孝、悌、忠、信、礼、义、廉、耻八德，宋代以后的民间社会，实际比较看重并奉行忠、孝、节、义四德。孙中山先生后又提出了新八德：忠、孝、仁、爱、信、义、和、平。董仲舒提出的“三纲五常”在两千多年的封建社会历史上一直被认为是传统道德的集中体现。本书选取上述七德，自认为是符合传统道德的历史实际的。

那么，经过这种分殊的讨论之后，我们就会问，中国传统人生智慧与道德智慧中有没有一个总体性的所谓一以贯之的东西呢？我认为是有的，这就是道中庸。中庸是儒家的一以贯之之道，也是美德伦理学的一种形式化的道德要求和道德修养的境界，因此，将道中庸作为我们智慧之旅的结论和总结，也是符合逻辑的。如果我们每一个人通过学习先哲的人生智慧和道德智慧，在实践中时时处处都能达到“恰到好处”的“中庸”境界，那我们就算是掌握了中国传统人生智慧与道德智慧的真谛了！

中国传统的人生观、价值观与道德观，实际上是中国哲学思想史、伦理思想史的部分内容，而且不仅是一种思想史知识，也是我们与先哲就这些问题的再次对话，更是我们以当代现实实践为参照对这些问题的重新反思。这种反思活动是一种哲学活动，因此我们的探讨既是一种对思想史知识的介绍，又是对哲学理论的反思，是史论的结合，是历史与逻辑的统一。这种讨论首先是知识性的，即叙述中国古代思想家们的相关思想，因此，我们必须首先以认知的态度掌握这些知识性信息，即在某个问题上，思想家们有什么概念、命题、观点。另外，我们还需要搞清楚，上述概念、命题、观点是先哲们在当时的历史条件下对人生问题、价值问题、道德问题的觉解，那么，其观点的合理性何在？对我们今天的人生实践与道德实践有什么启示？这是我们要以反思、体验、批判的态度来对待的，甚至还要以内省、反观、比照的态度来进行体验性学习，进而采取认同、批判、扬弃的态度来滋养我们的人生，提升我们的道德境界。因此，这种讨论是知识关怀与思想关怀的统一，是历史陈述、理论分析、现代反思、实践建构的统一。

二、正确对待传统道德

传统道德是传统文化的核心与灵魂。2017 年 1 月 25 日，中共中央办公厅、国务院办公厅印发了《关于实施中华优秀传统文化传承发展工程的意见》，这个文件明确指出，中华传统美德是优秀传统文化的三大主要内容之一。自党的十八大以来，习近平对于传承优秀传统文化与传统美德发表了多次重要讲话，可以说，目前是新中国成立后弘扬传统美德最好的历史时期。那么，传统文化与传统美德在现代遭遇了怎样的命运？如何看待传统道德智慧在现代生活中的地位与作用？我们应该以怎样的态度对待优秀传统文化与传统美德？这是我们在这里将要加以讨论的问题。

1. 传统文化和传统道德的现代命运

众所周知，中华传统文化是以儒家为核心的，而儒家学说主要是一种伦理道德学说，因此，传统文化给我们留下了丰厚的可供今天借鉴的道德资源。但在近现代的中国，传统文化或传统道德的命运却是坎坷曲折的。

近代中国历史在经历了落后就要挨打的现实后，某些知识分子反思的结果，是把近代中国落后的原因归结为传统文化。因此，五四运动时期，为适应当时社会启蒙与变革的需要，在理论层面或者说在上层社会文化层面对传统文化进行了彻底的否定与批判，引来了德先生（科学）和赛先生（民主）。当时批判的重点是旧道德，亦即传统道德，这种批判把矛头对准了旧道德中的“三纲五常”。反对其专制的、等级的、封建的消极因素，无疑对中国的思想启蒙和社会进步是有积极意义的，但是这种情绪化的而不是冷静的、理性的、在分析基础上的简单化批判，是以全盘西化的思维对传统的全面否定，可以说是将糟粕和精华都抛弃了。

人类道德除了包含国家政治生活的内容外，还有大量的内容涉及民众的日常生活，如在家要孝敬父母，与朋友交要讲信谊，做人要忠义，待人要仁礼等，这些内容并不随着社会制度和意识形态的变化而立刻发生变化，只要是合理的，就还会在人们的道德生活中发挥作用，被自发地继承下来，反对、抛弃也不能取消其自身的合理性和在社会生活中的客观作用。按李泽厚先生的观点，儒家的道德学说“已无孔不入地渗透在广大人们的观念、行为、习俗、信仰、思维方式、情感状态……之中，自觉或不自觉地成为人们处理各种事务、关系和生活的指导原则和基本方针，亦即构成了这个民族的某种共同的心理状态和性格特征”①。这

① 李泽厚．中国古代思想史论．北京：人民出版社，1985：34.

种心理结构化为民族智慧，“它是这个民族得以生存发展所积累下来的内在的存在和文明，具有相当强固的承续力量、持久功能和相对独立的性质，直接间接地自觉不自觉地影响、支配甚至主宰着今天的人们，从内容到形式，从道德标准、真理观念到思维方式、审美趣味等等”①。因此五四时期对传统文化和传统道德的批判，实际上仍然局限于上层观念文化中，在民众的实践生活领域，儒学和传统道德仍然影响着 1949 年前中国人的道德实践，或者说传统道德在 1949 年前对中国人的日常生活仍然发挥着实际的指导与规范作用。

新中国成立以后，我们将马克思主义作为国家和全民的指导思想，建设社会主义的新道德，但我们长期以来却把社会主义道德与传统道德放在对立的位置上，似乎社会主义道德与传统道德是水火不相容的，似乎传统道德的全部内容都是代表封建地主阶级利益的糟粕。到了“文化大革命”时期更是把这一切都作为封建的东西全盘否认了。这首先是由一种意识形态的僵化思维方式和简单化做法造成的，好像封建社会的东西就必然是错的，就是与社会主义的思想意识完全对立的。实际上这种看法本身也是违背马克思主义关于道德继承性的科学论断的。新的道德文化不仅要吸取人类文明的一切优秀成果，而且特别要注意吸取本国的优良道德传统，这是由道德发展的规律性所决定的。道德作为一个民族社会生活中的文化观念、规范及实践活动，有其鲜明的民族性和强烈的继承性。道德作为人类社会生活中的精神文化现象，既有为当时各个历史时代特定的经济政治关系所决定的时代性内容，更有强烈的继承性。一个民族的存在，不仅在于它有特殊的地域环境、人口、语言，还在于它有自己特定的文化、生活方

① 李泽厚. 中国古代思想史论. 北京：人民出版社，1985：297.

式，在其文化中，伦理道德不仅属于核心的价值规范系统，更有着鲜明的民族性特点。民族道德无非是该民族合理生活方式的凝结和概括，道德的继承性、民族性并不会因为社会形态的改变而立即改变。

改革开放以来，我们对于传统文化与传统道德逐步取得了较为正确的认识。在学术研究领域，允许对传统文化与传统道德重新进行研究了，可以把传统道德作为我们的一个思想资源了。到了 20 世纪 90 年代，我们重新回到了对待传统文化与传统道德的正确立场上来了，甚至在大众文化层面上，山东曲阜的祭孔活动也得以恢复。传统道德重新成了我们进行当代道德建设的重要资源。

进入 21 世纪以来，传统文化更是受到了民间和官方的重视。民间的儿童诵经读经活动的兴起，企业及其他社会人士对传统文化学习的热衷，学堂和书院的兴办，互联网上传统文化网站的逐渐增多，传统节日的国家法定化，几百所孔子学院在世界各地的遍地开花，所有这些，“无疑都反映了二十世纪九十年代中期以来中国经济快速发展以及所谓‘中国崛起’所带来的全民的民族自信与文化自信的增强。另一方面，民众对传统文化的热情所体现出的人们精神的迫切需求，根源于旧意识形态在人们心灵的隐退所造成的巨大虚空，这种空间要求得到弥补，特别是民族精神与伦理道德的重建，成为社会公众的强烈要求”①。陈来先生还认为，我们现时代的历史主题已经不再是“革命—斗争”或者“改革—发展”了，而是“创造—振兴”。由于儒学不是鼓吹革命的意识形态，也不是启动改革的精神动源，而是探求治国安邦、长治久安的思想体系，共产党也已经由革命党转化为执政党，而

① 陈来．孔子与当代中国．读书，2007（11）．

执政党的任务就是要把注意力平实地集中在治国安邦的主题上，因而儒家的学说是能够符合这种时代需要的。党和国家领导人先后在哈佛与耶鲁大学的演讲，以自强不息、以民为本、以和为贵、协和万邦为核心，无一不是从中国文明来宣示中国性，来解释中国政策的文化背景，来呈现中国的未来方向。以“和谐”为中心的执政党的国内政治理念和口号，也体现着类似的努力，即探求以中国文化为基础来构建共同价值观，巩固国家的凝聚力，建设社会的精神文明。

2001年，中共中央颁布了《公民道德建设实施纲要》，这是中国共产党历史上第一个专门的有关道德建设的文件。这个文件明确指出了我们要“坚持继承优良传统与弘扬时代精神相结合”，十六大报告也明确指出，“要建立与社会主义市场经济相适应、与社会主义法律规范相协调、与中华民族传统美德相承接的社会主义思想道德体系”，明确提出社会主义思想道德体系要与中华民族传统美德相承接。

社会主义思想道德体系要与中华民族传统美德相承接，就是要把传统道德作为当代中国社会主义道德的重要资源和凭借，实现我们的新道德与传统美德的直接继承和延续。我们的新道德建设离不开变化了的社会生活实践这个源，但同样也离不开传统美德这个流。我们过去在理论上讲批判继承，但在实际上是只批判而不继承。今天，我们的道德建设要树立一个实实在在的继承的态度，当然，这种继承并不是不加分析批判而全盘复古。

党的十八大以来，习近平对中华优秀传统文化和传统美德的重视达到了前所未有的高度。2013年11月底，习近平考察了曲阜孔府和孔子研究院，向全社会传递了重视民族传统文化与优良道德的信息。他说：“国无德不兴，人无德不立。”必须加强全社会的思想道德建设，“引导人们向往和追求讲道德、尊道德、守道德的生活，形成向上的力量、向善的力量”。“只要中华民族一代接着一代追求美好崇高的道德境界，我们的民族就永远充满希望”①。

2014 年 2 月 24 日，习近平在中央政治局集体学习时指出：“培育和弘扬社会主义核心价值观必须立足中华优秀传统文化……中华传统美德是中华文化精髓，蕴含着丰富的思想道德资源。不忘本来才能开辟未来，善于继承才能更好创新。”“要认真汲取中华优秀传统文化的思想精华和道德精髓，大力弘扬以爱国主义为核心的民族精神和以改革创新为核心的时代精神，深入挖掘和阐发中华优秀传统文化讲仁爱、重民本、守诚信、崇正义、尚和合、求大同的时代价值，使中华优秀传统文化成为涵养社会主义核心价值观的重要源泉。”② 这次讲话指出了培育社会主义核心价值观必须立足于优秀传统文化，并明确指出了当前应该着力弘扬的六个重要价值理念与德性。

2014 年 5 月 4 日，习近平在与北京大学师生座谈会上的讲话中又明确提出：“中华文明绵延数千年，有其独特的价值体系。中华优秀传统文化已经成为中华民族的基因，植根在中国人内心，潜移默化影响着中国人的思想方式和行为方式。今天，我们提倡和弘扬社会主义核心价值观，必须从中汲取丰富营养，否则就不会有生命力和影响力。比如，中华文化强调‘民惟邦本’、‘天人合一’、‘和而不同’，强调‘天行健，君子以自强不息’、‘大道之行也，天下为公’；强调‘天下兴亡，匹夫有责’，主张以德治国、以文化人；强调‘君子喻于义’、‘君子坦荡荡’、‘君

① 认真贯彻党的十八届三中全会精神　汇聚起全面深化改革的强大正能量．人民日报，2013-11-29.

② 把培育和弘扬社会主义核心价值观作为凝魂聚气强基固本的基础工程．人民日报，2014-02-26.

子义以为质'；强调'言必信，行必果'、'人而无信，不知其可也'；强调'德不孤，必有邻'、'仁者爱人'、'与人为善'、'己所不欲，勿施于人'、'出入相友，守望相助'、'老吾老以及人之老，幼吾幼以及人之幼'、'扶贫济困'、'不患寡而患不均'，等等。像这样的思想和理念，不论过去还是现在，都有其鲜明的民族特色，都有其永不褪色的时代价值。"① 讲话提出了中华优秀传统文化是中华民族的基因，并以名言格句的例举方式高度肯定了中华优秀文化和传统美德的时代价值。

2014 年 9 月 24 日，习近平在纪念孔子诞辰 2565 周年国际学术研讨会暨国际儒学联合会第五届会员大会开幕会上的讲话中再次系统、全面地阐发了中华优秀传统文化与传统美德的时代价值："中国优秀传统文化中蕴藏着解决当代人类面临的难题的重要启示，比如，关于道法自然、天人合一的思想，关于天下为公、大同世界的思想，关于自强不息、厚德载物的思想，关于以民为本、安民富民乐民的思想，关于为政以德、政者正也的思想，关于苟日新日日新又日新、革故鼎新、与时俱进的思想，关于脚踏实地、实事求是的思想，关于经世致用、知行合一、躬行实践的思想，关于集思广益、博施众利、群策群力的思想，关于仁者爱人、以德立人的思想，关于以诚待人、讲信修睦的思想，关于清廉从政、勤勉奉公的思想，关于俭约自守、力戒奢华的思想，关于中和、泰和、求同存异、和而不同、和谐相处的思想，关于安不忘危、存不忘亡、治不忘乱、居安思危的思想，等等。中国优秀传统文化的丰富哲学思想、人文精神、教化思想、道德理念等，可以为人们认识和改造世界提供有益启迪，可以为治国

---

① 青年要自觉践行社会主义核心价值观 与祖国和人民同行努力创造精彩人生．人民日报，2014－05－05．

理政提供有益启示，也可以为道德建设提供有益启发。”① 这篇讲话从理论上全面系统论述了优秀传统文化与传统美德的时代价值。

这些论述表现了习近平对传统文化及传统美德的时代价值的肯定。

2017 年 1 月 25 日，中共中央办公厅、国务院办公厅又印发了《关于实施中华优秀传统文化传承发展工程的意见》，并指出：“中华优秀传统文化，积淀着中华民族最深沉的精神追求，代表着中华民族独特的精神标识，是中华民族生生不息、发展壮大的丰厚滋养，是中国特色社会主义植根的文化沃土，是当代中国发展的突出优势，对延续和发展中华文明、促进人类文明进步，发挥着重要作用。”并明确将中华优秀传统文化的主要内容概括为三个方面：核心思想理念、中华传统美德、中华人文精神。其中，对中华传统美德是这样概括的：“中华优秀传统文化蕴含着丰富的道德理念和规范，如天下兴亡、匹夫有责的担当意识，精忠报国、振兴中华的爱国情怀，崇德向善、见贤思齐的社会风尚，孝悌忠信、礼义廉耻的荣辱观念，体现着评判是非曲直的价值标准，潜移默化地影响着中国人的行为方式。传承发展中华优秀传统文化，就要大力弘扬自强不息、敬业乐群、扶危济困、见义勇为、孝老爱亲等中华传统美德。”这段概括可以说从四个方面提炼了中华传统美德的重要内涵：第一个方面是“天下兴亡，匹夫有责”的担当意识，就是传统美德中的“义”德，是以浩然正气肩负国家民族大义的道德使命感。第二个方面是传统美德中的“忠”德，也就是我们今天所说的爱国主义传统。忠是在危难

---

① 习近平．在纪念孔子诞辰 2565 周年国际学术研讨会暨国际儒学联合会第五届会员大会开幕会上的讲话．人民日报．2014-09-25．

之际的“苟利国家生死以，岂因祸福避趋之”，是对族群、国家的忠诚，也是和平年代忠于职守、敬于职事的爱岗敬业精神。忠义精神是中华民族发展兴旺的不竭的精神动力，也是中华民族传统美德的核心要素。第三个方面是前面曾经讲到的以道德为核心和特色的中华文化精神，培育出了崇德向善、见贤思齐的社会风尚和集体良知。第四个方面是经过历史长河的积淀，在宋代形成的并被老百姓所践行的“宋代八德”，分别是中国人在家庭、社会、国家、政治生活中的价值观念、是非标准和行为规范。这种崇德向善的价值精神和伦理规范，对民族、社会、国家的和谐、进步、繁荣发挥着重要的动力和凝聚作用，塑造了中国人独特的崇德向善、注重秩序与和谐的生活方式。只要中华民族一代接一代追求真善美的道德境界，我们的民族就会永远健康向上、充满希望。

2. 用传统道德智慧指导民众日常生活

传统道德对当代中国人的价值究竟何在？如何继承？继承什么？这取决于两个问题：传统道德中有什么？我们今天需要什么？然后根据我们今天的需要去继承传统道德中至今仍有合理性的东西。如前所述，优秀传统文化与传统道德是治国安邦乃至建设和谐世界的重要精神资源。习近平认为在培育社会主义核心价值观时要注重弘扬仁爱、正义、诚信，民本、和合、大同，前三者是传统“五常”之三，是对传统美德的直接传承，而后三者则是儒家最根本的政治理念。近年来，习近平又提出“构建人类命运共同体”的思想，其思想根源和实质在我看来，主要还是儒家的和而不同、协和万邦、世界大同的思想，这都说明优秀传统文化与传统美德是治国安邦、协和万邦的重要思想资源。另外，在我看来，传统道德对于今天的最重要的作用就在于它可以指导民众的日常生活和日常道德实践。

中国传统社会是一种家族社会和家国同构的社会结构模式，中国传统道德主要是以家族道德和国家政治道德这样的两极形式存在的，而且两者之间保持了高度的一致性。这种道德结构适应了当时社会结构的需要，因而在传统社会中发挥了极强的社会整合作用，实现了对社会和人心的有效控制。社会伦理秩序在宏观方面由国家政治伦理来进行操纵，而民众的日常生活则由家族伦理、个体伦理、行业伦理来进行规范。

我国的社会主义道德是在马克思主义理论的指导下，由战争年代的革命道德发展演变而来的，在20世纪至今的社会生活中，中国大地上建立了一种崭新的道德类型，也树立了一种新的道德风尚，这是功不可没的。我们今天建设社会主义的道德文化，仍然要坚持马克思主义的指导。但不可否认的是，马克思主义在伦理道德方面，只是给我们提供了一种全新的人生观、道德观的基本价值原则，如为人民服务、集体主义等。在马克思主义理论指导下，中国共产党基于武装斗争的需要，在战争环境中形成的革命道德在指导战争年代的革命实践中甚至在社会主义建设事业中发挥了不可替代的历史作用，但是这种社会道德的一般价值原则，能不能在新的历史时代更加充分地指导人民群众的日常生活，使我们的道德更加贴近民众、贴近生活、贴近实践，这是需要我们思考的。

在新中国成立以后相当长的时期内，政治成为社会生活的主旋律，国家即社会，社会即国家，国家与社会处于高度同一之中，政治权力渗入日常生活、私人领域的很多方面。在这种社会背景下，道德结构是以政治化的国家伦理（或称国家道德意识形态）代替了所有道德如社会道德、职业道德与个体日常生活道德等，简单化地使国家政治性伦理规范成为社会的普遍伦理要求。这种道德结构具有贫乏性、片面性的特征，一旦面临变化了的社会新情况，就会出现道德的真空。改革开放以来，特别是随着社会主义市场经济的发展，我国逐步实现了从计划经济向市场经济的转型，加之政企分开、小政府大社会的政治体制改革，我国的社会政治关系也在发生着重要变化。随着经济成分和利益主体的多元化，独立于国家行政干预的私人领域、民间社会生活正在产生和扩展。同时，随着国家与社会的分离，国家行政权力渐渐从人们的日常生活、私人领域中退出，依靠单一的国家政治伦理来指导多元而丰富的民众生活实践已是不可能的了。

这种情况要求我们的道德建设一定要面向生活、面向民众、面向实践，研究变化了的客观情况，根据这种变化了的利益关系和社会生活实践要求建构新的社会道德体系。不仅仅是建构一种用以教化百姓的国家道德意识形态，而且要从社会生活各方面进行全方位的考虑，在这样的基础上建设起来的新的道德体系才是为社会和民众的生活实践所需要的。这种新的道德体系的建设离不开现实生活这个源头，另外还要注意吸取中外道德文明的一切优秀成果，为我所用。

现代民众生活的日常性日益凸显。民众不仅仅是政治生活的人，而且是自己生活的主人，他们有自己的经济生活、职业生活、个人居家生活、休闲娱乐生活、社交公共生活等。民众的日常生活具有个体性、私人性、民间性、公共性等特征，因此，社会的伦理道德必须尊重民众生活的特性，要创建适应这种日常生活、体现现代意识并与民众生活实践紧密联系的道德体系。道德不仅体现在一些政治原则的大道理中，而且更多地体现在民众的人伦日用的实际生活中。道德作为一种实践理性，其作用与功能就在于对民众的日常生活有所指导，换句话说，它的真理性与合理性也正是从日常生活中形成的，并在日常生活中得以强化。道德真理并不总是一些抽象的政治原则，而是充满着朴素性的生活真理和为人之道、交际之方。

传统道德之所以被那么多人信奉和实践就在于它与民众的生活实践有紧密的联系。国家政治伦理原则恰恰是从这种家族社会的日常生活规范中提升出来的，因此有着广泛的群众基础。道德来源于民众鲜活的生活实践，道德的形成，不是自上而下的单纯教化，而是民众在实践中通过互动、协商、契约、履行而逐步形成的。离开了民众的生活实践，道德将会成为无源之水，将会枯竭和衰亡。一种道德如果已经与民众的生活实践没有关联了，那必将成为一种伪善。道德作为人类生活中的一种价值观念和善恶意识，其评价的标准仍然是它能否代表绝大多数人的最大利益，是否代表社会文化的前进方向，而不是简单地以统治阶级的经济利益和政治制度为尺度。道德的应然和正当，其价值根据也只能是人性的自我完善和社会关系的完善，而不单纯是符合统治阶级的利益。当然有时这种社会进步趋势会与某些先进阶级和政党的利益、目标相一致，但我们在思维上必须把这当作两回事，因为毕竟也有不一致的时候，甚至会存在实际上不一致但却被统治阶级的意识形态说成是一致的情况，从而导致了社会的伪善并阻碍了社会和道德的进步。道德区别于其他精神文化的特点就在于它具有鲜明的实践性。这要求我们的道德建设、伦理学研究一定要贴近民众、贴近生活、贴近实践。

根据这样的思路，我们对于我国传统道德资源这个流，主要是抛弃其封建国家政治伦理的糟粕，而继承其个体道德、家族道德与社会道德中的合理成分，以指导现代社会民众的日常生活。我们几十年来在民众的日常生活道德建设方面不足，而传统道德资源的相关内容的绝大部分我认为是可以为今天所用的。如传统社会生活中的忠诚于事、忠诚于人的精神，行业道德中的讲究信誉、勤勉敬业的精神，人际交往中的诚信精神，家族道德中的讲究亲情孝道、和睦团结的精神，个体道德中的讲究个人修养、追求美德的精神等都是可以被批判继承的。人类基本道德的一些普遍资源，如“己所不欲，勿施于人”（《论语·卫灵公》）、“己欲立而立人，己欲达而达人”（《论语·雍也》）的忠恕之道，以及仁爱他人、讲究义务责任、天下为公等都是可以被继承的。

3. 坚持继承创新、洋为中用的正确态度

什么才是对待传统文化与传统道德的正确态度？2014 年 2 月 24 日，习近平在中央政治局集体学习时指出：“中华传统美德是中华文化精髓，蕴含着丰富的思想道德资源。不忘本来才能开辟未来，善于继承才能更好创新。”① 党的十九大报告指出：“深入挖掘中华优秀传统文化蕴含的思想观念、人文精神、道德规范，结合时代要求继承创新，让中华文化展现出永久魅力和时代风采。”② 这些论述已经为我们指明了对待优秀传统文化与传统美德的正确态度：继承创新。对传统道德要认真进行分析研究，批判继承，创造转化，实现传统美德与现代生活的对接。

传承不是简单复古，承接也不是全盘照搬，而是批判继承。这个批判的标准，一是根据科学性、合理性原则分析传统道德资源中哪些是具有人民性、民主性、全民性、继承性的合理因素，哪些是应该被抛弃的糟粕。要根据当代社会生活的需要来汲取传统资源中仍然有益于今天实践的要素，要注意区分传统道德所面临的时代背景和今天生活现实的变化，仔细分析哪些因素是可以为今天所用的，哪些是不行的。如孝在中国古代是首要的道德，所谓“百善孝为先”，但今天它再也不能回到这种首德的地位了，

---

① 把培育和弘扬社会主义核心价值观作为凝魂聚气强基固本的基础工程. 人民日报，2014－02－26.

② 中国共产党第十九次全国代表大会文件汇编. 北京：人民出版社，2017：34.

因为我们已无法使社会生活再回到过去那样的家族社会中去了。另外，要注意吸取传统道德中那些稳定的至今仍然是合理的成分，而摒弃那些时代性太强而不适应于今天的东西。如传统道德中的家族精神，我们在今天就要正确分析对待。家族精神适应了当时家族社会的需要，在当时它是进步的，但在今天，个体已经从家族的束缚中解放出来了。现代道德是以个体为主体，以契约精神、平等精神为基础的一种新道德。虽然中国人在今天仍然比较看重家庭的价值，但家庭在现代社会中的地位毕竟不像在古代社会中那样重要了，在今天的社会生活中泛家族化的作用可能是消极的。现代伦理讲究的是一种公义精神，因此我们要谨防家族精神对现代社会伦理精神产生负面影响。又比如，中国传统道德所调节的社会关系是一种熟人社会的关系，因此，在我们的传统道德资源中缺乏与陌生人打交道的伦理资源，这在某种程度上会表现出私德发达而公德不足的情况。因此，我们在现代道德建设中也要注意这种私德、私意对现代社会公德、公义的冲击。

另外，弘扬传统道德，也并不是要拒斥西方文明和西方道德中的合理因素。不忘本来，吸收外来，面向未来，我们要注意吸取西方文化传统中的合理成分。由于中西文化所处的社会环境和背景不同，中西文化及其道德有很大的异质性，可以互相补充。如西方道德文化是以个体精神基础上的契约精神、平等精神、公正精神、权利意识为其特质的，这些与我们传统文化及道德中的家族主义、等差精神、义务精神等都有所不同。我们继承传统美德的最终目的仍然是要建设适应现代社会需要的新道德，因此，我们要吸取人类文明的一切先进成果。而且，汲取西方文化和道德中的有益成分正是我们能够更好地继承传统美德的一个前提条件，因为，西方文化和道德可以作为我们反思传统道德的镜鉴，有比较才有鉴别，有互补才能进步，中国现代的道德文明必然是基于现代中国社会的生活实践要求并汲取借鉴了中外道德文明成果的崭新的道德。

尽管如此，我们仍需要有一个基本的立场，那就是，虽然中国在追求现代化的过程中不可避免地要走向全球化，但任何民族的道德生活总是因民族、宗教、文化传统的不同而有所不同，因此我国的道德建设应当也必须有自己的民族文化特性。建设新道德或未来的道德，不能用摆脱自身传统的办法求得道德问题的解决。因此，在全球化的背景下，我们应该将现代道德与我们的传统美德相承接，坚守中华文化立场，传承中华文化基因，不忘本来，吸收外来，面向未来。要汲取中国智慧，弘扬中国精神，传播中国价值，不断增强中华优秀传统文化的生命力和影响力，创造中华文化新的辉煌。

三、传统道德智慧的修养与教育

如何认识和处理人生观中的诸如人性、处世、处己、处人等根本性的问题，如何认识和处理义利、公私、理欲、德才等人生价值选择问题，是我们每一个人在人生的不同阶段都要面临的问题。青年学子正处于人生观、价值观形成的重要时期，处于确立自己的人生观、价值观的关键时期，不仅要勇于实践，在实践中形成自己的人生观、价值观，而且要尽可能地汲取人类思想史上一切有益的思想成果，作为自己的思想资源，为自己正确的人生观、价值观的确立提供智慧的启迪。只有反思的人生才是有意义的人生，在我们反思的过程中，这本书的相关讨论将给大家提供较为系统的中国古代思想家们关于人生观与价值观的思想成果，这必将会滋养我们的人生。

作家柳青曾经说过，人生关键的就是那么几步！青年学子正处于人生观、价值观形成的关键时期。学习中国先哲的人生智慧，不仅增加了我们关于国学或中国文化的知识，更重要的是，这些先哲的人生智慧将影响我们的人生观的形成，并且这些人生智慧充满着永恒的价值，将对我们的整个人生过程发挥影响！

人生的完善不仅需要明理，而且需要躬于实践；一个人的自我完善不仅是知性的心智的进步、才能的增长，而且是道德的完善。年轻学子不仅要成才，而且要成人；不仅智商要高，而且情商、德商更要高。重视道德修养，甚至希圣成贤，是中国传统文化的重要特质。如果说知识是一种力量的话，那么道德更是一种力量。事业的成功、人生的幸福、自我的完善都离不开道德。在当代中国，功利主义的泛滥使道德的价值失落了，人们从事道德修养的自觉性也减弱了。但人的完善、人生的幸福从来都离不开道德，因此，作为一个保持清醒理智而不失去自我的现代人特别是现代青年，也应该加强自己的道德修养，不要陷于物欲主义的泥潭中而不能自拔，要高扬道德的价值，提升人的尊严与价值，这是幸福人生和自我完善的题中之义。我们在加强自己的道德修养的过程中，不仅要根据当代社会的时代要求来确立我们的道德标准，而且要学习借鉴中国古代先哲们的道德智慧。

人格的养成和素质的提升，不仅需要加强自我修养，更需要接受系统的教育。当前要真正弘扬传统道德，就要加强传统美德的教育，尤其是要加强对青少年一代的传统美德的教育，将此贯穿于国民教育始终。围绕立德树人的根本任务，加强系统教育，这是弘扬中华文化、建设全民族精神家园、振奋民族精神的需要，也是加强公民道德建设的需要。那么如何加强传统美德教育呢？

第一，加强传统美德的知识教育。

20 世纪 90 年代，有研究者对内地（大陆）、香港、台湾的青少年对传统道德名言的掌握和认同情况进行了一个调查，结果发现，内地（大陆）青少年不如香港、台湾的青少年。为什么？因为我们长期以来不仅在学校教育中，而且在日常生活中放弃了对青少年的传统美德教育。试想，如果青少年以至于成年人连传统美德是什么都不知道，又怎么叫他们承接？比如，我们现在可以做一个问卷调查，这个调查不仅可以在小、中、大学生中进行，也可以在成年人中进行，问他们仁、义、礼、智、信分别是什么意思。我估计会有很多人不知道。中华民国成立之初，蔡元培先生主政教育部时，规定所有中等学校以上的学校均要开设“经学大意”“人伦道德”两门课；我国台湾地区在其中学课程体系中开设有“国学基本教程”课，选学“四书”内容；新加坡从20世纪90年代开始在中学里开设“儒家伦理”课程；在新中国成立后的课程体系里，长期都鲜有关于传统道德的全国统一专门课，近年来，个别学校和书院自行决定设立了一些校内相关课程。我们号称是礼仪之邦，但实际上我们在日常生活中几乎将传统道德与礼仪的优良传统全丢失了。比如，在我们的日常用语里，当提到别人的父母时，可能很少有人再说令尊、令堂，而在台湾等地区还是这么说的。在日语中，则是用专门的敬语来表达对他人父母的尊重。因此，要做到与传统美德相承接，我们必须以实实在在的措施加大对传统美德的宣传教育力度。为此我们建议政府教育行政部门要在课程体系建设中设立关于传统道德的专门课，以教育体制来保证传统文化与传统道德的延续。

第二，加强传统美德的养成教育。

亚里士多德认为，伦理德性与理智德性的重要区别就在于，伦理德性的获得是要经过后天的实践并通过习惯而逐步养成的，不像人的理智德性那样仅靠知识的传播和认知就能有效。因此，在与传统美德承接方面，我们除了开展传统美德的知识教育外，还要通过各种实践活动进行养成教育。比如日常生活中的礼仪养成、义务责任感养成和道德情感体验教育等。道德不是仅靠讲大道理就能讲出来的，不仅要"学"，还要"习"，使习惯成自然。不仅要晓之以理，而且要动之以情，要注重情感体验教育，加强道德意志力和行为实践能力的训练，这样才能在实践的意义上使传承的传统美德通过智、情、意、行的全面培育而落到实处。

下面我们分析一个有争议的案例：据报道，华中科技大学能源与动力工程学院在2004年初的寒假里，给400多名新生布置了一项家庭作业，回家给父母洗一次脚。围绕这一问题产生了争论。有人认为"给父母洗脚"催醒孝心教育，假如大学生们连孝心都不具备，一旦走上社会，何谈对集体、对单位、对周围社会成员的尊重呢？而有的人则认为这样"太做作了"，因此拒斥这种要求。在笔者看来，之所以拒斥还是因为我们多年来对于道德建设缺乏实践中的养成教育。古代的孝道总是首先表现在对父母的"昏定晨省""冬温夏凊"的日常生活礼仪和生活起居关怀的具体实践中。日本小学生至今在出门、回家时还用固定的语句"ただいま"（我回来了）向父母打招呼以表示礼貌和尊重，这实际上就是《礼记》中所讲的"出必告，反必面"。可是今天我们有些小孩已经做不到这一点了。我在看韩国电视剧时还曾看到儿媳妇站在房门口恭恭敬敬地迎接公公下班回来的镜头，这反映出他们不仅在理论上而且在民众的日常生活实践中真正把传统继承下来了。这难道对我们没有启示吗？有的大学生之所以拒斥给父母洗脚这种道德实践活动，是因为我们长期以来已经没有这样的伦理实践了，乍实践起来就会觉得别扭、难堪。给父母洗了脚的同学则谈体会说，这种实践使他们的心灵受到了震动，使他们和父母有了身体与精神上的亲密接触，使他们的道德和人格得到了升华。

第三，教育的内容和形式都要符合未成年人的年龄和身心发展实际。

对未成年人的传统美德教育一定要符合他们的年龄和身心发展实际。教育的一个基本原则就是无论是教育的内容还是教育的方式都要符合受教育者的身心特点和认识能力。纵观中国德育史，对未成年人的道德教育一般遵循着先蒙后经、先行后理、先习其所当然后知其所以然的规律。从教育的内容和教材来看，一般是先学蒙学教材，再学四书五经的经典。按传统的说法，蒙学属小学，即 8 至 15 岁是对少儿的启蒙教育，如朱熹说："人生八岁，则自王公以下，至于庶人之子弟，皆入小学，而教之以洒扫、应对、进退之节，礼乐、射御、书数之文；及其十有五年，则自天子之元子、众子，以至公、卿、大夫、元士之適子，与凡民之俊秀，皆入大学，而教之以穷理、正心、修己、治人之道。"（《四书章句集注·大学章句序》）小学与大学的界限除了年龄外，主要是在教育内容上，朱熹说："古者初年入小学，只是教之以事，如礼乐射御书数及孝悌忠信之事"（《朱子语类》卷七）。就是说，小学灌输行为规范与道德规范，大学则进一步研习其哲理；小学习其所当然，大学习其所以然。

由于未成年人的抽象思维能力尚未完全成熟起来，因此，对他们的道德教育重点应放在日常生活的良好行为习惯的养成上，让他们对为人之道、人际规范和礼貌、做人的基本责任与义务等有正确的把握和实践。在他们成为共产主义事业的接班人之前，他们首先要成为一个诚实、正直、善良的好人，成为遵纪守法的好公民，否则一切都是没有人格基础的。几十年来我们对未成年人的思想道德教育，严重脱离了未成年人的心智发展规律和实践需要。我们一定要下气力纠正这些不符合教育规律的事。初中阶段主要的教育内容应是社会道德和法律行为规范，在这个阶段加强中华传统美德教育是最好的时机。高中阶段可以逐步进行人生观、价值观教育。

第四，要处理好传统文化经典教育与价值观念—行为规范教育的关系。

中华传统美德是以传统文化经典及几千年来仁人志士的道德实践和高尚人格为载体的。今天，如何对未成年人进行中华传统美德教育，利用什么样的教材，重点在什么地方，这也是需要讨论和引导的。近些年来，在某些地区，一些热爱中华传统文化的人士积极推动了青少年吟诵传统文化经典活动，甚至某些大学如华中科技大学，直接把老子的《道德经》作为对学生进行思想道德教育的教材，而且还作为经验加以推广，这是值得讨论的。背一点传统文化经典，这无疑是一种非常好的活动，但这些经典文本毕竟是过去时代的东西，将其直接作为今天的思想道德教育的教材显然是不合适的。且不说这些经典的文字是不是所有受教育者都能读懂，就其内容而言，如《论语》还是表达了积极入世的伦理智慧，而《道德经》的思想基调和哲思抽象程度则不太适合中学生尤其是小学生来读。因此我们要防止在弘扬中华传统美德的过程中不加分析批判就一哄而上。应该以今天的时代需要为价值标准，吸取那些对未成年人的思想道德有益的传统文化要素，注重中华民族精神和优秀传统美德的教育。也就是说目的是要用传统中的优秀美德来滋养未成年人的心灵，注重正向的价值行为规范教育。有的大学开设《道德经》课程，这无疑有助于大学生了解掌握道家的基本经典，是一种文化素质教育，但以此取代现代思想道德教育仍是值得商榷的。

第五，要用制度化的措施保证把传统美德教育落到实处。

在中国古代，儒家文化所体现的伦理道德智慧之所以能对社会秩序和民众生活实际发挥那么大的作用，按照余英时的看法，

"显然与儒家价值的普遍建制化有密切的关系"。"自辛亥革命以来，这个建制开始全面地解体了。儒家思想被迫从各层次的建制中撤退，包括国家组织、教育系统以至家族制度等，其中教育系统尤为关键。""儒家基本经典在新式教育中所占的分量越来越减轻。民国初年，中、小学堂的修身和国文课程中还采用了不少经训和孔子言行，五四以后一般中小学校教科书中所能容纳的儒家文献便更少了。"① 要真正把传统美德教育作为长期的一个系统工程来抓，必须有制度化的保证，这也就是余英时所谓的建制化。在现代社会，不可能以一个广泛意义上的建制化来推行儒家思想了，但如果缺乏教育上的制度化保证，我认为是难以奏效的。为此我建议政府教育行政部门要在课程体系建设中设立与中华传统美德相关的专门课，以教育体制来保证传统文化与传统道德的延续。

没有德性的人生是不完整的人生，没有境界的人生是无意义的人生，这是以儒家为核心的中国传统道德智慧告诉我们的，也是现代中国人的内在精神需要。让我们用传统道德智慧滋养我们的人生，提升我们的境界，充实我们的心灵，完善我们的人格吧！

---

① 余英时．中国思想传统及其现代变迁．桂林：广西师范大学出版社，2004：130－131．

第三章　人性论

人生观首先是对人的本质是什么这个根本问题的看法。对这个问题的观点与看法就是所谓的人论或者人性论，它是各种文化与社会历史哲学的元问题。对人的本质的思考与探索是人生智慧的首要问题。

这个问题在西方被称为“斯芬克斯之谜”。斯芬克斯是古希腊神话中以隐谜害人的怪物，它长着美女的头、狮子的身子，总在底比斯城外的悬崖上蹲着，对路过的人说出谜语，凡答不出来的，它就将其撕成碎片，并吞食干净。很长的时间里都没人能答对它的谜语，它已经吞食了无数的人。当一个叫俄狄浦斯的英雄来到它面前时，它说出了一个自认为是最难的谜语，却一下子被俄狄浦斯猜中了。他给俄狄浦斯出的问题是：什么东西早晨用四只脚走路，中午用两只脚走路，傍晚用三只脚走路？俄狄浦斯回答：是人。在生命的早晨，他是个孩子，用两条腿和两只手爬行；到了生命的中午，他变成壮年，只用两条腿走路；到了生命的傍晚，他年老体衰，必须借助拐杖走路，所以被称为是用三只脚走路。俄狄浦斯答对了。斯芬克斯既气恼又羞愧，便怪叫一声，从悬崖上摔下跌死了。这个“斯芬克斯之谜”常被用来作为西方文化对人的思索探讨的象征。

其实，人的问题是各民族哲学和文化都最为关注的问题之一。虽然上述神话表明西方文化在很早的时代就关注人的问题，但严格说来，西方哲学的起点和重心还是以自然为主要关注对象的，像泰勒斯、毕达哥拉斯这些早期的西方哲学家，其思考的重心主要是在自然哲学问题上，直到苏格拉底，西方哲学才开始重视对人的问题的思考。相比起来，中国哲学和中国文化之所以被称为一种人文主义类型的文化，就在于它一开始就把关注的重点放在了对人和社会问题的思考上。一般认为，有文字记载的中国文化兴盛于周代，而周人的精神文化特征就是舍弃了“商人尚鬼”的价值趋向，而代之以“敬德保民，以德配天”的人文主义精神。人是什么，人性是善是恶，中国的先哲们很早就在思考这些问题了，不仅如此，在中国，关于人性的思考直接成了道德修养与国家治理的理论基础。

一个民族对人性的基本认识和理论假设是形成民族文化特质的理论基础，会对民族文化产生很大的影响。人性论思想预设或体现了民族文化对人性的基本看法，成为其人生观的首要问题，是价值观与道德观的理论前提。因此，在我们试图了解中国传统的人生智慧与道德智慧时，首先要了解中国思想史上的先哲们对人性的看法和观点，并了解这种理论及其特点对中国文化和社会治理所产生的影响。

一、传统人性论思想的历史演变

中国对人性论问题的探讨源于孔子，他只说了“性相近也，习相远也”（《论语·阳货》）一句话。孔子这句话的意思是，人初生时本性都是差不多的，只是由于后天人为的实践活动才造成了诸多的差异。虽然只有短短一句话，但其意义在于在中国思想史上首次明确提出了人性论问题。在此之后，在先秦尤其是战国时期，先哲们围绕人性善恶展开了广泛的讨论。

中国人性论思想的历史演变，大致经历了三个发展阶段。

第一阶段是先秦轴心时代，其人性论主要讨论人性是什么，人性是善是恶，据此可以将其特点概括为善恶人性论。虽然形成了数种观点，但以孟子的性善论与荀子的性恶论为要。

第二阶段是从汉至中唐时期，其人性论特点主要是性三品的等级人性论。汉以后的人性论虽然仍以善恶为中心，但却希望从理论上调和孟子与荀子的冲突。先秦时期的人性论所关注的重点是人性普遍的善恶问题，汉唐时期的人性论关注的重点则由普遍性转向特殊性，基本的理论是“性三品”说，着重从人的社会地位的高低出发规定人性的善恶。

第三阶段是中唐后至明末清初，其理论特点是人性善恶二分理论。宋代人性论的特色是性（天地、天命）、气（气禀、气质）二分。这种理论不再满足于一般性地判定和评价是善是恶的问题，而是要求回答人性为什么会有善恶之分，即善恶不等的人性从何发源的问题。这就使对人性的讨论超出了纯道德观的领域，而使其与宇宙生成论和本体论更加紧密地联系在一起。到明末清初的批判总结时期则表现为把二者结合起来，实现了一种完整、平等、理欲统一的人性论。这便是中国人性论思想发展的大概线索。

在先秦时期，之所以围绕人性是善是恶形成了不同的意见，主要是因为思想家们对人性是什么的理解不同。以告子为代表的人性无善无恶论、以世子（硕）为代表的人性有善有恶论和荀子的性恶论都是从“生之谓性”的角度理解人性的，即人性在他们看来是人生而具有的生理本能和自然本性。而孟子的性善论则把人与禽兽的差别当作人性。

在告子看来，“生之谓性”，“食色，性也”（《孟子·告子上》），人的先天生理资质和本能是无所谓善恶的，既可以引其向善，也可以引其向恶，就像水既可以向东流也可以向西流一样。世子也是从人的自然资质方面解释人性的。在他看来，人是一个阴阳二气凝结的生命体，也是善恶两种因素的集合体。因为阳气的方面体现着人的善性，阴气的方面体现着人的恶性。从先天的角度说，人性是善恶并存的，或者说人性是善还是恶并不是确定的。现实中的人性取决于每个个体的修养。

荀子也把人性看成是与生俱来的生理欲望和自然资质。他说：“生之所以然者谓之性。”（《荀子·正名》）“凡性者，天之就也，不可学，不可事……不可学不可事而在人者，谓之性。”（《荀子·性恶》）他认为，这种自然的资质和本能从本性上说是自发的，而自发的东西本来就是与社会的礼义规范、社会的秩序相矛盾和敌对的，因此从道德性上来说就是恶的。人间的善不起于人的本性，而起于人对自己本性恶的危害性的认识、限制和改造。荀子以“伪”（人为）来区别人与动物，或者说是“人之所以为人者”（《荀子·非相》）就在于人因“伪”而起礼义法度，因礼义法度而“能群”，因“能群”而能战胜外物，达到与天地相参的境界。不过，荀子虽承认“伪”使人成为人，但不以“伪”为人之本性。

孟子解决人性问题的基本思想方向是对的，这就是认为以生释性是不能把人与动物严格区分开来的。人无论如何是不能等同于动物的，因此，孟子反对上述“生之谓性”的自然人性论。在孟子看来，人性是“人之所以异于禽兽者”（《孟子·离娄下》）的特性，人与动物的区别就在于人有道德的自觉能动性。人先天就有恻隐之心、羞恶之心、辞让之心、是非之心四个善端，由此而生出仁、义、礼、智四种道德。人具有先天的善性，把它引申出来就是社会的仁、义、礼、智等伦理道德规范，把它发挥出来就是善行善德，人能否过完善而无弊端的生活，关键在于能不能保持人先天本有的善性。

韩非认为人都是自私的，都是为自己的，人与人之间全是一种利益计算的关系，甚至父子之间也是一种计算的关系。好利恶害就是人性。韩非所讲的人性的内容与荀子所说的人的自然本能是一样的，但韩非的人性论类似于西方的自然主义人性论，而不能将其简单地归结为人性恶的理论，因为他并没有说这种自然的人性是善是恶。

性三品说最早的倡导者是西汉的董仲舒。他将人性从总体上区分为仁（善）贪（恶）两方面，这是由“人副天数”（《春秋繁露·人副天数》）造成的。但这天赋的仁贪之性落实到具体的人身上，由于配合和比例的不同而形成了三品（三等）：先天性善，不教而成的上品“圣人之性”；先天性恶，教亦不能善的下品“斗筲之性”；先天有善有恶，教而后能善的中品“中民之性”。显然，圣人之性源于孟子的性善，斗筲之性源于荀子的性恶，中民之性则既可看作对先秦的性有善有恶论的继承，也可看作对性善性恶二论的综合。通过中民之性的过渡，董仲舒就将孟子的先天性善和荀子的后天性善沟通了起来。先天性善是为了维护纲常人伦的绝对性，后天性善则是为了说明君主统治和教化的必要性，二者缺一不可。

王充的人性论基本上是董仲舒的性三品说的继续。他的特点，是以元气的禀赋论证人的善恶差异，所谓“禀气有厚薄，故性有善恶也”（《论衡·率性》）。

唐代韩愈的人性论是性三品说的又一主要代表。他在区分性和情的基础上将性三品发展为性情。性是先天的，情则是后天的。判断性善与否的标准是人是否具备仁、义、礼、智、信五德，因其皆备、不完备、不具备而有上、中、下三品。情有七，即喜、怒、哀、惧、爱、恶、欲，是人与外物相接触时的心理反应。上品之情发动恰到好处；中品之情则有过不及；下品之情则恣其所以，毫无约束。性情三品的人格体现，是构成社会的三个基本等级，即君主（圣人）、大臣和民众。

李翱不同意韩愈的性情三品说，而将孟子的性善与佛教的情恶结合了起来，构成性善情恶说。性本善而为情所惑，恶是情之动的结果。性本为静，而“复性”便是由动而惑的恶的人情复归静而觉的善的本性。性静或情动既是善恶行为的前提也是评价善恶的标准。从道德论上说，超越动静的实质在于去除欲望，这样就将儒家的寡欲与佛教的禁欲结合了起来。

北宋的张载从气本论出发来说明人性问题，认为人性是“湛一无形”的太虚之气和有象可感的阴阳之气相合而成的产物，故将原本混浑为一的人性一分为二：反映太虚本质的称为天地之性，反映阴阳气化并构成人的形体的则称为气质之性。天地之性因其来源于本然之气，故纯善无恶；气质之性由于禀受阴阳之气的清浊不等而有善恶之分，禀其清者为圣贤，禀其浊者为愚顽。天地之性是一次性完成而不可变化的，气质之性则始终在变化中。作为君子，应当以“变化气质”为己任，不应固守其气质之性。变化气质虽是内在的修养工夫，但变化所依据的仍是社会公认的外在的礼法，不论是成性还是全善，终归是由社会价值系统来衡量和评价的。变化气质的完成意味着内在的价值体验和外在的礼法的完美合一。

二程（程颢、程颐两兄弟）的人性论亦是采取性、气二分的理路，肯定人有同一之性又有差别之性，差别之性来源于气禀之清浊。但二程以理为本，主张性即理，故与张载所认为的人的同一本性来源于太虚之气不同。但本性不论是气还是理，在道德本质上都是一致的，都是指纲常人伦的原则。气质之性的概念则是为了解释饮食男女之欲，前者纯善而后者有善有恶。

朱熹从理本论出发对张载和二程的人性理论进行了总结，将性与气对分的人性概念规范化为天命之性与气质之性的对立，并将《礼记·中庸》的“天命之谓性”和二程的“性即理”的思想结合了起来。朱熹认为在天通过阴阳五行之气产生出万物形体的同时，理亦被命于其中，人们能够生存，实有赖于天赋之理构成其性。不过，天命之性虽是理本体的代表，但它并不能独立自存，它与气质之性是同存与共的；而气质之性也不只反映气的特性，而是理与气相杂的产物，故又不能完全将其归结为恶。朱熹总结说，天命之性与气质之性的提出，是中国人性理论的一大发展。按此格局，孟子的性善实际上偏于天命之性，讲了本原而忽略了现实；荀子的性恶、扬雄的性善恶混又只注意了气质之性，蒙蔽了先天的至善本原；而从董仲舒到韩愈的性三品，实际也都是从气质之性上立论的。所以，朱熹高度评价了张载和二程区分天命之性和气质之性的见解，因其第一次为善恶的起源奠定了生成论和本体论的基础。性之二分既维护了儒家性善的道德原则，又容易解释善恶不等的现实人生。朱熹因之感慨说，张载、二程之说如果早出世的话，孟子以后关于性之善恶的一切争论就都不会产生了。

明末清初，王夫之从气本论出发对天命之性和气质之性的改造主要体现在其“性者生理也，日生则日成也”（《尚书引义》卷三）的理论中。他认为天命之性非一次完成，先天的“胎孕”之命与后天的“长养”之命都属于天命。人自幼迄老，天日命于人，而人日受命于天，故性日生日成。这就从根本上动摇了性在理学家那里的不变本体的地位。天命不再是纯客观的必然，而是附加了主体的自由，充分肯定了人为对于人的本性生成和发展的意义。与此相应，他还强调了后天“习”的重要意义，认为儒家理想的道德境界，并非客观普遍的先天必然，而是由人之“习”来体现和完成的。

比王夫之稍晚的颜元则从本体论的“理气一致”推论人性论的“性形不二”，认为区分天命之性与气质之性实际上没有必要。它们双方原本就是一个有机的整体，谁也离不开谁。

王夫之、颜元对宋儒天命之性和气质之性的理论的批判总结，是古代哲学对人性的差异和善恶评价问题的思考的最后成果，以人性的统一和人性的平等、善恶评价的平等为特点，与这一时期要求天理和人欲的统一、道义和利益的统一等道德观上的其他主张是一致的。

二、传统人性论的特点与意义

传统人性论的特点，主要体现在社会性、道德性、乐观性这三个方面。

第一，社会关系性的人性本质理论。《礼记·中庸》转述孔子的观点认为“仁者人也”。孟子也说：“仁也者，人也。”（《孟子·尽心下》）这可以说是中国文化对人的基本规定与设计。“仁”是“人”字旁加一个“二”字，也就是说，只有在“二人”的对应关系中，才能对任何一方下定义。在传统中国，这类“二人”的对应关系包括君臣、父子、夫妇、兄弟、朋友等。人只有在社会关系中才能体现其本质，人的本质就是所有社会角色的总和，人的本质就存在于这种社会关系中，而不是存在于独立的个体或个性中。独立的人是有身无心的，人的精神性、本质性规定只能存在于社会关系中。当我们问一位传统中国人“你是谁?”

时，可能的回答是："我是某人的儿子、女儿、丈夫、妻子"等，这是一种下意识的人伦性的人性自觉。当然，在现代，随着西方文化个体主义观念的传播，很多现代中国人可能已经不这样回答了。荀子也说："水火有气而无生，草木有生而无知，禽兽有知而无义，人有气、有生、有知，亦且有义，故最为天下贵也。力不若牛，走不若马，而牛马为用，何也？曰：人能群，彼不能群也。人何以能群？曰：分。分何以能行？曰：义。"（《荀子·王制》）荀子的这段话明确指出了人区别于万物之处不仅在于人有理性、有道德，而且在于"人能群"，即人具有社会性。正是因为人有社会分工并能与人合作，从而以一种社会性的力量使"牛马为用"，高于牛马，成为万物之灵。也就是说人的本质就在于其社会性。

心或人的精神本质既然只能存在于"仁"的二人关系中，那么，在中国文化中，个体只能是"身"。《尔雅·释诂》疏："《说文》云：'我，施身自谓也。'"用现代汉语说，就是"本身""自身"。人既然是"身"，因此，个人也称作个体。而人的心却是体现在"二人关系"中的，所谓"仁，人心也"（《孟子·告子上》）。在中国文化的符号系统中，个人被当作一个身体来看待。中文往往用"本身"来指称西方人的"自我"概念。中国人将人生的目标定为"安身"。中式的寒暄也不是问这个人近况如何，而是关心他身体好否。"中国文化是把单个的'个体'设计成为一个'身'……既然没有个体'灵魂'的设计"①，因此，很容易把"个人"当作一个不道德的主体。"不受'二人'之'心'制约的心，也很容易变成'私心'"②，每一个人都要以他人之意

① 孙隆基. 中国文化的深层结构. 桂林：广西师范大学出版社，2004：15.

② 同①17.

为“心”。中国人对自己对别人都只有“人身”观念，而没有“人格”观念。个体是身，他人是心。“身”由人伦与社群的“心”所制约，正好体现了中国文化把人的本质看作社会性和人的角色性而非个性，这种分析框架和理论是由海外华人学者孙隆基先生提出的，我以为相当深刻，富有解释力，因而在此进行了转述。

中国人的“心”是社会化、人事化的，中国人的“个体”概念却是身体化的。中国人的“身”是为人伦与社群的“心”所制约的。如果长期将一个人只当作一具身体去加以照顾，那么，就会遏阻他的灵魂萌芽，使其“身”由人伦与社群的“心”去组织，而不是由自己去组织。这种导向使个体独立、个人权利、个性尊严、自我疆界等明确的个人意识和人格系统都很难建立。个体不能成长，个性不能发展，自我遭到抹杀，使人缺乏一种生命的自我组织、自我发展能力，总会觉得能对自己加以肯定的力量是来自“身”外的，它就是别人、众人、集体、国家、民族等等。于是，真正有独立意识的“人”就难以诞生。这种文化使传统中国人的“个体”“个人”意识不发达，形成了自我压缩的人格，形成了社会对个人的极权主义笼罩，缺少私人空间、私人时间、私人领域，使人逆来顺受，缺乏权利意识，不敢让自己太有吸引力，不敢为天下先，造成了一潭死水的生存状态。

文化设计中的心与身的分离，使个体被看作肉体而非精神，其精神就是服从他人之心，这样就会要求在别人面前“做人”。“做”一个人与“是”一个人是两个相反的观念。“是”一个人就是去面对自己，亦即以自己的本来面目在世人面前出现，在世俗关系里保持自己人格的完整性。“做人”则是为了别人才去“做”一个人的角色，即使最后是为了自己也必须先为别人。这说明一个人将社会观众对自己的看法看得比自己对自己的看法更为重要。中国人很讲究“面子”与“门面”，就是这种倾向的最好说明。“面子”与“门面”，顾名思义，是指表面的东西而不是内里的东西，因此完全是摆给别人看的。

这种分裂就会使“做”人的人形成外律性的人格，就会使其在生人社会与熟人社会呈现两种不同的道德面貌。在熟人社会，在道德他律或人心人言能及之处，人俨然都是道德的君子，他的行为是高度利他的，其心意也是以别人为重的；而在生人社会，即心意未及之处，每个人只剩下“身”而无“心”了，因此即刻成了一个自私的、没教养的、非道德的主体。因为这时候再也不须“做人”了，不须在人伦关系中“表演”了。而一个“是”人的人则做任何事都是根据自我的律令而行动的。加尔文教义认为，每一个人都必须自寻其“得救”之道，不能依赖外力，因为“私人得救”之法各不相同，每一个人唯一能行的就是用自己的意志组织自己的一生，即所谓“上帝只能帮助自助的人”。一个人如果过度地将自己浸溶在人际关系中，可能往往会失去个性。

在中国文化里并没有超越世间的救赎，唯有“不脱离群众”才是唯一的拯救。中国人把“社群”作为自己的“上帝”。在人伦关系中，祖先、父亲、母亲就是“上帝”；在政治关系中，集体、皇帝就是“上帝”。人们可以为他们去“献身”。马克思认为共产主义的终极理想是“个人的自由全面发展”，这基本上是一种典型的西方思想。

在这一节里，我大量转述了孙隆基先生在其《中国文化的深层结构》一书中对中国人论的社会性、群体性及心身分析的理论，无论如何，他的这种理解是富有启发性的。但文化问题非常复杂，作为一位久居海外的学者，孙先生的这种观点仍然坚守了西方文化的个体主义立场，主要是批判中国群体性人论的，因而未能看到中国人论或者中国文化的这种群体性价值导向也有其积极性。比如，很多人观察到，中华文明是世界各大文明一直延续而从未中绝的文明，这是为什么呢？有人解释说其原因在于群体性导向，在于强调历史的延续性。另外，群体性的人性理论的价值取向也是民族向心力和民族凝聚力的重要价值基础。

第二，道德性的人性特质规定。中国的人性论讨论的实质内容是人的道德情感和理性与人的物质欲望之间的关系，而其主导观点则是认为二者是对立的，要存天理灭人欲。人性实际上就是人的道德性，德性论是中国人性论的主要特点。如果要中国文化回答："人是什么？"回答无疑是："人是道德的动物。"用一句话来概括，可以说德性论的人性善理论是中国人性论的最大特点。

孔子认为"仁者人也"(《礼记·中庸》)。如果我们把"仁"做广义的理解，理解为人与人的关系的话，那就可以说，这句命题表明了人的社会性；而如果我们把"仁"作为一种道德情感、道德品质或全德之名来理解的话，那么所谓"仁者人也"的意思就是说只有具备道德的人才能算作人，或者换句话说，道德是人性的特殊规定性。如果说这个命题还过于粗疏的话，那么，孟子的"四端"说，就是这种观点的典型理论。在孟子看来，人与动物的区别就在于人有道德。人先天就有恻隐之心、羞恶之心、辞让之心、是非之心四个善端，由此而生出仁、义、礼、智四种道德。人具有先天的善的良知、良能，把它引申出来就是社会的仁、义、礼、智等伦理道德规范，把它发挥出来就是善行善德，这四个善端在他看来，就是人先天存在的一种道德的起点，是人性的重要表征。荀子认为人之所以区别于动物，在于"人能群，彼不能群也。人何以能群？曰：分。分何以能行？曰：义"(《荀子·王制》)。这也就是说，人之所以有社会性，在于人有分工合作，而人之所以能够和谐相处，在于人有义，也是说人的本质就在于人的道德性。在之后人性论思想的发展过程中，实际上无论是对人性善恶的辩论，或是对人性等级的讨论，还是对性情关系的讨论，其思想前提均认为人的本质是道德，所谓善恶无非是道德价值意义上的善恶，所谓等级无非是根据人保有自己道德属性的多少来区分的。而相对于情的“性”以及所谓“天命之性”说到底说的都是人的道德性，其基本内容无非是仁、义、礼、智、信等道德纲常。比如，“善恶”这个词在汉语背景下大多是在道德意义上使用的，而不是从广泛的价值论意义上来说的，广泛意义上的“善”与“好”在汉语语境中似乎是不存在的。又比如，在汉语语境里，“人格”这个词似乎很少是一种分析性的、描述性的中性概念，很少指人的心理素质和行为特征，而主要是指有价值褒贬意义的人的道德品质或人品。我们在生活中如果说某人没有人格，那就是说某人因为做了不道德的事而失去了做人的资格，并没有心理学上“人格障碍”（personality disorder）的意思，而是指其为人所不齿。

中国与西方讨论“人”所用的叙事是截然不同的。西方人倾向于用心理学的语言，而中国人，即使是知识分子，也无所逃遁于道德化、人伦化（包括政治化）语言之笼罩。换而言之，一切在西方是属于个人心理学形态的状况都会被中国人予以“人伦化”或“道德化”的描述。这个倾向说明，在中国文化的符号系统里，外在的社会关系与社会压力在个人心灵中所占的比重，远远压倒了个人对自我心理状态的知觉，以致必须由个人面对的心理危机被转化为面临社会的羞耻感，个体理性失去调节造成的情感状态被转化为社会道德问题，而人格特征或角色则被理解为社会地位。

在中国思想史上，人性论之所以多是一种德性主义，其主要原因在于：一方面如前所述，中国文化本身就是伦理本位的，人性论理论又是中国文化的起始性、根基性观念；另一方面，人性论的探讨本身又为人的道德修养或社会的道德教化找到了一种人性论根据，进而为社会的治道理论如是德治还是法治提供了人性的合理性证明。

第三，人性善的乐观性。人性问题，实际上有两种含义，即事实判断意义上的描述理论和价值判断意义上的评价理论。前者指人试图以认知的立场探求、描述事实上人所具有的属性，比如，食、色、趋乐避苦等。后者指人性论问题还具有价值评价的含义，即如何看待我们认识到的这些人的属性和本质，它是善的还是恶的。人们还时常从价值判断的立场来使用“人性”这个词，比如我们说“那些强盗没有人性”，这里的“人性”当然不是指强盗没有食、色等自然人性，而是指他们缺乏社会善性。从这种区分来看，荀子所言的人性主要是从事实判断和自然人性的角度来说的，而孟子则多是从人的社会道德性即价值判断上来言人性的。孟子提出人性善，认为人先天具有四个善端，这是人皆有之的，仁、义、礼、智是人的良知良能，是人的共同本性，“人皆可以为尧舜”（《孟子·告子下》），正因为人性本来就是人先天具有的道德潜质，因此，人性必然就是善的，人人皆可成为尧舜那样的圣人。人的修身，只能内求，“学问之道无他，求其放心而已矣”（《孟子·告子上》），也就是说道德修养就是把自己先天具有的善的本性发扬光大而不放弃。治理天下只能走“内圣外王”的德治道路，进而兴王道。孟子的人性论有以评价代替描述的特点。荀子认为人性是恶的，善是后天修来的，因此人必须“化性起伪”，人的道德也必须通过圣人治礼作乐，通过道德教化才能形成。因此社会治理必须隆礼贵义，用外在的礼即规则、规范约束人们的行为，而不能仅靠孟子那样的“反求诸己”来解决问题。这种理论在思维上明确将自然描述与价值判断分开了。

第四，儒家学说无论是孟子的性善论还是荀子的性恶论，都在于为人的道德修养和社会道德教化寻找理论根据。而韩非认为人性是好利恶害的，对人讲道德是没用的，治国只要用赏罚就行了。要鼓励人干的事就重重地赏，不想让他干的事就用严刑重罚，因为人都是趋利避害的。儒家肯定人都可以成善，所以治国的基本方略是想办法使人弃恶从善；法家认为人不可能成善，其治理办法就是使人不敢做坏事。

在中国思想史上，或者说在中国社会文化的演进中，性善论成为一种主导的价值信仰，荀子的人性恶的观点被看作中国文化的异端。韩愈的《原道》不提荀子，宋明理学不承认荀子，正统的儒学认为荀子是离经叛道的异端。在中国文化中处于正统地位的人性论思想是亚圣孟子的性善论。从学统上，孟子被尊为亚圣，其人性本善的思想被士大夫文化和民众社会文化所全面认同。董仲舒、王弼、郭象、韩愈、李翱、二程、朱熹、王守仁的人性说，尽管在具体阐述或说法上各有差别，但就其思想实质而言，都体现了对人性善理论的认同。

在大众文化层面，在民间通俗文化的第一文本《三字经》中，首句就是“人之初，性本善”，接着第二句才是孔子的“性相近，习相远”。把孟子的思想放在孔子之前，这本身就说明了中国后世文化和老百姓对亚圣孟子的人性善理论的认同。历代人追求并相信能实现“君子国”“大同世界”，期盼明君与清官来拯救社会和自己，相信世上总是好人多，这些都是对人性善理论的认同，或者说是以该理论作为其价值信念基础的。

如果说西方文化是建立在基督教原罪意识上的“罪感文化”，那么，中国文化则是建立在儒家人性善理论基础上的“乐感文化”。

三、传统人性论的影响

如前所述，每种民族文化中的人性论理论都是其文化的元理论，或者按某些学者的说法是其“良知系统”，这种人性论理论必然对其文化与社会教化、社会治理产生重要的影响。中国传统人性论思想，对中国文化与社会的影响主要表现在如下几方面。

第一，社会本位、整体主义的文化价值趋向。由于中国的人性论把人本身看作社会关系、社会角色的总和，人心只能存在于人的社会关系中，那么，必然形成一种社会本位主义的文化及整体主义的价值导向。他人、社群（包括家庭、民族、国家等）的价值高于个人的价值，个人要自觉地服膺这种价值观。为了民族和历史的进步事业，可以杀身成仁、舍生取义。为了家庭，要传宗接代、延续香火、成就事业、光宗耀祖。总之家族主义、整体主义是中华文化的基本特点，这种特点的形成固然有其复杂的社会基础和历史文化背景，但却与中华文化对人性的基本认识和基本假设是直接相关的。

这种社会本位、整体主义的文化，其积极性在于使我们的民族文化和文明几千年延续不绝，这是古代四大文明唯一之现象。这有利于保持中华民族的团结与凝聚力，并培养了一大批心存天下、为民请命的仁人志士，从而推动了民族与社会的团结稳定和发展进步。其消极性则在于使我们的民族文化较少重视个人的个性和权利。这种文化使中国人的个体、个人意识不发达，形成了自我压缩的人格，形成了社会对个人的极权主义笼罩，使人的私人状态不发达，使人逆来顺受，缺乏权利意识，使人没有个性而多有依赖性。这种缺陷不利于个人的发展及现代社会的建立和形成。

第二，德性主义的人性论使中国文化成为一种道德本位的德性主义文化。

人区别于动物的特点在于其道德性，这种对人性的基本假定，使中国文化把道德看作高于别的一切价值（如经济利益、政治权利、法治秩序、军事实力、科学技术、文艺教化等）的至高价值，从而使中国文化成为一种道德本位的德性主义文化。

儒家的义利观，坚持以义为上，君子爱财取之有道。《论语·颜渊》记载了孔子与其弟子关于足食、足兵与民信关系的辩论："子贡问政。子曰：'足食，足兵，民信之矣。'子贡曰：'必不得已而去，于斯三者何先？'曰：'去兵。'子贡曰：'必不得已而去，于斯二者何先？'曰：'去食。自古皆有死，民无信不立。'"这说明了儒家文化把道德的价值置于经济与军事之上。至于政治与法律，均要以道德为基础，要讲仁政，行王道，要德主刑辅。儒家的价值观虽然也重视智，但这个智多是讲是非之心的人事之智而非自然之智，是一种道德理性，知识与智慧的价值是服从于道德这个根本价值的。礼确实离不开乐，但乐教实际上是服从礼教的。

崇尚道德价值的道德本位主义文化，是中国人长期以来的生活方式的体现。这种文化特质在现代化的过程中虽然有所变化，比如，在当代中国四十年的改革开放时期，社会价值观受经济价值观影响很大，但也不可低估传统的道德本位文化的历史影响。那么，该如何看待这种道德本位文化的历史作用呢？我认为应从积极与消极两方面来看待。

从积极方面看，一方面，道德作为一种规范性的精神力量显然对于维护我们这么大的一个民族文化共同体的团结、和谐与稳定发挥了不可替代的巨大作用。伦理作为社会生活的一种秩序性力量，使我们的社会以礼治、德治的精神维护了传统中国社会的亲亲、尊尊、长长的社会生活秩序，使家齐、国治、天下平，使四海安定、万邦协和。另一方面，道德作为一种德性的人的内在的主体精神，使传统中国人“自天子以至于庶人，壹是皆以修身为本”（《礼记·大学》），视道德为安身立命之本，德教为先，立身为本，强调反求诸己，强调道德的自觉性、能动性，强调成圣成贤，强调道德价值的至上性、崇高性，为了道德甘愿“一箪食，一瓢饮，在陋巷”（《论语·雍也》），也不改其乐，“穷且益坚，不坠青云之志”（《滕王阁序》），要做“富贵不能淫，贫贱不能移，威武不能屈”（《孟子·滕文公下》）的大丈夫。这种主体的德性力量，也确实在传统中国培养了一些道德上的真君子和圣贤，提升了我们民族的道德文明，使我们成为一个礼仪之邦。

从消极方面看，特别是从今天文化反思的立场来看，这种道德本位或泛道德化的文化，在走向现代化的过程中存在着诸多不足。从各种社会价值的关系来看，坚持道德价值的至上性、唯一性必然冲击其他社会价值。比如，在义利观上，过分强调义的价值，有时就会导致轻视经济利益的价值，从而影响民族经济与社会的发展。在历史上也确实形成了如颜元所批评的那样一些“无事袖手谈心性，临危一死报君王”（《存学编》卷一）的无用之辈。又比如，过分强调道德的价值，就会在德才观上重视德的价值而轻视才的价值。在礼乐观上，就会以礼的教化目的而冲淡乐的独特艺术规律。重道德而轻知识，可能还有更多的社会因素，但却与人性论中这种对人的德性主义设计不无关系。从社会治理的角度看，形成了重德治而轻法治的传统，而这种传统是不利于我们建设现代法治国家的。道德作为自律，强调内在良心的制约作用；而法律作为他律，则强调外在强制力的作用。两者用力的方向不同，却共同维系着社会的稳定。但按照性善论的思想逻辑，既然人性本善，那么作为他律的法律也就是可有可无的了。

即使制定法律，强调的也只是作为德政辅助手段的刑罚，而这种刑罚只不过是事后的处罚，而没有事前的规范约束与监督机制。正因为相信人性善，并把这种善看作人的道德，因而在社会治理与调控方面必然坚持德治主义。德治主义认为人自身具有自我觉悟、自我行善的可能性，人的行为可以通过教化与感化矫正，因而人的行为调节应当主要通过伦理的形式而非法律制裁的形式实现。所谓德治主义，从政治管理与调控所凭借的手段和方式来看，主要依赖的是君主与官吏个人的道德品质与人格，正所谓教化是“以身训人是之谓教，以身率人是之谓化”（《因寄轩文初集》卷六《与朱幹臣书》）。对民众的治理调控主要依赖道德教化而非法律约束，并坚信“道之以政，齐之以刑，民免而无耻；道之以德，齐之以礼，有耻且格”（《论语·为政》）。这种德治主张固然也有其长处，即对人性充满乐观的期待与信心，也发挥了人的主体性和能动性。但一种社会治理模式，如果过于强调德治，就会在一定程度上弱化法治，因此，中国少有法治主义传统，中国古代的法律也被仅仅看作“刑”而非“法”。

总之，儒家尤其是孟子的性善论构成了中国社会治理的最终根据，正如霍布斯、孟德斯鸠等人的性恶论构成了近代西方资本主义法律的根据一样。德治主义是一种信善靠善的社会调控机制，而法治主义则是一种知恶防恶机制。因此以性善论为基础的社会调控系统是缺乏社会监督机制的。

第三，乐观性的人性善理论，一方面提升并弘扬了人性的尊严和价值，另一方面则使文化与社会控制仅有劝善激励机制而缺乏防恶约束机制，因而容易形成重视人治而忽视制度建设的现象。

儒家的人性善理论表达了对人性的乐观主义态度，相信人都是可以为善的。它以先验的人性论假定肯定和维护了人的价值与尊严。性善论揭示了道德的真正基础不在外部的社会需要或总体目标之中，而在每个人的天性之中。性善论主张人性的尊严和价值是比其他一切外在的社会需要或总体目标重要得多的东西，因为只有每一个人的人性都得到充分的尊重和实现，才谈得上理想社会。因此，性善论认为，统治者只需要引导人民自觉追求自身人性的完满实现即可天下太平，而丝毫不必害怕人民为非作歹。这种理论对鼓励人们在道德上努力上进是有很大激励作用的。孔子有言："仁远乎哉？我欲仁，斯仁至矣。"（《论语·述而》）孟子有句话："求则得之，舍则失之。"（《孟子·尽心上》）只要你想学好，你就能变好。如果一个人自暴自弃，就没什么指望了。它主张通过对善端的不断扩充，提升人的精神境界，这对中华民族的道德人格塑造有积极意义。它以"善养浩然之气"的圣人、贤人为理想人格，从而对世世代代的中国知识分子起着积极的教化作用。

但是，人性善理论表现出了对人性的过于乐观和自信，把社会调控的机制主要看作人的仁心自觉与意志自律，从而忽视了制度建设的必要性。这种乐观性的人性论虽然也塑造了为数不少的圣人、贤人和真君子，虽然从理论上也维护了人的尊严，主张通过对善端的不断扩充提升人的精神境界，但是过于相信个人趋善的本性与可能性必然会削弱社会监督机制。

人性善理论也导致了贤人政治，形成了对皇帝与官吏的崇拜，使中国历史上长期具有人治的传统。人性均是善的，那么圣贤君子则更是民众的楷模，孟子说："君仁莫不仁，君义莫不义，君正莫不正，一正君而国定矣。"（《孟子·离娄上》）按照这样的见解，在治理国家的过程中，重要的不是制度和措施，而是治理者的道德修养；如果说儒家的"内圣外王"强调了"内圣"才能"外王"，即只有有德才能有权，那么，中国历史上的圣人崇拜、君主官吏崇拜就强调了治者必有德。这种对君主与官吏的善良的道德期待和盼望以及人为的粉饰成为中国社会的传统。这种传统对封建君主和官吏提出了劝诫，也是论证、粉饰封建王权和政权的理论基础之一。儒家的皇权理论认为，君主本身所具有的美德是君主权力至上的一个必要前提，如周公就用“敬德保民”“以德配天”的思想来论证周取代商的合理性。在中国传统政治文献中，皇帝都被描绘成“天纵合德”“天纵英武”之类，用以美化君主之高尚品德。皇帝往往以有德有智、崇高无比的圣人自居。如果说皇帝是以圣人自居的话，那么官吏就大多以贤人自居，自认为有位就有德，之所以有位就在于自己有德。老百姓也在这种文化传统的影响下，形成了期盼圣君明主、清官廉吏的意识，而少有对他们进行监督的意识。当然在专制主义政治制度下，对官吏进行监督也是不可能的。不可否认，中国历史上也曾出现过圣君明主、清官廉吏，出现过真心奉行儒家“内圣外王”信条的真君子，但对于昏庸之主与贪官污吏，这种文化不但没有提供必要的、有力的监督机制，而且还往往为其粉饰、掩饰。也就是说，人性善理论不仅过于相信一般人的人性善，而且更加相信为政者的人性善，因而缺乏必要的监督机制。

也许我们将中国传统的乐感文化与西方以基督教为主导的罪感文化做些比较是有益的，可以深化我们的相关认识。

西方文化中的人性恶的信念主要体现为基督教的罪感文化。基督教的原罪意识确实是西方文化最根本、影响最深远的元文化观念。在儒家中，人在性善这点上一律平等；在基督教中，人在上帝面前是平等的罪人。坚持性恶论不可避免地会加强人对上帝的依赖，上帝对人的绝对权威主要是通过人的堕落来起作用的。上帝的存在与人的堕落也许是一对孪生概念，从逻辑上不能设想只有一方而无另一方。没有上帝，堕落的人将使世界一片混乱；

没有关于人堕落的神话，人企求上帝拯救和对上帝的依赖也就毫无必要，因而整个上帝的概念就会瓦解。以基督教原罪意识为基本价值信念的西方文化是一种罪感文化。这种罪感文化则因其初始的人性假设就建立在对人的悲观与不信任的基础之上，因而恰好注意了对人性恶的预防和监督机制。西方文化中的宗教原罪意识，俗世中的人生自私自利、对立冲突的人性认识，使西方人多有一种悔悟反思意识，会正视自我的罪过和人生的有限性。知罪过才会悔悟，有了悔悟才能洗净愚昧自大，才能加强防恶之督责、改革之追求。

在西方思想发展过程中，性恶论长期存在，如马基雅弗利认为："关于人类，一般地可以这样说：他们是忘恩负义、容易变心的，是伪装者、冒牌货，是逃避危难、追逐利益的"(《君主论》第 17 章)。霍布斯虽然并没有承认趋利避害的自私人性是恶的，但他同样承认这种自然本性是需要由理性加以约束的。这一切都必须依赖于经过"第二次订约"的"国家"。孟德斯鸠强调"法的精神"，强调社会调控的监督机制，其理论根据就在于人是有局限性的。在社会生活中，由于个人利益的冲突，产生了立法的必要性。总之其重视社会法制的外在约束与制度的监督机制的思想是以其人性是有局限性的这一人论思想为前提的。

这种意识也进一步使得西方社会的治理与调控主要依赖法制的外在约束。从其根源上看，基督教本身就有契约观念的传统，长期的市场经济实践，生活与生产的流动性也决定了社会只有依靠一种普遍有效的客观意志才能对人们的行为进行规范与调节，因而内在地、必然地要求契约精神。可以说法治是西方社会的必然。在法治社会里，一切都受法律的制约，一切都靠法律规范、调节与维护。法律在西方政治生活、社会行为中居于核心地位，并且有至上的权威。在这样的法治社会里，国家权力、政治统治是指法律而不是指个人。统治的实施依据的是客观化的法规而不是主观意志的专断。政治权力被纳入法律的控制之中。在执法上，它强调法律面前人人平等，以法律为衡量一切的准绳。总之，所谓法治主义，就是以客观的、普遍有效的客观意志规范人的行为，进行社会控制的一种形式。

所谓社会监督机制，在一定意义上是指在实现社会控制的过程中，运用政策、制度、法规对反社会的恶行和罪行进行有效的预防、约束、禁止的社会机制。这对实现社会的发展与稳定至关重要。在我国进行社会主义市场经济建设的新的历史时期，如何用强有力的社会监督机制防止经济犯罪，防止官员贪污受贿、以权谋私、腐败堕落，不仅关系到社会主义市场经济能否健康发展，而且关系到社会的稳定与民心的向背，可以说是关系党和国家生死存亡的大事。

一个社会能否有强有力的社会监督机制取决于很多因素，如社会的专制化或民主化程度，依靠人治还是法治等。但从文化与哲学的角度来看，正如我们以上所考察的那样，文化传统与哲学理论的人性善恶假设则是一个社会是否重视并能否形成完善的社会监督机制的理论基础与价值前提。

中国社会长期具有德治主义、人治主义的传统，缺乏防恶止恶的社会监督机制，其最终的价值根据就是占主导地位的人性善的乐观主义理论。在其看来，人性本来就是善的，因而无须监督，只要人人加强自己的道德修养，人人都可成为尧舜那样的圣人。德治主义最大的弱点就是把政治建立在对人性善的假设与期待上，而缺乏社会的监督机制。中国的好多事办不好，也许均源于此。如对于腐败官员，仅相信其道德自觉仍是软弱无力的，而必须有强有力的制度保障和制约机制。在西方，之所以重视并强化制度、法律的社会监督机制，固然有西方社会的经济、政治、文化等多方面的原因，但从人性论的角度看，其文化传统没有像中国文化那样对人抱有一种盲目乐观的态度，而是以现实冷峻的态度看到了人首先是一个欲望主体，是一个有局限性的存在，人都可能会犯错误，甚至人本来就是有“原罪”的。这样的价值信念形成了其重视对人性之恶与恶行的宗教、道德、法律的约束，上帝的信仰、道德普遍理性与严格的法律一起构成了西方社会完善的社会监督机制。

通过以上对中西文化中的人性论的比较，我们应该得出如下一般性的结论：在当今中国的社会治理中，中国古代的人性善假设及其德治主义、人治主义传统足以引起我们的反省与警诫，而西方重视社会监督以及法治的传统应该为我们所借鉴。

在当代中国，人性善与德治、人治传统还根深蒂固。在政治管理中，家长制、一言堂还大行其道。官员的选拔任用有时还采取人治的所谓“伯乐相千里马”制，这实际上就是以上级官员的印象来提拔任用干部。贤人政治、君主与官员崇拜、官本位的传统在某些官员身上依然存在。在有些干部身上，还有一种有位必有德的良好感觉，自认为是有德有才之辈，是民的“主”，其职责就是要“主民”。不可否认，这些干部中的大多数可能是凭借自己的德才得到官位的，但人治必然造成在任官过程中个别人是靠巴结奉迎上司而上台的。即使在上任伊始，他们的确是德才兼备的人，那么，谁又能保证在权力和利益的诱惑面前，他们的人品不会变呢？只管任用而不管监督，其理论基础仍在于人性善理论，不像西方的人性论认为人是会变的，是会犯错误的，认为不被监督约束的权力必然导致腐败。

权力不加限制必将导致腐败这一政治学的基本定律，在十多年前就为学人所认同，今天甚至已成为老百姓的共识，党的领导人也提倡要把权力关进制度的笼子里。然而在我们的实际治理过程中，要真正形成一套行之有效的监督办法，还有待探索、实践。正是因为缺乏强有力的监督机制，导致了经济犯罪频频发生，如一个银行的普通职员竟在数年里贪污 1 000 多万元而无人发现，这充分暴露出我们的制度建设多么薄弱。党和国家在反腐倡廉方面也是花了很大气力的，但是如何从根本上解决问题呢？笔者以为，从宏观上来讲，一定要加快我国的民主制度建设，坚持以法治国；从微观上来讲，要加强制度与法规的社会监督机制建设。对任何级别与类别的社会权力都应实行切实有效的监督。好多腐败官员事发后总结说，官越大，实际上所受到的监督越少，这是导致其犯罪的根源之一。

从思想文化基础与根源上来讲，要加强社会监督机制，我们应该克服中国古代人性善、德治主义、人治主义、官员崇拜的影响。民主的实质即在于对参与其中的任何个人都不能绝对相信，它承认每个人都可能犯错误，只有每个人的智慧的集合才能纠正个人的错误，导向真理。要正视人的自然物质原欲的自发性、自利性、反社会性，在这个共同人性上，人与人都是一样的。在现代民主社会里，官与民在人格上、社会地位上应该是平等的，官员也只是从事社会管理工作的普通人，在道德、人性与人格上并没有高人一等。而且还因为他们手中有权，因而腐败堕落的可能性较一般人要更大，更应对他们实行社会监督。那种满街都是圣人的对人性的盲目乐观是不利于社会监督机制的形成与完善的。党的先进性固然要求干部要为人民服务，要做人民的公仆，这种思想教化与人的自觉是必要的，但是今天的现实则更要求我们关注如何使他们不以或不能以党和人民赋予的权力为己谋私，蜕变为人民的“老爷”，成为人民的罪人。这就需要我们坚持人人在人性与人格上都是平等的民主原则，承认人人在人性上都是不完善的，从而加强社会的监督，防止腐败与犯罪的进一步蔓延。

第四章　处世论

人是社会性的动物，是群居的动物，人的生命过程必须存在于一定的社会关系中，即“人世”中，那么，人应该以何种态度对待既有的社会关系？是积极有为还是道法自然？是积极入世还是消极隐世甚至是出世？这些问题体现了一个人的基本的和总体的人生态度，这种总体的人生态度决定着我们对其他的人生具体问题的思想方法和处理态度。所谓处世论，就是对这种总体的人生态度的探索与讨论。我国古代的儒道释三家对这一问题给出了不同的答案：儒家主张积极入世、自强不息、厚德载物，佛教主张出世济世，而道家则主张道法自然、无为超越。也就是说儒释道三家在人生总体态度上为我们提供了入世、出世、隐世三种基本态度。

在中国文化的轴心时代即先秦时期，有百家争鸣之说，但实际上大的学派无非十余家而已。佛教在两汉之际从印度传入我国，之后它成为中国文化的重要组成部分。对后世中国人的人生和社会生活发生重要影响的实际上就是儒道释三家。关于儒释道三家在中国文化中所发挥的作用，宋孝宗的《三教论》说：“大略谓之以佛修心，以道养生，以儒治世。”

以儒治世。儒家学说主要是一种伦理政治学说，它强调的无非是内圣外王，修身、齐家、治国、平天下。它强调亲亲、尊尊、长长，它强调君君、臣臣、父父、子子，这一切都是有利于治世的。

以道养生或以道治身。道家学说是一种隐世的思想，因而容易形成对自身生命的关怀和对精神自由的追求。道家思想与道教既有联系又有区别。道教是中国本土的一种宗教，道教与其他宗教不同，它对长生不老充满眷恋，它的内丹学说直接就是一种气功理论，它的养生思想很发达，不仅包括炼丹术、气功、房中术等，而且注意心身双修，以道法自然的精神、以超越自由的胸怀来看待一切，这自然是有利于人的身体健康的。追求长生不老、成道成仙本身就是道家和道教的理想追求。因此，道家是有利于人的养生和治身的。

以佛养心。较之儒道两家，佛教具有一种更为超越的思想，它视此岸世界即现实人生为苦海，视彼岸世界为净土和极乐世界。佛教要求人们放下对尘世的一切执着。固然不可能我们每个人都去出家当僧尼，但如果我们能学一点佛教观察世界的立场和思想方法的话，那必将有助于参透人生，提升人生境界。因为无欲品自高，一个连生死都能放下的人，他还有什么放不下呢？信仰的力量是很大的。举例来说，我国古代，在玄奘之前二百多年，就有一个和尚叫法显，他是山西临汾人。他为了去西天取经，六十余岁开始西行，途经今天的巴基斯坦到达印度，刻苦学习佛教。后来又想从水路回国，结果漂到了今印度尼西亚，后来再次航行，终于到达了青岛，历经十四年。回国后翻译了大量佛教经典。大家想一想，一个六十余岁的人，在当时的历史条件下是相当高龄的人了。走那么远的路，其面临的挑战可想而知。那么，他为什么能实现这样的壮举？何以有这种毅力？就在于信仰的力量支撑着他。

总之，中国传统文化学派众多，思想丰富，特别是儒道释三家影响更大。但由于佛教毕竟是一种信徒信奉的宗教出世主义思想，而我们是在现实人生的立场上讲人生道德智慧的，因此，我们这一讲主要介绍儒道两家的人生态度，即积极有为和消极无为，对佛家的出世态度暂且忽略。

南怀瑾先生在传统文化的通俗传播方面贡献很大，他对儒释道三家所能给人们提供的思想资源有一个形象的比喻，即儒家是粮店，道家是药店，而佛家则是百货店。这种比喻的意思是说，儒家的积极有为的学说和人生态度给人们以营养和动力，就像粮店提供给人们粮食一样，人的生命是离不开粮食的。道家的道法自然、消极无为的思想，作为人生的超越和解压机制可以发挥药店对人的心理疾病的治疗作用。佛家的思想博大丰富，就像一个百货店一样可以根据不同人的需要任意取用。任何一种比喻都有其形象的一面，也有其不精准的一面，但南先生的这种比喻对于我们理解儒释道的处世观是有启迪作用的。学者们一般认为儒释道三家的人生智慧可以发挥如下不同作用：儒家教我们“拿得起”，道家教我们“放得下”，佛家教我们“想得开”。这种说法也很准确到位，富有启发性。

一、儒家： 自强不息与厚德载物

现代著名哲学家张岱年先生曾把《易传》中的“天行健，君子以自强不息”“地势坤，君子以厚德载物”作为中华民族精神的集中体现。的确，这两句话集中概括了我国儒家学派的总体人生态度：刚健有为，自强不息；厚德载物，宽容待人。

1. 刚健有为，自强不息

众所周知，《周易》是中国文化的元典，包括《易经》和《易传》两部分。《易经》由六十四卦卦画、卦名、卦辞和三百八十四爻辞组成；《易传》由《彖》（上、下）、《象》（上、下）、《系辞》（上、下）、《文言》、《说卦》、《序卦》、《杂卦》等七种十篇构成，又称“十翼”，是对《易经》进行哲理性阐释的经典之作。《易经》大约成书于殷周时期，是上古先民的占筮记录；《易传》相传为孔子所作，今天的学界多认为它并非出自孔子一人之手，而是经多人之手完成的，大约成书于战国末年。《周易》认为乾、坤两卦是《易》的门户，乾属阳，坤属阴，一阴一阳，一刚一柔，阴阳和合，成就天下万物。《系辞上》说：“乾知大始，坤作成物。”其他六十二卦均是从这二卦中推演出来的，因此，这两卦的义理精神必然成为中国古代哲学与道德智慧的源头和基本精神。正如王夫之所说：“以‘自强不息’为修己之纲，以‘厚德载物’为治人之本，故曰：‘《乾》《坤》者其《易》之门户’，道从此而出，德从此而入也。”①

这两句话是对乾、坤这两种最基本的卦象的解释，乾为纯阳之卦，有刚健向上之义，象征天；坤为纯阴之卦，有博厚宽容之义，象征地。依据“三才”之说，人居天地之间，与天地合德。故人应效法天地之道，自强不息，有为奋进，此是君子的立身之本。同时还应像大地一样，具有博厚的胸怀，承载万物，包容众有，此是君子待人接物之方。

“天行健，君子以自强不息。”“天行”，即天或自然的运行。“健”，即强壮、刚健，它是乾卦也就是天的特性和品格。“君子以”是“君子应该”的意思。《系辞下》说：“天地之大德曰生。”

① 船山全书：第1册. 长沙：岳麓书社，2011：698.

天是生万物的乾元之始，万物得以产生。天体之行，昼夜不息，周而复始，无时亏退，天道的“资始”和生生不息，使之具备了刚健中正的品格和能动进取的精神。故君子应该效法天的这种生生不息、刚健有为的精神而自强不息。所谓“自强”，就是努力向上，积极进取。所谓“不息”，就是矢志不渝，奋斗不止。

自强不息的伦理精神作为一种做人的精神品格，有学者认为可以体现为“自强精神、日新精神、拼搏精神和浩然正气”①。自强精神要求君子应刚毅坚卓，奋发图强。日新精神要求人们日新其德，“如切如磋，如琢如磨”，进德修业，坚持不懈。拼搏精神就是如孔子那样为了正义的事业“知其不可而为之”，像“愚公移山”那样矢志不渝、坚持不懈，要具有鲁迅先生所说的那种“脊梁”精神：“我们从古以来，就有埋头苦干的人，有拼命硬干的人，有为民请命的人，有舍身求法的人……这就是中国的脊梁。”② 浩然正气就是保持独立人格、坚持正义、不惧邪恶的精神品格，所谓“三军可夺帅也，匹夫不可夺志也”（《论语·子罕》），“志士仁人，无求生以害仁，有杀身以成仁”（《论语·卫灵公》），要具有孟子所言的“富贵不能淫，贫贱不能移，威武不能屈”（《孟子·滕文公下》）的大丈夫精神。

儒家的代表人物孔子、孟子、荀子等发展了这种自强不息的民族精神。他们所强调的主要有两点：

第一，强调事在人为的人文人本精神，也就是相信并依靠人的努力推动社会文明进步。刚健有为、自强不息强调人的奋发有为的精神品质，强调人本主义，对人自身的力量充满了信心。孔子不相信鬼神，《论语·述而》中记载：“子不语怪、力、乱、

---

① 杨庆中．周易与人生．北京：中国人民大学出版社，2010：18.

② 鲁迅全集：第六卷．北京：人民文学出版社，1981：118.

神。”他说：“务民之义，敬鬼神而远之，可谓知矣。”（《论语·雍也》）孔子更加关注社会人生，强调人的决定性作用。孟子认为“天时不如地利，地利不如人和”（《孟子·公孙丑下》），他将“人和”看作事物成败的关键。荀子认为“天行有常，不为尧存，不为桀亡。应之以治则吉，应之以乱则凶”（《荀子·天论》），彰显出人在社会发展中的地位和作用。他提出“制天命而用之”（《荀子·天论》），表现出对人的力量的坚定信心。

第二，强调并弘扬积极进取与刚毅有恒的精神。孔子为了实现他心中的政治理想即恢复“郁郁乎文哉”（《论语·八佾》）的周朝盛世，为了推广他的学说并以其学说影响社会，他一生都在积极发愤努力，直到终老。他说：“士志于道，而耻恶衣恶食者，未足与议也。”（《论语·里仁》）他鄙视“饱食终日，无所用心”（《论语·阳货》）的人生态度。纵观孔子的一生，可以说他是“发愤忘食，乐以忘忧，不知老之将至”（《论语·述而》）的“知其不可而为之者”（《论语·宪问》）。所谓“刚健”，“刚”是指有进取精神，不屈服于外力，“健”是指具有持久力。孔子非常看重“刚”的品德，将其视作有为的必需条件。他说：“刚毅木讷，近仁”（《论语·子路》），“三军可夺帅也，匹夫不可夺志也”（《论语·子罕》）。曾子认为：“士不可以不弘毅，任重而道远。仁以为己任，不亦重乎？死而后已，不亦远乎？”（《论语·泰伯》）孔子在周游列国时，也曾遭遇到生活的困顿和挫折，甚至被袭击，但他却没有发生过动摇。孟子推崇“富贵不能淫，贫贱不能移，威武不能屈”（《孟子·滕文公下》）的大丈夫气节。这些都是对刚毅品质的强调。在儒家看来，人要想有所作为，不仅要有自强不息、努力奋斗的精神，还必须以刚毅的品质为前提。不仅要刚毅，而且还要有不断进取、持之以恒的精神，要有不畏艰难困苦的勇气和毅力，要有赴汤蹈火也在所不惜的精神，只有这样，才能实现远大的理想，建立社会功业。

刚健有为、自强不息成为中华文化对人的基本品质的要求，也被后世所广泛认同，培育了中华民族为了追求社会理想和天下大义，主动担当、努力进取、百折不挠、自强不息的民族精神，并鼓励人们勇于实践，建功立业。这种精神对中国的政治，对百姓和士人的生活态度都曾发生过深远的影响。

从政治层面看，我国汉初统治者采取的是休养生息、无为而治的黄老之学。但到了汉武帝时期，国力逐渐强盛，统治者想开拓疆土、建功立业，儒家的积极有为的人生观就适应了统治阶级的需要，因此，才会有“罢黜百家，独尊儒术”的策略，儒家哲学才会上升为统治者的国家哲学。

这种刚健有为、自强不息的精神激励着历代的仁人志士为了民族大义、百姓福祉而不懈努力，建功立业。在汉代，史官司马迁因为为李陵辩护被处以宫刑，在当时的社会，受宫刑不仅是肉体上的痛苦，更是人格上的极大羞辱。在这种人生苦难面前，司马迁之所以能忍辱活下来，不是他想偷生，而是因为他具有强烈的文化使命感，之后才会有被称为“史家之绝唱，无韵之《离骚》”的《史记》这样彪炳千秋的历史名著留传于世。司马迁为中华民族的历史文化做出了自己不朽的贡献。《左传》中立德、立功、立言的“三不朽”思想成为知识分子积极进取、自强不息的强大精神动力。岳飞的“精忠报国”，范仲淹的“先天下之忧而忧，后天下之乐而乐”，文天祥的“人生自古谁无死，留取丹心照汗青”，张载的“为天地立心，为生民立命，为往圣继绝学，为万世开太平”，顾炎武的“天下兴亡，匹夫有责”，林则徐的“苟利国家生死以，岂因祸福趋避之”，这些名言警句是中华民族自强不息的精神在不同历史时期的表现。正是依靠这种精神，中华民族才能在艰难险阻面前永不屈服，成为一个富有理想、自强不息的民族。

即使是普通老百姓，也深受这种思想的影响。比如，老百姓经常说的“男儿当自强，人生当奋斗”“求人不如求己”“艰难困苦，玉汝于成”等俗语就是这种人生观的集中体现。在生活实践中，老百姓坚持耕读传家、建功立业、光耀祖宗，这些都是老百姓实践这种人生态度的行为体现。

2. 厚德载物，宽容待人

《周易·坤卦》中说：“地势坤，君子以厚德载物。”《易传·说卦传》中说：“坤，顺也。”坤代表地，地具有柔顺承天、博厚载物的品性。乾以刚健统领于天，坤以阴柔和顺承奉于天。坤承接乾阳，资生载养万物，它的德性光明广大，博厚高远。君子应当效法它，增厚美德，容载万物。君子在做人与处世时，要心胸开阔、立志高远、严于律己、宽以待人，以厚德对待他人。

中国古代社会是一个农业社会，人们不仅崇拜天，也崇拜地，坤卦所代表的地的品德，大约包括三个层面的含义：一是承天而资生万物，二是敦厚而普载万物，三是滋养而光大万物。从人生哲学的立场来说，大地生育万物、普载万物、光大万物的伟大品格，至少可以在三个方面提升人的品格：一是敦厚能载，二是宽广能容，三是以柔济刚。具体化为道德的要求，就是要求我们厚德、宽容、柔顺。

厚德。厚德载物的精神首先体现的是儒家的重德精神。这就是说，人若想载物，必须先有厚德。所以，做人首先要强调进德、厚德、明德，不断提高自身的道德修养。成德成人，这是人生和事业的基础和根本。正如《礼记·大学》中所说的那样，“自天子以至于庶人，壹是皆以修身为本”，而且，这种修身是齐家、治国、平天下的根本和前提，只有内圣才能外王，道德是人生之基、治国之要、幸福之本。因此，厚德载物要求人们尊崇道德的价值，以德为本，以修身为先；要求人们效法大地，有厚重稳健的品格和载育万物的能力，以培养自己任劳任怨、吃苦耐劳、慈悲忍让的德性。

何为厚德？《周易》中有一个解释：“劳而不怨，有功而不德，厚之至也。”汉人刘向在其著《说苑・复恩》中有一段表述，可以看作对这段话的一个解释：他说：

> 孔子说：“德不孤，必有邻。”夫施德者贵不德，受恩者尚必报。是故臣劳勤以为君，而不求其赏；君持施以牧下，而无所德。故《易》曰：“劳而不怨，有功而不德，厚之至也。”

中国古人十分欣赏这种厚道的品格，把它视为人的一种美德。葛洪认为“厚则亲爱生焉，薄则嫌隙结焉”（《抱朴子・交际》）。也就是说，有了这种厚德的品格，就必然能表现出能劳、能忍、推己及人的善行。孟子所谓的“善推其所为”（《孟子・梁惠王上》），实际上是指善于将自己善良敦厚的品性开发出来，以便于影响他人。

宽容。《论语・子张》中说“君子尊贤而容众”，《尚书・周书・君陈》中说“有容，德乃大”，《韩非子・大体》中说“太山不立好恶，故能成其高；江海不择小助，故能成其富”，都认为能够宽厚容人才是最高最美的道德。人只有像大地那样修德以厚，才能获得人生的意义与价值。这种精神在孔子那里发展为一种宽仁敦厚的处世待人之道，以及一种温良恭俭让的个人品质。在人际关系上，要严于律己、宽以待人，“修己以敬”（《论语・宪问》）而“求诸己”（《论语・卫灵公》），“躬自厚而薄责于人，则远怨矣”（《论语・卫灵公》），“己所不欲，勿施于人”（《论语・卫灵公》），“能行五者于天下，为仁矣……恭、宽、信、敏、惠。恭则不侮，宽则得众，信则人任焉，敏则有功，惠则足以使人”（《论语·阳货》）。

孟子认为为仁之要务就在于先正己身，宽以待人，得不到对方的理解甚至对方以“横逆”暴己时，都要反身从自己一方找原因。“反身而诚，乐莫大焉。强恕而行，求仁莫近焉。”（《孟子·尽心上》）对于仁者而言，就是要自觉地、诚恳地以推行恕道为最大的快乐。荀子也以其“兼服天下之心”的处世之道发展了儒家这种厚德载物的精神。“兼服天下之心：高上尊贵，不以骄人；聪明圣知，不以穷人；齐给速通，不争先人；刚毅勇敢，不以伤人；不知则问，不能则学，虽能必让，然后为德……无不爱也，无不敬也，无与人争也，恢然如天地之苞万物。如是，则贤者贵之，不肖者亲之。”（《荀子·非十二子》）所谓“兼服天下”，即要求人具备天覆地载的宽广博厚的胸怀，待人接物，不自恃以骄人、穷人、先人、伤人，敬爱宽容，辞让而不图报，这样人人都会贵之、亲之。

柔顺。柔顺是大地的特殊品格，以其柔而济刚之不足，或者说以其柔而成就刚之为刚。“刚柔相推而生变化”“一阴一阳之谓道”（《易传·系辞传》）。汉代哲学家王充说“阴阳和，则万物育”（《论衡·宣汉》），王夫之也认为，阴阳相资、刚柔相济是事物发展的规律。我们为人处世，如果只知道刚而不知道柔，就会把关系搞僵，事情也难以办成，柔道是维持团结和谐的重要条件，而和谐团结则是交友、齐家、治国的根本保障。

自强不息体现了儒家对人生的积极入世的总体态度，而厚德载物则体现了儒家在人生、人世中崇尚道德的价值，并且以厚德而载物，而修己待人。做人首先要进德、厚德、明德，不断提高自身的道德修养。成德成人，这是人生和事业的基础与根本。“积善之家，必有余庆；积不善之家，必有余殃”“君子敬以直内，义以方外，敬义立而德不孤”（《周易·坤卦·文言传》），强调君子要内外修德。同时修身是齐家、治国、平天下的根本和前提，也就是说只有内圣才能外王，道德是人生之基，是治国之要，是幸福之本。

如何以德待人？

第一，严己宽人，以诚相见。在人际关系上，要严于律己、宽以待人。厚德与宽容是相互作用、相辅相成的。《尚书》中说“有容，德乃大”，认为能够宽厚容人，才是最高最美的道德。人只有像大地那样修德以厚，才能获得人生的意义与价值。这种精神在孔子那里发展为一种宽仁敦厚的处世待人之道。《论语》中说“君子尊贤而容众，嘉善而矜不能”，“躬自厚而薄责于人，则远怨矣”，“能行五者于天下，为仁矣……恭、宽、信、敏、惠。恭则不侮，宽则得众，信则人任焉，敏则有功，惠则足以使人”。《礼记》中说：“君子不以其所能者病人，不以人之所不能者愧人。”《菜根谭》中说：“不责人小过，不发人阴私，不念人旧恶。”大度容人，自然能得人心，这就是“宽则得众”的含义所在。

第二，心有他人，礼让为先。明代学者吕坤曾经说过：“肯替别人想，是天下第一等学问。”（《呻吟语》）这是说道德的本质是心有他人，或者说讲道德的人首先就是心有他人的人，重德精神在人际之道上就是要有这种心有他人的恕道精神。人同此心，心同此理，将心比心，推己及人，设身处地为他人着想，这是一种与人为善的德性。有了这种精神必然会在人际关系中以礼让为先。在中国文化中，“孔融让梨”式的礼让精神被极力倡导，妇孺皆知；在名利面前，古人赞美“君子无所争”的风度和“不贪为宝”的高洁品格；对待人际纠纷时，先贤主张“争先的径路窄，退后一步自宽平一步”“处世让一步为高”（《菜根谭》）。一个“让”字，可化解纠纷，和谐人际关系，也是中国重德精神和厚德载物精神的集中体现。清代“六尺巷”的故事，至今还是民间广为流传的美谈。据《桐城县志》记载，康熙年间文华殿大学士兼礼部尚书张英的老家人，与邻居吴家在宅基的问题上发生了争执。张家见吴家寸土不让，便修书一封，派专人送往京城，要张英出面干预。张英见信后，为两家的邻里关系深感忧虑，立即作诗一首，叫来人带回老家：“一纸书来只为墙，让他三尺又何妨？长城万里今犹在，不见当年秦始皇！”家人读了张英的诗，觉得很有道理，对自己的行为颇感惭愧，便退后三尺筑自家院墙。吴家见此情景深受感动，也马上把院墙主动退后三尺。这样，两家之间就形成了一条六尺宽的小巷。这就是有名的“六尺巷”的故事。这件事在桐城和京城传扬开来，众人都称赞张英的宽厚气度和长者风范。本来两家的矛盾可能会尖锐化，但由于张英严于律己，最终化干戈为玉帛了，这就是严于律己的道德感召力。人总是向善的，双方有了矛盾，一方若能严于责己，则常常能感染对方，别人也会相应谦让。

第三，有恩必报，以德报怨。这是中国人重德精神的重要体现。在人际交往中，多有施惠与受惠的情形，中国人将受惠后必加报偿作为一种道德规则，而且这种报偿不能是等值的，而应是“报大于施”，诚所谓“滴水之恩，当涌泉相报”。如果受惠而不报偿，便是忘恩负义的小人，为众人所不齿。另外，中国人的报恩观念一方面强调“负恩必酬”，另一方面则要求施者不求报，所谓“我有德于人，不必望感”“施恩不求报，与人不追悔”，这正表现的是中国文化的厚德精神。

在人际交往中，常常会因利益冲突或理解错位而产生怨怼，中国人主张采取宽厚的道德精神对待对方的怨恨或怨言。老子提出“以德报怨”之说，力主“善者吾善之，不善者吾亦善之”

(《老子》第四十九章)。这种宽宏无垠皆以善待之的包容，不仅体现于文化精英的论说中，而且深刻体现于“宁人负我，我不负人”“宁受人毁而不毁人，宁受人欺而不欺人”“人之侮我也，与其能防，不如能化”等人生格言与“唾面自干”一类的成语典故之中，其厚德意味不言而喻。与“以德报怨”并驱，儒家则主张“以直报怨”之说。所谓“以直报怨”，即以正直的态度去回报他人对你的仇怨，“其人贤，不以仇而废之；其人不肖，不以仇而庇之。是非去取，各当其实”(《袁氏世范》)。“以直报怨”和“以德报怨”虽然对“怨”的态度不同，但都强调了厚德精神，只是程度不同而已，而不像“以怨报怨”那样冤冤相报何时了，这也是中国人厚德载物的精神在处世之道上的体现。

总之，儒家的人生态度，一方面强调自强不息，这是我们人生的动力桨；另一方面崇尚厚德载物，这是我们人生的方向盘和黏合剂。掌握儒家的这种人生总体态度，对我们在世俗的现实生活中追求事业成功、人格实现、社会完善都将益处颇多。

二、道家：无为、超越与自由

先秦道家多出隐士，这些隐士多半来自当时的没落贵族，因此，其人生态度总体上似乎是消极的，但正因为是退一步的反观，因而使其人生哲学思想具有辩证性与深刻性。道家基本的处世态度是隐世、无为、超越与自由，与儒家思想形成了隐与入、自然无为与积极入世的相互补充关系，从而对中国文化和中国人的人生实践，对中国人的性格形成都产生了重要的影响。儒道互补成为中国人精神生活结构和人格特质的重要因素。

道家学派的创始人是老子，先秦道家自老子以后，又分化为两大流派：一是庄周所倡导的老庄学派，二是齐国道家所倡导的黄老学派，后一学派后又与法家合流，被称为“黄老刑名之学”。我们通常说的道家主要是指以老庄为代表的道家，其文献主要是《老子》和《庄子》。

道家思想所要解决的是在曲折的、不得志的、动荡的社会生活中如何安身立命、保全自己的问题。道家思想致思的方向和内容主要体现为一种人生的哲理、智慧和技巧。如果说儒家提倡的是积极入世的人伦义务和社会责任的话，那么道家主张的就是个体的解脱与绝对的自由；如果说儒家是刚健有为、积极进取的，那么道家就是消极顺命、避世玩世的。儒道的这种进与退的互补，是中国人安身立命的精神资源。道家精神给中国人的精神加进了必不可少的弹性与韧性，这在中国以伦理为核心的入世文化中是一个不可或缺的要素。

道家的总体人生态度是退隐的、避世的、自然的、无为的、超越的、逍遥的，这种人生态度体现在老庄哲学思辨和缜密的思想中。因此，我们要通过介绍老子和庄子的人生哲学思想来了解道家的这种人生态度。

（一）老子的人生哲学与人生态度

老子思想的主要意趣在于既把道用于社会治理上，又把道用于保养个人生命上。社会治理上的无为而治，个人生存上的恬淡无欲和贵柔不争是其思想的主旨。老子的人生哲学思想主要体现为：道常无为的道德观和贵柔不争的人生态度。

1. 老子的道常无为的道德观

道法自然与道常无为。《老子》中所讲的道与德有哲学与伦理学两层含义，从哲学的意义上讲，道是指世界的本原、万物的根本；从伦理学意义上讲，道是指人类生活的最高准则，道是客观世界本有的，是法自然的。

“道法自然”就是“道效法（或遵循）万物的自然”。这一论题本身直接涉及了老子哲学中最重要的一个概念——“道”，以及另一个比较重要的概念——“自然”。作为形而上学意义的“道”，是产生万物的根源（如《老子》第四十二章说“道生一，一生二，二生三，三生万物”，《老子》第五十一章说“道生之”），是“天地母”（《老子》第二十五章）和“万物之奥”（《老子》第六十二章）。“道”不仅产生万物，而且也是万物得以生存、存在的基础和保证，这就是说老子的“道”既是本体论的又是生成论的。《老子》第四章说：“道冲而用之或不盈。渊兮，似万物之宗。”

老子所说的“自然”，不是指称客体，如自然界，而是指称事物的存在方式和状态，即一般所说的“自己如此”。这是这个词在古代中国哲学中的主要意义。“不要勉强和强迫”意义上的自然，就是从这里引申出来的。相对于“道”的无为，“自然”的发出者是万物。“自然”是与“人为”“有为”相对立的。

“道”虽是万物的根源和基础，是万物的母亲，但它从不以万物之主自居：“大道泛兮，其可左右。万物恃之以生而不辞，功成而不有。衣养万物而不为主，可名于小；万物归焉而不为主，可名为大。以其终不自为大，故能成其大。”（《老子》第三十四章）而且“道”也从不主宰、控制和干预万物，它具有“生而不有，为而不恃，长而不宰”（《老子》第五十一章）和“善贷且成”（《老子》第四十一章）的至上美德（“玄德”）。老子称“道”的这种本性为“无为”。“无为”不是说“道”没有任何作为，而只是说“道”不控制、不干预万物，让万物自行活动。《老子》第三十七章说：“道常无为而无不为。”王弼对“道常无为”的解释是“顺自然”。可以断定：“无为”是“道”的运行和活动方式，它的发出者是“道”。“道”要顺应的“自然”，不是

“道”自己的属性，而是万物的属性。所谓“无为”，不是指放弃主观能动性，坐以待时，而是指不去背道而为。“道”是无为的，但由于道遵循万物，使万物自己成就了自己，因此它又是无不为的。

道家以无为为人类活动的最高准则，并以无为为人类的本性或最高品质。这种无为之道既是人和万物的本性，也是治国的原则。老子又称这种无为无欲的品德为自然。自然即道，亦即无为。老子认为，从人类到自然界都以自然为其法则，即都以无为无欲为其活动的准则。在老子哲学中，实际上道和自然、无为是同位的概念。

如何理解老子哲学中“无为”这个核心概念，汉代的《淮南子》对此有精辟的论述：“无为者，非谓其凝滞而不动也，以其言莫从己出也。”（《淮南子·主术训》）这句话是什么意思呢？就是说无为并不是让人在那儿不要动，什么都不做，而是说应当“莫从己出也”，就是不要从自己的主观出发去改变事物。“所谓无为者，私志不得入公道，嗜欲不得枉正术。循理而举事，因资而立权，自然之势，而曲故不得容者，事成而身弗伐，功立而名弗有，非谓其感而不应，攻而不动者。”（《淮南子·修务训》）所谓“私志”即个人的意志和愿望，嗜欲就是个人的嗜好和欲求，而所谓“公道”“正术”均指自然界必然的规律。所谓“无为”就是不以自己的意志嗜好去改变整个自然界的发展规律，这是从防止的消极性上来说的。从积极的方面来讲，“无为”就是“循理而举事”，即按照万物自然的客观的道理来做事。“因资而立权”，就是根据事物本然的规律，最终很好地完成了这件事情。总体来讲，“无为”就是推“自然之势”。“自然之势”本就是往这方面发展的，我们只不过是遵循它的规律，顺着它的趋势去推动它而已，也就是因势利导，顺其自然地做事，这就叫道法自然和无为。

《老子》的核心就是自然无为，自然是强调尊重事物的本性，无为是强调不要以人的意志去干扰事物发展的方向，应该因势利导地去做。所以无为不等于无所作为，是无为而无不为。老子认为，如果遵循了万事万物自然发展的规律，那所做的事情自然就会取得成功。这种成功不是那种有为的成功，不是通过干涉什么、改变什么得来的，而是自然而然得来的。而获得成功的人，自己也不居功自傲，正所谓"为而不恃，长而不宰"（《老子》第五十一章）。

道法自然和无为的思想不仅是老子哲学思想的基础与核心，也为道家的整体人生态度即自然无为奠定了思想基础，这与儒家的积极有为、自强不息是大异其趣的，也为我们提供了一种反向的思考方式。其实，人生确实就是有为与无为的辩证统一。有为发挥人的主体性、能动性，在人生开拓、事业发展中固然是不可缺少的，但一味有为甚至知其不可为而为之，会使人感到很累，有时反而无功。有时无为，即遵循自然的规律，任其自然，会得到意想不到的结果，正如俗语所说"有心栽花花不开，无心插柳柳成荫"。因此，我们不仅应该学习儒家的人生智慧，也应该体悟道家的人生智慧。

2. 老子的贵柔不争的人生态度

第一，以柔克刚。贵柔是老子的人生态度与价值观的重要内容，以柔克刚是其柔道的原理与真谛。儒家视刚健为生之道，而在老子看来与刚强相对立的柔弱、守弱才是生之特点与原理。"人之生也柔弱，其死也坚强。草木之生也柔脆，其死也枯槁。故坚强者，死之徒；柔弱者，生之徒。是以兵强则灭，木强则折。"（《老子》第七十六章）"天下莫柔弱于水，而攻坚强者莫之能胜，以其无以易之。弱之胜强，柔之胜刚，天下莫不知，莫能行。”（《老子》第七十八章）比如，房檐上滴下的水是那么柔弱，但由于其有恒，却能把地下的石头穿透，这是我们在生活中常常看见的现象，即滴水穿石，这形象地说明了柔弱胜刚强的道理。又比如，人的口腔中最软的是舌头，最硬的是牙齿，而人老时则是牙齿先掉，舌头却是好好的，这也说明柔弱乃是生之道。明白了这种柔弱胜刚强的道理，人在社会生活和人际关系中就应该坚持柔和之道。在人际关系上老子主张以和为贵，常怀慈悲之心。老子认为，能柔慈才能战胜敌人，刚毅勇武，一味追求勇敢，反而会被敌人杀掉，即所谓“勇于敢则杀”（《老子》七十三章）。在做人和自身修养方面应该具有守雌之精神和品质，因为雌性的美德之一是柔而静，静而居下，故能胜雄，以静制动。

第二，知足不争。如何贵柔处下？作为人生主体的心理特征就是知足，其美德就是不争。“祸莫大于不知足，咎莫大于欲得。故知足之足，常足矣。”（《老子》第四十六章）“知足不辱，知止不殆，可以长久。”（《老子》第四十四章）人们要“去甚，去奢，去泰”（《老子》第二十九章）。所谓不争，包括不争功名，不争地位，不争利益以及不同敌人争战。“上善若水，水善利万物而不争。”（《老子》第八章）“不自见，故明。不自是，故彰。不自伐，故有功。不自矜，故长。夫唯不争，故天下莫能与之争。”（《老子》第二十二章）知足不争是取胜的法宝，天道、人道都是如此。“天之道，不争而善胜。”（《老子》第七十三章）老子认为：知足不争，不仅可以免祸免咎，而且还能使人知足常乐，可以处长久。唯有不争，天下莫能与之争，这些思想应该说都是充满着辩证性的，是深刻的人生智慧，被后世民众所认同。

第三，不为天下先。不争必然表现为不为天下先。老子认为，在人际关系与道德行为中，卑躬居下、不争先是一种美德。“我有三宝，持而保之，一曰慈，二曰俭，三曰不敢为天下先。

慈故能勇；俭故能广；不敢为天下先，故能成器长。”（《老子》第六十七章）不为天下先，反能成为万物的主宰，这就是老子的无为而无不为的逻辑。这实际上也是一种统治术，一种治人之术，只有居下，才能为上。谦恭居下的目的是保全自己的地位。

如果说老子以道、自然、无为这些核心概念为其人生哲学或无为的人生态度奠定了思想基础和思想方法的话，那么，如何在社会生活和人际关系中做到无为，老子的建议就是上述三点，即以柔克刚，知足不争，不为天下先。

（二）庄子的人生哲学与人生态度

庄子思想的主要意趣，更偏于人对社会的态度和人与自然的关系，更注重个人的精神自由。他不太关心政治上的治理方法，也不太关心人身的养生修炼，而是更注重作为“精神”的东西，更关心精神的自由、心灵的超越等问题。他向往的是一种潇洒、超脱的人生境界。庄子追求超越和自由的人生观也是通过其较为思辨和完整的哲学思想体现出来的。庄子的人生哲学，在我看来是由以下几方面组成的：齐物、成和的道德观，相对主义的善恶观，自由超越的人生态度，出世主义的理想人格论。

1. 齐物、成和的道德观

“道未始有封”（《庄子·齐物论》），庄子在其《齐物论》中以对事物的差别不加肯定的境界为道。庄子又称这种无差别的境界为“一”。这种无差别的境界，既是事物的本然状态，又是人的最高境界。庄子把老子讲的无名无形的道，理解为事物的无差别性，认为只要觉悟到这种无差别性，就是最高的智慧。社会生活中的尊卑贵贱，君臣父子夫妇等伦理关系，各种等级差别以及维护等级差别的规范，都是道的亏损，都是不值得推崇的，据此他批评了儒墨两家的道德说教，同时也否认了人类的道德生活。

他认为是非不可区分，大小没有界限。“德者，成和之修也”（《庄子·德充符》），既然道是未始有封即事物的无差别状态，那么，庄子所理解的德就是使内心保持不辨别差别的那种状态。

2. 相对主义的善恶观

既然无差别既是道又是德，那么所谓的善恶是非都是相对的，要达到无差别的混一的道，就必须依循这样的原则：齐彼是、齐是非、齐善恶。因为事物的存在及其标准是相对的，人的价值判断标准也是相对的，因此人只能采取是非两行的态度。

彼是相因。“是亦彼也，彼亦是也”（《庄子·齐物论》），是非彼此是相对的，没有绝对的界限，或者说彼此各有自己的是和非，也就无须分别了。庄子从事物具有变异性的角度论证了事物的相对性，否认了是非善恶的差别性。

善恶相对。庄子在《齐物论》中，从事物的相对性出发又引出了一种理论，即人们对真善美的评价没有客观的标准。他论证说，人睡在湿处，则得腰病偏瘫而死，泥鳅岂是这样？人处于树上，则恐惧不安，猿猴岂是这样？因此，善恶因时因人而异，没有客观标准。

是非两行。既然是非没什么差别，争辨不清楚，因此“圣人和之以是非而休乎天钧，是之谓两行”（《庄子·齐物论》）。把是非混同起来，不加区别，听其自然均衡，顺乎其发展，不要加以干涉，让是非两行。“不谴是非，以与世俗处。”（《庄子·天下》）庄子认为要对是非之争采取无所谓的立场，对人类生活中的价值判断采取否认的态度。

庄子把人追求事物的无差别境界当作道德，从善恶的相对性走向了对善恶差别的否定。这种齐物的道德观和相对主义的善恶观是庄子人生哲学思想的理论基础。他的思维逻辑是：从相对主义走向主观主义，最终导致虚无主义。

3. 自由超越的人生态度

那么，庄子的总体人生态度是什么呢？这就是追求精神的自由和超越。庄子认为，要获得这种精神自由，就要从恐惧死亡和追逐名利的双重精神枷锁中解脱出来，达到“齐生死”“忘物我”的精神境界。

首先，要获得精神自由，就要从恐惧死亡的精神桎梏中解脱出来，去掉这个沉重的精神负担，这样，人生的其他问题都容易解决了。卸掉这个精神负担的最好的办法就是顺应自然规律，泰然面对死亡。庄子说：“死生，命也，其有夜旦之常，天也。人之有所不得与，皆物之情也。”（《庄子·大宗师》）人的生死就像白天和黑夜一样，是物之常情。人因气聚而生，因气散而死，生死不过是气的两种外在的表现形式，本质上没有什么区别。正是因为有对生死的这种信念，当庄子的妻子死时，别人都在伤心办丧事，他却在一旁鼓盆而歌。庄子的旷达胸怀正是由此产生，他把自己融入永恒的自然变迁、运动过程中，视生死犹如梦觉昼夜、春秋四时，形有所迁而质未有变。这样生死的界限就不是不可跨越的了，而是不用跨越了，因为生与死之间根本就没什么界限，所谓“天地与我并生，而万物与我为一”（《庄子·齐物论》）。

其次，要获得精神自由，还必须从种种世俗观念和功名利禄的社会束缚中解脱出来。一方面，要从思想上放下并看轻这种外在的功名利禄，获得精神的自由，自然无为，无求无待。另一方面，要通过身的退隐，使自身从各种人伦关系、外在规范、功名利禄中退隐出来，以无用之用即不被御用而实现自己的大用，保持自己的人格与精神的独立性。

如何在乱世保全自身？庄子主张要像“庖丁解牛”那样“以无厚入有间”，另外还要“缘督以为经”，即要善于钻空子，处世遵循中道，“为善无近名，为恶无近刑”（《庄子·养生主》），因为近名之善必遭妒，近刑之恶必遭罚，都会殃及自身。

庄子的处世原则的核心可以概括为：愤世—厌世—避世—顺世—玩世，这是庄子人生观与处世哲学的内在思想逻辑。老庄哲学代表了不得志的没落贵族的退隐者的情绪，因而必然是愤世的。由愤世走向厌世，从而想从人伦关系的束缚中解脱出来，获得个体的精神自由，这样必然采取避世的态度。然而，客观的社会关系又无法摆脱，只好又采取顺世的态度，“有人之形，无人之情，有人之形，故群于人”（《庄子·德充符》）。形迹上与人一致，才能在人群中生存，而“无人之情，故是非不得于身”（《庄子·德充符》）。精神上超脱，也就能够免于是非了。一方面作为一个现实肉身，必要生存，因此人还得混迹人世间；另一方面虽然身在尘世，但其思想却是自由清高的，不失人的精神自由追求，在精神上追求一种逍遥无待的至人、神人、真人的理想境界。形体混迹于熙熙攘攘的市井，顺世随俗；精神则神游于逍遥无待的帝乡，合天归德。这种处世哲学，两千年来一直成为士大夫和一部分知识分子处世的圭臬或者说处世方式的托词，其影响是很大的。

4. 出世主义的理想人格论

如何实现其精神上的绝对自由即逍遥与超脱？一方面要顺应自然，做到“无己无为”。“无己”就是取消自我中心，“无为”就是顺应自然而无所作为。“无己无为”的具体表现是内无私欲，外无索取；对己无所求，对人无所争。将名利、权位、功业统统置之身外，甚至对道德、知识、文化也漠然待之。庄子说：至人无为，“圣人不从事于务，不就利，不违害，不喜求”（《庄子·齐物论》）。庄子还把“无己无为”的至人人格与有己有为的普通人格做了比较，以说明至人人格的优越性。庄子认为有己有为的人，寝食难安，能进能驰而不知止，实际上是很悲哀的；而无己无为之人“不刻意而高，无仁义而修，无功名而治，无江海而闲，不道引而寿。无不忘也，无不有也，淡然无极而众美从之”（《庄子·刻意》）。这就是说，有己有为的人从自我中心出发，执意追求，因此，陷溺于社会斗争而不能自拔，着力于奋勉劳作而一无所获，是一种典型的悲剧人格；而无己无为的至人却“无为而无不为”，自然就具备了天地之道、圣人之道。庄子的“无己无为”就是这样一种人生态度：不生本性以外的妄念，不做本分以外的贪求。这样心无得失祸福之累，心境则无哀乐波澜之起，一切顺其自然。

另一方面，要获得精神自由和超越还要有一种消除物我差别、超脱世俗生活的境界，追求一种至人、真人、神人的出世主义的理想人格。

在《逍遥游》中，庄子认为理想的人格应该是“逍遥游”的境界。他把这种境界概括为“至人无己，神人无功，圣人无名”（《庄子·逍遥游》）。无己是不考虑自己，无功是不追求功绩，无名是不追求名誉。在这三种人中，无己的境界最高，因为只有无己，才能做到无功、无名。所以只有无己的人才能逍遥游。这种境界的人，其品格可以概括为两条。一是无所待，即什么东西都不依靠、不凭借。二是无所用，即把自己当成一块废料，无任何用处，才可以过自由自在的生活。如无用之树，可以免遭刀斧之痛。所谓“人皆知有用之用，而莫知无用之用也”（《庄子·人间世》），无用的废物反而有其大用，其大用就是保全自己，享受逍遥游的生活。

真人不以人助天。真人的最大特点是，不从事人为的努力，“古之真人：不知说生，不知恶死……是之谓不以心捐道，不以人助天，是之谓真人”（《庄子·大宗师》）。在他看来，宇宙间的一切事物都是天然如此的，人力不可改变，要想改变，只能是自寻烦恼。这种境界的实质就是任凭环境的摆布，安之若命，完全排除了个人的主观努力，因此，庄子追求的精神自由是一种一切顺应自然，不要有所作为，更不能有所抗争的自由，这实际上是一种消极的自由。

如何看待庄子这种消极的自由观的得失呢？从社会作用来看，其影响和作用可能是消极的，它会使人消极处世、懒于做事、不思进取，不利于人的社会积极性和责任感的提升。但是，如果从个人的心性修养、心身和谐的角度看，庄子的精神自由观消解了人的紧张情绪，缓和了社会矛盾。庄子视“万物一府，死生同状”（《庄子·天地》），将自己融入自然，消除了人与自然的对立；他用超世、顺世、遁世等处世方法软化、避开了来自社会的压力；他以安命处顺、“不将不迎”的态度使心境平静如镜。庄子的超脱的精神自由，实际上是一种无惧、无忧、无求的精神状态，是一种很全面、很透彻的人的自觉。它使人们从自然、社会的压力和“我”的束缚中解脱出来，给予沦入困境、陷入逆境中的人们以生存的勇气。它要求人们顺其自然，缓解了人自身心灵的紧张，从而维持了人的心理平衡和身心和谐，实现了人的精神自由和超越。

庄子的精神自由观是一个与儒家价值哲学完全不同的理想境界和人生态度，与儒家思想形成了互补关系。儒家的人生态度是积极的、入世的，“知其不可而为之”（《论语·宪问》）。庄子的人生态度是消极的、遁世的，是知其可为而不为。庄子为我们提供了一种超然的生存智慧。这两种人生态度体现了人在不同境遇下不同的心境，这就使生长在中国文化土壤上的人展现出了不同的人生态度：既有先天下之忧而忧、后天下之乐而乐的仁人志士，也有超然尘外、睥睨万物的仙客和退隐山林、甘于寂寞的隐士。如果说，一种文化的活力是以思想理论的多样性和适应性为前提的，那么，先秦时期以老庄为代表的道家思想的意义，就在于它为以后中国文化的丰富多彩的发展和自我调节能力的发挥奠定了精神基础。

三、儒道的人生进退之道及其影响

儒道两家的总体人生态度或总体处世态度即是入世还是隐世，是积极有为还是自然无为。这两种人生进退之道对传统中国知识分子和中国的老百姓都有重要的影响，至今仍然成为塑造中国人性格的重要精神元素。对四民之首的士即知识分子来说，所谓入世与隐世不仅是一种处世态度，而且表现为一种政治参与的态度，即是否参政或者以怎样的态度来从事政治。对一般人（也包括士）的影响主要体现为对他们的人生态度和人格塑造的影响。

士在我国古代文化中是四民之首，即“士农工商”之首，他们是一批有文化知识或者有武功技能的人，因此，有可能晋身为“仕”，即比较低级的官员，从而由民变官。古代社会把人分为五个等级：天子、诸侯、卿大夫、士、庶人。自孔子以后，士变成了读书人或知识分子的通称。士不仅是有文化的人，而且是承担天下与社会责任的人。为此，可以“知不可而为之”，可以杀身成仁、舍生取义。“知其不可”是认识，“而为之”则是偏偏不计较成败、因果而去做，这正是儒家积极人生态度的体现和崇高之处。孔子就以“知其不可而为之”闻名，据《论语·宪问》记载：“子路宿于石门。晨门曰：‘奚自？’子路曰：‘自孔氏。’曰：‘是知其不可而为之者与？’”“子曰：‘志士仁人，无求生以害仁，有杀身以成仁。’”（《论语·卫灵公》）

1. 参政与避政

儒家认为士即知识分子应该积极入世，参与政治，弘道于天下，对于参政的态度是积极的。他们认为“不仕无义……君子之仕也，行其义也。道之不行，已知之矣”（《论语·微子》）。君子出来做官，是履行义务、弘扬道义。在这种观念的引导下，“学而优则仕”（《论语·子张》）成为深受儒学影响的中国传统知识分子的人生信仰和追求，使他们自觉地以“济世救民”为职志，呈现出“铁肩担道义，妙笔著文章”的积极人生态度。即使没有机会参政或有意避开坏的政治，仍“身在江湖，心存魏阙”，总难忘情于国家大事，总与政治相关联，这是儒学传统，也是中国士大夫知识分子的文化心理特征之一。

当然儒家也不是一味提倡参政，是参政还是避政，仍是以是否合于道义为标准的。有道则仕，无道则避。“道不行，乘桴浮于海。”“邦有道，则知；邦无道，则愚。”（《论语·公冶长》）“天下有道则见，无道则隐。邦有道，贫且贱焉，耻也；邦无道，富且贵焉，耻也。”（《论语·泰伯》）“邦有道，则仕；邦无道，则可卷而怀之。”（《论语·卫灵公》）儒家既鼓励积极入世参与政治，但又以道德原则为是否参政的标准，这恰好体现出儒家两种人生价值观的统一，即既强调自强不息，又要崇尚道德价值，这两者是缺一不可的，或者可以说自强不息是儒家精神的动力桨，而崇尚道德价值原则则是其方向舵。

儒家避乱世与乱政，是与道家相近相补的方面，但仍与道家的完全消极避世的人生态度有所不同。因为有道无道对道家已无意义，不管政治好坏与否都应“避逃”，并认为天下乌鸦一般黑，不可能有好的政治、国家或天下。儒家讲隐、讲藏是为了韬晦保身，以便将来“达则兼济天下”，其基调仍然是进取。

道家哲学主张贵柔处下、弃智愚钝、无为不争、潜隐玩世，因而道家的信奉者多半趋向于当隐士。道家的退隐思想在中国古代一直存在。似乎学问越高、道德越高的人，多半退隐了，不愿出名，乃至于最后隐姓埋名，连自己的真姓名都不要了。我们都知道张良的老师是黄石公，而黄石公只是一个代号，没有人知道他究竟是谁。因为他连姓名都不要了，对名利更是看得很淡。魏晋时，隐士们被称为高士。有一本书名为《高士传》。高士即高尚之士，学问很好，才干也高，就是不出山做事。到了宋朝，则称处士。因此，道家在入世与政治参与的态度上，采取的是一种退隐的、规避的态度。冯友兰先生曾将处士与处女做比，很形象有趣。他认为一个处士，在未入仕做官以前，就像一个处女一样保持着自己的纯洁与高雅，一旦委身于人就像失贞的妇人一样得听命于自己的主人了，这个比喻彰显了处士或隐士的人格独立与清高之处。

2. 入世与隐世

这种在社会政治和人际关系上的进退之道，作为一种不同的生活态度被称为“入世”与“出世”。人的生活总是在社会中进行的，个人的幸福主要是通过与社会的种种联系而取得的，所以向外依赖、投身于社会并积极参与社会生活便是所谓的入世。相反，一个人反身向内求诸己，从自我内在的“小宇宙”里寻找生活的快乐之源，尽量减少与大众世俗的联系，摆脱对社会生活的依赖，从而享受自由自在的逍遥，我们相应地称其为出世。需要说明的是，这里所谓的“世”并不是指世界，一个人生为血肉，死化微尘，要脱离世界无论如何是不可能的；这里所谓的“世”是指世俗的社会，是指大众化的社会组织和社会关系网络。正因为如此，出世与入世都是相对的说法。纵然是深山老林中的隐士，或出世入寺的僧尼，也摆脱不了对凡世的生活条件的依赖。当然他们肯定是能避开政治参与和过多的人际交往的。出世或入世表达的主要是一种生活心态，而不是一种生活状态。

儒道两家的人生进退之道或者入世与出世的人生态度总体上是有差异的，甚或是对立的。正是这种差异性和互补性满足了中国士大夫和普通百姓在处世态度上的不同需要。儒家激励人们入世进取，建功立业；道家则启发人们关照自我，明哲保身。另外，我们也可以看到这种入世与出世的差别不是绝对的而是相对的。儒家之入世不仅受到入世以道的原则的限制，而且还有个人穷达的聪明选择以及中庸的最高智慧。这样就使儒家的入世成为有条件的相对的入世，而道家的出世也是建立在顺其自然而不假人为的基础上的。儒道思想的这种相对性为中国人在人生选择中采取儒道互补、进退相宜的基本策略奠定了基础。

中国人在处理出世与入世的关系时，表现出了精湛的调和持中的艺术。有时这两种思想会在同一个人心中争斗、调和。儒家哲学作为一种工作伦理鼓励人投身社会、建功立业、追名求利，但这种入世和进取的人生有时太紧张、太冷酷，固然可以使成功者得到他们所希望的功名利禄，但这是以艰辛困苦作为代价的。比如孔子，这位儒家人生学说创始者，在推行自己的学说时屡受挫折。孔子的基本生活态度当然是入世的，然而就其一生来看，却充满了怀才不遇、有志难伸、背井离乡、颠沛流离的辛酸苦辣。孔子终生以天下为己任，到头来竟被人骂为“丧家之狗”，甚至也曾产生过“道不行，乘桴浮于海”（《论语·公冶长》）的彻底逃避的思想。这位倔强的老人在他临终的时刻，喊着“太山坏乎！梁柱摧乎！哲人萎乎！”（《史记·孔子世家》），流下了怅恨的热泪。可见儒家的处世艺术从其形成的那一天起，就不可避免地被注入了矛盾和悲剧的色彩。人不仅需要孜孜不倦地创造、追求社会和个人福利，同时，还需要一种缓冲力量来防止人们把这个太平的世界因激烈竞争而变成人间战场。当我们在物利情欲的煽动下陶醉在既有的幸福之中的同时，也需要有一种清醒的声音来不时提醒自己避免因过度兴奋而损伤脆弱的中枢神经系统。在一个社会里，人们有时宁愿扮演一会儿道家的角色。就好像一个人在台上待久了，喜欢到台下来坐会儿，看看别人的表演。因此我们中国人既是儒家的后裔，也是道家的儿女；既要奋斗，也要逍遥。在人性中，除了现实主义的精神素质以外，应该还有一种更自然、更浪漫、更逍遥的品性，这出于人类天性中对自然和自由的本然爱好，人们希望在严肃的社会生活之余还有机会让心灵获得轻松单纯的自由。而道家哲学正好满足了人性的这一方面的需要，因此我们大家都是一半道家主义、一半儒家主义的。

林语堂对儒道两家的差别和互补进行了很好的比较。他认为："儒道两家的差别，在西元前 136 年之后，被明显地划分了出来：官吏尊孔，作家诗人则崇老庄；然而，一旦作家、诗人戴上了官帽，却又走向公开激赏孔子，暗地研究老庄的途径。"① 他还认为，道家哲学为中国思想之浪漫派，儒家则为中国思想之经典派②。第一，道家主张重返自然，因而逃遁这个世界，并反抗狡夺自然之性而负重累的儒家文化。第二，道家主张田野风的生活、文学、艺术，并崇尚原始的淳朴，道家是中国人民的游戏姿态，而儒家则为工作状态。每一个中国人当他成功发达而得意的时候都是孔教徒，失败的时候都是道教徒，道家的自然主义是服镇痛剂，可以抚慰受了创伤的中国人的灵魂。儒家哲学是一种都市哲学，道家哲学是一种田野哲学，前者从总的格调上是一种积极的人生观，后者则是一种消极的人生观。道家与儒家是使中国人能够生存下去的负正两极或曰阴阳两极，将这两种奇怪的元

① 林语堂．中国哲人的智慧．北京：中国广播电视出版社，1991：190．
② 同①184－185．

素放在一起提炼，塑造出了中国人性格中某种不朽的东西：“我们中的儒家建设、奋斗；道家旁观、微笑。一个中国人在位时说道论德，闲居时赋诗作词，并往往是颇为代表道家思想的诗词……之所以如此，是因为道家思想像吗啡一样能神奇地使人失去知觉，于是便有神奇的镇定作用。它减轻了中国人的头痛病与心脏病。道家的浪漫主义，它的诗歌，它对自然的崇拜，在世事离乱时能为中国人分忧解愁，正如儒家的学说在和平统一时作出的贡献一样。”①

3. 儒道互补，进退相宜

儒道的这种进退得宜的处世态度不仅影响了中国传统士大夫的人生进退和政治参与的选择，而且对士和普通百姓的人生态度与人格塑造均发生了重要影响，甚至至今仍是当代中国人进行人生选择的思想资源。

一般认为，在传统中国社会，士即知识分子的人生有三种基本状态。做官时是儒，为官谋政安邦治国兼济天下。退隐时修道，为隐士为道长为先生为诗人为学究，可以著书立说，可以漫游名山大川，可以碧溪垂钓，可以修身养性、颐养天年。如果不官不隐或隐而求官的，就做策士，旧戏中已经把策士典型化了：穿八卦衣，戴纶巾，执羽扇，常人以为这是诸葛孔明，而不知这是策士的代表。我们只要看《水浒》戏中的吴用军师也穿戴着这种服饰，就可以知道，这原来是策士们的制服。一件八卦衣穿在身上，在野时像做了官，在官时却又像隐遁的道士。以在野的姿态做官家的事，说官家的话，热心于功名是儒家的本相；一副清静无为的面孔，却是道家的身份；服式言谈又兼有阴阳家的神秘。混合儒道的策士在现代社会条件下似乎不多见了，但这种进

① 林语堂. 中国人. 上海：学林出版社，2000：67.

退相宜的处世态度还是长期延续下来了。“邦有道，则仕；邦无道，则可卷而怀之。”（《论语·卫灵公》）得意则儒则进，失意则道则退。

不仅这些文人士大夫们在进退两难的选择中能挥洒自如、得心应手，普通人也不例外。因为儒道思想早已深入民间，人们都对儒道的说教和思想精髓烂熟于心，只是他们在进退内容上与士大夫们略有不同。如果说士大夫的进退主要体现为政治上的是否参与和生活态度上的入世出世，那么，普通百姓的进退之道则主要体现在处世的态度上，因为他们是不可能有政治参与的机会的。一方面，在他们的日常生活中，耕读传家、勤俭持家、建功立业、光宗耀祖等都是鼓励传统百姓自强不息、积极有为的，这些正是儒家人生态度的体现；另一方面，过去的中国人在进取拼搏和抗争厮杀时常常想到了退却、防守、议和、妥协，而在退却、忍让、防御时又往往想到了东山再起，想到了来日方长，想到了“留得青山在，不怕没柴烧”，想到了“三十年河东，三十年河西”，想到了风水轮流转。中国人就是如此，在做任何事情时，总是留有余地，留有退路。话不说死，事不做绝，面子不撕破，关系不弄僵，其用意就是为将来退却或者再进时准备有利的条件。“志宜高而心宜下，胆欲大而心欲小”“事事有功，须防一事不终；人人道好，须防一人着恼”等都是进退的门道和为人处世的准则。中国人认为这是绝顶聪明的做法，可以保护自己的身躯，可以安慰自己的灵魂。

道家的道法自然、贵柔不争的思想被民众全面接受，成为他们的处世原则和人格特征。老子的处世智慧深刻地启迪了中国人，使中国人“知退”“能柔”，笃信“太强必折，太张必缺”。信奉不争是福，能忍免祸，并形成了自居谦下、藏锋深沉的民族性格。

常言道：“好胜者必败，恃壮者易疾，渔利者害多，骛名者毁至。”民间有“三不争”“五不争”之谓，“三不争”是“一不与俗人争利，二不与文人争名，三不与无谓人争气”。“五不争”即“不与居积人争富，不与进取人争贵，不与矜饰人争名，不与简傲人争礼节，不与盛气人争是非”。不争，便可无怨无尤，无失无败，其结果是“静能制动”。委曲反能保全，屈就反能伸展，少取反能多得，“夫唯不争，故天下莫能与之争”（《老子》第二十二章）。

中国人尚忍、能忍的处世品格为世所公认。以“忍”为主题的哲言警句广泛流行于传统社会的各个阶层并为人们所奉行：“人能百忍自无忧”“小不忍则乱大谋”是生活的一般性原则；“忍为家训”是大家庭中和睦共处、相安无事的保障；“忍辱至三公”是封建官场的生存秘诀；处于逆境或遭受挫折之时，要以忍来应付危机，“忍一言，息一怒，饶一著”，“以退为进”，不胶着于一时一事，“好汉不吃眼前亏”，“大丈夫能屈能伸”；遭遇强暴怒火升腾之际，须“忍一时之气，免百日之忧”，免得“莫大之祸，起于斯须之不忍”。民间有“惹不起躲得起”的说法。遇事忍耐能化弭冲突，故曰“百战百胜，不如一忍”。

中国人愿意自居谦下，“满招损，谦受益”是中国人的信条，因为自古以来“人道恶盈而好谦”。张牙舞爪，自我夸耀，其结果必然是“自夸自败”，故古人一直告诫：“气忌盛，心忌满，才忌露”“以谦接物者强”。中国人主张为人处世应收敛锋芒，含而不露。人们赞赏“真人不露相”“善行无辙迹”“大智若愚”“至人贵藏辉”。“难得糊涂”“喜怒不形诸言色”的处世手段被视为“高人一筹”。中国人处世，十分强调忍、让、退一步、吃亏，但这样做的目标不是使自己利益受损，而是获得更大利益。洪应明的《菜根谭》指示其中精义说：“处世让一步为高，退步即进步的张本。”正因为如此退让，吃亏的结果是不吃亏，甚至受大益，诚所谓“必有忍，其乃有济”，这就是中国人的以退为进、以柔胜强的人生策略。

现代著名学者钱穆先生有言：“大体言之，儒家主进，道家主退。乃中国儒学自《中庸》《易传》以下，无不兼融道家言，故知进必知退，乃中国人文大道之所在。”① 且不论儒道的这两种人生态度对社会的积极与消极作用，其对中国人的安身立命、为人处世的深广影响是客观的、不容置疑的。儒家是强心剂，道家是清醒剂；儒家使人关注社会价值，道家使人关心自我的超越价值；儒家使人振奋，道家使人安逸。儒道互补，进退相宜，这是中国人从儒道中获得的伟大的人生智慧。唯有依此，不仅使中国人获得了推动社会进步的动力，而且也实现了自身的心身平衡。相信儒道的这种丰厚馈赠还会继续影响中国人的人格再造。

从现代人生思考方式的角度看，任何事物总是有为与无为的辩证统一，儒家思想重在强调积极有为，道家思想重在强调自然无为，我们也应从中汲取相应的思考方式并形成一种有为与无为相统一的人生态度。确实，事在人为这种信念有助于调动人的主观能动性，但我们有时也确实可以发现“有心栽花花不开，无心插柳柳成荫”的客观情势。人积极有为、工于心计、逐于利益、成于事业，这对于社会和人生固然有积极意义，但从人生和个人修养的角度看，似乎太功利的人就会多几分市侩气和世俗气，而且人为努力过头了，似乎也会使人失去几分生活的情趣。

有学者以批判的眼光认为，在一定意义上现代性也可以说就是人为性。回头想想，在现代社会还有什么是不能够“人造”的？在今天，“克隆”已不再仅仅是一项生物技术，而是变成了

---

① 钱穆. 现代中国学术论衡. 长沙：岳麓书社，1986：41.

广义的文化性格。现代人从生到死，都难以摆脱人为的干扰。从剖腹产到安乐死无一不是非自然的状态。所谓“搞笑”“造势”之类，都是为现代社会所偏好并鼓励的样态。“搞”“造”皆为人们有为之为，而非无为之为。而人为即“伪”，它远离了诚。所谓诚，即本真地生成。所以《礼记·中庸》说“不诚无物”。这不是说离开了诚便什么都不复存在，而只是说离开了诚，一切都将不能本然地呈现出来、成就起来。本真地生成亦即“无为而成”，所以“诚者，自成也”。“至诚无息”，诚使事物永无止息地存在，也可理解为没有消息。“天何言哉?”上苍不偏不倚，最为无私，所以是至诚，它还需要什么自我表白吗?所以说“诚者，天之道”。在这里，我们又一次体认到了儒家智慧与老子智慧的相通之处。现代社会的人为性，其代价是把事物的本真性遮蔽起来了，人们由此陷入了一个虚假的世界之中。现代文化的矫揉造作和虚情假意，使我们难以回到事物本身。文化或文明原本是人的自我肯定，但它一经产生，就面临着沦为一种否定力量的危险。在某种意义上可以说文化乃是人与自然之间的距离，文化的发达程度取决于人对自然的疏离程度。在一定意义上可以说自然是现代人为性的解毒剂。在当今崇尚人为的功利主义风气下，如果我们能够汲取一些道家哲学的道法自然的精神，那就会少几分功利与世俗，少几分浮躁，多几分清高脱俗，多几分宁静致远，多几分神安心爽和身心和谐!

用儒家的进取有为的精神激励我们为民族的进步、个人的发展去拼搏努力，去建功立业。用道家的柔性智慧来滋养我们的灵魂，让我们在奋斗之余使自己的心灵归于平和宁静，抚慰我们受伤的心。儒家精神与道家智慧的结合，使我们进退总相宜，人格刚柔相济，使我们既有辉煌的人生，又有健全的人格，从而走向幸福人生!

第五章　处己论

“路漫漫其修远兮，吾将上下而求索。”人生对于每一个人只有一次，只有反思的人生才是有意义的人生。人一生的境遇和幸福究竟是由某种先天的命或命运决定的还是由自己的主观努力和道德修养决定的？人们常看到红颜薄命、好人不得好报，而坏人却常常大行其道、春风得意，这常常引起我们的不解和感叹，这是力命、义命问题。应该如何看待人生与事业的困厄和显达、顺境和逆境？范进中举的荣达却使他乐极生悲而疯了。司马迁辱受宫刑，仍留《史记》于后人。能否“穷则独善其身，达则兼济天下”（《孟子·尽心上》），这是穷达观问题。孔夫子认为“君子疾没世而名不称焉”（《论语·卫灵公》），鼓励人们建功立业，《左传》更是鼓励士人要追求立德、立功、立言的“三不朽”。知耻近乎勇，韩信受“胯下之辱”终成伟业，这是荣辱观问题。“知者不惑，仁者不忧”（《论语·子罕》），“知者乐，仁者寿”（《论语·雍也》）。能否素位而行，能否知足常乐，这是忧乐观问题。人的生命只有一次，“生当作人杰，死亦为鬼雄”“人生自古谁无死，留取丹心照汗青”，这是一种选择；“留得青山在，不怕没柴烧”“君子报仇，十年不晚”，甚至达观生死，“鼓盆而歌”，这也是一种选择，这是生死观问题。在漫漫人生长途之中，每个人总会遇到诸如力命、穷达、荣辱、忧乐、生死等问题，这些是主体人生观的重要内容，因此我们将之称为处己论。在这方面中国古代的先哲们给我们提供了丰富的人生智慧，可以滋养我们的人生。

一、力（义）命观

人的一生究竟是由客观的或某种先验的命运决定的，还是由人的后天努力决定的，在中国古代，这个问题被称作力命观。与力命观相联系的问题还有义命观问题，也就是人的道德修养与命运祸福的关系问题，即所谓的德福关系论。义者宜也，指人应该如此去做，指人的道德修为；“莫之致而至者，命也”（《孟子·万章上》），命是指人力所无法支配的，即命运遭际。“命”在唯心主义的人看来是某种先验于人的、先天就有的“天命”或“宿命”。有的思想家则把某种人力不能及的或人力不能改变的客观必然性视作命。与“命”相对的是“力”。“力”是我们主观改造客观的能力与行动，是我们的主观能动性和积极的修为。力命论就是对这个人生问题的探讨。

关于力命关系，在中国传统哲学中，先哲们总的看法和态度是：承认有命，但不仅要知天命，而且要尽人事，即在知命认命的前提下还要积极奋斗。

天命论或宿命说主张人生应该听天由命，认为冥冥之中有一种神性、天命或运数决定着人的命运，因此，人只能无可奈何而安之若命，从而否定了人的主观能动性和后天的努力。在传统社会中，面对自然与社会的挑战，人有时会觉得个人的主观能力是很有限的，特别是普通下层百姓，更感到一种无力和无助，因此往往就会信仰天命论、宿命论，从而保持心态的平衡。

即使像孔子这样的伟大人物，尽管其一生都在为其学说而奔走努力，但还是不得志，他在当时也是悲剧性的，他只能把这归结为命。所谓尽人事知天命，就是对什么事都要尽力，但还是摆脱不了命，因为人总是要受客观条件的影响和限制，因此人有时也得认命。“子曰：‘道之将行也与？命也。道之将废也与？命也。’”（《论语·宪问》）在孔子看来，道之将行、将废都是命。孟子明确认为孔子是承认命的。他说：“孔子曰‘有命’。孔子进以礼，退以义，得之不得曰‘有命’。”（《孟子·万章上》）天命是一种不可知的宿命或一种客观的必然性，自有其不能为人力所改变的地方，因为人的一生总是有限的，但天地之大之久却是永恒的。如一个具有雄才伟略、过人武功的将军，若其恰逢盛世与和平时期，他就是有天大的本事也无法发挥出来。一个人虽才高八斗，但却可能为时势和风气所左右而怀才不遇甚至还被误解、埋没。所以，客观命运与主观努力总有一致或不一致之处。

那么面对这种客观的命运，人应该抱持一种什么态度呢？按照儒家的观点：其一，克尽人力，不懈地弘道行仁，如有不得，安之若命，淡然处之。其二，对仁、义、礼、智这些求之在我者，要求尽心修养，不稍懈怠；对于声色味臭、四肢安逸、权力地位等求之在外者，是得还是不得不是完全由我的人力所决定的，人们要抱持一种“求之有道，得之有命”的态度，要求人们不做妄求，安之若命。在宋儒看来，君子只应关心义而不应关心命，所谓命是为中人以下的人所设的。

虽然命运是一种不以人的主观意志为转移的人生境遇，但人仍然要在命运面前保持独立的人格精神。三国时魏国的李康在其所撰的《运命论》一文中较好地阐发了这种思想。其文说：“夫治乱，运也；穷达，命也；贵贱，时也……吉凶成败，各以数至，咸皆不求而自合，不介而自亲矣……然则圣人所以为圣者，盖在乎乐天知命矣。故遇之而不怨，居之而不疑也。其身可抑，而道不可屈；其位可排，而名不可夺。”穷达、贵贱、吉凶、成败都是命，是受时、数等客观因素制约的，但人却要保持独立的人格精神，高扬身可抑而道不可屈的气节，培养淡泊于名利富贵的心态。这种人生态度是难能可贵的。

在传统中国，虽然天命论或宿命论有相当大的影响，但主张人应该积极有为的观点仍然占据主导地位。如俗话所说的“谋事在人，成事在天”，并不因为有某种客观的不能企及之处而放弃人的积极努力。要树立成事在人在力的观念和信心。人活在世界上，还得靠我们自己的努力，靠主观能动性的发挥。相传姜太公有一本《太公家教》流传于世，其中有这样几句话：“罗网之鸟，悔不高飞；吞钩之鱼，恨不忍饥；人生误计，恨不三思；祸将及至，恨不忍之。”这就是说，人之招灾咎由自取，非天命使然。万事皆在人为，就是天命亦可抗争。在中国思想史上，荀子主张要制天命而用之，并且提出了“人定胜天”的响亮口号。人类与其消极地顺从天命，不如认识把握规律来利用它，为自己服务。在大众信仰层面，老百姓也是一方面相信宿命，另一方面又主张造命，即人的命运是可以通过自己的主观努力而改变的。梁启超先生说：“知命和努力，原来是不可分离，互相为用的……知命与努力，这便是儒家的一大特色，也是中国民族一大特色，向来伟大人物，无不如此。”① 强调知命，并不是让人无所事事、坐以待毙，而是让人更加明确自己什么事情可以做。

义命关系也就是道德操行与吉凶福祸的关系，这也是中国伦

① 夏晓虹．梁启超文选：下集．北京：中国广播电视出版社，1992：505－506.

理思想史上的一个大问题。在这一问题上有两种观点。

第一种观点认为命随义而定，善有善报，恶有恶报，一个人的吉凶福祸之命是上帝对他的善恶行为的报应，所谓“皇天无亲，唯德是辅”(《尚书·蔡仲之命》)。《左传·襄公二十三年》也说：“祸福无门，唯人所召。”《周易》曰：“积善之家，必有余庆；积不善之家，必有余殃。”这种观点可以说是儒家的占主导地位的观点，也是儒学的基本价值基础，只有这样，才能鼓励人们修德见世，以德化人，成己成物。中国的伦理精神后来又通过佛学的生死轮回、因果报应的逻辑完善，再一次强化了这种伦理精神，成为民众的主流信仰。

还有一种相反的观点，就是王充的性命两异论。王充认为：性命两异，个人的吉凶福祸、贫富贵贱由命定，与他的善恶操行无关。在王充看来，人的性与命都是自然形成的。性是人的操行善恶，是人们的主观努力可以追求的；命是人的祸福吉凶，是人们的主观努力无法操纵的。“死生寿夭之命”是由禀气厚薄造成的，而“贵贱贫富之命”则是上天的决定与安排，这是一种宿命论观点。性命两异论的核心，就是否认人的道德行为与祸福吉凶的联系。王充认为，人生在世，性命俱禀，无分先后，两者各有其特点，如命不可变而性可变，是两个互不相关、各自独立的原则。善恶与祸福之间的联系只是偶合，并无必然性。现实中确有大量的性与命分离的状况，王充的观点正是对这种矛盾的揭示。

王充的这种思想在历史上也不乏支持者。南朝时的刘孝标，才识过人，五十岁以前一直积极用世，但一再遭受排斥打击，在对于腐败政治深感失望而又无力抗衡的情况下，只好隐于金华山，潜心著述。他在《辩命论》中列举了大量的历史事实，力图证明人的穷达和吉凶成败皆由乎天命，而与人的主观条件无直接联系，亦非人力所能改变。大道化生万物而不以主宰居之，人们对于万物的变化只能知其然而不能知其所以然，这就叫自然。可见，人无法明白自己何以富贵，何以贫贱，而只能认命。位极人臣的宰相与社会最下层的奴仆，长寿的彭祖与夭亡的殇子，“咸得之于自然，不假道于才智”。同样，人的成败穷达与人在道德上的善恶亦无直接关联：“邪正由于人，吉凶在乎命。”（《辩命论》）据此他批驳了传统的“积善余庆”的劝善论。他认为，同样是为善或作恶，其结局却未必相同。可见，上天并不会赏善罚恶，积善余庆之说只是出于“立教”的需要。

刘孝标虽然坚持这种“命运自天”的宿命论观点，但他也坚持君子仍要修道德、习仁义、立忠贞、知天乐命、宠辱不惊、富贵不动、安之若素。他认为君子的人生态度应该是：“居正体道，乐天知命，明其无可奈何，识其不由智力。逝而不召，来而不距（拒），生而不喜，死而不戚。瑶台夏屋，不能悦其神；土室编蓬，未足忧其虑。不充诎于富贵，不遑遑于所欲。”（《辩命论》）这种不为命运所动而安之若素的超然态度，对于个人是一种可资借鉴的精神营养。

性命两异是对现实的一种冷峻的反思与批判，在现实人生中的确存在着好人命不好、坏人却得好的经验事实，但究竟是德福一致的多，还是性命两异的多，很难有一个精确的数量统计，这无疑是一种价值信仰。一般来说，传统中国人还是相信善有善报、恶有恶报的，这是传统社会的主流价值信仰。但随着现代社会的日趋功利化，似乎人们越来越没有这种价值信仰了。有的人根本没有敬畏和积善意识，为了自己的利益根本不考虑其他，因此，福善祸淫的传统价值信仰似乎在今天越来越缺乏影响力了。

总之，传统中国文化对于力命或义命关系有两种观点。一种观点认为要知命认命，这种观点体现了中国人天人合一的思想。承认自然的规律性和必然性，在命运面前保持豁达的心态，在命运不济、不公面前虽然少了些抗争的意识，却维护了人的心理平衡和心身和谐。另一种观点认为要积极有为，但这种后天努力和人为却不是一种外在的抗争，而是引向了一种内在的德性诉求，认为通过自己的德性修养是可以改变命运的，这就回到了福善祸淫的价值信仰上。即使自己的道德努力不能改变命运，也可以保持自己的独立人格精神，在命运面前保持一种超然的态度。可见，中国传统价值观的道德至上主义是多么坚定，它不仅不为利益、生死所动，就是在处理人的现实命运与道德的关系时，不论个人的命运好不好，都毫不动摇道德和人格的价值，这近乎一种道德宗教精神，体现出了传统中国人坚定的道德信仰。

在民间，坚持知命与造命的统一，成了老百姓的基本人生信念。明代人袁黄的《了凡四训》是我国近世以来影响很大的一部家训式的劝善书，至今仍然通过佛寺进行流传，在民间社会发生影响。这里我们仅以《了凡四训》为例来分析这种知命认命，又通过道德修为而造命的人生态度。袁黄将自己的人生经历作为诫子的逻辑起点，论述了福善祸淫的人生信念。他说，他自幼丧父，老母命他学医，之后他遇到一孔姓高人，说他是仕路之人，要他发奋读书，并对他什么时候能考取功名，能考第几名，什么时候当官，什么时候寿尽等都给予了预测，在以后的二十年的经历中，这些预测基本上应验了，因此，他最初坚信“进退有命，迟速有时”。后来又遇上了云谷禅师，禅师告诉他，凡人有定数，而极善与极恶之人，“定数拘他不定”，“命由我作，福自己求”。不仅德可自求，功名富贵皆可自求，内外双得。“若言天命有常，吉何可趋，凶何可避。开章第一义，便说积善之家，必有余庆。”另外，云谷禅师还拿出功过格给他看，要他今后照此去做，必有善报。自此他又一次实现了自己人生信念的转变，从信仰宿命论转而信仰福善祸淫、命由我造的人生观。“余初号学海，是日改号了凡，盖悟立命之说，而不欲落凡夫窠臼也。”从此发愿积德成善，做善事三千件，因而得任宝坻县知县，在任上又发愿做善事一万件。总之，因行善积德，而使自己由过去命中无子而有子，由无官而得官，由命定的五十三岁之寿而至六十九岁尚存。“吾于是而知凡称祸福自己求之者，乃圣贤之言，若谓祸福惟天所命，则世俗之论矣。”

袁黄的人生观或人生信念的形成与转变典型地体现了中国传统民众的人生观。一般民众起初可能都信仰宿命论，这是一种消极的人生观，容易使人“澹然无求矣”。在《了凡四训》看来，这种盛衰兴废皆有定数，人须听天由命的思想是凡人之迷，而相信福祸转移操之在人、积善断恶、灾消福来、命自我造、数不能拘的人生观才是觉悟之人的正确人生信念。应该说这两种人生信念在古代民众的生活中均有普遍表现，一般贫苦的、无文化的、软弱无助的、命运不济的人大都相信宿命论，虽然这麻痹了他们与命运抗争的斗志，但却给予他们以心灵慰藉。福善祸淫这种德福统一的人生价值信念，在中国古代对于人们的道德实践发挥了相当积极的作用，它给民众的人生与道德实践以动力、信心和力量。虽然在实际的人生实践中可能出现德福不一致甚至德福对立的现实状况，但德福统一作为一种人生价值信念为大多数民众所深信，这也是不争的事实。

在传统俗文化中，关于性命关系有一首“命自我作，福自我求”的歌谣，现引来作为这一问题的总结：

> 心好命又好，富贵直到老。命好心不好，福变为祸兆。
> 心好命不好，祸转为福报。心命俱不好，遭殃且贫夭。
> 心可挽乎命，最要存仁道。命实造于心，吉凶唯人召。
> 信命不修心，阴阳恐虚矫。修心一听命，天地自相保。

二、穷达观

经过自己的人生实践和努力，具体的个人总会有穷达之境况。所谓穷，就是陷入困境，事业和人生没有得到充分发展。穷有程度上的差异，严重时就是处于困厄甚至危急状态。另外也指人生与事业不太得志，其德才和社会作用没有得到充分发挥。相反，达就是处境很顺，命运垂青，春风得意，志向得以实现，事业得到发展。穷达是每个人都会面临的人生境况，那么应该如何对待穷达呢?

第一，坦然面对穷达，进退得当。孟子说："古之人，得志，泽加于民；不得志，修身见于世。穷则独善其身，达则兼善天下。"(《孟子·尽心上》)道德高尚的人，在大家信任、条件顺利时，要多为老百姓做好事，多为社会做贡献，做到达则兼善天下；在不得志时，无权无势，无法为别人、为社会更多地服务，那么就应该独善其身，以高风亮节名见于世。

第二，穷达缘义。要以"义"为判断穷达的标准，不能把达当作人生的最高目标，不义的达绝不去做，如孔颜的安贫乐道。孔子说："邦有道，则仕；邦无道，则可卷而怀之。"(《论语·卫灵公》)"不义而富且贵，于我如浮云。"(《论语·述而》)为义而穷，就宁愿穷；如果是不义而达，宁肯不达。"与其无义而有名兮，宁穷处而守高。"(宋玉：《九辩》)这再次体现出儒家对任何事物皆是以是否合乎道德为标准的。

第三，不要得意忘形。穷困对人是一种考验和磨炼，实际上顺境对人也是一种考验和磨炼。有人能战胜困穷，却不能战胜通达。在通达时，可能会有一批人围着你、吹捧你、巴结你、腐蚀你、诱惑你，这时你自己也会慢慢骄横、专断、自满起来。在通达时要严守廉洁，坚守德操，就必须有比平常更加清醒的理智和更加坚定的意志。尤其是为政者，更容易受到诱惑、算计，拍马是为了骑马，一旦得意忘形，就会给人以可乘之机，因此要更加小心。战战兢兢，如临深渊，如履薄冰，这样才会立于不败之地。当然，某些显达而得意猖狂的人本身就是小人得志，正所谓“子系中山狼，得志便猖狂”，对于这种人，显达更是一种考验。

第四，穷不易节。不能因为困苦、贫穷而改变自己的气节，改变自己的志向和操守。不能像俗话说的“人穷志短，马瘦毛长”。要人穷志不短，要“穷且益坚，不坠青云之志”，要“富贵不能淫，贫贱不能移，威武不能屈”。人生有其发展的运数，困厄和逆境在人生的长途中有时也是在所难免的。我们可能会有“春风得意马蹄疾”的境遇，也可能会有“春风不度玉门关”的境遇，这些都是客观的，也是会转变的。重要的是我们在困厄面前不气馁，不失去勇气和信心，矢志不渝，努力奋斗。当我们回过头来看时，这一段人生的逆境对于我们来说是“艰难困苦，玉汝于成”的人生营养。因此，达不张狂、穷不易节是对待穷达的正确的人生态度，也是我们良好的道德修养的体现。

三、荣辱观

光荣与耻辱也是人生的一种客观境遇。究竟什么是光荣和耻辱，人们对这个问题的看法和观点就是荣辱观。荣辱观也是人生观的重要内容，如何正确对待人生境遇中的荣辱问题，也构成了处己论的重要内容。

光荣或荣誉就是因为自己的人生修为而被他人或社会所肯定与赞扬，并且因之使自己的内心产生自豪感和荣誉感。耻辱或羞耻是因为自己做了不符合道德的事而受到人们的鄙视、批评与谴责，并因之在自己内心形成羞愧感。荣辱既是一种客观的状况，也是人的一种主观体验和心理状态，正如孟子所说："羞恶之心，人皆有之。"（《孟子·告子上》）中国先贤在荣辱观上的核心思想是强调不以权位财富论荣辱，以义为荣，以不义为辱，这是与儒家的义以为上的价值观相一致的。

1. 荣辱辨析

在中国古代思想史上，管子是较早论及荣辱观的思想家。他在荣辱观上主要强调了荣辱的善恶客观性。"管子曰：'身不善之患，毋患人莫己知。丹青在山，民知而取之。美珠在渊，民知而取之。是以我有过为，而民毋过命。民之观也察矣，不可遁逃，以为不善。故我有善则立誉我，我有过则立毁我。当民之毁誉也，则莫归问于家矣。'"（《管子·小称》）人的行为荣辱是一个客观的事实和民众的客观评价，如"丹青在山""美珠在渊"，因此，当民众有毁誉于我时，我应该首先自我反省，这是对待荣辱的一种客观的、正确的态度。

荀子有专文论述荣辱问题，并提出了著名的"义荣""势荣""义辱""势辱"的概念。荀子指出："好荣恶辱，好利恶害，是君子、小人之所同也，若其所以求之之道则异矣。"（《荀子·荣辱》）好荣恶辱乃人所共求，然而正是"求之之道"的不同导致了君子、小人将会得到"义荣""势荣""义辱""势辱"的不同结果。"是有两端矣。有义荣者，有势荣者；有义辱者，有势辱者。志意修，德行厚，知虑明，是荣之由中出者也，夫是之谓义荣。爵列尊，贡禄厚，形势胜，上为天子诸侯，下为卿相士大夫，是荣之从外至者也，夫是之谓势荣。流淫污僈，犯分乱理，骄暴贪利，是辱之由中出者也，夫是之谓义辱。詈侮捽搏，捶笞膑脚，斩断枯磔，借靡后缚，是辱之由外至者也，夫是之谓势辱。是荣辱之两端也。"（《荀子·正论》）如若可能，显然世人希望义荣与势荣得而兼之，义辱与势辱咸能避之。但世事又往往难遂人愿，鱼与熊掌不可得兼，当义利二者发生矛盾冲突时如何取舍就成了千百年来人所共临的难题了。儒家对这个问题的回答一贯是义以为上、以义制利的，荀子也不例外，因此紧接着他说："故君子可以有势辱，而不可以有义辱；小人可以有势荣，而不可以有义荣……义荣、势荣，唯君子然后兼有之；义辱、势辱，唯小人然后兼有之。是荣辱之分也。"（《荀子·正论》）也就是说，同时拥有义荣、势荣的人一定是君子，但君子在义荣的行为选择之下未必能够得到势荣的结果，而享有势荣的人不一定全都是君子；同时拥有义辱、势辱的人一定是小人，但小人在义辱的行为选择之下未必势辱，而陷于势辱窘境里的人也可能是君子。荀子的荣辱观坚持了儒家以道德作为荣辱的评判标准，他在历史上是对荣辱观分析得较为细致的思想家。

2. 荣辱的评判标准

孟子明确提出了关于荣辱的评判标准，那就是仁与不仁。孟子曰："仁则荣，不仁则辱。今恶辱而居不仁，是犹恶湿而居下也。"（《孟子·公孙丑上》）"苟不志于仁，终身忧辱，以陷于死亡。"（《孟子·离娄上》）孟子还提出了与后来荀子的荣辱观在内涵上极为相似的"天爵""人爵"思想："有天爵者，有人爵者。仁义忠信，乐善不倦，此天爵也；公卿大夫，此人爵也。古之人修其天爵，而人爵从之。今之人修其天爵，以要人爵；既得人爵，而弃其天爵，则惑之甚者也，终亦必亡而已矣。"（《孟子·告子上》）不难看出，孟子这里所讲的"天爵"就相当于荀子的"义荣"，而"人爵"相当于"势荣"，重在强调内修道德的自觉性，以实现心安理得的"天爵"。荀子认为："先义而后利者荣，先利而后义者辱。"（《荀子·荣辱》）可见荀子也以义利观为荣辱的评判标准。荣辱主要是一种道德上的评价，而不是一种人生成就上的评价。尽管我们现代人的荣辱观可能已经发生了变化，比如以财富、地位等作为荣辱的评判标准，但在传统中国，道德是为社会所最为看重的价值。孟子、荀子以道德为荣辱的评判标准，体现了儒家思想的价值取向，是当时社会价值观念的真实反映。现代人的荣辱观反映出较浓厚的功利性、外在性的价值追求，即古人所讲的势荣、利荣、人爵，儒家以义即道德、人品为内在价值与荣誉的人生态度对今天的人们是一种人文精神的滋养，值得我们借鉴。

3. 客观上正确对待荣辱

以上我们简单介绍了先秦思想家的荣辱观，那么，作为人生主体，我们每一个人应该如何看待和处理荣辱问题呢?

首先应该在客观上正确对待荣辱这种人生的客观境遇。荣辱都是由自己的修为所造成的，求荣避辱要靠自己。对于荣辱的客观情势要辩证对待。别人诽谤你、侮辱你，该反击的当然要反击，但更多的时候应该把受辱当成动力，比如韩信受胯下之辱，他时时以此鞭策自己，最后终于当了大元帅，回到故乡后谁也不敢再轻视他。战国时期的苏秦也是这样，在他还未发达之前连他的妻子都看不起他，认为他只知道死读书，等到他佩六国相印后，他的家人匍匐在地，不敢仰视。可见重要的是要善于把耻辱转化为光荣。

其次不要斤斤计较一时之荣辱，如司马光所说：“誉之不喜，毁之不怒。”(《温国文正司马公文集》卷一《灵物赋》)别人赞誉我不能太高兴，别人骂我也不能发怒，这是高度自制的表现。人性的弱点，往往都是喜欢听好听的、赞扬的话，不喜欢听不好听的、批评的话，因此，一定要保持清醒的头脑。你把我捧上天，我知道我没有那么高；你把我踩到脚底下，我也知道我没有那么低。要善于对待毁誉。他人诋毁你与称誉你都有他的目的，因此要分清他是真诚的还是虚伪的，要善于把不利的变为有利的。庄子的荣辱观更为超然，不以世人的毁誉为意，只求自己的精神自由。“举世而誉之而不加劝，举世而非之而不加沮，定乎内外之分，辩乎荣辱之境，斯已矣。”（《庄子·逍遥游》）

4. 主观上要树立荣誉感与知耻感

荣誉感与知耻感是激励鞭策人们从善去恶的主要心理机制，它往往通过人的道德自觉性、积极性、主动性发挥其内在的调节人的行为的作用。

正确的荣誉观对于人们为善去恶、积极向上能起到强有力的激励、推动作用，是一个人健康成长、趋于完善的心理保证。一个人能否自尊自爱，有无荣誉感，这是一个人道德生活的最内在、最深刻的源泉。孔子说过：“君子疾没世而名不称焉”（《论语·卫灵公》），这就是说一个人到死还没有相称的好名声是一件很痛心的事，人们要获得好名声，必须将行仁为善作为基础。要立德、立功、立言，这样的功业是不朽的，这样才会名垂千古。如司马迁、文天祥、张居正、海瑞等历史上的仁人志士都是在这种追求名节的意识支配下做出了令后人赞颂的功业，也成为世人的道德榜样、人格典范。在他们看来，荣辱比生命还重要，为了荣誉和名节，可以杀身成仁、舍生取义。可见荣誉心对人的道德实践和人格养成会发挥重要的作用。

另外，认识到自己的过错而产生道德上的自我否定和羞愧心，即古人所说的知耻心，也是一个人道德进步的契机和动力。孔子说：“知耻近乎勇。”（《礼记·中庸》）孟子把羞恶之心看作义之端，认为：“人不可以无耻，无耻之耻，无耻也。”（《孟子·尽心上》）南宋陆九渊曾说：“人而无耻，果何以为人哉?”（《陆九渊集》卷三十二）这是说羞耻心是人格存在的基础，没有羞耻心的人就没有独立人格，就不成其为人。这种观点把羞耻心看作人的基本规定性，旨在强调羞耻心是人的一种内在道德约束力量，有了这种内在约束，人就会出于自重自爱而不做坏事，多行好事。美国作家马克·吐温曾说过：人是唯一知道和有必要知道羞耻的动物。现代著名文豪郭沫若也曾说过：一个人最伤心的事情无过于良心的死灭。这些都旨在揭示知耻心在人的道德生活中的重要作用。

不仅荣誉感有利于人的道德进步，知道羞愧并勇于改错同样是一个人道德进步的动力，因此，我们在进行荣辱观教育的过程中，不仅要注意培养与保护人们的荣誉心，而且要培养人们的知耻心，充分发挥荣辱观对人们行为的调节作用。

四、忧乐观

忧愁与快乐是人生快乐与否的一种心理体验，究竟应以何为乐，人们的看法各不相同。中国古代的忧乐观或苦乐观，概而言之有《列子·杨朱》所反映的享乐主义思想，儒家的“忧道不忧贫”、墨家的“自苦为极”的禁欲主义思想以及道家不以苦乐而伤其身的忧乐超越思想。居于主导地位的是儒家的由道义看苦乐的思想。

《列子·杨朱》所宣扬的生当行乐的人生理想和纵欲主义的养生论，赤裸裸地表现了门阀士族在西晋王朝灭亡前的醉生梦死、极端淫逸的生活方式和人生态度。它认为人生的唯一目的是“为美厚尔，为声色尔”，“尽一生之欢，穷当年之乐”。人生苦短，要及时享乐，而且要无所顾忌地大胆享乐，不必担心死后留下恶名，因为贤愚贵贱的不同，死了都要同归于消灭，只留下一堆腐骨。从其享乐主义人生观出发，它又提出了纵欲主义的“养生”观，认为追求“丰屋、美服、厚味、姣色”，肆情纵欲，“从心而动，不违自然所好”，这就是“养生”。认为在诸多的人生快乐之中，酒色之乐为上。人生就是纵欲，不能纵欲如同死亡，为了纵欲可以不顾一切。这种思想对后世有一定的影响，但从总体上看，这种人生观在中国思想上是不占主导地位的。对于这种人生观的实质，马克思有一句话说得很深刻：“享乐哲学一直只是享有享乐特权的社会知名人士的巧妙说法”，“一旦享乐哲学开始妄图具有普遍意义并且宣布自己是整个社会的人生观，它就变成了空话”①。

道家的超越忧乐、安分自得的忧乐观，在玄学的代表人物的思想和行为中表现得非常突出。阮籍认为养生有五难，即名利、声色、滋味、无常、喜怒，免除这五难的根本在于“意足”。所谓“意足”，就是精神上的自我满足，是一种“有主于中”的内心涵养，以物为足则永不会满足，人生的乐趣不在于对外物的占有，而在于自足，从内心寻找快乐。要“清虚静泰，少私寡欲”，要“旷然无忧患，寂然无思虑”，要“爱憎不栖于情，忧喜不留于意，泊然无感，而体气和平”（嵇康：《养生论》），也即所谓“大和”“恬淡”。向秀、郭象从物各独化的理论前提出发，得出了性各有分、性各自足、人各有命与遇的结论，由此必然得出安分顺命的结论。安命足性，各守本分，就能知足常乐。

那么，居于主导地位的儒家是如何看待忧乐的呢？

第一，忧乐天下，与民同乐。

中国传统哲学认为人的忧乐问题不仅是一种主体的忧乐心理体验，更是一种社会道德关切，因此，孟子认为一人独乐不算乐，只有与天下的人一起乐才是最大的快乐。孟子说：“乐民之乐者，民亦乐其乐；忧民之忧者，民亦忧其忧。乐以天下，忧以

---

① 马克思恩格斯全集：第3卷．北京：人民出版社，1965：489.

天下，然而不王者，未之有也。”（《孟子·梁惠王下》）范仲淹进而认为：“不以物喜，不以己悲。居庙堂之高，则忧其民；处江湖之远，则忧其君。是进亦忧，退亦忧，然则何时而乐耶？其必曰：‘先天下之忧而忧，后天下之乐而乐。’”（《岳阳楼记》）这个思想的影响是深远的。正是因为把自己的忧乐问题同天下黎民百姓联系起来，才使这个问题在中国语境中成为一个人生观与道德观的问题，而且这种忧患意识和责任意识是中国的仁人志士的高尚情怀。墨子以自苦为极，言苦不言乐，似乎悖于人情，难以实行，但是他“摩顶放踵利天下”（《孟子·尽心上》）的崇高精神，值得大力提倡和发扬。

第二，安贫乐道，仁者不忧。

苦乐与忧乐既是一种客观的状况，也是一种主观的体验。从客观的角度看，儒家以道义或者道义的实现为乐，而不以富贵荣华为乐，这就是所谓的安贫乐道的精神。“子曰：‘君子食无求饱，居无求安，敏于事而慎于言，就有道而正焉，可谓好学也已。’”（《论语·学而》）紧跟着这句话，《论语》中又记载了孔子与其弟子的如下对话：“子贡曰：‘贫而无谄，富而无骄，何如？’子曰：‘可也，未若贫而乐，富而好礼者也。’”（《论语·学而》）这鲜明地体现出了儒家安贫乐道的价值观。孔子曾赞扬他的学生颜回：“贤哉，回也！一箪食，一瓢饮，在陋巷。人不堪其忧，回也不改其乐。贤哉，回也。”（《论语·雍也》）生活极其贫困，一般人都难以忍受，颜回却非常高兴。“子曰：‘饭疏食饮水，曲肱而枕之，乐亦在其中矣。不义而富且贵，于我如浮云。’”（《论语·述而》）到了宋明理学阶段，周敦颐提出“孔颜乐处”，指的就是孔子和颜回的这种安贫乐道的忧乐观，即不为自己的处境不好而忧，却为能在困难条件下坚持道义而乐。这是一种很高的圣贤忧乐的道德境界。

具体来看，儒家圣哲以何为乐呢？孟子说："君子有三乐，而王天下不与存焉。父母俱存，兄弟无故，一乐也。仰不愧于天，俯不怍于人，二乐也。得天下英才而教育之，三乐也。"（《孟子·尽心上》）这就是说孟子以阖家安康、坚守道德、传道授业作为自己快乐的根源和内容。荀子是如何看待快乐的呢？《荀子·子道》中说："子路问于孔子曰：'君子亦有忧乎？'孔子曰：'君子其未得也，则乐其意；既已得之，又乐其治。是以有终生之乐，无一日之忧。小人者其未得也，则忧不得；既已得之，又恐失之。是以有终身之忧，无一日之乐也。'"这就是说，只有君子即有道德的人才会有长久的快乐而无一日忧愁，小人则是有长期的忧愁而无一日之快乐。因为君子以自己得道或者将道贯彻在政治治理中为乐，而小人之乐主要在于得利，得不到时痛苦，得到了又怕失去，因此，天天都处于忧愁之中。这也许就是"君子坦荡荡，小人长戚戚"（《论语·述而》）一语的内涵吧！

从忧乐的对象和客观内容的角度来看，儒家以道德、传道、社会善治为乐之内容和乐之源泉，这在古代社会自然是"君子"（有地位有道德的人）之乐，而非"小人"（无地位的老百姓）之乐，因为老百姓的首要关切是自己的生计和生活，因此"忧道不忧贫"恐怕只适用于少数衣食无忧的社会精英即"君子"。在当代社会，人们似乎很难全部认同接受这种因道德而忧乐的观点，因为当代社会已经不是以道德为唯一价值或中心价值的社会了。

但从仁者不忧的主体心理体验与内在调节的角度看，人的忧乐心理调节主要依赖于道德，如果你真正拥有仁义道德，心胸坦荡，一心一意为天下百姓，就不会产生忧愁的消极心理，那么这种"君子谋道不谋食""君子忧道不忧贫"（《论语·卫灵公》）的忧乐观仍然是有意义的。即使在现代社会，人们内心仍然有道德的追求，道德的、精神的幸福是内在的、长久的、深刻的幸福，而外在的物质享受、功名利禄虽然也可给人带来幸福和快乐的体验，但如果失去了道德的内在价值，则不会给人带来一种灵魂安慰、心灵和谐的长久幸福感。据《列子·仲尼》记载："仲尼闲居，子贡入侍，而有忧色。子贡不敢问，出告颜回。颜回援琴而歌。孔子闻之，果召回入，问曰：'若奚独乐?'回曰：'夫子奚独忧?'孔子曰：'先言尔志。'曰：'吾昔闻之夫子曰："乐天知命故不忧"，回所以乐也。'"这段记载很生动，即使是圣人也有忧愁不高兴的时候，但重要的是要有心理调节。颜回真不愧为孔子所喜欢的第一高足，他首先用弹琴引起老师的注意，以快乐分解忧愁，当老师叫他进去问话时，他及时回答说乐天知命就能达到不忧。这是说，一个仁者能以天下为己任，能够了解天道人命，自然就不会有忧愁，这正是"仁者不忧"的境界。儒家思想中这种仁者不忧的思想，对于我们今天仍然是有借鉴意义的。也就是说，一个有道德的人，由于其心胸比较宽广，就能化解一些不愉快的情绪，而达到"仁者不忧"的境界。比如我们经常说的"君子坦荡荡，小人长戚戚"(《论语·述而》)，虽然主要是指有道德的人襟怀坦荡，但有时也指一种心理状态，换句话说正是因为君子胸怀坦荡，才能够有快乐的心情，而小人则因为患得患失而心里忧愁郁闷。

第三，生于忧患，死于安乐。

这一思想认为人的忧愁与快乐是相互依存、相互转化的，这种思想充满着辩证性。孟子说："生于忧患而死于安乐也。"(《孟子·告子下》)如果人经常遭受种种磨难而受到锻炼的话，就会增强自身的生存能力和意志力。正如俗话所说的"艰难困苦，玉汝于成"。相反，如果人总是处于舒适安逸的环境中，吃喝玩乐，玩物丧志，那就会一事无成。"故天将降大任于是人也，必先苦其心志，劳其筋骨，饿其体肤，空乏其身，行拂乱其所为，所以动心忍性，曾益其所不能。”（《孟子·告子下》）逆境是人生的一笔宝贵财富，正如司马迁在《报任安书》中所言：“盖西伯拘而演《周易》；仲尼厄而作《春秋》；屈原放逐，乃赋《离骚》；左丘失明，厥有《国语》；孙子膑脚，《兵法》修列；不韦迁蜀，世传《吕览》；韩非囚秦，《说难》《孤愤》。《诗》三百篇，大抵圣贤发愤之所为作也。”因此，我们要“乐不以忧而废，忧不以乐而忘”（罗大经：《鹤林玉露》卷二）。快乐时要居安思危，不要得意忘形、乐极生悲；忧愁时要看到希望，要有信心，相信未来会更好，以坚强自己的意志，这样最终忧会转化为乐。

第四，知足常乐，超然自处。

这种思想主要是由道家提出的，老子说：“知足者富”（《老子》第三十三章）。这是说知足就是一种富有，也就是一种快乐。“祸莫大于不知足，咎莫大于欲得。故知足之足，常足矣。”（《老子》第四十六章）。一般认为，这是一种消极的人生观，其实，人们的欲望与节制是一种辩证的关系，需要和欲望是人的本性，也是人为自己的利益而奋斗的最终动力，人如果没有欲望，就会失去生命的活力和奋斗的动力。人们的需要遵循着不断递升的规律，是永远不可穷尽的，人的欲望的满足总是相对的。人的欲望是人们奋斗的动力，同时也是痛苦的根源。为什么痛苦？就是因为欲望不能满足或不能完全满足，这就会产生佛教所说的“贪”这一“三毒”之一。哲学家叔本华曾经受到佛教思想的影响，他说，人一生下来，为什么不笑而总是哭呢？这就是因为人一来到这个世界就是有欲望的，而且因欲望不能满足而痛苦。正是因为欲望不能满足或未完全满足是产生痛苦的原因，因此，人们只有知足才会常乐。这种思想可能不利于人们奋发有为、建功立业，但作为一种自我修养的心理调节原则，却是很有道理的，并为很多中国百姓所接受。这种思想在历史上产生过很大的影响，甚至构成中国国民性的一种特质。

有很多俚语名言都表现出这种知足常乐的国民性。如“安步以当车，无罪以当贵”（《战国策·齐策四》），“别人骑马我骑驴，仔细思量我不如，待我回头看，还有挑脚汉”（《增广贤文》）。知足常乐、随遇而安的心理在历代各类人物那里都有不同程度的体现，就连为人们所熟悉的豪放派词人辛弃疾亦是如此。在人们的心目中，这位驰骋疆场、叱咤风云的民族英雄一生都在积极进取，“金戈铁马，气吞万里如虎”（《永遇乐·京口北固亭怀古》），这是何等的豪情壮志！但是，在他的诗词中，却又有为数不少的作品透露出另外一种情调：“随缘道理应须会，过分功名莫强求”（《瑞鹧鸪·胶胶扰扰几时休》）。在中国历史上，这种随遇而安、知足常乐的思想，一方面可能会使人们安于现状、无所作为，另一方面也可以让人获得一种不为得失所累的旷达心理。这种旷达心理从忧乐观上来说，不正是一种化忧为乐的积极心态吗？

庄子的忧乐观更是一种哀乐不入于心的境界，也就是说哀乐都不能对其平静、超然、逍遥之心造成干扰。“哀乐不易施乎前，知其不可奈何而安之若命，德之至也。”（《庄子·人间世》）面对哀乐之不同境遇，心情不为之移易改变，知其不可而安之若命，这是一种最高德性，是一种非常超脱的忧乐观。

五、生死观

生与死是人生最重要的问题。在某种意义上，人生观问题之所以有意义，人之所以要追求生的意义，正是因为人要死，假如人一直不死，考虑生的意义就不大了，因为好活赖活都活着。中国传统人生智慧在生死问题上，也主要体现出儒家与道家两种不同的生死观。儒家在生死问题上认为生死都要有其意义，要生以益世、死以载义；而道家则坚持生死自然的认识，要求人们采取达观生死的态度。尽管如此，儒道两家都主张在人生的常态下人们还是应该珍惜生命的价值，养生有方。

第一，生以益世，死以载义。

如前所述，儒家的人生观是一种积极入世、自强不息的人生观，因此，在对待生死问题上特别强调生死的价值与意义。人活着不在于生命长短，不在于穷达忧乐，而在于有意义，为道义而生，为道义而死。孔子说得好："志士仁人，无求生以害仁，有杀身以成仁。"（《论语·卫灵公》）为了理想与道义，不惜奉献生命。"朝闻道，夕死可矣。"（《论语·里仁》）即使活一天，也要懂得道义。生命的意义就在于有益于他人与社会。只要活得有意义，哪怕活一天，也比庸庸碌碌地活几十年有意思。一个人的生命是重于泰山还是轻于鸿毛，就在于是仅仅为自己而活还是为他人和社会而活，是不是能做"一个高尚的人，一个纯粹的人，一个有道德的人，一个脱离了低级趣味的人，一个有益于人民的人"①。当面临死亡考验的时候，要死以载义，不能因为死亡的危险而失去道义，该死的时候要敢于去死，正所谓杀身成仁、舍生取义。李清照诗云："生当作人杰，死亦为鬼雄。"生就要做一个杰出的人、模范的人，死的时候也要死得有价值。文天祥诗云："人生自古谁无死，留取丹心照汗青。"汗青指史册，人谁能不死，关键是要用一颗红心照耀历史，这才生得有价值，死得也有价值。人一生的最高价值目标和理想就是达到"三不朽"，即立德、立功、立言。人的生命是有限的，都难免一死，但人的道德、功业、学说却可以是不朽的，因此，人所要追求的生死的最高价值就是在有限的生命里做出不朽的贡献，这样的人生才是有

① 毛泽东选集：第2卷．北京：人民出版社，1991：660.

意义的。在生与义遇到矛盾时，要“成仁取义”——“无求生以害仁，有杀身以成仁”（《论语·卫灵公》），“尽其道而死者，正命也”（《孟子·尽心上》）。

第二，生死自然，达观生死。

这是道家的生死观。道家把生死看作很自然的事情，是不以人的主观意志为转移的过程，就像庄子所说：“生也死之徒，死也生之始。”（《庄子·知北游》）生和死一样，死了以后，也才有生的开始。从某种意义上看，人的生命确实也是这样不断新陈代谢的过程，生命必然终结，这是一种自然规律，谁也不能例外，什么也改变不了。因此，人不必恋生，也不必怕死，要抱着一种客观平和的态度即一切顺其自然的态度来对待生死。正如古人钱泳所说：“生而死，死而生，如草木之花，开开谢谢，才有理趣。”（《履园丛话·神仙》）如果一个人生长万年，这世界上都是些老头子、老太太，还有什么趣味？如果说人能长生不死，就更没有意思了。因为永远活着，就不再有意义的追求了。和允在《幼学琼林·疾病死丧》中也说：“福寿康宁，固人之所同欲；死亡疾病，亦人所不能无。”有福有寿、健康安宁谁都愿意有，但死亡疾病谁也免不了，因此，要以自然心、平常心来对待生死。

既然生死是不以人的意志为转移的自然事件，因此，道家主张把生死看透，听顺万物自生自灭，人要超然地、乐观地看待生死，不能整天耿耿于怀、寝食不安。死亦不忧，生亦不喜。正如一位哲人所说的，当我在思考死的问题时，我仍然活着；当我不能思考死的问题时，我已经不在了。因此，人不能因为有“大限”而忧心忡忡，要快乐地活着。庄子之所以在其妻子死亡时还能“鼓盆而歌”，就是因为他对生死抱持超然的态度。

第三，珍惜人生，养生有方。

无论是采取生以益世、死以载义的生死观，还是采取生死自然、达观生死的生死观，都是人们面临死亡的威胁时对待生死的一种态度。人在正常情况下一般会有几十年的寿数，但人们无不希求延年益寿，这是自古以来人们的祈求和向往，并为之做了不懈的努力，积累了丰富的经验。先贤所说的养生，包括养心（养神）和养身（养形）两个方面的统一，方法也各异。其智慧与思想大致可分为如下三个方面：修德养心，具有明显的儒家传统；恬静养神，主要是道家的传统；另外，养生当使“形与神俱”，因此，还应节欲养身。

其一，修德养心。儒家的养生理论把德性修养视为“养生之第一要”“养心之第一法”。“子曰：知者乐水，仁者乐山；知者动，仁者静；知者乐，仁者寿。”（《论语·雍也》）如何理解“仁者寿”呢？一方面，可以将此看作儒家的一种价值信念，即坚信有道德的人必能长寿，所谓“故大德……必得其寿”（《礼记·中庸》）。另一方面，“仁者寿”的价值信念又是与“德者福”的信念相联系的。“寿”被儒家经典《尚书》列为五福之首：“五福：一曰寿，二曰富，三曰康宁，四曰攸好德，五曰考（老）终命。”在现实生活中我们不难发现，一些乐于助人、处处行善、与他人融洽相处的人，尽管终日辛勤劳作，粗茶淡饭，却活得健康长寿；相反，那些心怀恶意、争长论短、损人利己、与他人不能融洽相处的人，往往患病率高，寿命也比较短。一个人活在世上，如果多做好事，多为别人着想，积善成德，其身心就处于一种和谐的境地，良心安宁，泰然处之，就会感到越活越有意思，越活越有精神，这是健康长寿的首要条件。

“仁者寿”不仅是儒家的一种价值信仰，也是儒家的一种心理养生观与养生方法，即通过修德而养生并获长寿。为什么修德就能长寿呢？在孔子看来，道德高尚和性格开朗的人，其心理不会患得患失，这样就能免除各种焦虑烦恼，经常保持乐观的情绪状态，即“仁者不忧”(《论语·宪问》)，“君子坦荡荡，小人长戚戚”(《论语·述而》)。在孔子看来，德的核心思想是仁，于是，孔子提出了“仁者寿”的命题。正因为仁者不忧，君子坦荡，所以仁者就会喜欢山之敦厚，就会守静持一。正如董仲舒所说：“仁人之所以多寿者，外无贪而内清静，心和平而不失中正，取天地之美以养其身。”(《春秋繁露》第十六卷《循天之道第七十七》)程颐说：“仁者寿，以静而寿。”(《二程集》卷二十二上《伊川先生语八上》)马致远在其《岳阳楼》中写道：“人能克己身无患，事不欺心睡自安。”吕坤在其《呻吟语》中也指出：“养德尤养生之第一要也。德在我，而蹈白刃以死，何害其为养生哉?”这是说养生与赴义并不矛盾，养生的要旨在于养德，不在于单纯延长寿命。他还说：“仁者寿，生理完也；默者寿，元气定也；拙者寿，元神固也。”“置富贵、贫贱、死生、常变于度外，是养心第一法。”

史书称尧和舜都很长寿，这同他们的仁爱慈善、为政以德不无关系。我国最早的医典《黄帝内经》就已认识到道德高尚的人易于长寿。其《素问》篇说：上古之人“所以能年皆度百岁，而动作不衰者，以其德全不危也”。还认为中古之人其寿命长的原因之一，也是在于他们“淳德全道”。唐代孙思邈也从医学角度提出了“德行不克，纵服玉液金丹未能延寿”的理论，主张人们要修身养性以养生。“性既自善，内外百病皆悉不生，祸乱灾害亦无由作。”(《千金要方》卷二十七)宋代哲学家邵雍也说过：“始知行义修仁者，便是延年益寿人。”(《邵雍集·言行吟》)曾国藩曾说：“观于田夫家父，终岁勤劳而少疾病，则知劳者所以养身也。观于舜、禹、周公，终身忧劳，而享寿考，则知劳者所以养心也。”(《曾国藩全集·杂著》)

有趣的是，现代医学也认为善恶会影响一个人的生命。美国密歇根大学调查研究中心对 3 000 人进行了长达 14 年的调查。耶鲁大学和加州大学也共同就这个问题调查了加州阿拉米达地区 7 000 人，得出的结论完全相同。从心理学角度讲，一个乐善好施的人，能激发人们对他的感激、友爱之情，从而使其获得内心的温暖和满足。“有德容乃大，无私心自安”，这大大缓解了生活中出现的焦虑和不适。从人体免疫学的角度看，乐善好施、常做好事有益于人体的免疫系统，良好的人际感受有助于大脑生产有利于免疫系统的化学物质。

“仁者寿”表达了儒家对道德与人生的乐观主义信念。儒家重视对养生之道的探索，体现了儒家对人的生命价值的重视。但是儒家重养生并不仅仅是为了长寿，而是为了去实现他们所主张的人生价值和社会抱负。在他们看来，人的生命是实现理想的前提，孔子说：“爱其死以有待也，养其身以有为也。其备豫有如此者。”（《礼记·儒行》）养生是为了能在现实生活中有所作为，这是儒家养生思想的根本出发点，也是儒家追求长寿的首要动机。同时，在儒家看来，要实现治国平天下的目标，最好的办法莫过于养性与修身。儒家虽提倡“志士仁人，无求生以害仁，有杀身以成仁”（《论语·卫灵公》），但只要在“成仁”与“养生”不发生矛盾时，儒家还是很重视养生的。这与道家的养生观是不同的。道家主张养生是第一位的，其余之事（包括“帝王之功”）均是次要的事情。《庄子·让王》说：“道之真以治身，其绪余以为国家，其土苴以治天下。由此观之，帝王之功，圣人之余事也，非所以完身养生也。”那种一味贵己重生，甚至“拔一毛而利天下，不为也”（《孟子·尽心上》）的人生态度是不可取的。

那么，“仁者寿”与“杀身成仁”是否有矛盾呢？笔者认为是不矛盾的。这是儒家应对两种人生境况的不同选择，但都体现了对人的生命价值与意义的追求。当人生处于常态时，每个人都应修身养性，都应养生，从而获得长寿，这样不仅可以获得自身的长寿幸福，而且可以孝敬父母、光耀家族、忠君报国、治平天下。但当一己生命与道义责任相矛盾时，甚至出现了尖锐对抗的情景时，就要舍一己之生命而成仁取义。正如孟子所说："生亦我所欲也，义亦我所欲也，二者不可得兼，舍生而取义者也。"(《孟子·告子上》)"仁者寿"体现了对一己之生命价值的珍视，而"杀身成仁"则是对生命的社会的、精神的、永恒的价值的重视与追求。诚然生命对每一个个体都只有一次，因而是极其宝贵的，但是当天下兴亡、民族大义、家族责任、道德操守需要牺牲这种个体生命时，自觉地献身，立德、立功、立言以达到人生之"不朽"与永恒，这不仅不是对生命价值的漠视，而且是对生命价值的提升与超越。文天祥说："人生自古谁无死，留取丹心照汗青。"林则徐说："苟利国家生死以，岂因祸福避趋之。"这种杀身成仁、舍生取义的儒家精神成为中华民族精神的重要内涵，也培养了为数众多的仁人志士，推动了民族的发展繁荣，弘扬了个体生命的价值，使他们青史留名，使其精神生命实现了永恒。

"仁者寿"与"杀身成仁"从不同方面为我们的人生提供了生命的智慧选择。对于普通人来说，"杀身成仁"的选择境况是难遇的，但"仁者寿"的价值信仰以及修德养性以求长寿的方法则对每一个普通人的现代人生实践具有宝贵的指导与借鉴意义。

其二，恬静养神。这主要是道家的传统，其要点在于少私寡欲，恬淡虚静，保护"真气"，爱惜精神。《老子》第十九章说："见素抱朴，少私寡欲。"素、朴皆指未经雕琢加工的原始材料，比喻智欲未开的人的天性，此句意谓保持人的素朴天性。《老子》第五十九章说："治人事天，莫若啬。"这是说治理国家和养生，最重要的莫过于爱惜精神。老子认为这是养生的一条重要原则。庄子也说："必静必清，无劳汝形，无摇汝精，乃可以长生。"

（《庄子·在宥》）他还说："平易恬淡，则忧患不能入，邪气不能袭，其德全而神不亏。"（《庄子·刻意》）保持清静心确为养生之要旨，情绪大喜大怒则是对人的精神元气的极大损伤。嵇康也认为："修性以保神，安心以全身，爱憎不栖于情，忧喜不留于意，泊然无感，而体气和平。"（《嵇康集·养生论一首》）名医孙思邈说："心若太费费则劳，形若太劳劳则怯。神若太伤伤则虚，气若太损损则绝。世人欲识卫生道，喜乐有常嗔怒少。"（《孙真人卫生歌》）诗人白居易诗云："自静其心延寿命，无求于物长精神。"要保持一颗宁静的心，就要清心寡欲，不仅如此，在精神上对外在的功名利禄、荣辱得失也要看淡，要做到"宠辱不惊，肝木自宁；动静以敬，心火自定；饮食自节，脾土不泄；调息寡言，肺金自全；恬神寡欲，肾水自足"（汪汲：《座右铭类编·摄生》）。要做到"世俗烦恼处，要耐得下。世事纷扰处，要闲得下。胸怀牵缠处，要割得下。境地浓艳处，要淡得下。意气忿怒处，要降得下"（金缨：《格言联璧·存养》）。因为"恼一恼，老一老；笑一笑，少一少"（钱大昕：《恒言录》卷六）。总之，道家的养生之道重在强调清心寡欲，不为外在的荣辱得失和善恶是非所动，这样可以在一种恬淡宁静的心态中保持平和之心，不劳神伤神，必将大有利于养生。

其三，节欲养身。如果说上面两方面都是说如何养心或养神的话，那么，我们在这里要讲养身或养形的问题。如果说对于如何养精神生命（心或神）儒道两家有不同的理论和做法的话，那么，在养肉体生命方面两家则有共同的观点，这就是节欲养身。其基本原则是节欲、适欲以达到感性欲望的"中和"状态。如"食饮有节，起居有常"（《黄帝内经》）、"莫大忧愁，莫大哀思"（陶弘景：《养性延命录》）等都是这一原则的具体化。《论语·季氏》曰："君子有三戒：少之时，血气未定，戒之在色；及其壮也，血气方刚，戒之在斗；及其老也，血气既衰，戒之在得。”《管子·形势解》中说：“起居时，饮食节，寒暑适，则身利而寿命益。”《庄子·达生》中说：“人之所取畏者，衽席之上，饮食之间，而不知为之戒者，过也。”《吕氏春秋·本生》中说：“圣人之于声色滋味也，利于性则取之，害于性则舍之，此全性之道也。”要“法于阴阳，和于术数，食饮有节，起居有常，不妄作劳。故能形与神俱，而尽终其天年，度百岁乃去”（《黄帝内经·素问》）。不能纵欲，“酒极则乱，乐极则悲；万事尽然”（《史记·滑稽列传》）。“乐而有节，则和平寿考”（《汉书·艺文志》），“养性之道，莫久行、久坐、久卧、久视、久听，莫强食饮，莫大醉，莫大愁忧，莫大哀思，此所谓能中和。能中和者，久必寿也”（陶弘景：《养性延命录》）。名医孙思邈在其《千金翼方》中说：“耳无妄听，口无妄言，身无妄动，心无妄念，此皆有益老人也。”“行住坐卧，言谈语笑，寝室食次之间，能行不妄失者，则可延年益寿矣。”人有生，必有欲，如果没有正常的欲望满足，则人之生命不能存活，生命也会失去其诸多生趣。但欲不可纵，纵欲必然伤身。因此，要养身必须节欲，在满足正当需要的同时去除过分的贪欲，因为“精神有限，故嗜欲要节制，言语要简默，凡事要收敛，精神不漏则作用有力”（李惺：《冰言》）。这种节欲养身的养生之道已经为医学科学所证明。我们现代人的许多病都是吃出来的，所谓病从口入。如，贪欲使人吃得多，营养过剩，从而得了很多病，如肥胖病、高血压、糖尿病等。又如，吃了一些不该吃的动物，而把病菌带给了人类。因此，古人的“养生之道”对于现代人还是很有益的。

总之，生与死是人生最重大的选择，中国古代哲人在这方面的智慧对现代人仍有很大的影响。比如，儒家重视生命意义和价值的思想激励着很多现代中国人勤奋拼搏、不畏艰险、自强不息以实现某种理想和事业，不仅是为了自己的人生幸福，也是为了民族的复兴，生命不息，奋斗不止，甚至有很多人在中国近现代社会为了民族的解放，国家的富强杀身成仁、舍生取义，这可以说都受到了儒家生死观的影响。儒家思想是一种激励因素，鼓励人们在现实人生中积极奋斗；而道家的达观生死、道法自然的生死观则是一个解压阀，对于人们克服对死亡的恐惧，安详平静地对待生死发挥了不可替代的积极作用。儒道两家重视养生、养心、养德的思想更对我们现代人有非常重要的借鉴意义。近些年来，随着我国社会经济的发展，人们的生活水平大大提高，现在民众实际上最关心的就是养生和健康问题。人们的养生意识空前强烈。有人说，现在要学两种知识，一是谋生的知识，二是养生的知识。在这种社会条件下，古人关于珍惜人生、养生养德的思想对我们有重要的参考意义，值得我们吸收借鉴。

第六章　处人论

中国文化的整体性与道德性的价值取向使中国人特别重视人际关系，所谓“天时不如地利，地利不如人和”（《孟子·公孙丑下》），体现了民众对人际和谐的重视。人必然要与他人打交道，但人又是最复杂的动物，所谓“知人知面不知心”，连在中国文化中作为智慧象征的诸葛亮尚且因不能准确知人而“挥泪斩马谡”，更何况一般人呢？可见知人之难。知人后如何待人，不仅是一个价值观的选择问题，也体现出我们的人品和修养。中国文化倡导德善待人，追求和为贵的人际价值观。

处人论本身不涉及非常具体的人际关系，也不涉及非常具体的人际交往之道，而是一种与人相处的基本态度和一般原则。在这方面中国传统哲人给我们提供了丰富的思想与智慧。他们认为识人知人是与人相交甚至是用人的思想前提，以道德和善意待人是中国传统道德对人的基本态度，而人际交往是以追求“人和”为价值目标的。

一、识人知人

知物难，知天难，知人更难。知人虽是难事却是人生要事，古贤认为唯有知人才能善任，才能处理好人际关系，才能治家，才能成事，反映了古贤对知人的重要性的认识。《尚书·皋陶谟》说“知人则哲”，是说知人的人才是聪明的人。《老子》第三十三章中说：“知人者智，自知者明。”了解别人是智慧，自知是聪明。《论语·颜渊》中说：“樊迟问仁。子曰：‘爱人。’问知。子曰：‘知人。’”可见，儒道两家都把知人看作人生的重要事情。

吴兢在《贞观政要·择官》中说：“父不能知其子，则无以睦一家；君不能知其臣，则无以齐万国。”苏轼也曾说过：“欲立非常之功者，必有知人之明。”（《苏东坡全集·后集》卷四十五）可见，知人不仅是一种人生的智慧，也是事业发展的需要。

陆九渊曾说：“事之至难，莫如知人；事之至大，亦莫如知人。”（《陆九渊集》卷十八）知人之事至难至大，这是因为人太复杂了，但人又不能不与他人打交道，因此，尽管难还要努力为之。知人难，自知更难，因为人常常会犯主观错误，对自己不能做到客观认识，要么妄自尊大、自视过高，要么妄自菲薄、自我贬低。

如何知人？知人的基本方法是“听其言而观其行”（《论语·公冶长》），也就是说不仅要看一个人说什么，而且要看他怎么做，这是识人的一个总的原则。由于人各不同，且其所处境遇各异，因而知人又须根据对象的具体情况用各种方法去观察。如《庄子·列御寇》中提出“委之以财而观其仁，告之以危而观其节”，《淮南子·氾论训》中则提出要“贵则观其所举，富则观其所施，穷则观其所不受，贱则观其所不为，贫则观其所不取”。

这些思想都是强调要根据不同的人生境遇来观察一个人的道德志节。更有诸葛亮的知人“七法”：“知人之道有七焉：一曰，问之以是非而观其志；二曰，穷之辞辩而观其变；三曰，咨之以计谋而观其识；四曰，告之以祸难而观其勇；五曰，醉之以酒而观其性；六曰，临之以利而观其廉；七曰，期之以事而观其信。”（《诸葛亮集·文集》卷四）诸葛亮的这种观人七法强调了不仅要在实践中观其勇、性、廉、信等道德，而且还要观其志、变、识等心志、智能品质。

明代学者吕坤在其《呻吟语》中对观人知人也有精当论说：“观操存在利害时，观精力在饥疲时，观度量在喜怒时，观存养在纷华时，观镇定在震惊时。”（吕坤：《呻吟语·品藻》）“大事难事看担当，逆境顺境看襟度，临喜临怒看涵养，群行群止看识见。”（吕坤：《呻吟语·修身》）吕坤的观人之法则设定各种人生情景来考察一个人的操行、精力、度量、存养、镇定、担当、襟度、涵养、识见等，这些都是非常宝贵的人生经验。明清以后，中国文化渐有世俗化之趋向。吕坤说：“善为名者，借口以掩真心；不善为名者，无心而受恶名。心迹之间，不可以不辨也。此观人者之所忽也。”（吕坤：《呻吟语·品藻》）观人不要被假象所迷惑，要注意其心迹之别，不要因爱而忽视其恶，也不要因憎而不知其善。这都是全面中肯的观人知人之法！知人不易，需待时日，即所谓“路遥知马力，日久见人心”。

知人难，对人进行正确的评价更难。知人不仅是一种事实认识，还内在地包括对人的评价。对人的正确评价实际上是知人更为深刻的内涵。那么如何对人进行正确的评价？评人之法，先贤强调在于辨其“心迹之间”，强调动机与效果的统一。在《墨子·鲁问》中有这样的记载：鲁国的国君问墨子说，我有两个儿子，一个好学，一个好分财与人，你看他们两个哪个能当太子呢？墨子回答说：仅根据这些行为还难以判断哪个儿子好，因为尚不知道其动机是真诚的还是为了沽名钓誉而装出来的，因此，“吾愿主君之合其志功而观焉”。对人的评价要坚持动机和效果相统一，在不同情况下应有所侧重。金缨在《格言联璧·接物》中认为“论人之非”当探究其动机，不可拘泥其效果；“取人之善”当根据其效果，不必深究其动机。因为论人之非主要是看其动机有无恶意，而论人之善则是要多看人家的恩德，要知恩图报。其理于今仍有借鉴价值。古人评价人的智慧，要求我们要把动机与效果结合起来。一方面，那种以成败论英雄的功利主义对事也许是可以的，但对人是不公允的，因为失败者的精神也是值得尊重的。另一方面，仅凭一个人的动机评鉴人，则可能导致对人的评价主观化，失去客观性，因此，要合其志功而观。

知人还须通过观世情以观人情。人是生活在群体中的，人性除了具有个性外，还有集团性，人的性情必然体现此一历史环境、地域环境和阶层的某种共性。另外，人的个性也会改造群体的世风，并在世俗环境之中表现其个性。人与环境是相互作用的，因此，要知人，就不可不知世俗之情、世人之情，通过观察一个时代、一个地区的世俗人情，也能够更好地了解人，这样才能更好地为人处世，正所谓“世事洞明皆学问，人情练达即文章”。不可有世俗之情，然亦不可不知世俗之情。有世俗之情则不能处己，不知世俗之情则不能为人。在世情认识上先贤也积累了不少宝贵的经验，如“人之情，心服于德，不服于力”（王利器：《文子疏义·符言》），“君子以道德轻重人，小人以势利轻重人”（宋纁：《古今药石》卷下）。“入境而问禁，入国而问俗，入门而问讳”（《礼记·曲礼上》）既不失为一种间接的知人智慧，也是与人相接应遵守的规范。

二、德善待人

人生在世，无时无处不与人相处，因而就有一个如何“待人”的问题。中国传统人生与道德智慧在这方面的核心观念是要求人们待人以德，与人为善。孔子说：“君子成人之美，不成人之恶。”（《论语·颜渊》）孟子说：“君子莫大乎与人为善。”（《孟子·公孙丑上》）荀子也认为：“与人善言，暖于布帛；伤人以言，深于矛戟。”（《荀子·荣辱》）人与人相处相交，从总体态度上要成人之美，成人之善，先人后己，助人为乐，无论是从言语上还是行为上都要善待他人。

不仅儒家主张与人为善，墨家也主张视人若己，要人们“利人乎，即为；不利人乎，即止”（《墨子·非乐上》）。兵家的著作《六韬·文韬》中也说：“免人之死，解人之难，救人之患，济人之急者，德也。德之所在天下归之。”墨家思想的核心就是要人们兼相爱，交相利，要周急济困。兵家是要免人死，救人患，认为有了这种善意和德性，天下才能归服。可见，德善待人是我国各学派的共同主张。

这种与人为善、德以待人的处人之道实际上被中国民众所广泛认同。吕坤说：“肯替别人想，是第一等学问”（《呻吟语·应务》）。金缨的《格言联璧》中有言：“临事须替别人想，论人先将自己想。”《名贤集》有言：“良言一句三冬暖，恶语伤人六月寒。”以上三条从态度与语言上告诉我们应该如何以德善待人。下面几条文献可以说是从行为上告诉人们如何做到与人为善、德以待人。李惺的《药言》中有言：“活人性命，完人骨肉，保全人名节，在一切善事中以是三者为最，反是即为大恶。”这是说尊重并维护人的生命，不伤害别人身体，保全人的名声，是对人的基本权利与尊严的维护，也是与人为善最基本和最重要的实质内容。与人为善，不仅要维护人的基本权利，还要积极为别人做好事，而不伤害人。

如何贯彻落实这种德善待人的总原则呢？古贤又提出了如下一些思想：

其一，待人以宽，待人以诚。待人应当宽且恕，要“己所不欲，勿施于人”（《论语·卫灵公》）；要严于律己，宽以待人；要像孔子所说的“躬自厚而薄责于人”（《论语·卫灵公》）。韩愈在其《原毁》中也说：“古之君子，其责己也重以周，其待人也轻以约。重以周，故不怠；轻以约，故人乐为善。”林逋在其《省心录》中说“以责人之心责己，则寡过；以恕己之心恕人，则全交”，“轻财足以聚人，律己足以服人，量宽足以得人，身先足以率人”，“和以处众，宽以接下，恕以待人，君子人也”。在民间很有影响的俗文化著作《菜根谭》中也有很多宽以待人的警句，如“不责人小过，不发人阴私，不念人旧恶，三者可以养德，亦可以远害”，“好丑心太明，则物不契；贤愚心太明，则人不亲”，“攻人之恶毋太严，要思其堪受；教人以善毋过高，当使其可从”，“地之秽者多生物，水之清者常无鱼。故君子当存含垢纳污之量，不可持好洁独行之操”。历史证明这种宽人之道是合理的，正所谓“吃得亏，坐一堆”，这种严己宽人的精神和待人之道正是我们在前面所论述的“厚德载物”这一民族精神的体现。待人不仅要宽，而且要诚。表里不一、虚情假意是不可能建立良好的人际关系的，所谓“与人以实，虽疏必密；与人以虚，虽戚必疏”（韩婴：《韩诗外传》卷九），“心诚色温，气和辞婉，必能动人”（《薛瑄全集·读书录》卷三）。

其二，以德报德，公正待人。在人际关系上应遵循以德报德的原则，以怨报德、过河拆桥历来为世人所不齿。“人之有德于我也，不可忘也；吾有德于人也，不可不忘也。”（《战国策》卷二十五）要投桃报李，礼尚往来；要崇人之德，扬人之善；要不夺人之功，不蔽人之能；要常言人长，少言人短。“人有短，切莫揭；人有私，切莫说。道人善，即是善；人知之，愈思勉。扬人恶，即是恶；疾之甚，祸且作。”（李毓秀：《弟子规》）要“见贤思齐焉，见不贤而内自省也”（《论语·里仁》）。先贤主张待人须以公正为心，不论贵贱贫富，在善恶标准面前，当一视同仁。不可以自己之好恶论人、待人，即所谓“凡事只看其理如何，不要看其人是谁”（《陆九渊集》卷三十五），“君子之于人，非是全无恶人处，但好善恶恶，皆出于公”（《朱子语类》卷二十四），“圣人一视而同仁，笃近而举远”（《韩昌黎先生集》卷十一），“大丈夫以正大立心，以光明行事，终不为邪暗小人所惑而易其所守”（《薛瑄全集·读书录》卷四）。

其三，自尊尊人，保持独立人格。在处世待人上要保持自己的独立人格，既不可傲下谄上，也不可阿富骄贫，所谓“高上尊贵不以骄人，聪明圣知不以穷人，齐给速通不争先人，刚毅勇敢不以伤人”（《荀子·非十二子》），“不谄上而慢下，不厌故而敬新”（王符：《潜夫论·交际》），“不自重者取辱，不自畏者招祸；不自满者受益，不自是者博闻”（《格言联璧·持躬》）。与此相应的是尊人、尊己。只有尊人，才能为人所尊，而只有真正懂得自尊的人，才会知道应尊重别人，即所谓“不敬他人，是自不敬也”（《旧唐书·文苑传》）。

三、人和为贵

追求和谐是中国传统人生与道德智慧的价值目标，除了追求人与自然的和谐以及人自身的心身和谐外，重点还在于追求人与人的和谐。人类在“和”与“斗”的矛盾中走过了漫长而艰难的历程，但“和”终究是人类的夙愿和理想。中华民族素以贵和著称，“亲仁善邻”“讲信修睦”“天时不如地利，地利不如人和”“怨家宜解不宜结”等格言，始终是我们这个多民族大家庭的精神纽带。倡导“和为贵”是中国传统伦理道德的一大特色，也是其一大精华。

第一，和而不同是人和为贵的思想前提。《论语·子路》有言：“君子和而不同，小人同而不和。”不同的事物互相和谐，组成一个有机的整体，谓之和；同一类事物集合在一起，谓之同。如美妙的音乐是由各种乐器的合奏产生的，如果只有一种乐器肯定是单调的，合在一起是合奏，但又未失去各种乐器的个性，即使某些简单的打击乐，也许在整个乐曲中只敲打了几下，但对于一首完美的乐曲来说仍然是不可或缺的。又比如，美妙的饮食也是各种粗粮细粮、各种肉类和蔬菜的有机搭配。在中国哲学中，“和”是与“同”相对的一个哲学范畴。“和”的含义很明确，就是包含着差异、矛盾、互为他物的对立面在内的事物的多样性的统一，它是一个辩证的同一性概念；而“同”则是指无差别的同一，是相同东西的简单相加。中国哲学有“和与同异”“尚和去同”的辩证思维传统，孔子就明确主张“和而不同”而反对“同而不和”。朱熹在《四书章句集注》中讲：“和者，无乖戾之心；同者，有阿比之意。”和谐是指不同事物之间的和谐、协调统一，不是无原则的附和、同一。世界万物是千差万别的，正是千差万别的事物之间的和谐才造就了生机勃勃的世界。中国以和为贵、以和为善、以和为美的和谐文化，其理论基础、哲学根据就是“和而不同”或“不同而和”，即包含着不同、差异、矛盾在内的多样性的统一。张岱年先生提出“兼容多端而相互和谐”“兼赅众异而得其平衡”的“兼和”概念，也是包含着差异（“众异”）、矛盾在内的多样性（“多端”）的统一，可以说准确地表达了中国哲学中“和”这个概念的辩证含义。

古人重和而轻同。“和而不同”是说君子尚义，无乖戾之心，虽所见各异，各不苟同，然能和谐统一；而“同而不和”是说小人尚利，同于嗜欲，然各有争心，故不和。《礼记·中庸》中说：“君子和而不流。”“流”指随波逐流，即只会点头附和别人的意见，而不敢持独立的见解，或指同流合污。人们在一生中，总是要与各种人打交道，应当求同存异、和而不同，这是搞好团结的认识前提。要善于尊重个性，善于与不同性格、不同素质的人打交道，这样才能做到人和。

第二，人和为贵是要追求的价值目标，所谓“礼之用，和为贵。先王之道斯为美”（《论语·学而》），“天时不如地利，地利不如人和”（《孟子·公孙丑下》），“众志成城，众口铄金”（《国语·周语下》），“福善之门莫美于和睦，患咎之首莫大于内离”（《汉书》卷八十）。追求和谐是中国传统文化的核心价值目标和鲜明特色，《礼记·中庸》认为“和也者，天下之达道也。致中和，天地位焉，万物育焉”。这是说，我们只要达到中和这种至善至美的境界，那么，天地由此而运转不息，万物由此而生生不已。可见中国文化多么重视和谐的价值，认为和谐是天道与人道的根本，是社会生活和群体生活的价值基础和良序目标，是道德建设、人格修养甚至事业成功的根本保障。

普遍的社会和谐主要是一种价值观与道德意义上的人际和谐，它崇尚和谐，贬抑争斗，认为人与人之间应友善亲和、与人为善、不与人争，要忍要让，要保持一团和气。民间广为流传的“和气生财”“和气致祥”“家和万事兴”“父子和而家不败，兄弟和而家不分，乡党和而争讼息，夫妇和而家道兴”等俗谚，以及流传千古的“将相和”“兄弟和”“姑嫂和”等历史美谈便反映出以和谐为取向的社会心态和价值趋向。风俗和美，充满祥和之气，是理想社会的重要表征。大家和睦相处，人人吉祥安乐。传统礼乐制度就是要建立一个既有秩序又有自由的合理的社会。每个人在合理的风俗习惯中，可以改过迁善，过着既能把握自己，又能涵融群体的生活。更高的理想则是："大道之行也，天下为公。选贤与能，讲信修睦。故人不独亲其亲，不独子其子，使老有所终，壮有所用，幼有所长。矜、寡、孤、独、废、疾者，皆有所养。男有分，女有归。货，恶其弃于地也，不必藏于己；力，恶其不出于身也，不必为己。是故谋闭而不兴，盗窃乱贼而不作。故外户而不闭。是谓大同。"（《礼记·礼运》）古代贤哲描绘的大同社会蓝图实际上就是一种和谐社会图景，即人与人之间重诚信、讲仁爱、求友善、修和睦，社会生活富庶安康，社会风气安宁、和谐、祥顺。

中国文化中的和谐思想，包含宇宙之和（天地、阴阳、四时之和）、天人之和、人际之和、身心内外之和、内心之和等诸方面。人际之和又可以分为人与社会之和、人际关系之和，具体表现为家庭和睦、邻里和顺、上下和敬（君臣、君民、官民之和）、政通人和、协和万邦、天下和平等。中国古人做事情，经营工商业讲究"和气生财"，用兵之道讲究"内和而外威"，解决民族矛盾往往采取"和亲"政策。可见，追求各种人际关系的和谐是中国传统文化的目标和理想。

和谐不仅是中国文化的总体价值目标，而且追求"和为贵"也成为中国人处世做人的基本原则。诚信、宽厚、仁爱是为了"和"，各守本分互不干涉、井水不犯河水也是为了"和"。和而不同、求同存异、谋求对立面的和睦共处是一种"和"，尽量避免正面冲突，遇到矛盾分歧"和稀泥"以保持表面和谐一致又是一种"和"。为了保持"一团和气"人们可以忍气吞声、口是心非、委曲求全，为了求得和乐平安人们倡导“冤家宜解不宜结”“相逢一笑泯恩仇”，这些都是“和为贵”的体现。

和谐是人和社会生存与发展的终极价值目标，历史经验证明社会在经济、文化上的进步必须以一个稳定祥和的社会秩序为基础。另外，社会利益分配公平正义，人与人之间诚信友爱，社会风俗祥和淳美，甚至人与自然万物和谐相处，正是人们世代追求的价值目标和社会理想。改革开放四十年之后，在我们建设中国特色社会主义取得重大成就的今天，提出建设和谐社会的目标是历史的必然，也是与时俱进的一个更高的社会发展目标。我们不仅要建设社会主义的物质文明、政治文明、精神文明，也就是说不仅富裕、民主、文明是我们的理想目标，而且和谐也是我们努力追求的终极价值目标。近年来提出的生态文明建设实际上追求的就是一种人与自然的和谐。

第三，培养和德是实现人和为贵的实践途径。和谐社会的形成与建立，固然离不开经济、政治、文化等诸多客观因素，比如经济上的富裕和公平分配，制度上的合理安排，文化上的礼乐教化，等等，但同样也离不开公民主体身上所具有的和合的道德品质。因此当我们努力建设和谐社会的时候，也应该加强公民的和德建设。

构建和谐社会的途径和手段可能是多样的，但其中肯定离不开公民和合美德的主体支撑。因为社会是由人构成的，人是社会生活的主体，更是社会和谐的主体，离开了人际交往关系，社会和谐就无从谈起。和谐社会的本质仍然是人与人之间的和谐，最终要体现为公民主体的行为方式和修养境界，有此才会有社会祥和、人民幸福、世风和美那样一种和谐社会的气象。

人的道德品质是一种经常的、持久的行为方式，是主体身上体现出来的某种境界和精神气象，以此而思考公民之和德，笔者认为它主要体现为：公民主体自我修养的中庸温和，公民在人际交往中的友善亲和，公民在组织与团体生活中的团结求和，公民在社会生活中的守礼达和。中庸、友善、团结、守礼是和德在公民行为方式上的体现，也可作为社会建设和德的主要行为准则和善恶评价标准；而温和、亲和、求和、达和就成为公民和德的一种修养境界、性格特点。如从美德伦理学与规范伦理学的角度加以分析，似乎中庸与友善更多地具有美德伦理学的主体自觉性的意蕴，因此它主要依赖道德主体不断地提高自己的修养境界而达致；团结和守礼则更多地具有群体生活的行为规范的意蕴，它的实现不仅需要主体的自觉修养，而且也需要现代社会关系的改善。以下对其分别论述。

（1）中庸

“中庸”一词最早见于《论语》。孔子说：“中庸之为德也，其至矣乎！民鲜久矣。”（《论语·雍也》）中庸之道在孔子那里是指行为的恰到好处，这是道德实践的最高境界，也是实行道德的最好办法。据宋儒说，不偏不倚谓之中，恒常不易谓之庸。中就是适度、适宜、恰当，是合乎礼的无过无不及，是价值标准。庸是对中的固守，庸有“用”和“常”两种意思，因此，中庸也可解释为“用中”。中庸不完全是一种客观事实的绝对的中度，而主要是一种价值选择的适宜、应该、恰如其分的中道。中庸作为人的一种德性，使人在任何时间、地点、场合、境遇都能行为得体，处事得当，“言必当理，事必当务，是然后君子之所长也。凡事行，有益于理者立之，无益于理者废之，夫是之谓中事。凡知说，有益于理者为之，无益于理者舍之，夫是之谓中说”（《荀子·儒效》）。具有这种中行之德的君子，行事不偏激，这种用中的精神本质上是对礼义道德的奉行，“居仁由义，自然心和而体正。更要约时，但拂去旧日所为，使动作皆中礼，则气质自然全好。《礼》曰：‘心广体胖’，心既弘大则自然舒而乐也”（张载：《经学理窟·气质》）。

有了这种修养，必然在性格上就会具有一种圆融温和的儒者气象。他们遇事冷静、待人温和、有容乃大、心态和平。他们较少因人际关系而产生不愉快的情绪如气愤、苦恼、抑郁等，即使偶尔有之也会以自己的德性而克服之。这种修身处世皆合宜得体的品质和行为方式及其圆融温和的性格是人际和谐、社会和谐的主体德性基础。

（2）友善

和谐社会必须有社会成员之间的互相认同与接纳。这种认同和接纳，从德性伦理学的角度看，主要依赖于我们每一个人都要在意识上具有友善之情感和与人为善之态度，这也就是我们在前面说的以德善待人。要有仁爱忠恕之心，所谓“君子成人之美，不成人之恶”（《论语·颜渊》），“取诸人以为善，是与人为善者也。故君子莫大乎与人为善”（《孟子·公孙丑上》），“君子贵人而贱己，先人而后己”（《礼记·坊记》）。儒家文化的这些教导都要求我们要与人为善，先人后己。对人的这种善意是实现人际和谐的一个前提，但经过“文化大革命”，多少年来，这种人与人之间的善意被削弱了。因此，当前建设和德首先要培养和倡导这种与人为善的道德情感和态度，要提倡仁爱之心，遇事多替别人着想，扶危济困，助人为乐。与人相交，一言一事皆须有益于人，临事须替别人着想，论人先反思一下自己，“悯济人穷，虽分文升合，亦是福田。乐与人善，即只字片言，皆为良药”（金缨：《格言联璧·惠吉》）。

这种待人处世心中皆有他人、替他人着想并能乐于助人的人，必然是与人方便与己方便，必然能得到别人的喜爱，成为一个在人际关系中具有很强亲和力的人。这种亲和的德性与品格不仅使别人快乐，而且也使自己快乐。实践证明，这种建立在友善他人的基础上的合作精神及亲和能力在现代社会中是各种需要分工合作的事业成功的保障，也是社会祥和、人际融洽的条件。友善亲和应该成为现代人的重要美德之一。高度分化的技术、专业、分工要求人们要有相应的专业能力和个性，高度综合及更加广泛的人际、合作的社会趋势更加需要人的协调、亲和、合作的品质，否则就难以推动社会各项事业的进步及和谐社会的构建。

(3) 团结

团结是任何组织团体事业发展的前提。每一个现代人总是生活或工作在某种团体中，在中国传统社会，人们主要生活在家庭或家族这种社会团体中，因此，儒家文化首先强调的是“六亲和睦”的价值。在当代社会，我们固然也需要家庭和睦，但讲团结主要是讲在职业团体生活中和社会生活中加强组织内的人际团结，加强社会各个阶层的团结。

团结和睦局面的形成，固然离不开主体之间的道德交往关系，但也依赖于组织文化的制度设计，特别是成员与阶层的利益关系的处理，也就是说，团结必须以对主体间权利、义务关系得到合理的处理为前提。这要求我们的组织文化一定要在制度设计中努力实现社会公正和公平正义，同时要努力从道德上培养人们见利思义、先人后己、谦恭礼让、维护团结、顾全大局的精神，以求团体和谐为价值旨归。

团体内的冲突多形成于利益纷争和意识歧见。利益纷争有时由于自己的私心太重，在利益面前明争暗抢。意识上的歧见有时由自以为是、固执己见、不够宽容所致。在这种情况下，要求我们在利益上要严于律己，在思想上要宽以待人，在与人交往上要尊人卑己、谦恭礼让、求同存异、协作共事。

一旦出现矛盾和冲突，则要积极消除误会，化解矛盾。人们经常说“冤家宜解不宜结”，我们一定要有这种主动求和之精神，要像爱护我们的眼睛一样珍惜团体团结和谐的工作局面。因为只有团体的团结和睦才会给我们创造一个精神愉快的工作环境，也才能推动团体事业的发展和社会的和谐。社会各阶层的团结主要是要依靠国家制度的安排，既要注重效率也要注重公平，要正确处理各个阶层的利益关系，当然也要在道德上要求人们正确对待和处理利益关系，倡导以国家民族和社会发展利益的大局为重。

社会和谐的达致要求社会成员要普遍具有守礼的精神和品质。《礼记·礼运》曰：“讲信修睦，尚辞让，去争夺，舍礼何以治之?”礼的规定以及人们对礼的认同是社会和谐的基础。中国传统的礼治文化设计，其核心精神一是强调“分”或“份”的差别精神，二是强调和合的统一精神。传统社会是一个等级社会，因此，礼中包括法律、制度、道德、习俗、礼仪等一切社会文化规范，其基本精神就是维护等级的差别原则。但过分强调这种差别又会带来各个阶层的冲突，因此，礼的最终目的又要强调和，即各个阶层的团结。《孟子·公孙丑下》之“天时不如地利，地利不如人和”这句名言长期为国人所认同，也正好说明了人们坚信只有和谐才能促进事业成功和社会进步，只有和谐才能带来“政通人和，百废俱兴”的社会局面。

（4）守礼

守礼是达到和的目标的手段。求和与守礼的关系，在《论语·学而》中讲得非常清楚：“有子曰：‘礼之用，和为贵。先王之道斯为美，小大由之。有所不行，知和而和，不以礼节之，亦不可行也。’”社会主义新型人际关系的基本精神是平等，但这并不表明不同的利益主体的差别已经消失了。和谐社会就是一个较少人际、阶层、族群冲突，较少争夺，人人讲信修睦、崇尚辞让的社会。要减少社会冲突，达致和谐社会的目标，就要求全体公民形成一种自觉的守礼精神。一个和谐的社会必然是秩序井然、公民各安其分的社会。

这种守礼精神在现代社会，从内在道德精神方面来看，就是要强调个性意识和角色意识的统一，“万物并育而不相害，道并行而不相悖”（《礼记·中庸》）。一个和谐的社会要以人为本，要为个性的弘扬提供更好的社会道德环境，但同时作为道德主体的个人，必须自觉地树立角色意识，主动承担社会责任，合乎礼义的事就为之，不合乎自己身份、角色的事就不做。从政治和法律的层面来看，就是要强调公民的积极参与意识和各安其位、遵守秩序的法律意识的统一。建设现代法治国家，建设社会主义政治文明都要求我们要进一步发扬社会主义民主，积极鼓励公民参与社会改革、社会管理，推动社会进步，但同时必须坚持依法办事，因为法律是社会秩序的基础，也是和谐社会的制度基础。公民普遍的守法精神更是建设和谐社会的主体基础。

第七章　义利观

之前四章我们讲了人生观问题，从这一讲开始之后四章，我们讲中国传统的价值观问题，那什么是价值观呢？

通俗地说，价值观就是我们对于什么是更有意义、更好、更善的事物的看法。价值观不仅是一定社会和文化的精神导向、价值信仰和目标理想，而且是人们内心深处的评价标准、价值追求、取舍模式。价值观对人们的人生实践和思想行为具有定向、指导和调节作用，并给予人们的活动以动力与激情。

在人们的生活中时时处处都会有价值选择的事发生，比如，我们每天都要吃饭，当我们走进食堂时，就会面临选择：是吃馒头还是吃米饭？是吃肉菜还是吃素菜？我们会根据自己的饮食习惯，对食物的营养价值、价格甚至色香味进行评价，在此基础上进行选择。这可能是一种纯功利意义上的价值选择，支撑这一选择的可能是我们的经济价值观、营养价值观，还有我们因生长地域不同、生活习惯不同而形成的饮食偏好。我们在生活中也不可避免地要买件衣服、买个水杯，在做出买什么款式、什么颜色的衣服，买什么材料、什么样式的杯子之前，实际上支持我们选择的不仅是经济价值观，还有审美价值观。也就是说，不同的人对什么样的衣服款式是美的看法不一样，这种不一样就是不同的人对什么是美的看法不一样，实际上选不同款式的衣服也就是人们以自己的审美观念在进行一种自我塑造。当然，生活中的价值选择不只是如此具体而简单的选择，不仅会涉及经济、审美价值观，而且会涉及更为深刻的人生与道德的选择。比如，年轻人处在谈婚论嫁的年龄，总会有一个人生选择困扰着他们，即事业与爱情两者不可兼得，他们先要哪个？又比如，我有机会出国去留学，但父母只有我一个孩子，他们不希望我走得那么远，因为他们担心我的安全，所谓“儿行千里母担忧”。在学业与孝亲的矛盾面前，我也面临着一种价值的冲突与选择。以上所举的例子，相对来说都是比较具体的人生选择。在下面我们所要讲的价值观，实际上是人生中更为根本的价值选择问题，因此，我们所讲的价值观实际上是一种人生价值观或道德价值观。

道德是调节利益关系和人际关系的一种原则、规范和品德。在人生实践中，我们会经常碰到是道义优先还是利益优先的问题。“不义而富且贵，于我如浮云”（《论语·述而》），这是一种价值选择；见利忘义，铤而走险，不惜违德犯法，这也是某些人的价值选择。这就是所谓的义利观。道德或伦理学的基本问题，首先就是要解决利益和道德的关系问题，同时，还要解决自己与团体、公与私的关系问题，因此，不仅义利观是人生的重要选择，公私观也是人生的重要选择。在人的精神生活中，在人的道德修养中，从主体的角度看，主要涉及如何看待和处理理性和欲望的关系。有人曾说，上帝有灵无肉，动物有肉无灵，而人则是肉与灵的统一。正是因为人有肉有灵，也就使理性与欲望的关系成了我们在生活中必须对待和处理的价值选择问题。在人的素质中，德与才是构成人的素质的两个重要方面，如何处理二者的关系，不仅决定着社会教育人、用人的标准，而且会影响我们自我修养的方向、目标和动力，因此，也是我们的人生实践不能不面临的重要问题。

在面临这些重要的人生价值选择问题时，我们会根据当时的社会条件和价值观念进行选择，同时我们应该系统地了解中国传统价值观，以获取选择的思想资源。价值观是各个民族文化的核心。价值观虽然有时代变异性，但也有某种相对稳定性，因此，为了增强我们的人生智慧，我们应该学习了解中国传统价值观。

义利观是中国传统价值观的首要问题。所谓“利”一般是指物质利益，“义”就是伦理规范。义利观问题就是道德原则与物质利益何者具有价值优先性的问题。宋代大儒朱熹甚至说：“义利之说，乃儒者第一义。”（《朱文公文集》卷二十四）在古代中国，义利观是人生选择和道德选择的首要问题，而在当代中国市场经济条件下，这一问题变得更加突出和重要。

发展经济、谋求个人利益的最大化是当代中国在发展市场经济条件下的社会主导价值取向，这在一段历史时期内或一定的生活范围内是有其必然性与合理性的。但如果将其片面化，不用道义原则对利益的诉求加以指导和规约的话，就会出现很多社会和人生问题。如社会生活“一切向钱看”，必然会带来贪污腐败，导致权钱、权色、钱色交易，使社会生活出现诸多弊病，也使很多人在面对利益和金钱的诱惑时丧失原则，从而给自己的人生带来毁灭性的灾难。近些年来，常常听到很多高官因腐败而落马的报道，令人感叹。例如，据报道，江西省原副省长胡长清，是文人出身，能奋斗到副省长这个位置，其能力、智商肯定不比一般人低，可偏偏就是在义与利这个人生根本选择面前犯糊涂，不能坚持原则。连一般老百姓都知道“君子爱财，取之有道”，可是拥有如此高位、如此高智商的人却在面对诱惑时忘了这一基本的价值观，最终落个掉脑袋的人生悲剧。不论是普通老百姓还是高官，都要时刻处理好义与利这个问题，否则就会掉脑袋。从正面来说，我们应该过一种理性的、符合道德的善生活，起码使自己的人生平平安安，平安即最大的福。

当代中国社会生活的逐利化不仅使官员腐败，也使很多普通人见利忘义甚至铤而走险，为了一点钱就杀人越货、贩毒贩人，恶性案件时有发生。从观念层面看这是因为社会未能很好地坚持义利统一的价值观，个体本身也未能树立正确的义利价值观。可见，义利之价值观选择，在当代中国是多么重要的一个选择，这不仅关系到我们社会的文明状态、社会治理，而且是我们每一个人不能不思考的重要价值观问题。那么，在这个问题上，古代先哲们给我们留下了什么样的智慧？对我们的社会、对我们的人生提供了怎样的启发借鉴？下面我们将仔细来讨论这些问题。

一、传统义利观的流变

“利”字早在甲骨文、金文中就有，是会意字，以刀割禾，意为收获。中国古代经济以农业为主，禾为重要收获物。收获为利，引申出获利、利益、有利等，主要泛指利益特别是经济利益。“义者，宜也”（《礼记·中庸》），“义”便是“适宜”的意思，后来则代指人类社会活动和人际关系中应当遵循的道义原则和道德规范。

在中国思想史上，各家各派的义利观大致说来可分为三种：一是儒家的重义轻利论，二是法家、墨家的功利论，三是道家的超义利论。

一方面，儒家是道德学派，具有道德至上主义和道德理想主义特点，因此，其价值观自然是重义轻利。所谓重义轻利，是说作为一种价值观，儒家认为，在利与义之间，义具有更为优先与重要的价值，因此要“义以为上”“见利思义”“见得思义”。

孔子并不否定对“利”的追求：“富而可求也，虽执鞭之士，吾亦为之。”（《论语·述而》）这句话是说，如果财富可以求得的话，就是为人执鞭开路的差事我也干。言不及利，摒弃正当的功利活动，以致贫贱交加，是不足取的：“邦有道，贫且贱焉，耻也。”（《论语·泰伯》）对于一般人民，孔子认为应该先利后义，即先富之，后教之，并把“惠民”列为从政的“五美”之首，主张“因民之所利而利之”（《论语·尧曰》），其中包括使民以时，减轻徭役。孔子说：“礼以行义，义以生利，利以平民，政之大节也。”（《左传·成公二年》）利益是使老百姓安定的重要因素，治国安民不能忽视利益。这些都说明，如果不涉及价值选择，那么，孔子并不反对人们谋取自己的正当利益，并认为让老百姓实现他们的正当利益正是治国安民的重要基础。

另一方面，作为一种价值观，在义利关系上，孔子又明显表现出以义制利、先义后利的思想。孔子说：“见利思义。”（《论语·宪问》）符合道义，取之无妨，这叫作“义然后取”（《论语·宪问》）。孔子说：“君子喻于义，小人喻于利。”（《论语·里仁》）懂得把义放在第一位，见利思义的是君子，只知追求物质利益的是小人，这是君子和小人的分界。他还认为：“君子怀德，小人怀土；君子怀刑，小人怀惠。”（《论语·里仁》）也就是说，君子关心的是道德，小人关心的是乡土；君子关心的是法度，小人关心的是好处。以往对孔子的君子小人之辨，往往都是从道德价值判断的角度分析的，认为讲义的是君子，即有道德的人；讲利的是小人，即无道德的人。但从这两条材料和先秦君子、小人这两个词的语义来看，君子、小人之辨不仅具有价值观的意义，而且也有事实判断的意义，因为君子、小人不仅有“德”义，而且也有“位”义，即君子指有文化、有地位的人，而小人则指社会下层老百姓。尽管君子、小人有事实判断的意义，但孔子还是认为应该“义以为质”（《论语·卫灵公》）、“义以为上”（《论语·阳货》）、先义后利，将义作为物质利益得失取舍的准则。他说：“富与贵是人之所欲也，不以其道得之，不处也；贫与贱是人之所恶也，不以其道得之，不去也。”（《论语·里仁》）他承认富与贵是“人之所欲”，但认为对富贵的追求应该合乎道义，不可违背道义去追求富贵：“不义而富且贵，于我如浮云。”（《论语·述而》）因为一旦仅仅以利为出发点，而不以义去约束利，则往往会导致不良的行为后果：“放于利而行，多怨。”（《论语·里仁》）所以他一再强调要“见利思义”（《论语·宪问》）、“见得思义”（《论语·季氏》），并且把这看作一项基本的道德要求。

孟子继承和发挥了孔子的义利观，把义和利作为区分君子与小人的标准，他说：“鸡鸣而起，孳孳为善者，舜之徒也；鸡鸣而起，孳孳为利者，跖之徒也。欲知舜与跖之分，无他，利与善之间也。”（《孟子·尽心上》）“非其道，则一箪食不可受于人；如其道，则舜受尧之天下，不以为泰。”（《孟子·滕文公下》）对利的取舍，要以道义为准绳。如果不合于仁义之道，就是一筐饭也不可以接受别人的馈赠；如果合于仁义之道，就像舜接受了尧的天下，也不为过分。

当梁惠王问他将何以“利吾国”时，孟子对曰：“王何必曰利？亦有仁义而已矣。王曰：何以利吾国？大夫曰：何以利吾家？士庶人曰：何以利吾身？上下交征利而国危矣……苟为后义而先利，不夺不餍。未有仁而遗其亲者也，未有义而后其君者也。王亦曰仁义而已矣，何必曰利？”（《孟子·梁惠王上》）在他看来，如果“后义而先利”，一味鼓励人们追求物质利益，就会臣弑君，子弑父，人们之间互相争夺，国与国之间互相攻杀，导致国灭君亡。如果“先义而后利”，则人们之间的关系必然是和谐的。因此，他告诫梁惠王要以仁义治国，不可孳孳于求利。他又说："是君臣、父子、兄弟终去仁义，怀利以相接，然而不亡者，未之有也……是君臣、父子、兄弟去利，怀仁义以相接也，然而不王者，未之有也。何必曰利？"（《孟子·告子下》）怀利以相接，国必亡；怀仁义以相接，可以王天下。可见，孟子屡次讲"何必曰利"不是一般地反对言利，而是反对当政者只求私利而不顾百姓的做法，也即反对"上下交征利"。

对于一般的老百姓，孟子充分认识到使民富裕的重要性，认为："无恒产而有恒心者，惟士为能。若民，则无恒产，因无恒心。苟无恒心，放辟邪侈，无不为已。及陷于罪，然后从而刑之，是罔民也。焉有仁人在位，罔民而可为也？"（《孟子·梁惠王上》）没有固定的产业收入却有一定的道德观念和行为准则的，只有士人才能做到。至于一般人，如果没有一定的产业收入，便也没有一定的道德观念和行为准则。这样，就会胡作非为，违法乱纪，什么事都干得出来。等到他们犯了罪，然后去加以处罚，这等于陷害。有仁爱的君主是不能这样做的。进而提出"制民之产"的主张："是故明君制民之产，必使仰足以事父母，俯足以畜妻子，乐岁终身饱，凶年免于死亡。然后驱而之善，故民之从之也轻。"（《孟子·梁惠王上》）贤明的君主会让民众拥有一定的产业，保证他们上足以赡养父母，下足以抚养妻子儿女，好年成时丰衣足食，遭遇灾荒时也不至于冻馁死亡。在此基础上，再督促他们养成良好品行，民众就很容易服从。"制民之产"的具体措施是分田薄税。民众有了恒产，生活安定，才能"设为庠序学校以教之"（《孟子·滕文公上》），"以暇日修其孝悌忠信"（《孟子·梁惠王上》）。

总之，儒家的义利观在先秦时期，是在承认利和义的客观存在的前提下强调"重义轻利"，它虽然强调义的重要性，但同时又承认私利存在的必然性和普遍性，并且不反对人们在合乎义的前提下追求私利。

到了汉代，董仲舒虽然有“正其谊不谋其利，明其道不计其功”（《汉书·董仲舒传》）的命题，似乎将这种重义轻利的价值观朝着更为强调义的方面发展了，但从其思想总体上看，仍然属于儒家重义轻利的价值观。董仲舒在许多地方都讲到义利两有、不可偏废的观念。董仲舒并不反对言利，他主张给予人民一定的物质利益保障，提出薄赋敛、省徭役、什一之税等主张。在他看来，只有给予人民一定的生活资料，使人们得到基本的物质利益保证，社会才能得到治理，这是他肯定义利两有的落脚点。但是，他的义利两有始终将义置于利之上，是以重义轻利的原则来承认利的合理性的。

儒学到了宋明理学时期，在义利观上公开打出了“存天理，灭人欲”的旗号，把义与利对立起来。程颢认为：“出义则入利，出利则入义。”（《程氏遗书·师训》）这就是说，义利的关系如水火之不相容，有义则无利，有利则无义。朱熹说：“义者，天理之所宜；利者，人情之所欲。”（《四书章句集注·论语集注·里仁第四》）在他看来，符合天理的就是义，满足人欲的就是利。“天理存则人欲亡，人欲胜则天理灭”（《朱子语类》卷十三），所以他主张“革尽人欲，复尽天理”（《朱子语类》卷十三）。明代心学的代表人物王阳明也主张“去人欲而存天理”（《王文成公全书·传习录上》）。宋明理学的义利观将义与利完全对立起来，已经不能用“重义轻利”来概括了，因为“重此而轻彼”与“去彼而存此”是有实质区别的，前者并没有完全否定“彼”“此”可以并存，而后者“去人欲而存天理”（即“去利而存义”）则从根本上否定了“利”存在的客观性和必要性。即便如此，这种“存天理，灭人欲”仍然是一种价值观，从人欲的客观存在角度看，利和人欲实际上是不可取的，理学家们也承认这一点。

总之，在传统中国社会占据主流的义利观就是儒家的重义轻利的价值观。这主要是因为儒家思想长期在中国占据统治地位，而儒家学派又是一个道德学派，其思想主旨就是彰显道德的至上性与本位性，因此，必然主张“义以为上”的价值观。

另外一种观点就是重视利的功利主义思想，这在先秦可以体现为法家的利以生义论和墨家的义利并重论。

法家大抵肯定生民欲利。商鞅说“民之于利也，若水于下也，四旁无择也”(《商君书·君臣》)，主张“利出于地”(《商君书·算地》)，即获利主要靠农业。法家强调法制“夫利天下之民者，莫大于治”(《商君书·开塞》)。管子也认为“凡人之情，见利莫能勿就”(《管子·禁藏》)，主张“得人之道，莫如利之”(《管子·五辅》)。法家集大成者韩非则提出人的天性是“好利恶害”(《韩非子·难二》)，极端地认为自利是人际关系的基础，“利之所在”(《韩非子·内储说上》)才行义，“正直之道可以得利，则臣尽力以事主”(《韩非子·奸劫弑臣》)。他力主“利君”，提出“欲利而身，先利而君”(《韩非子·外储说右下》)的主张。他的论点的确偏颇，却是专制政体逐步趋于主导地位在观念上的直接反映。

墨家主张义利并重论。墨家的义利论独树一帜的原因在于墨家对义利的理解与众不同。墨家所谓义，是“志以天下为芬，而能能利之，不必（为己）用”(《墨子·经上》)。其实质是无分贵贱，爱利他人。墨家的利，泛指有益于天下人，指爱人、利人的具体行为，给予人以物质经济的实利，有益于天下人与爱利他人本质是相通的，故义可以归结到利，义利并举。墨家学派义利并重论的核心思想就是贵义尚利，把义通约为利，从而实现义利并重。墨家的义利并重论反映了小生产者团结互助的理想与愿望。

秦汉政权一统天下后，曾经号为“显学”的墨学很快陷于沉寂，作为墨学重要组成部分的义利并重论，也便成为传统思想史上的绝唱。

到了南宋时期，陈亮针对“天理存则人欲灭”的论调，大胆提出“事功”思想，“功到成处，便是有德；事到济处，便是有理”（《陈亮集》卷之二十九），把功利和义理有机地结合起来，主张建功立业。在陈亮看来，物质利益的追求与道德准则的奉行，都是人的自然禀赋。前一种禀赋是人的自然性存在的需要，后一种禀赋是人的社会性存在的需要。正是基于这种认识，陈亮才极力倡导“义利双行”，强调功利和仁义的统一性。

明末清初的一些学者在义利观上也持功利主义的观点，如颜元、李贽等。

颜元对董仲舒“正其谊不谋其利，明其道不计其功”（《汉书·董仲舒传》）的义利观做了尖锐的批判，他说：“世有耕种，而不谋收获者乎？世有荷网持钩，而不计得鱼者乎？……这不谋、不计两‘不’字，便是‘老无’、‘释空’之根……全不谋利计功，是空寂，是腐儒。”他指出，董仲舒的上述言论“全非孔门之道”（《颜元集·教及门第十四》）。颜元对程朱理学将义利完全对立而主张存天理灭人欲的义利观尤为反感，他认为，朱熹提出“学者须是革尽人欲，复尽天理，方始是学”（《朱子语类》卷十三），要人们闭门读书，求理灭欲，其结果是使许多人“读书愈多愈惑，审事机愈无识，办经济愈无力”（《颜元集·训门人类》），“千余年来率天下入故纸堆中，耗尽身心气力，作弱人、病人、无用人者，皆晦庵（即朱熹）为之”（《颜元集·训门人类》），可见他对理学家们虚伪的义利观是深恶痛绝的。

颜元在批评董仲舒和宋明理学的义利观的同时，也正面提出了自己的观点。他认为，谋利计功是人的活动的普遍特征，道德

（义）不是空话，而是存在于人们谋利计功的行动之中，“正谊便谋利，明道便计功”（《颜元集·教及门第十四》），所以他说“义中之利，君子所贵也”（《颜元集·戴本大学》）。他的这些观点，继承了先秦儒家“富贵乃人之所欲”，但君子应该“义然后取”的义利观中的合理成分，比较好地将义与利统一起来，这可以说是中国封建社会中最为合理的义利观。

李贽是一位重视民众利益的思想家，他认为：“穿衣吃饭，即是人伦物理；除却穿衣吃饭，无伦理矣。世间种种皆衣与食类耳，故举衣与饭而世间种种自然在其中，非衣饭之外更有种种绝与百姓不相同者也。”（《焚书·答邓石阳》）功利主义的价值观在中国古代虽然不占主导地位，却是中国思想不可缺少的元素，对百姓的实际生活与国民性也产生了重要影响。

道家崇尚自然，少谈义利，其“义利观”很有特色。老子说：“绝圣弃智，民利百倍。”（《老子》第十九章）庄子则认为“众人重利，廉士重名”（《庄子·刻意》），主张“不拘一世之利”（《庄子·天地》），反对人为求利，而以崇尚自然为利。不重、不谈义利，自然是一种超义利论，而儒家与法家代表着义利观的两种价值取向，即重义还是重利。总体来讲，儒家的观点在中国思想史上是占据统治地位的。因此，中国传统义利观具有明显的道义论特点。

二、传统义利观的价值取向

从总体上看，如前所述，中国传统价值观具有道义论特点，也就是说在义利关系上更加重视义即道德原则的价值，而不像西方那样功利主义占有统治地位。具体来讲，这种道义为先的价值取向有如下几个方面的要点：

第一，义以为上，舍生取义。

在处理义利关系时，要把义放在重于一切、高于一切的地位。墨子认为："万事莫贵于义。"（《墨子·贵义》）孟子也讲得很透彻："非其义也，非其道也，禄之以天下，弗顾也；系马千驷，弗视也。非其义也，非其道也，一介不以与人，一介不以取诸人。"（《孟子·万章上》）如果不符合道义，就是把天下都给我作为俸禄，我理也不理；好马几千匹，我看都不看一眼。甚至，为了义可以"舍生取义"。必要的时候，不仅是财产，连自己的生命都可以舍弃掉。"鱼我所欲也，熊掌亦我所欲也，二者不可得兼，舍鱼而取熊掌者也。生亦我所欲也，义亦我所欲也，二者不可得兼，舍生而取义者也。"（《孟子·告子上》）人的最大、最根本的利莫过于生命，当面临生命与道义两者的价值冲突时，宁死也要保持义，可见把义的价值提到了无以复加的地位。这种义以为上、舍生取义的精神在中国历史上曾经发挥过非常积极的意义，如文天祥的"人生自古谁无死，留取丹心照汗青"就是这种舍生取义精神的光辉实践。历史上好多仁人志士也是以此作为自己行为的价值方针的。重要的是，作为一种价值信仰，这种价值观把义视为最高的价值。固然不是每个人都会面临生与义的选择和考验，但这种对义的坚定信仰，会使人做事有原则，视义和荣誉为生命，这种价值信仰有利于提升人的道德人格。

第二，见利思义，以义制利。

如前所述，儒家的重义轻利的价值观，并不一般地反对人们的正当利益，因为这是人生存所需要的。但在日常生活中，人们要以义指导利、制约利，也就是说必须以道德的手段获取利，强调利服从义，义是利的价值标准。

见利思义、见得思义、以义统利，不管是获取经济利益还是政治利益，都要以是否符合义为标准。"富与贵是人之所欲也，不以其道得之，不处也；贫与贱是人之所恶也，不以其道得之，不去也”（《论语·里仁》），“君子爱财，取之有道”（《增广贤文》），“君子之仕也，行其义也”（《论语·微子》）。在日常生活的义利选择中，面对那些有利于自己的东西，首先要自问是否合乎义，根据义来决定取舍，必要时要怀义去利。当然强调利服从义，并不否定个人的正当物质利益，只是强调要“宜”“适”“得当”。对个人应当得到的正当利益，要尽可能满足；不应得到的，就不可强求。问题不在于要不要个人利益，而在于是否合理、正当。见利、见得不能忘义，而应思义。荀子“先义而后利者荣，先利而后义者辱”（《荀子·荣辱》）也正体现了这一思想。什么才是见利时要思的义呢？这主要是看这个利是不是自己应该得到的，另外还应该看获得它的手段是不是正当的。如果是自己的正当劳动收入，那就当仁不让；如果是以损人利己、以权谋私甚至是违法乱纪的手段获得的利益，那就坚决不能拿。比如，今天去菜市场买菜，由于卖菜者的疏忽大意给我多找了钱，我该怎么办？有些贪利的人可能就会想，反正不是我偷的，是他不小心多给我的，我就悄悄拿上得了。殊不知，这虽然没犯法，但却违背了道德。这个卖菜的人，不仅没赚钱，还亏了钱，而他就是凭卖菜养家糊口的，你于心何忍呢？你多拿了人家的钱，心安吗？如果心安就说明你已经缺乏道德心了。因此，当我们遇到利益问题时就应该想想利益的获得是不是符合道德，要见得思义，这样就不会善恶不辨、荣辱不分甚至连违法也不顾了。

第三，义为利本，义以生利。

这是我们传统义利观的一个非常重要和卓越的思想。这表明我们不是不要利，而是要大利、根本的利、长远的利，也说明义和利的辩证联系。义是获取长远之利的根本，义有可能产生利。《左传·僖公二十七年》讲：“德义，利之本也。”这种义以生利的思想，得到了社会实践的证明。如徽商胡雪岩开钱庄以诚信为本，在一段时间内似乎暂时失去了一些小利，而其良好的诚信声誉则使他不仅赚了大钱，而且也得到了人们的尊重。宋儒朱熹认为君子只应理会义，利自然会来。这个理论非常有现实意义。在现代市场经济活动中，如果企业家都能以此来处理义利问题，我们的市场精神与市场机制就会建立起来，从而推动经济和社会的全面和谐发展。市场经济不仅应是法治经济，而且应该成为一种道德经济，道德是谋取经济与社会可持续发展的手段，是我们的道德资本。坚守道义，必然使我们获得良好的信誉，而信誉也就是效益。这些年来，我们在这一领域的进步已经很大了，试想，如果没有诚信，电子支付时代的网上购物是不可想象的。诚信不仅使电商拥有了非常广泛的客户，也为民众的日常生活提供了便利。

第四，兴天下利，利济苍生。

重公利是中国传统义利论的特质。先秦义利论在理论形态上虽然学派纷争、理论旨趣不同、政治主张歧异，但儒、墨、道、法四大家在重公利这一点上别无二致。宋明理学认为天理人欲之分乃公私之别，天理是指“公天下之利”，“人欲之大公，即天理之至正”（《四书训义·中庸二》），重义也即重公利。儒家义利论取代其他各家而独居一尊，成为主导的价值标准与价值导向，成为官方的意识形态，因而重公利的传统也得以发扬光大。各家都主张以经邦济世乃至治国平天下为己任。兴利是要兴天下人之大利，而不是一己暂时之小利，要用利救助、润泽天下老百姓，这才是真正讲利。这种精神气概是几千年来我国思想家们孜孜以求并付诸实践的优良传统。国家民族之利，才是真正的利。这样的利是最高尚的，是义和利的高度统一。

三、现代社会与人生的首要价值选择

义利问题是价值观的首要的和核心的问题，这是由人的存在的二重性所决定的。我们经常说神有灵无肉，动物有肉无灵，而人有肉有灵。一方面，人是一种肉体感性存在，这决定了人必然有物质需要和物质利益，否则，人就不能生存。但另一方面，人又是一个理性的社会性存在，人的存在与生活都是社会性的，人的利益的谋求和获得必须要遵循一定的原则，否则就会导致弱肉强食的自然状态。因此不仅需要契约、法律等规范原则来调节人与人的利益关系，而且也需要道德、道义这种软规范。义利观的选择，不仅是个体所要选择的人生价值问题，而且是一个社会首先面临的重大价值选择。

1. 义利统一：当代中国社会的价值选择

正因为人的存在具有肉体与灵魂、物质与精神的双重性，这就决定了人必然有物质需要与精神需要，社会主义生产与建设的目的就是要不断地满足人民日益增长的美好生活需要。因此，社会和政府要坚持功利主义的价值观，也就是要把增加社会生产总量、谋求经济与社会发展、增加人民福祉作为社会决策与管理的价值观，促进经济发展，提高效率，鼓励人民群众发家致富，达到民富国强的功利目的。

同时，发展不仅仅是经济的发展，而且是物质文明、政治文明、精神文明、社会文明、生态文明的和谐发展，利益的谋取必须符合道德的要求，不能见利忘义，不能以损人利己等非道德的手段来获取不正当的利益。作为社会发展策略，既要注重效率，也要注重公平，这样社会才会和谐稳定，才会不仅有高度的物质文明与经济成就，而且有高度的社会、政治与人的文明。因此，坚持义利统一是当代中国社会的基本价值方针。

要做到这一点，首先，就要改变过去那种义利两极对立的思维方式。从传统义利观演变的历史进程中我们可以看到，古代的“重义轻利”和近代的“重利轻义”，都是以两极对立的思维方式为支撑的。如在强调革命理想、集体利益时，出现了忽略个体利益的倾向，甚至把个体利益当作“资本主义尾巴”来割除；在肯定个体利益，允许一部分人先富起来时，又冒出来“见利忘义”“一切向钱看”的倾向。只有改变非此即彼的两极对立的思维方式，树立起综合、系统、全面的辩证思维方式，义利统一的现代价值观才能真正确立起来。过分坚持道义论，就会重蹈过去不重视人民群众的物质利益，“宁要社会主义的草，不要资本主义的苗”的极左思潮，搞穷过渡，影响经济与社会发展，使人民富裕与物质幸福的需要不能得到满足。另外，如果只重视发展经济，而不坚持“君子爱财，取之有道”（《增广贤文》）的价值原则，那么，就会出现见利忘义、坑蒙拐骗、违法乱纪、杀人越货等社会丑恶现象，影响社会的稳定与和谐，影响社会文明的建设。可见，我们必须在社会价值观与决策层面坚定不移地坚持义利统一的价值观。

其次，要真正把这种义利统一的价值观落实到社会实践中去，还要在实践中研究、探讨各种行之有效的制度安排和机制创新，使利的谋求合乎道德的要求，使道德的追求与相应的权利相对应，这样就会不断强化这种义利相统一的价值观，使中国社会的管理决策与民众的社会实践真正实现义利统一，从而促进社会的和谐健康发展。

2. 义以为上：主体人生选择的价值追求

生而逐利、欲富欲贵、趋乐避苦是人的自然趋向，是不用强调就会自然形成的一种行为趋向，我们要尊重人民群众的这种物质利益追求的合理性。但义利观作为一种价值观，它不是一个实然的人生事实问题，而是一个价值的选择与追求问题。因此，从人生主体的修养角度看，应该以义以为上、以义制利为主体人生选择的价值追求。

一方面，坚持以义制利、见得思义、见利思义可以防止我们在利益的诱惑面前犯错误甚至违法犯罪。在改革开放、发展市场经济的社会历史条件下，这一点显得非常重要。当代社会各种利益的诱惑极大地激发了某些人人性中潜存的原欲，有的人在利益面前不能保持清醒的头脑，轻则见利忘义，重则以权谋私、铤而走险，这种情况使一些人变成了经济动物，失去了做人的精神节操，使有的人从官员变成了阶下囚。因此，我们一定要坚持义以为上的原则，把道义作为衡量利益的价值尺度，该得的就得，该拿的就拿，而不该得、不该拿的，就坚决不能伸手。

另一方面，坚持义以为上可以提升我们的人生价值、人格尊严和人生境界。人确实离不开必要的利益，但一个人太利欲熏心，就会沦为一个小市民气十足的或市侩气很足的人。他们可能得到了一些小利，但却失去了做人的尊严。而坚持义以为上的人，就会在利益诱惑面前表现出其“出淤泥而不染”的高尚情操与独立人格，就会做“富贵不能淫，贫贱不能移，威武不能屈”（《孟子·滕文公下》）的大丈夫，就会在利益面前达到像孔子所讲的那样“不义而富且贵，于我如浮云”（《论语·述而》）的境界，甚至在涉及义与利的尖锐对立而不能两全时达到舍生取义的境界。生命是人的最大的利益，为了义，连生命都可以舍弃，这是很高的人生境界。坚持义以为上的价值观，可以增强我们做人的道德纯洁性，形成坚强的道德人格，会因义而乐，心态平和健康，达到“仁者不忧”和“仁者寿”的人生境界。

第八章　公私观

公私观，是指人们在社会生活中，如何认识和处理个人利益与国家利益、个人利益与社会利益、个人发展与社会发展的关系问题。公私观是传统政治哲学与伦理哲学的重要问题，也是传统价值观的核心问题之一。

一、公私观的含义与特点

从文字学上看，“私”古字为“厶”，其形似环，《韩非子·五蠹》指出：“自环者谓之私，背私谓之公。”《说文·厶部》：“厶，奸邪也。韩非曰：‘仓颉作字，自营为厶’。”《说文》释“公”为“平分也。从八从厶。八犹背也”，即背私为公。可见，一开始“公”与“私”就是对举的概念。

以上是就“公”与“私”的文字意来说的，从中国思想史来看，根据台湾学者陈弱水的研究①，中国历史上“公”的观念可

---

① 陈弱水．公共意识与中国文化．北京：新星出版社，2006：73－104．为便于分析，我将陈弱水的五种类别序号做了变更，将其第五类提升为第二类。

以归纳为五种类别：

第一，“公”是指朝廷、政府或政府事务，这个含义源于“公”字的“国君”义，到春秋中晚期已有区别于封建主的政府、政务含义，也有公众事务的含义。这个含义在后世一直继续存在，所以官府就是“公家”“公门”，在现代，政府工作人员被称为“公务员”。最初“公”字多指王公，商代铜器已有“应公”之铭；《尚书·周书》中也多指周公、召公，“平王以后，诸侯通称为公”。所谓“公室”“公家”“公事”等皆与国君相关，与它相对的“私”则指民间和私人。

第二，“公”指公共，以共同、众人为基本含义，指涉政治、宗族、社会生活等场域的集体事务与行动。“公”很早就有“共”的意思，东汉郑玄注《礼记·礼运》中就释“公”为“共”。“公”出现的场合大概有三种：其一是政治领域，如“公议”“公论”等；其二是家族或宗族领域，指族内的共同事务，如公田、公祠；其三是一般的社会生活领域，如公会、公团、公举，这层意义出现较晚且不发达。

第三，“公”指对普遍、全体利益的关怀和对公平正义的追求，其范围可大至国家、天下甚至宇宙。有这种关怀的人被称作有“公心”的人。《礼记·礼运》云：“大道之行也，天下为公。选贤与能，讲信修睦。故人不独亲其亲，不独子其子，使老有所终，壮有所用，幼有所长，矜、寡、孤、独、废、疾者，皆有所养。男有分，女有归。货，恶其弃于地也，不必藏于己；力，恶其不出于身也，不必为己。是故谋闭而不兴，盗窃乱贼而不作。故外户而不闭。是谓大同。”这体现了“公”的普遍关怀的含义，“天下为公”成为中国人心目中人类社会的崇高理想。人应该“不独亲其亲”“不独子其子”“货不必藏于己，力不必为己”。可见，公就是要超越自我，没有自私自利之心。不仅要关怀普遍利益，而且要实现世界公平正义。也就是说，不仅要照顾所有的人，而且要求用平等的态度和方式来做。这样，“公”就经常与“平”字连用。《说文解字》对于“公”的基本定义就是“平分也”“背私为公”。这样就使公私具有明显的价值论和道德规范色彩。“公”为无私，与它对照的“私”有负面的意义，是要压抑、去除的事物。公私处于尖锐对立的状态，“崇公抑私”就成为价值观和道德的根本原则。

第四，“公”代表善或世界的根本原理，如义、正、天理等，包含儒家鼓励的一切德性。“公”的内涵不必然是普遍的福祉或普遍平等的心态，只要是正确的道理，就可以是“公”。如程颐所说：“义与利，只是个公与私也。”（《程氏遗书》卷第十七）公私的区分，就是义利、理欲之别。“公”的这个观念是从第三类观念演变而来的，特别发达于宋明理学，影响及整个近世中国。这种公私观非常强调“公”体现于人无私的、合于天理的心，因此，与此相对的“私”主要是私欲。

第五，这一类“公”的观念是对第二、三类别的反动，大概出现于16世纪，明末清初时表现最为明显，清代盛世后又较沉寂了。这一类别的“公”的基本含义仍然是普遍、整体，但主张“公”的境界是由所有个别的“私”得到满足所达成的，与这个类别相关的“私”具有无可置疑的正当性，是“公”的基础。理想的“公”就是全天下的“私”都得到合理实现的境界，“公共之心”是对人间正常之欲得到普遍满足的祈求。这是明末清初启蒙思想家的公私观，在某种意义上就是指合私为公。

以上五类在我看来，第一、二类是一种实体性、事实性、描述性的概念，是指社会生活的领域和场域，其中，在传统中国，第一类的观念是占主导地位的观念，第二类虽然也有但不太发达。第三、四、五类是价值观、道德论、规范意义上的观念和思想，即崇公贬私的价值观和道义观，以及明末清初的合私为公的价值观。

在传统政治道德文化中，“私”的表现形式主要是私心、私欲等，它是作为与“公”相冲突的、被否定的政治范畴出现的。私心和私欲是破坏天下之大公的潜在威胁，崇公抑私一直是传统道德的主要内容，如慎子在《威德》中说：“法制礼籍，所以立公义也。凡立公，所以弃私也。”在这种道德设计中，人们要崇公抑私，就必须首先做到无我、无私，把自己完全融入君君、臣臣、父父、子子的政治伦理体系中，成为规范社会和政治生活链条上的一个固定的结。任何个体都必须努力争取做到无我、无私的道德境界，同时各代思想家也为实现这一境界提出了各种方法和途径，如“克己”“复礼”“存天理，灭人欲”等。可见崇公抑私的政治功能主要是从思想和行为上全面控制社会成员，并将其纳入政治等级的秩序中。

当然，这种公私之辨除了上述政治功能外，还具有深厚的道德功能。公私之辨被看作一个人道德修养与人生境界的价值标准。公而忘私、先公后私是一个人自觉进行道德修养所追求的目标，是人们人生境界的体现。如范仲淹的“先天下之忧而忧，后天下之乐而乐”的名句被千古传诵，就体现了人们对这种高尚的道德修养境界的认同和赞扬。另外，公也可指一个人身上具有的美德，比如公正待人、公正处事，只有这样才会“心地无私天地宽”，才会公生明、廉生威。因此，对一个管理者来说，有公心是其重要的品质。

传统中国的公私观具有如下几个特点：第一，传统中国的公私之别主要不是领域性的，而是思想性的。历史上，中国人其实一直不太从客观的场域的角度区分公私，公私之辨大多是在价值观意义上倡导以公灭私，即使谈到公私之别，也经常是在心理或动机的层面做要求，而颇轻忽对实际行为的检查与规范。第二，对公领域的理解主要局限在朝廷、政府意识上，还鲜有西方式的所谓公共的即与全体人民有联系的领域和事物的意识。因此，直到现代，中国人还习惯性地认为，公共事务完全是政府的责任而与己无关。第三，在中国的公私意识中，公与私大多是尖锐对立的，价值倾向很清楚：私带有强烈的负面意义，公则经常指称某种理想的心态与道德状态。

二、公私观的历史演变

公私之辨是古今一以贯之的思想主题。春秋战国诸子争鸣，已提出崇公抑私的命题，至秦汉之际，“大道之行也，天下为公”的社会理念基本成型。其后，“公”本位思想一直占据传统思维主流，在明清之际，有的思想家间或有“私”本位观念的萌动，但一直是思想界的弱势群体。到了近现代，“公天下”观念仍是发动一次次社会改革与革命的强大思想引擎。百年来，中国社会所经历的从传统向现代形态转型的每一重要阶段，无一不伴随着公私观念的激烈争论。中国传统的公私观具有公本位的特点，中国传统价值观具有整体主义导向。

儒家思想体系的核心是伦理思想，确切地说是政治伦理思想。孔子的公私观从理论上要统治者“修己以安百姓”（《论语·宪问》），要“因民之所利而利之”（《论语·尧曰》），要与百姓共同富足。这些思想体现出孔子在道德上崇公抑私的价值观。孟子的政治伦理思想强调义利之辨，体现了他的公私观。《孟子》一书中虽然没有“公义”一词，但他所说的义、仁义就是公义。朱熹的《孟子集注》用公义解释义和仁义，是符合孟子的原意的。利指私利、私恩。孟子重义轻利，主张以义制利，两者不可兼得时舍私利而取公义，但并没有完全把公义与私利对立起来，没有绝对以公义排斥私利。孟子要人们先义后利，处理相互关系时不忘掉公义，追求公义与私利的统一，主张合理处理公私、义利关系。《孟子·万章上》记载，舜的弟弟象暴傲不仁，曾经多次迫害舜。舜立为天子后不诛杀象，还封象为有庳之君，经常接见象，保持兄弟情谊，但不许象亲自治理有庳之民，而是派官吏代象治理，以免他这个不肖的弟弟祸害有庳之民。朱熹《四书章句集注》说，孟子讲这个故事的用意是："言圣人不以公义废私恩，亦不以私恩害公义。"孟子的公私观追求公私统一、公私和谐而不把公义绝对化。

荀子对公私问题做了系统的阐述。首先，荀子赋予公、私以更广泛的内涵。公除指公利、公义外，兼有公道、公平等含义；私除指私利外，亦兼有私欲、私见等含义。荀子强调公与私完全对立，认为维护公道、公利的人臣是"上则能尊君，下则能爱民"的"圣臣"，而不顾公道、朋党图私的人臣是"上不忠乎君，下善取誉乎民"的"篡臣"（《荀子·臣道》），还把公道、公义作为区分明君与昏君的重要标志。其次，荀子不仅将"公正无私"作为道德修养的要求，还将其推广到政治制度方面。他讲君子就是"能以公义胜私欲"（《荀子·修身》）的人，这是道德修养的要求。他更着重讲，公道、公平要体现于"明分职，序事业，材技官能"（《荀子·君道》）诸政治制度中，办理诸政治事务只有"隆礼至法"才能体现公道、公义。荀子把"公正无私"与"隆礼至法"联系起来，并主张公私是绝对对立的，这些思想都被其后学——法家的代表人物韩非所继承和发扬。

法家思想体系的核心是以法治国的政治思想，法家的公私观也主要体现在法治思想中。前期法家已经明确指出，法治与人治的对立是公与私的对立。商鞅将"释法任私"与"任法去私"相对，表明任法即公，背法即私。《商君书·修权》又说："公私之交，存亡之本也。"历史上的三王、五霸都是"为天下治天下"，而"非私天下之利也"，"今乱世之君臣，区区然皆擅一国之利，而管一官之重，以便其私，此国之所以危也"（《商君书·修权》）。商鞅把公私问题提到国家存亡的高度来认识，坚定地主张立公去私，奠定了法家公私观的基调。慎到和申不害是从黄老道家出发转向法家的人物，他们的公私观与道家的清静无为的理论有联系，认为"凡因之道，身与公无事，无事而天下自极也"（《申子·大体》）就是公，除去主观成见按一个统一的客观标准办事就能"至公大定"（《慎子·逸文》），这是不同于商鞅的地方。但慎到和申不害与商鞅一样，把法治与人治之争归结为公私之争。他们认为实行人治的时候，"国家之政要在一人之心"（《慎子·威德》），"诛赏予夺，从君心出"（《慎子·君人》），是非全凭君主"心裁"，所以人治就是私。实行法治的时候，"官不私亲，法不遗爱，上下无事，唯法所在"（《慎子·君臣》），"我喜可抑，我忿可窒，我法不可离也。骨肉可刑，亲戚可灭，至法不可阙也"（《慎子·逸文》）。所以法治就是公。慎到还说"凡立公，所以弃私也"（《慎子·威德》），强调了公私不可两立的性质。

法家的公私观，除了上述立法任公的思想外，其与儒家的不同之处还在于强调公私对立不可调和，而没有考虑公私统一的问题。法家学说的集大成者韩非继承和发展了前期法家的公私观。他与前期法家一样认为公与私截然相反、完全对立。他说："古者仓颉之作书也，自环者谓之私，背私谓之公。公私之相背也，乃仓颉固以知之矣。"（《韩非子·五蠹》）韩非这几句话，被视为对公、私两字的经典训释，许慎的《说文解字》一书就引用了韩非的观点来解释私字。韩非不但从字义上说明公私对立，还进而指出了两者对立的现实基础。他指出公私相背基于利益的冲突，旨在强调公私对立之绝对性与必然性。在公与私的对立中，韩非否定私而倡导公，主张一切以公利为准，“为公者必利，不为公者必害”（《韩非子·外储说右上》），“私义行则乱，公义行则治”（《韩非子·饰邪》），“吏无私利而正矣”（《韩非子·外储说右下》）。要维护国家和国君的根本利益，“必明于公私之分，明法制，去私恩”（《韩非子·饰邪》）。可见，在韩非看来，审明公私之分是关系国家治乱强弱、生死存亡的关键问题。在明于公私之分的基础上，韩非提出了解决公私冲突的原则与方法，这就是“立法废私”。韩非认为法是君主公利、公义的集中表现，法的作用就是禁止自私自利的思想和行为，以达到维护公利的目的。他说：“夫立法令者，以废私也。法令行而私道废矣。”“法立，则莫得为私矣。”（《韩非子·诡使》）韩非的公私观的思想实质是把君主看作“公”的化身，把“公”与君主的法令等同起来，这种公私观具有“君本位”的思想特征，在秦之后的两千余年的君主政制中享有支配性的影响，也即在公私的思考上中国人都有意识无意识地把君主与国家、与公的观念等同起来。当然不可否认，“法”之中也必然包含某些社会普遍性的公共利益的公义，或者说，古代法律的实质是维护君主专制的，但在形式上肯定包含着某些全社会普遍的公义，因为这种公义是符合君主专制的长远利益的。

综观先秦儒法两家的公私观，儒家主要是从伦理、义利的层面谈公私观的，其价值取向是崇公抑私、崇义贬利，在公私观上由孔孟之较为温和的价值取向逐步发展到荀子的公本位的思想。荀子赋予公以公道、公平的新意是有贡献的。而法家的公私观在价值观上认为公与私是绝对对立的，更加凸显了废私立公的趋向。法家的公私之辨认为法就是公，立法可以去私，管理者要具有公正无私的品质，这些思想都为我们现代的公共管理哲学提供了有益的启示。规则至上是西方法治的基本精神，所谓公在公共管理层面上就体现为规则与制度至上，因此，法家思想是很有启发意义的。

秦汉之际的《礼记·礼运》提出“天下为公”的大同理想，反对“各亲其亲，各子其子”的“天下为家”的思想，对后世产生了很大影响。北宋政治家范仲淹在内忧外患的形势下提出“先天下之忧而忧，后天下之乐而乐”的以天下为己任的为公思想，这是对“天下为公”理想的发展。这种为公观念把国家和人民的前途命运置于首位，为后人所敬仰和效法，即中国的公观念终于由公君主、公公室而发展到公天下，这是一个很大的进步。但由于公私观仍然是在义利观的思想价值取向的意义上谈论的，因此，公私的概念和领域只有思想上的价值区隔而没有存在领域甚至是利益上的客观区隔，这使得中国这种公天下的观念仍然只停留于一种思想上的观念倡导。在中国思想中少有观点认为公是与每一个人的利益相关的，甚至公就是为了实现每一个人的利益和权益。基于自然法，通过契约而让渡出来的那部分领域和利益恰恰才是公的领域。更有西方功利主义者提出，所谓公共利益无非是无数单个人的利益的简单相加，这就是“公益合成说”。这种理论也有其片面性，但在某种意义上消解了公共利益，其公共利益建基于并包含着私人利益的思想，与我们传统文化中的公私势不两立、水火不容的思想是大异其趣的。

宋代理学兴起，理学家们把公私观同义利观结合起来。程颐指出：“义利云者，公与私之异也。较计之心一萌，斯为利矣。”（《河南程氏粹言》卷一）程颐认为公与义相联系，私与利相等同，要求人们做到“至公无私，大同无我”（《河南程氏粹言》卷一），这就肯定了公和义高于私和利，亦是对“天下为公”的大同思想的继承和发挥。这确为中国公私观的一个特点。实际上义与利和公与私是既有联系又有区别的两个问题，但中国儒家思想则把二者紧密地联系起来了。这种将义利公私联系在一起的思想方式，使公私的讨论具有浓厚的价值思想内涵，而缺少客观的利益论内涵，容易形成漠视私人利益的倾向，具有鲜明的崇公抑私的价值取向，从而从“义以为上”的义利观进一步走向了“公本位”的公私观。

另外，宋儒还把公私问题纳入主体的道德修养中加以讨论，使儒家的从伦理言公私的特点得到了进一步的深化。

周敦颐从主体道德修养的角度论述了公私观。“无欲”就是没有私心杂念。周敦颐认为，一个人如果没有私心杂念，就不会患得患失，才能胸怀通达、行为正直、公正无偏。在这里，公既是正直的结果，又是无偏的基础，它构成了道德主体修养的一个重要环节。周敦颐极力提倡以公正克服偏私，他甚至将“纯粹的公正”作为成就圣德的最高动态展现。周敦颐说：“圣人之道，至公而已矣。”或曰：“何谓也?”曰：“天地至公而已矣。”(《通书·公第三十七》)“至公”既是周敦颐依据自然天地在价值意向上给圣人做出的一个应然性判定，同时也是他提供给一般人的行为价值标准，周敦颐由“天地至公”之本然直推“圣人至公”之应然，体现了他本天道、立人道的思维路向。此外，周敦颐还指出了实现“至公”境界的途径：“公于己者公于人，未有不公于己而能公于人也。”(《通书·公明第二十一》)“公于己”就是以人之所以为人的价值标准要求自己，充分体现了他“立人极以配天地之德”的自觉自任精神。

相对于周敦颐，张载更多地将公与私对举，而且，其所言之“公”也不再是周敦颐所谓的公正无偏之义，而是普遍、共同、公共无别之义，其所言之“私”侧重于个别、单独、分别限隔之义。张载将“公物”与“私己”作为区分君子与小人的标准，他说：“小人私己，利于不治；君子公物，利于治。”（《正蒙·有司》）“公物”就是顺吾性理而为，体认到万物皆我同类；“私己”则是人为设定己与物的界限，将私家做单独考虑。张载认为，只有做到“无物我之私”的人才能称得上是君子，他说：“君子于天下，达善达不善，无物我之私。”（《正蒙·中正》）因为物我本无间隔，所以，人作为宇宙大家庭中的一员，不仅要尽社会人伦之义务，而且还要承担侍奉宇宙大父母的责任。张载“无物我之私”的君子人格与“民吾同胞，物吾与也”的人生境界在价值指向上是完全一致的。

作为宋明理学的重要奠基者，二程曾做过“仁者公也”（《二程遗书》卷九）的断语。又说：“孔子曰：‘仁者己欲立而立人，己欲达而达人，能近取譬，可谓仁之方也已。’尝谓孔子之语仁以教人者，唯此为尽，要之不出于公也。”（《二程遗书》卷九）由此可见，“仁者公也”中的“公”大致是指将天地视为自身生命有机体的一部分，即一体贯通之意。二程认为，一个人如果有了天地人物一体贯通之自觉，便会爱人如己：“若夫至仁，则天地为一身，而天地之间，品物万形为四肢百体，夫人岂有视四肢百体而不爱者哉?”（《二程遗书》卷四）又说：“至公无私，大同无我，虽渺然一身，在天地之间，而与天地无以异也。”（《河南程氏粹言》卷一）

二程强调个人与天地为一体显然是对张载“无物我之私”观点的进一步继承。二程与张载观点的不同之处在于：张载认为天地人物如一个血亲家族中的各个成员，本一体而无间，所以人理应用心存公；二程则认为宇宙万物乃一生命共同体之不同部分，所以作为道德主体的人，应自觉将自我融合于宇宙天地之中，进而达到与天地万物一体通贯的境界。入路虽异，指归却一，皆是对“公而无私”的人格境界的认可与推崇。

二程对公与私还做了比较具体的阐释。他们说：“苟公其心，不失其正理，则与众同利，无侵于人，人亦欲与之。若切于好利，蔽于自私，求自益以损于人，则人亦与之力争，故莫肯益之，而有击夺之者矣。”（《周易程氏传》卷三）从主体行为表现上看，“公”是不因为追求自身的利益而侵犯别人的利益，“私”则是只求增加自己的利益而侵犯别人的利益。从主体行为后果来看，如果心地公平，别人是乐意给予帮助的，而且不会引起别人与自己的争夺；相反，如果一个人“蔽于自私”，别人不仅不肯相助，而且还要与其争夺。二程还特别注重从主体行为的动机上来区别公私：“虽公天下事，若用私意为之，便是私。”（《二程遗书》卷五）

在国家治理问题上，二程认为，诸如王安石新法中富国强兵这类事，如果统治者真有一片“至诚恻怛之心”，真是为“养民”而富国，为“保民”而兴国，那就是出于“公心”，确实可以“兴利”。程颐在代吕公著起草的一篇上皇帝书中也提出神宗应发扬顺天合理的“王者之公心”，而不要以富国强兵为自得，锐于作为，快于自任，“以天下徇其私欲”（《程氏文集》卷五）。二程认为，“私欲”只可能带来暂时的兴利，而公心则会带来尚德之风。也就是说，国家治理、政策确定都要出自公心。

朱熹继承二程之学，进一步将公私范畴与理欲、义利范畴相联系，他说：“仁义根于人心之固有，天理之公也；利心生于物我之相形，人欲之私也。”（《四书章句集注·孟子集注·梁惠王章句上》）因为人的本心之公常常为利欲之私所蔽，所以道德主体需要自觉自律，体察公私两端，及时从私欲中摆脱出来。了解了朱熹的理欲范畴是与公私范畴相贯通的这一点，我们就不会走进对“存天理，灭人欲”思想理解的误区中。也就是说，朱熹所要灭的“人欲”始终是和“私”相联系的，他只是要扭转人们从自家私意去处置事情的价值导向。在朱熹看来，循“天理”之“公”办事，则“不求利而自无不利”；而循“人欲”之“私”办事，则“求利未得而害己随亡”，其结果是“毫厘之差，千里之谬”。所以他强调“而今须要天理人欲，义利公私，分别得明白”（《朱子语类》卷十三）。

明末清初之际，我国传统的公私观念发生了很大的转变，其标志是出现了一大批以“私”为本位的思想家。

第一，这一时期的思想家们明确提出“私心自然”的理论，对“私”观念的性质做了一分为二的分析。

明清之际的进步思想家们反对程朱理学家的禁欲主义主张，倡导自然人性论。他们从抽象的生理学意义上的人的观点出发，认为人天生具有同样的生理要求和物质欲望，这种生理要求和物质欲望就是人的本性，也即“私心自然”。李贽说：“穿衣吃饭，即是人伦物理。”（李贽：《焚书》卷一）王夫之说：“饮食男女之欲，人之大共也。”（王夫之：《诗广传》卷二）戴震说：“喜怒哀乐之情，声色嗅味之欲，是非美恶之知，皆根于性而原于天。”（戴震：《孟子字义疏证·绪言》卷上）“欲根于血气，故曰性也……口之于味，目之于色，耳之于声，鼻之于臭，四肢于安佚之为性。”（戴震：《孟子字义疏证·性》）显然，这种人性是上至圣人君子，下及平民百姓都普遍具有的。从利欲之心出于天赋自然的观点出发，他们进一步提出了“人心有私”“私者，人之心”的命题。李贽说：“夫私者，人之心也。人必有私，而后其心乃见；若无私，则无心矣。”他一针见血地指出：道学家的无私之说“皆画饼之谈，观场之见，但令隔壁好听，不管脚跟虚实，无益于事，只乱聪耳，不足采也”（李贽：《藏书》卷二十四）。黄宗羲说：“有生之初，人各自私也，人各自利也。”（黄宗羲：《明夷待访录·原君》)顾炎武说:“天下之人各怀其家,各私其子,其常情也。为天子为百姓之心,必不如其自为,此在三代以上已然矣。”(顾炎武:《亭林诗文集》卷一)这样,他们就从人性论上为“私”这个观念做了论证。

对于这种人所必具的私心,也即“人欲”,思想家们做了一分为二的分析:一方面,他们对合理的私利、私产,亦即满足人们的基本生理需要和社会需要的东西予以肯定,要求给予保护与支持,并称之为“公利”“公欲”;另一方面,他们认识到人的欲望是难以满足的,主张对那种卑劣的贪欲、权势欲等损人利己的行为严加克制和禁止,以防私欲之泛滥祸及他人的利益。刘宗周说:“生机之自然而不容已者,欲也。欲而纵,过也;甚焉,恶也。”(刘宗周:《刘子全书》卷七)黄宗羲在肯定欲的同时,反对以“一己之利为利”而无视他人之利的私欲,认为与天理合一的欲才是“公共之物”,即人们共同享有的“各得自私自利”。因此,只有符合公利原则的人欲才是合理的,而违背公利原则的私欲则与天理“正是相反,此盈则彼绌,彼盈则此绌”(黄宗羲:《与陈乾初论学书》)。

第二,这一时期的思想家们反对程朱理学片面强调个体对社会、国家的绝对盲从和依附,提出了“众私之和”为公,公通过私来表现的主张。

刘宗周的学生陈确曾说:“人心本无天理,天理正从人欲中见,人欲恰好处,即天理也。向无人欲,则亦并无天理之可言矣。”(《陈确集·无欲作圣辨》)“人欲正当处,即是理,无欲又何理乎?”(《陈确集·与刘伯绳书》)王夫之也认为天理即在人欲之中,“随处见人欲,即随处见天理”(王夫之:《读四书大全说》卷八),“人欲之大公即天理之至正矣”(王夫之:《读四书大全说》卷二)。他们为什么说欲中有理、私中见公呢?除了因为他们认定应将人欲做如上所述的一分为二的分析之外，还因为他们认为欲和利（也即私）是人所共有的。所以，不仅比较激进的黄宗羲把人人希望得到的私利称为“公利”“公欲”，承认每个主体都有维护其自身利益的权利，就连颇为稳重的王夫之也说：“人欲之各得，即天理之大同；天理之大同，无人欲之或异。”（王夫之：《读四书大全说》卷四）顾炎武则讲得更明确，他说：“自天下为家，各亲其亲，各子其子，而人之有私，固情之所不能免矣。故先王弗为之禁，非惟弗禁，且从而恤之。建国亲侯，胙土命氏，画井分田，合天下之私以成天下之公，此所以为王政也。至于当官之训，则曰以公灭私，然而禄足以代其耕，田足以供其祭，使之无将母之嗟，室人之谪，又所以恤其私也。此义不明久矣。世之君子必曰：有公而无私。此后代之美言，非先王之至训也。”（顾炎武：《日知录》卷三）顾炎武在公私关系问题上提出的“先私而后公”的命题是颇具异端色彩的。他把私摆在首要地位加以强调，从而使他的“合天下之私以成天下之公”的论点变得更加具体而精彩了。在此，进步思想家们并没有把私利狭隘地归结为一己之利，而是广义地理解为每一个人的利益，强调个体利益的充分实现是整体利益的基础，认为只有这样才称得上“公”，从而驳斥了程朱理学家之类的“世之君子”“有公而无私”的说教。

第三，这一时期的思想家们主张“天下为公”，斥责专制君权是天下之“大私”。

在封建社会里，持正统观念者认为，皇权是神圣不可动摇的，王法及为之服务的纲常礼教是天下之“公理”，不容怀疑。然而，这时的进步思想家们却打出了“天下为公”的民本主义旗帜，把绝对封建专制君权及纲常礼教置于人欲的地位加以批判。他们的“天下为公”思想的内涵极为丰富，至少包含了以下两层基本意思：其一，与一朝一姓之君主相比较，当以天下人为重，不能因君主一己之私利、私欲而牺牲天下之公利、公欲；其二，指一种符合社会发展要求的为“天下之人”谋利的社会政治制度，这种制度绝不是一家之私法。

基于这种认识，他们对秦汉以来的君主专制进行了历史的考察和分析。黄宗羲曾痛快淋漓地揭露了封建君主的自私，指出专制皇帝以天下为自己的私产，把自己的“大私”说成天下之“大公”，干着“屠毒天下之肝脑……敲剥天下之骨髓，离散天下之子女，以奉我一人之淫乐”的罪恶勾当；他们“以天下之利尽归于己，以天下之害尽归于人”，剥夺了人人享有的“天下公利”，使天下之人“不敢自私，不敢自利”。故“为天下之大害者，君而已矣”（黄宗羲：《明夷待访录·原君》）。黄宗羲还深刻地洞察到了封建法制都是皇帝一家一姓出于“利欲之私”而炮制出来的非法之法，是有悖于天下百姓利益的。在《明夷待访录·原君》中，他指出君主的真正职责在于保证每个人利益的充分实现，君主的一切活动都必须围绕“为天下”这一目标展开。顾炎武更对“亡国”与“亡天下”予以辨正。他说：“有亡国，有亡天下，亡国与亡天下奚辨？曰：‘易姓改号，谓之亡国；仁义充塞，而至于率兽食人，人将相食，谓之亡天下’……保国者，其君其臣，肉食者谋之；保天下者，匹夫之贱，与有责焉耳矣。”（顾炎武：《日知录》卷十三）这同样是主张以天下为重。王夫之对“天下为公”的主张也做了系统论述。他认为，“以在上之仁而言之，则一姓之兴亡，私也；而生民之生死，公也”（王夫之：《读通鉴论》卷十七）。他分析君主之产生是出于“人之公”，而非为了一姓一人之私，故被推举出来的“天子”就不应存在个人私志。明末清初的思想家们对公私观的这种讨论具有浓厚的反封建专制的政治哲学意味。

三、对传统公私观的评价与反思

传统公私观有其自身的特点，从总体上看，有政治与道德两层含义。从政治上看，所谓公主要是指公室、公家、君主的利益，也包含所谓公天下的抽象群体意识，《礼记·礼运》中的“大同”观念及范仲淹的思想都是其体现。从政治管理层面看，荀子与法家认为，法律制度代表公，任法立公，对公的形式化特点有一些阐发，是很有启发意义的。明末清初的亡国与亡天下的思想则有浓厚的反封建专制的意义。从道德意义上看，公主要被看作一种抽象的整体利益和他人利益，先人后己就是废私立公。另外，公私的对立也被看作义利的对立，义是公，利是私，崇义贬利必然要求立公抑私，这是占主导地位的中国儒家公私观的特点。公私观还被认为与个人的道德修养相联系，因此，又是与理欲观等问题相联系的。理是公，欲是私；仁心是公，贪心是私。能先人后己，能仁爱他人与万物，能公平公正处事而无私意，都是人的良好品质和道德境界。是君本位还是民本位，是己本位还是人、群本位，这是公私观所要解决的价值选择问题。从总体上看，崇公抑私是中国传统社会占主导地位的价值观。明末清初的崇私观是时代的产物，与西方思想中的公私观有某种相似性，具有重要的启蒙进步意义，但在历史的长河中被视为异端。

传统的崇公贬私论的历史作用具有积极与消极二重性。传统的公私分离、尊公蔑私的价值观是封建社会的正统思想，它产生于以自然经济为基础的中国农业社会，是为巩固和完善封建制度服务的。它的产生具有一定的历史必然性，对于封建社会的长治久安起到了关键性的作用。它是中国文化整体主义价值导向的集中体现，这种价值观对于培养人的社会责任感，培养以天下为己任、天下为公的精神发挥了积极作用，在历史上也造就了岳飞、文天祥、谭嗣同等众多忧国忧民、为民族发展振兴勇于献身的志士仁人。它的缺点是过分强调社会整体利益，忽视以至压抑社会成员的个人利益；过分重视道义原则，轻视物质利益。这就决定了它具有压抑人的个性发展，扼杀个人的首创精神，阻碍社会生产力及整个社会发展的一面，成为套在人们头上的“礼教”枷锁，对社会发展与人性完善有一定的消极作用。

明清之际重私欲的启蒙思想有其合理性，但也产生了一些流弊。重私欲的价值观的合理性在于把道德原则建立在物质利益的基础上，充分肯定社会成员个人存在的价值和个人利益的合理性，在一定程度上看到了客观事功和物质利益对于社会发展的促进作用。其流弊在于过分强调个人利益和人的自然本性，有忽视社会整体利益和道德约束的倾向。这种价值观揭露了脱离物质利益的虚伪“礼教”的实质，强调恢复人的自然本性和满足人的物质要求，这对于把人们的思想从封建道德的束缚下解放出来具有积极意义。同时对其“贵己”、“为我”和“重私欲”的思想应正确对待，既要肯定其合理性，又要克服其流弊危害。

中国传统社会的主流价值观是大力提倡立公废私的，但很多研究者都认为中国人实际的国民性却是有私无公的，如美国传教士明恩溥，中国人梁启超、陈独秀、鲁迅、林语堂、费孝通等都有这种观点，他们认为“私”是中国积弱的原因，“公”则是中国现代化所必须建立的道德要素。这种价值观的倡导与国民性的自私品质之间的矛盾是一个令人百思不得其解的问题，也说明在当代解决公私观问题仍面临很大的挑战。

为什么会造成这种情况，如何提高国人的公德素质，这是需要深入探讨的问题。香港中文大学前校长金耀基先生在其《中国人的“公”与“私”》一文中对此初步做了一些分析。

中国传统社会虽然倡导立公废私的价值观，但公与私的客观界限是不清楚的，因此，容易导致公私不分。公与私在传统中国只是一种相对性的思想和价值观概念，而不是客观的场域或权界清晰的利益概念。中国传统社会把公定义为君之义、君之道、君之家，如“公门”指君之门，“公堂”指君堂，“公家”指官家，中国以前没有公路，只有官道。这样就有以一家之私为公的意思，这种公并不能代表民众的个人真实利益，因此，这样的公就不为民众所认同。另外，私人领域的区隔也是不清楚的，对私人利益也是不尊重的。传统道德与社会价值观实际上既不是社会本位也不是个人本位，而是伦理本位、关系本位、家本位。公天下的观念虽然是一种道德批判的武器，但由于其缺乏制度化的保障，这种价值理想和公义精神也是难以实现的。可见，公私不分是造成立公废私的价值观的提倡与国民自私人格之间的矛盾的首要原因。另外，在传统中国，大传统即典籍、官方文化倡导的确是崇公贬私的价值观，但我们应该看到，传统社会是小农经济的汪洋大海，实际上从客观上造就了民众重视人伦日用的国民性和小农意识的自私性，倡导的价值观与实际的国民性之间是有差异的。那么，通过这种反思，我们在现代社会应如何树立正确的公私价值观呢？

第一，在现代社会，树立正确的公私价值观，首先要建立公私分明的意识。提倡公义精神，建设公民道德首先要以私域与公域的分离为前提。这意味着，首先要尊重并保护私人领域与私人空间的存在。公与私并不是截然对立的，而是相辅相成的。公是建立在私的基础上的，私不是“自环也”的私，而是一独立单位的私，是作为公的基础的私。公义也不是“大公无私”之义，而是“有公有私”之义。传统社会强调“大公无私”，此公与私是伦理性的指涉，且显然地见不出一容纳“私”之领域。有趣的是，这“大公无私”的思考，原先是落实在“血缘性纵贯轴”的思维下来思考的，是由“亲亲而仁民”“仁民而爱物”推扩出去的。这样推扩，应是“由私及公”，但吊诡的是却反而转为“大公无私”。公与私只是思想的区分，而无场域和利益的清楚区隔，因此，虽然倡导“大公无私”，但在历史上却造成了很多人的“大私无公”。

对“私”即私人的空间、个性、利益等的尊重是现代民主政治中不可或缺的因素。现代中国人要求隐私权，在夫妻、亲子之间也要求有相对的独立性，这说明当代中国人的私域意识和人权观念正在成长，也说明中国人逐渐从家本位走向个体本位。有了清楚的私域与合理的私利、私权的概念和界限，才能使人更为清楚地知道哪些是公域、公利及公意。这是一个相互联系的问题，在模模糊糊的基础上讲公私观，结果往往是公私不分、公私不清，这样既不能保护个人的正当权益，又容易使有些人假公济私、以私充公、化公为私。

现代所谓的公的范围绝不能仅仅局限于国家和政府，更不能把公与君主简单等同起来，而是应包括所谓的“公共领域”。一般所称公意、公论（公众舆论）显然不仅仅是指政府或官方的意见，当然也不是私人的意见，而是指超越私人与政府的公众意见。“公共领域”在哈贝马斯看来，是指在市民社会与国家之间有一个自由交往的空间，它超越权力与金钱的媒介控制，既独立于政治系统，也独立于经济系统，是公开讨论公共事务和进行自由交往，并得到体制化保障的公共空间。哈贝马斯对“公共领域”的简明定义是：社会生活中的一个像公共意见这样的东西能够形成的场域。“公共领域”是现代西方民主制度合法性的真正来源。这种以普遍意志为基础的公意或公义是契约的根源，而契约则是普遍意志实现的途径。公义并不是经由内在的修养形成的，而是经由一“言说的公共论域”而达成的。社会契约是经由言说的公共论域而产生的，是经由彼此的交谈而出现的。进入现代化的社会之中，契约性的社会联结优先于血缘性的自然联结，原先长自血缘性的自然联结的仁爱之道，现在当转换为社会公义。在这样的社会公义下才有真正的心性修养，才有真正的内圣，因此，现代道德建设应该一改传统而遵循“外王—内圣”的思维方式和路径。

“公共领域”“公共精神”“公共意识”这些词，过去在中文中都是没有的，西方的“公共领域”的观念与“私人领域”的观念是不能分开的，是与肯定并守护“私人领域”相联系的，是以尊重私人权利为前提的，也就是说现代公义精神就是代表着每个权利优先的个体的真实利益的公共利益、公共精神。这样的公共精神才是为大多数人真心信奉与践行的。以此来解释，我们就不难理解为什么在西方，主流的价值观念是个人主义的，人们却普遍具有公共精神；而在传统中国，长期倡导立公废私，人们的品质却缺乏公德。

第二，坚持正确的公私观要辩证地认识和处理公共利益与个人利益的关系。我们在强调把公共利益、整体利益放在首位的时候，应注意不要抹杀、忽视群众正当的个人利益。没有个人利益就没有公共利益，公共利益是由个人利益构成的。马克思、恩格斯在《德意志意识形态》中指出：“‘共同利益’在历史上任何时候都是由作为‘私人’的个人造成的。”① 社会成员个人的全面发展是整个社会发展的重要前提，忽视个人的正当利益，压抑个人的能动作用，就会延滞社会的发展。当然，公共利益不是一个抽象的概念，也不是个人利益的简单相加，它是实实在在的，虽

① 马克思恩格斯全集：第3卷. 北京：人民出版社，1960：275-276.

然公共利益要包含个人利益，但二者仍有区别，不能把个人利益凌驾于公共利益之上。我们在强调重视合理的个人利益和个人全面发展的时候，要注意兼顾个人利益、集体利益、国家利益，注意个人能力的提高与道德完善并重，绝不能借口满足个人利益而损害集体利益、国家利益。

第三，树立现代公私价值观要批判继承传统公私观的合理因素。虽然在传统中国，所谓公主要是指封建统治者的利益，当然也有微弱的没有得到制度保障的公天下的观念，但崇公抑私毕竟是一种高尚的道德价值观。因此，我们应批判继承传统公私观的合理因素，在当代社会提倡大公无私这种高层次的道德要求，反对损公肥私的行为，坚持崇公贬私、集体主义的价值导向，这对今天的改革与建设事业仍有促进作用。社会主义道德所倡导的大公无私的思想包含了中国优秀伦理思想传统中的积极因素。公指社会、集体利益，而在社会、集体利益之中又包括社会成员的个人利益，它并不排斥和否定个人的正当利益；私则指自私自利、利己主义，对此仍要坚决反对。

第四，提倡和树立“大公无私”的价值观要注意区分层次性。一是在共产党员和社会先进分子中大力提倡共产主义的人生观，学习雷锋精神，树立“毫不利己专门利人”和“大公无私”的价值观，并要长期持久地坚持下去，以带动一般群众，使整个社会的精神风貌发生深刻的变化；二是对一般社会成员而言，则要求他们做到“公私兼顾”就可以了。这里的“私”指合理的个人利益，而不是指自私自利。对于一般社会成员，如果不讲追求合理的个人利益，那么他们在生活中就失去了前进的原动力，他们的活力和首创精神也会受到抑制，不仅谈不上个人的全面发展，而且也会损害社会的发展。在“文化大革命”中，合理的个人利益被剥夺，个人才能的发展被压制，代之以“狠斗私心一闪念”，结果给党、国家和全国各族人民带来深重的灾难。历史经验告诉人们，个人的全面发展、个人才能的发挥、个人价值的实现是社会发展的必要保证，也是社会发展的具体内容。要求一般社会成员做到公私兼顾，与提倡大公无私的原则并不矛盾，因为人们不可能一步就做到大公无私。一般都是先要求在追求个人利益时不危害公共利益，再逐步提高到公而忘私，再到大公无私，达到人类社会的最高道德境界。

第九章　理欲观

西方哲学家叔本华是一个曾经受到东方佛教思想影响的哲学家，他为了论证他的悲观主义人生观，曾经举了这样一个例子：小孩一生下来，为什么第一声是哭而不是笑呢？他认为，这是因为人一生下来就有欲望，欲望不能满足，就以哭来表达这种要求。的确，人首先是个有自然需求的感性的人。人是有欲望的，欲望既是痛苦的来源，也是快乐的来源，人如果没有欲望了，就会失去生命的动力和活力，人生也就变得无意义了。看来人既不能无欲，也不能禁欲或纵欲，那么，应如何对待人的欲望呢？人不仅是有欲望的，而且是有理性的，亚里士多德认为，人是理性的动物，这是人高于其他动物的地方，人应该过一种理性的生活。我国哲学家荀子所说的“人有辨”，其实跟亚里士多德所说的人有理性的意思差不多，在人的理性中，中国传统文化特别看重道德这种实践理性的价值，中国文化所讲的心身和谐实际上就是指一个人有能力用自己的道德理性去指导约束自己的感性欲望，从而心理平衡，行为有矩，也就是“喜怒哀乐之未发，谓之中；发而皆中节，谓之和”（《礼记·中庸》）。欲望不可少，但都要发而皆中节，这样才能达到心身和谐，也就是我们今天所说的心理平衡。德国伦理学家泡尔生曾经说过，道德修养的全部要义在某种意义上就是形成某种自我控制的能力，而这种自我控制的能力，从主体心理的角度看，实际上就是人以自己的理性对自己的欲望的合理引导和规约。人的欲望就像一匹奔驰的烈马，而人的理性就像一个马术高明的驭者。如果能用理性驾驭欲望这匹烈马，人就可以春风得意马蹄疾；而人的理性如果不能驾驭欲望，人就会马失前蹄，一失足而成千古恨。因此，在漫漫人生长途中，如何正确处理理性与欲望的关系，不仅是一个价值观的问题，而且也是自我修养论的重要内容。

理欲关系问题，是人的感性需求、物质欲望与道德理性、社会道德准则的相互关系问题。在中国传统文化中，义利、理欲问题是相互联系的，在某种意义上说，理欲论是义利论在道德主体身上的具体体现。人具有感性和欲望，同时也具有理性和道德，欲望所欲求的恰恰是物质利益与享受，而人的道德理性恰恰是义，即道德原则的心理基础。树立正确的理欲价值观对保证人的道德健康和心身和谐具有重要的意义。

一、理欲的含义及各种观点

何谓“理”？汉代文字学家许慎的解释是：“理，治玉也，从玉，里声。”（《说文解字》卷一）君子治理天下就像治玉一样使其条理有序化。“理”的一般哲学抽象含义是规律，而在规律义中又有规则义和条理义。“盖人心之灵莫不有知，而天下之物莫不有理”（《四书章句集注·大学章句》），人有认知能力，物有可知之理，这个理即规律。韩非子认为，有理事物才能成其宜，事物各有其理，故不会相互冲突，因而理反过来可成为事物的规约。

“理”还有规则之义。规则实际上是事物的规律在人的社会实践领域的体现。“理”是规则、规范，是人创造出来的文化律令，其功能是用于维系社会秩序和协调人际关系：“礼，理也……万物各得其理，然后和。”（《通书·礼乐第十三》）循理而行，社会就会和谐而有秩序，如果一味遂情纵欲，人与人之间就会起冲突，社会也会大乱。人生的规律可以用“理”来表达，也可以用“道”来表达。在现代著名学者钱穆先生看来，中国哲学的这两个最重要、最抽象的范畴，在先秦多言“道”而少言“理”，而在宋明以后则多言“理”而少言“道”。人生有大道，为人要讲理，这种人生的大道理似乎抽象，但离我们并不远，我们经常会在生活中听到这样一句话：“你这个人怎么不讲道理?”中国哲学中两个最抽象的范畴实际上就在我们的日常口语中，这句话告诉我们，一个人如果不讲理，似乎他就不具备做人的合法性了。因此，一个不讲道理的人似乎就不是一个人了。

作为事物规律的“理”，在程朱理学中被原则化、本体化，成为宇宙的根本法则。朱熹说：“宇宙之间，一理而已。天得之而为天，地得之而为地。”（《朱子文集》卷七十）这个“理”普遍存在于宇宙之中，是天之为天、地之为地的根据。这个“理”具有不以人的主观意志为转移的客观性，所谓“天理云者，这一个道理，更有甚穷已？不为尧存，不为桀亡”（《河南程氏遗书》卷二）。这个“理”是人们行为的最高根据，“此理塞宇宙，谁能逃之？顺之则吉，逆之则凶”（《陆九渊集》卷二十一）。这个“理”无人能超越，而且，顺此理而为则吉祥，逆此理而为则凶险。

“理”有恰当、恰好义。“理”有治理义，治理的目标是使之有序，使之恰到好处；“理”有条理义，条理即有序不乱，也有恰到好处之意。宋儒陈淳也许是觉悟于此，将“理”之恰好之义单独提出来特别加以强调。陈淳说："理无形状，如何见得？只是事物上一个当然之则便是理。"（陈淳：《北溪字义·理》）在陈淳看来，"理"是不变的道理，无形无状，是事物的当然之则。因此，古人所谓穷理，就是穷到那恰好处，"古人格物穷理，要就事物上穷个当然之则，亦不过只是穷到那合做处、恰好处而已"（陈淳：《北溪字义·理》）。

可见，仔细分析起来，不管是"理"的哪一种含义，都涉及恰好、秩序、应当等意思，而这些含义又都具有使事物受约束、抑制之意。可见，"理"演变为制欲之理是有其基础的。在中国文化中，天理或理性主要是一种实践理性、道德理性，所谓天理，其内容是指伦理道德的原则规范，"理"实际上就是"礼"。

在现代哲学语境中，"理"或"理性"有着更为宽泛的意义。在认识论中，一般是指人的概念、判断、推理等思维形式和思维活动的能力，它能使人透过事物的表面现象看到事物的本质、内部联系和规律性。另外，"理性"这一概念还常被看作人类独有的用以调节与控制人的欲望和行为的一种精神力量。上述两方面的含义可分别表述为认知理性与实践理性。

理性精神是西方文化的一种价值体系，它包含着非常丰富的内涵，这正如中国文化中的情理精神也有其丰富的内涵一样。西方文化中的理性精神作为一种价值体系，其丰富的内容主要包含如下核心价值观：追求真理，崇尚科学；提倡实事求是，一切从实际出发的科学精神；推崇自主、自觉、敬业、进取的主体精神；富有经济理性，注重经济核算，采用严格的簿记方式，追求实际的成效和利益，实际上是科学精神与功利主义的结合；提倡法治的法治精神；等等。

古代经籍对"欲"字的记载特别丰富，但其所包含的意义却较为贫乏。"欲"主要有两种含义，而且这两种含义是密切相关的。其一是想要、欲望之义，比如“己所不欲，勿施于人”（《论语·卫灵公》）。可见，《论语》中的“欲”乃是想要之义。《管子》中也有这种用法：“无德而欲王者危，施薄而求厚者孤。”（《管子·霸言》）“夫欲用天下之权者，必先布德诸侯。”（《管子·霸言》）没有德性而想称王的人是很危险的，布施淡薄而欲求众多的人是很孤独的，而想拥有天下权力的人首先必须在各诸侯中表现自己良好的德性。可见，“欲”的基本义是表达人对某物、某事、某人占有的一种欲望。其二是贪欲之义。《说文解字》谓“欲，贪欲也，从欠，谷声”（《说文解字》卷八）。所谓“欲壅防百川”，就是说乐、淫之贪欲过度，以致堵塞百川之流，如此贪欲不仅伤身，而且会殃及天下。孔子说：“富与贵，是人之所欲也，不以其道得之，不处也。”（《论语·里仁》）“不以其道得之”的富与贵，自然属于贪欲。欲的这两种含义即欲望、贪欲，在宋儒的多数论著中，前者被表述为“欲”，而后者被表述为“人欲”。虽然欲乃人生而具有的，但欲的扩张性及由此带来的危害性，意味着必须建立相应的规范加以约束。

在中国传统文化中，先哲们的理欲观主要有三种：一是无欲禁欲苦行论，二是纵欲享乐论，三是以理制欲与导欲论。第三种在思想史上占据主导地位，也是一种较为科学的、可以为民众所接受的并能指导人生实践的理论。

道家否定欲求的合理性，持无欲论，即人应自然而然地消除欲求。老子认为，声色犬马有害人的身心，“五色令人目盲，五音令人耳聋，五味令人口爽（爽为伤败——引者注），驰骋田猎令人心发狂”（《老子》第十二章）。所以对个人来说，“祸莫大于不知足，咎莫大于欲得”（《老子》第四十六章）。对国家社稷来说，“不欲以静，天下将自定”（《老子》第三十七章）。因此，应当使民众“无知无欲”，要“见素抱朴，少私寡欲”（《老子》第十九章)。“同乎无欲,是谓素朴,素朴而民性得矣。”(《庄子·马蹄》)庄子也认为,欲不仅是德性之害,而且也是性命之害,因此,虚静恬淡、无欲无为才是“天地之本”和“道德之至”,因为情欲有损道德,因此应该予以清除。虽然,道家也提倡无欲,但它并未限禁“饮食男女”一类的基本欲求。所以,在老子所设计的“小国寡民”的理想社会中,人们所过的乃是“甘其食,美其服,安其居”(《老子》第八十章)的生活。道家所反对的只是人们贪得无厌的追求,以及过于享乐奢华的生活。所以,道家的无欲说实则是一种寡欲说,并非绝欲说。而佛教提倡的则是禁欲主义,它对于“饮食男女”一类的基本欲求也主张限禁。

与无欲论接近的是苦行论,即主张为了兴百姓之利或独善自身而忍饥耐寒,过艰苦的生活。苦行论早在春秋末期就由与孔子同时的史鱼提出了。与史鱼以苦行求道德的自我完善不同,墨家抑欲苦行是为了替天下百姓谋求公利。《庄子·天下》称墨子与其弟子们“以裘褐为衣,以跂跻为服,日夜不休,以自苦为极”,《孟子》中也说他们“摩顶放踵,利天下为之”,即身穿粗毛衣服,脚着草鞋,摩秃头顶,走破脚跟,日夜奔走,为的是干有利于天下的事。墨子主张只满足人维持生命的基本物质需求,“量腹而食,度身而衣”(《墨子·鲁问》),将其余的欲望都视为奢侈浪费而归入禁制之列。墨家的苦行说虽然对于反对统治者“为其目之所美,耳之所乐,口之所甘,身体之所安”(《墨子·非乐上》)而“亏夺民衣食之财”的不仁不义的行为有一定的积极意义,但也反映了小生产者安于现状、不求进取的缺憾,其苦行僧式的生活是违背大多数人的理想愿望而难于推广的,正如《庄子·天下》所指出的“其行难为也,恐其不可以为圣人之道,反天下之心,天下不堪”。

与无欲论、苦行论相反,纵欲论或享乐论主张放纵情欲而不加节制。先秦的它嚣、魏牟就是其最初代表。纵欲论或享乐论的基本内容是“纵情性，安恣睢，禽兽行”(《荀子·非十二子》)，其危害足以“欺惑众愚”，有害于治国。成书于魏晋时期的《列子·杨朱》所宣扬的生当行乐的人生理想和纵欲主义的养生论，赤裸裸地表现了门阀士族在西晋王朝灭亡前所持的醉生梦死、极端淫逸的生活方式和人生态度。它认为人生的唯一目的是“为美厚尔，为声色尔”，“尽一生之欢，穷当年之乐”。人生苦短，要及时享乐，而且要无所顾忌地大胆享乐，不必担心死后留下恶名，因为无论贤愚贵贱，死了都要同归于消灭，只留下一堆腐骨。其从享乐主义人生观出发，又提出了纵欲主义的“养生”观，认为追求“丰屋、美服、厚味、姣色”，肆情纵欲，“从心而动，不违自然所好”，这就是“养生”。在诸多的人生快乐之中，以酒色之乐为上。人生就是纵欲，不能纵欲则如同死亡，为了纵欲，可以不顾一切。因此，纵欲论者，必然是非道德论者。《列子·杨朱》对门阀士族的丑恶生活进行辩护，非圣贤，排名教，声称尧、舜、桀、纣并无善恶之分，周公、孔子只是多欲好事的伪君子。

二、儒家以理制欲与导欲论的历史演变

儒家创始人孔子，对于个体的物质欲望是持肯定态度的。在他看来，好富贵而恶贫贱，是人性的一种自然取向，因而，“富而可求也，虽执鞭之士，吾亦为之”(《论语·述而》)。在日常生活中，孔子“食不厌精，脍不厌细。食饐而餲，鱼馁而肉败，不食。色恶，不食。臭恶，不食。失饪，不食。不时，不食。割不正，不食。不得其酱，不食”(《论语·乡党》)，对饮食如此讲究，无疑表明孔子对物质享受的认可甚或强调。他提醒统治者，

应该重视普通百姓的物质生活需求，在物质生活丰裕的基础上，又不忘对老百姓进行道德教化。而对于“士”以及对于具有完美人格的“君子”而言，对“道”的追求应该重于对物质享受的追求。因此，孔子再三强调“君子谋道不谋食”“君子忧道不忧贫”（《论语·卫灵公》），“士志于道，而耻恶衣恶食者，未足与议也”（《论语·里仁》）。看到学生季氏敛财，孔子便毫不客气地指责：“非吾徒也，小子鸣鼓而攻之，可也。”（《论语·先进》）一方面是对欲的肯定，另一方面又是对道的推崇，那么，到底如何处理欲与道的关系？孔子讲：“富与贵是人之所欲也，不以其道得之，不处也；贫与贱是人之所恶也，不以其道得之，不去也。”（《论语·里仁》）“不义而富且贵，于我如浮云。”（《论语·述而》）可见，孔子所肯定的欲是合于道的欲，在对待道与欲的关系方面，孔子有以道制欲的明确倾向，即在符合道德规范的前提下，人们可以尽最大努力去谋求物质利益的实现。

孟子继承了孔子的上述思想，并对其予以进一步明确和深化。他同样肯定人们追求物质利益的合理性，并由此出发，强调“制民之产”，使民众“仰足以事父母，俯足以畜妻子，乐岁终身饱，凶年免于死亡”，在这一基础上，才有可能“驱而之善”（《孟子·梁惠王上》）。在物质匮乏、基本生活需求得不到保障的情况下，民众“惟救死而恐不赡，奚暇治礼义哉？”（《孟子·梁惠王上》）。在他看来，完全否定人欲的合理性，否定人们追求物欲的正当性，也就挖掉了仁义道德实现的根基。将制民之产视作驱使人民向善的前提，这是孟子对孔子“富而后教”思想的直接继承。不过，孟子将这一思想做了更普遍层面上的推进，即将“富而后教”从一种政治统治原则推演为人类社会文明进步的一种基本特征：“饱食、暖衣、逸居而无教，则近于禽兽。”（《孟子·滕文公上》）欲而无道，也就失去了人之为人的重要依据。

孟子进而指出，欲虽是人的本性中固有的成分，但不能因其来自人的本性而听之任之，不加以必要的限制。他讲："口之于味也，目之于色也，耳之于声也，鼻之于臭也，四肢之于安佚也，性也，有命焉，君子不谓性也。"（《孟子·尽心下》）对美味、艳色、悦声、鲜臭的追求，是本于性而生的，不可免除，但对于这些物质及生理享受的追求，社会上又有相应的道德规范予以约束，所以，有修养的君子不仅将对味色声臭的追求视作出于本性的自然过程，而且自觉地将之纳入道德理性的支配之下，使追求自然欲望满足的各种行为符合社会道德规范的要求。这种对待欲的态度即"以道节欲"，即以道德规范为尺度来判别欲的不同类别，分辨出可欲与不可欲。可欲即道德规范容许的各种欲望追求及满足行为，"可欲之谓善"（《孟子·尽心下》）；不可欲即道德规范不容许的各种欲望追求及满足行为，不可欲者即恶。在这一基础之上，以道德理性为指导，"无为其所不为，无欲其所不欲"（《孟子·尽心上》）。孟子讲："养心莫善于寡欲。"（《孟子·尽心下》）这里讲的"寡欲"之欲是"所不欲"之欲，是"不可欲"之欲，是应加以限制的欲。

战国末期，荀子总结孔孟等人的思想，对理欲问题做了更为全面的阐发。他认为，欲本于性，是不能简单否定的。"性者，天之就也；情者，性之质也；欲者，情之应也……虽为天子，欲不可尽"（《荀子·正名》）。但欲虽本于人性，却并不能由此而追逐无度，因为"人生而有欲，欲而不得，则不能无求。求而无度量分界，则不能不争，争则乱，乱则穷"（《荀子·礼论》）。欲不可除，又不可无度量分界地任其发展，那么，应该以怎样的方式对待欲呢？荀子既反对去欲说，也不同意寡欲论，他说："凡语治而待去欲者，无以道欲而困于有欲者也。凡语治而待寡欲者，无以节欲而困于多欲者也。有欲无欲，异类也，生死也，非治乱也；欲之多寡，异类也，情之数也，非治乱也。”（《荀子·正名》）在荀子看来，论治国之道，只知讲去欲，而不知将人们的欲望引上正道，则反会“困于有欲”，可见对人们物欲的正确引导是非常必要的。荀子还指出：“欲不待可得，而求者从所可。”（《荀子·正名》）这是说欲是人们生来就有的，而人们对欲的追求则必须“从所可”，即在允许的范围内。所以，“求者从所可，所受乎心也”（《荀子·正名》）。求“欲”的人“从所可”，即依据可能性，而这个可能性则是“受乎心”的，即受道德理性的制约。这就是说如果人们有了相应的道德认知与判别能力，能正确地判定欲之可求与不可求、可得与不可得，即符合不符合道德规范，那么，一切追求欲望满足的行为便都无伤于治。荀子对欲所持的这种态度，即“以道导欲”，既包括在道德理性的指导下最大限度地满足可得之欲，也包括以道德理性来节制不可得之欲，据此，荀子进一步指出：“欲虽不可尽，可以近尽也；欲虽不可去，求可节也。所欲虽不可尽，求者犹近尽；欲虽不可去，所求不得，虑者欲节求也。道者，进则近尽，退则节求，天下莫之若也。”（《荀子·正名》）在欲可得的情况下，以道足欲；在欲不可得的情况下，以道节欲。天下再也没有比这更好的原则了。荀子还进一步指出，确立礼义的目的即在于导欲，即一方面满足可得之欲，另一方面节制不可得之欲，他说：“制礼义以分之，以养人之欲，给人之求。使欲必不穷于物，物必不屈于欲。两者相持而长，是礼之所起也。”“故礼者，养也。”（《荀子·礼论》）荀子的这一思想，已经包含着对道德规范在物质欲望满足即物质发展过程中积极作用的认识，较之孔孟的理欲观，无疑有所发展和推进。

到了汉代，董仲舒以儒为主，兼容他家，提出了“极理以尽情性之宜”（《春秋繁露·符瑞》）的理欲观。所谓“情性之宜”，即把根于人性而有的感情欲望安顿在适当而合理的中和状态之中。

董仲舒提出了贪、仁统一的人性论。在董仲舒看来，贪和仁都有其现实的合理性。一方面，二者都具有养生的意义。他说："天之生人也，使人生义与利。利以养其体，义以养其心。"（《春秋繁露·身之养重于义》）利是性中贪的实现，义是性中仁的实行。人无利就没有生存的物质基础，而离开了义就无法正常地立足于社会，且会陷于恐惧不安之中而伤生。因此二者不可或缺。董仲舒认为，情欲之发，应保持中和适度，"使之有欲，不得过节；使之敦朴，不得无欲。无欲有欲，各得以足"（《春秋繁露·保位权》），也就是《礼记·中庸》所说的"发而皆中节"。

董仲舒认为，情欲中和是养生和治国所必需的。从养生方面说，饮食男女、起居劳逸、喜怒欲恶等都要以中和为度，而不可过与不及，这是宇宙的最高法则，也是人们能否健康长寿的关键。而从治国方面说，只有通过"度制"调均，使富不至于骄，贫不至于忧，无骄无忧，情欲适中，才可以使人为义循礼，国家得以治理。如果相反，情欲无度，失其中和，就会走向反面。他举例说，桀纣就是欲恶无度、穷奢极侈、竭民膏脂、残害生灵、涂炭臣民、草菅人命、官逼民反以致亡国的反面典型。

总之，人性中的贪与仁，二者不可或缺，而中和则是其所应达致的合理状态。养生、修身、治国均要依于中和这一根本的法则，这也就是《礼记·中庸》所说的"致中和，天地位焉，万物育焉"。

董仲舒认为，情欲之中和，是需要通过"极理"来实现的。"极理"即把理的原则贯彻到极致。其所谓理，指道德和法制。董仲舒指出，食色等情欲如果失去了礼的节制，就会放任自流，纷争暴乱。但这种节制，"非夺之情也，所以安其情也"（《春秋繁露·天道施》)，就是说，节制不是消灭人的情欲，而是使之保持在一个适当的限度之内，安于理想的中和状态之中。节制情欲所需要的道德亦即理。人是有道德理性的动物，伦理道德是人类所独有的，是人之所以贵于万物者，所以人必须循理而生活。具体地说，就是"循三纲五常，通八端之理"(《春秋繁露·深察名号》)。"三纲五常"即君为臣纲、父为子纲、夫为妻纲之"三纲"和仁、义、礼、智、信之"五常"。因其和为八，故董仲舒称之为"八端之理"。遵循"三纲五常"去做，亦即"极理"。节制情欲不能只靠道德教化，还要靠法制的约束。但主要还应该以道德教化为主，以纲常之理为主、法制之理为辅来提防人的情欲的泛滥，以达到"中和"之理。

在中国思想史上，关于理欲观，给人印象最深的是"存天理，灭人欲"这句话，这正说明宋明时期的理欲观比较极端。一般认为，"存天理，灭人欲"乃是宋明理学的宗旨，因此，人们多认为理学家们将欲置于与理对立的位置，对欲采取完全否定的态度。有的学者认为这一说法有些笼统，因而欠妥。

从总体上看，理学家们对欲并未简单排斥、否定。张载认为："饮食男女皆性也，是乌可灭?"(《正蒙·乾称》)二程也认为："耳闻目见，饮食男女之欲，喜怒哀乐之变，皆其性之自然，今其(指佛家——引者注)言曰：'必尽绝是，然后得天真'。吾多见其丧天真矣。"(《河南程氏粹言》卷一)他们不仅认为饮食男女之欲是人性之自然，而且斥责了佛家绝欲说的荒谬。可见，在张载和二程的思想中，理欲的对立虽然存在，但并不十分紧张，依然显得温和，但崇尚人之理性、轻视感性的倾向还是很明显的。

正如前述，在多数宋儒的论著中，欲与人欲是两个不同的概念。欲泛指人们的生理需求、物质欲望，而人欲则特指那些违背天理的不合理、不正当的需求与欲望，即贪欲。他们认为，与天理对立的乃是人欲，而并非欲，因此，他们所否定的乃是人欲，即私欲或贪欲。对此朱熹曾做了明确说明，他认为，人之一心总是表现为两种倾向、两种追求，这便是“人心”与“道心”：“人心便是饥而思食，寒而思衣底心。饥而思食后，思量当食与不当食；寒而思衣后，思量当着与不当着。这便是道心。”（《朱子语类》卷七十八）人心是指人的生理需求、物质欲望，而道心则是指道德理性。所以，他主张以道心主宰、支配人心，“使道心常为一身之主”（《四书章句集注·中庸章句序》）。但是，他又认为“人心亦不是全不好底”，“虽圣人不能无人心，如饥食渴饮之类”（《朱子语类》卷七十八）。就是说，“饥食渴饮之类”的需求欲望是圣人与凡人所同具的，其中有善有恶，有合理与不合理，因而不可笼统言可否，更不可简单否定。他主张对人心做具体分析，以定取舍。正是经过一番分析，他将人心中善的、合理的部分与道心合一，归入天理；而将人心中恶的、不合理的部分剔除出来，称之为人欲。这表明，理学家们所否定的乃是人欲，而并非欲，他们并不是绝欲论者。

宋明理学家们的理欲观，就整体而言也属于节欲、导欲说，在中国历史上的影响很大。他们以其唯心主义哲学的本体论赋予天理以神圣性，认为天理乃是“人之所共由”的准则。他们又以天理为准绳，对于欲望的正当与否、当存与当革做了明确规定。他们将当禁、当革的邪恶之欲称为人欲。通观理学家们的论著，我们可以得出这样的结论：他们所说的合于天理的正当之欲，指符合自己等级地位的欲求。这说明，究竟何者为天理，何者为人欲，何者为正当之欲，何者为不正当之欲，并不是绝对的，而是相对的，并没有统一的尺度，而是因人的等级身份而异的。显然，在节欲的问题上，理学家的认识和主张存在着明显的等级性。

当然，也有的观点认为，宋明理学的理欲观是一种以牺牲人欲之满足为代价、以牺牲社会发展为代价、以牺牲理欲关系合理安排为代价的畸形理欲关系论。不可否认的是，随着封建专制制度和封建道德束缚性的日益加强，宋明理学家对于欲的正当与否、当存与当革的规定也更加严苛，以至于不近人情。如主张寡妇“饿死事极小，失节事极大”(《河南程氏遗书》卷二十二)。为维护封建道德准则，理学家又强调天理与人欲势不两立、绝对对立。他们主张对人欲要“革尽”“灭尽”，不使其残留。这种严厉的态度更加重了禁欲主义色彩。经封建统治者的片面提倡，这种理欲观曾产生过明显的束缚个性的消极影响。

总之，在我看来，宋明理学家的理欲观从总体上看仍然属于儒家的以理制欲说，但在儒家理欲观的发展过程中属于更加极端的学说，更具有禁欲主义色彩。

明清之际，中国社会进入了一个特殊时期，特别是商业的发展极大地推动了人们的理欲观的变化，被宋明理学“存天理，灭人欲”的主张所抑制的欲望，在这个时期终于爆发出来。在职业选择上，选择从商的人数有了较大增长；评价一个人的能力，以其赚钱多少为准；在财富权利与名义气节上，选择财富权利者居多。思想家对生活中理欲观的新动向必须有所思考和应答，因此明清的思想家更加重视欲望的合理性与价值的优先性。

王夫之说：“盖凡声色、货利、权势、事功之可欲而我欲之者，皆谓之欲。”(王夫之：《读四书大全说》卷六)可见，欲不再仅是感性层面之追求，也是理性、德性层面之追求，从这个含义出发，这个时代的思想家从多个角度肯定了人欲之合理性。从欲的来源方面看，欲是人之自然性。戴震说：“欲根于血气，故曰性也。”(戴震：《孟子字义疏证》卷中)也就是说，由血气而成的人是不能无欲的，欲正是血气盎然勃发之源，停止于欲，血气即散即枯即灭，由血气而构成的人也即失去了生存之源，因此，欲是人不能弃去的性。欲不仅从物质基础上满足血气之人的生存、发展需要，而且影响着人的知识，有欲与无欲、欲多与欲寡对人之知识状况会有重大影响，因此要以欲为心。欲不仅是人生而具有之性，不仅对人之知识有意义，而且是人之发展、成功的动力。陈确说："所欲与聚，推心不穷，生生之机，全恃有此。"（陈确：《瞽言四·与刘伯绳书》）人之所以成功事业，就是因为有欲作为动力。因此，欲是不应去绝的，所谓"夫物之不齐，物之情也。虽三王之世，不能使天下无孤寡之人，亦不能使天下无再适人之妇"（顾炎武：《日知录》卷五）。也正因为此，戴震视欲为仁："人之生也，莫病于无以遂其生。欲遂其生，亦遂人之生，仁也。"（戴震：《孟子字义疏证》卷上）欲不可去，而且应尽可能地满足人之欲。

欲不仅有天然的合理性，而且相对于理具有价值优先性。首先，理是欲中之物，是欲中形成的规范、德性。陈确说："人心本无天理，天理正从人欲中见，人欲恰好处，即天理也。向无人欲，则亦并无天理之可言矣。"（陈确：《瞽言四·无欲作圣篇》）戴震说："凡事为皆有于欲，无欲则无为矣，有欲而后有为，有为而归于至当不可易之谓理，无欲无为又焉有理？"（戴震：《孟子字义疏证》卷下）礼又是因人情、人欲而设的，礼义规范的是人情人欲，因而没有人的情欲，也就没有礼义，也就无理可言。人心中的理不是先天就有的，而是根据规范人之情欲的需要才制定出来的。从本质上讲，人如果无欲而无为，也就不存在所谓理了。因此，理论上言理在欲先、去欲存理是违背人性之自然的，也是违背理欲之真实关系的。其次，公欲亦可称为理，从而对理有了更为具体的规定，表现出对道德理想主义的继承，但又与宋明理学之道德理想主义不完全一样，因为理不是先于欲的绝对本体，而是欲中产生的法："盖天理皆从人欲中见，人欲正当处，即是理。"（陈确：《瞽言四·与刘伯绳书》）在明清思想家看来，"公"是人人各得之"私"，普通民众欲望的满足才是天下之"公"，所谓"人欲之大公，即天理之至正矣"（王夫之：《诗广传》卷四）。这也与宋明理学所言之"公"有一定的差别。

一方面，他们坚持并强调欲的价值优先性，认为欲与理的统一是建立在理存于欲的基础之上的，这有力地论证了欲的正当性与合理性。但是另一方面，他们又指出，人之欲又不可停留于自然状态任其"流而不反"，而必须对它有所规范。对于欲，如果任其自然而不加节制引导，终将导致"物大而我小"，使人成为物的奴隶，这正是"下愚之所以陷溺也"（王夫之：《张子正蒙注》卷四）。他们认为，人之所以异于禽兽，君子之所以异于野人，正由于能对欲自觉加以规范，这个规范便是理。理的作用在于使欲无过无不及，达到恰好处。因此，欲虽是基础，但又必须以理为指导并上升为理。这实际上是说，物质生活虽是精神生活的基础，但精神生活又具有高于物质生活的价值，这一认识是合理的。

戴震认为，欲与理的关系乃是自然与必然的关系，二者的统一表现为自然与必然的统一。他认为，各种欲望追求乃是人们血肉之躯的自然属性，故可称之为自然。但自然之中又存在着内在的准则、规律，这就是理。必然出于自然但又高于自然，是对自然更全面、更本质的概括与反映。这也就是说，理非先验之物，它既存在于欲中，但又是欲的升华，因而更能全面、合理地体现欲并规范欲，乃是欲中节、适度的标准。人们如果因为欲系自然而对它采取放纵的态度，势必因迷失方向而步入歧途，终将丧失满足正当之欲的权利和可能。只有遵循必然方能合理、得当地满足自然之欲。戴震指出，“百物”只是“各遂其自然”，而人却能“明于必然”且“归于自然”，这正是“人禽之异”。因此，他一再要求人们通过学习认识并把握理，通过循理来遂欲，合理地“完其自然”。他认为，一旦如此，便可达到“从心所欲不逾矩”的境界。所以，他虽强调欲为理之本但又反对纵欲，同时也反对人们只知“遂己之欲”而“忘人之欲”。戴震的这种以欲为基础的理欲统一观，特别是他关于自然与必然关系的论述，非常科学、深刻，对于今人正确认识理欲的辩证统一关系有重要的启发。

总之，明清之际的思想家坚持理欲统一论，虽然他们较之先秦汉唐宋明儒家更加强调欲的价值优先性，但仍然强调欲必须以理为指导并上升为理，这从总体上看，仍然属于儒家以理导欲的学说。欲的含义的扩大，显示出这一时期的思想更加全面深刻。肯定欲对社会事业和人生发展的积极动力作用是很有意义的，强调了欲的价值优先性，使道德关怀更加面向世俗生活和普通人。以公欲限制私欲，以理导欲的思想也是全面而科学的。这种思想缓和了天理、人欲的对立，拒绝了灭人欲的非人道要求。欲是人的自然之性，这是明清之际进步思想家的共识，以欲中寓理来批判宋明理学“理在欲外而规定欲”的观念是积极的，但也因为理在欲中而取消了“理”的独立价值，有削弱道德理性价值的消极性。

主流儒学思想家坚持以理导欲、制欲，启蒙学者强调欲的先在性，但又强调欲要受理的约束，这两种不同观点从不同角度入手都期望达到理欲中和的目标，各有其思想的合理性，对中国人形成正确的理欲观发挥了积极作用。

三、传统理欲观的价值与启示

总体而言，中国古代的导欲、节欲说是一种比较健全的伦理学说。它既承认欲是人的自然本能，不可禁绝，同时又揭示了欲与社会道德准则的矛盾及人的自然属性与社会属性的矛盾，并主张通过道德理性来调节这些矛盾，这是一种全面的认识。它既反对禁欲又反对纵欲，而主张导欲、节欲，这无疑是正确的。先哲们认为，精神生活具有高于物质生活的价值，只有循理节欲方能遂欲，这些认识都具有合理因素，其中一些理论分析至今仍有现实意义。他们一再教人不做感性欲望的奴隶，不做外物的奴隶，努力获得建立在理性基础上的自由，达到“从心所欲不逾矩”（《论语·为政》）的境界，这也应是今人的追求。人既是一个感性的存在也是一个理性的存在，人既有情欲也有道德理性，如能正确处理好人自身的理与欲的关系问题，就可使一个人心身和谐、心理健康。因此，作为一种人生与道德智慧，正确处理理欲观对我们的人生幸福是非常重要的。

第一，欲不可无，纵欲成害。人作为一个感性的肉体存在，如无欲望，那生命就不能存活。一个人如无适当而合理的欲望，如不想成名也不想求利，那么，生命就会缺乏活力，生活就会很无趣；但人如果贪欲纵欲，就会把人生应该把持的许多界限给破坏掉，从而成害。墨子说：“欲恶，伤生损寿。”（《墨子·经下》）过分的欲望可能伤生损寿。比如，吃东西适量符合身体的需要，可以益身延寿，如果暴饮暴食，则会损伤身体，会损寿。现在很多疾病都是吃出来的。再比如，夫妻性生活控制在正常限度内，有益于健康，如果过分纵欲，也会损寿。在社会生活中，有的人正是因为贪欲而导致腐败、贪污等犯罪。

第二，理欲相对，以理节欲。欲是人的一种客观属性，人无欲不能存活，人无理不能彰显其作为人的本色。但在中国传统思想中，各家各派思想对欲都有一种歧视性态度或否定性态度，如《国语》称“厚欲必败国”；《尚书》视欲为国家动乱之源；老庄认为欲于社会是乱源，于人性是累德，于人身是伤体；孟子谓欲多害心；荀子言欲多则争乱；韩非子认为欲多伤体。总之，传统思想中的这种对欲的过分否定有一定的片面性，这是我们应该警惕的。其实欲不可去，天理是欲之合理与否的标准，节之为善。节制而不过分，不仅有利于欲的满足，而且是个人修身养性的重要方法，正如孟子所说：“养心莫善于寡欲。”（《孟子·尽心下》）欲望有其自发性、贪婪性，如放纵欲望，就会有很大的破坏性，因此，我们必须以人的道德理性、社会理性、法律理性对此予以压制。理和欲在人心中相对立而存在，理欲经常斗争，要头脑冷静地让道德理性占上风，控制人的过分的特别是膨胀了的私欲和贪欲。

第三，理在欲中，以理导欲。理在欲中强调了理与欲的统一，说明了道德原则不应脱离人们的生活，而是要源于生活从而规范生活。要依靠生活创造理想，将生活作为道德建设的活的资源和根据，那种远离人欲而提出的“理”，或者凭空提出的一味地用于扼制人欲的“理”，只能是消极的、不合理的。以理导欲就是用道德理性来指导并引导我们的感性欲望，使欲望恰到好处，达到高的境界。比如说人的生活需要、生活趣味是可以改变和提高的。懂得了养生之道，可以使我们在饮食、衣着、起居、卫生保健等方面养成合理的爱好和良好的习惯。总之，以理导欲强调了理性对欲望引导的积极性，不仅要被动地节制、压制欲望，而且要自觉地、积极地引导欲望，使其更加合理与高尚，从而体现人性的光辉、人的理性和道德的尊严。

第四，彰显理性，提升人格。虽然说人不能没有欲望，但欲望毕竟是人与动物所共有的特性。当然，人的欲望也不完全等同于动物的欲望，如人的食欲及其满足虽也有维持人作为一个生物体存活的需要，但人的饮食已经成为一种文化，不仅要讲究营养价值和色香味，还要讲究就餐的仪式和礼仪。人的性欲及其满足虽然也具有保存人类种族繁衍存续的功能，但人的性生活毕竟不同于动物的性交，而是具有社会含义。尽管如此，人区别于动物之处却不是欲望，而是理性。理性是人的道德的基础，唯有理性能使人过一种有社会控制和自我控制的符合道德的生活，一个凭理性而非欲望冲动行动的人，一般被看作是一个有教养的人、一个人格高尚的人。全部道德文化的要义，从主体修养的角度来说就是形成一种自我控制的能力，而这种能力正是凭借人的理性来实现的。人凭借理性进行正确的行为前选择、行为中控制、行为后反省，从而使我们不仅能够正确行动，而且使我们心安理得、心身和谐、道德高尚、人格完善。因此，在正确处理理欲关系时，我们仍然要多多在人的精神生活和道德修养中彰显理性精神，提升人的尊严与价值！

第十章　德才观

当代中国，改革开放，发展经济，社会追求活力，必然要求人才辈出，因此，四十年来，知识和人才的升值是社会的价值趋向，“学好数理化，走遍天下都不怕”“读书改变命运”“知识就是力量”“科教兴国、国兴科教”“通过高考跳龙（农）门”“学历要高，文凭要硬”等都是其体现。重视知识和才能的价值有历史进步意义，但同时也应坚持德才统一，否则会形成新的偏差：重才不重德。轻视人文和道德教育是当代教育的突出问题。如果没有从小树立正确的人生观和价值观，就会出现大学生冯大兴为了偷窃而杀死书店看店老人的恶性案件，也会出现大学生虐猫事件和用硫酸毁同学容的事件，甚至会出现马加爵这样的因为一些鸡毛蒜皮的事就丧心病狂地杀死四名同学的事件。

是先成人还是先成才？我国儒家倡导先成人的道德教育思想，“行有余力，则以学文”（《论语·学而》）。教育的内容是文、行、忠、信的统一，虽然现代社会不能缺少知识与科学教育，但也绝不能缺少人文和道德教育，“人才”如果缺乏人文道德素质，那这个“才”是什么才呢？也许不是人才而是歪才或者是害群之马了。坚持德才兼备一直是我们的干部路线和用人标准，德智体美全面发展是我们的教育方针，是“以德为本”还是“唯才是举”，这一切都涉及德与才的关系问题。这不仅是一个重要的社会价值观问题，也是一个人在自我人生修养与实践中时刻要思考和选择的问题。这不仅涉及对自身的要求，也涉及用人标准，以及在人才培养中德育与智育的关系问题，所以自古以来一直受到人们的关注。

德才观就是人们关于如何看待和处理德与才的关系问题的价值观点及选择标准。这里所谓的“德”，指的是人们的道德品质，符合特定道德律令的行为以及建立在道德理想上的生活方式；“才”则包括人的知识和才干，体现在以丰富的知识、坚强的意志为基础的能取得成功与成就的能力和素质等。人的价值或人的发展主要是在于人的品德还是在于人的才能？这是中国先哲们思考讨论的一个重要问题。

一、传统德才观的几种理论

在传统中国，通常是以“才性之辨”来表达德才关系的。早在春秋战国时期，才性之辨就已经开始了。从总体上看，关于德才关系，中国古代主要有五种理论观点：一是道家的德才超越论，二是儒家的德才兼备、以德为主论，三是法家及后世的重才轻德、唯才是举论，四是重德轻才论，五是德才相资、殊用论。

1. 道家的德才超越论

道家从虚静无为、乐天安命的基本立场出发，对德与才均不主张积极追求。老子主张“绝圣弃智”“绝仁弃义”“绝巧弃利”（《老子》第十九章），这著名的“三绝”说明确表明了他的这种态度。因为德与才都是人主动修为所要追求的东西，而他主张要“道法自然”，崇尚“无为”，因此自然反对对德才的追求。庄子也同样崇尚行为的自然性与道德的自发性，反对自觉的、有为的道德意识和规范，他认为儒家自觉主动的道德追求就像骈拇，是多余的。他认为，儒家的道德仁义桎梏了人的天性，扭曲了人性的自然，不足效法。对于才与不才也要随其自然，不用刻意追求，因为有才无才、是好是坏也是个说不清的事，如山中那种无法加工利用的歪材却可以保其天年、不被砍杀，而友人家中饲养的那只不会鸣叫的大雁却因为无才（鸣叫）而遭烹杀。可见，有才与无才，是好是坏，是很难说的，因此，人不用去主动追求才能。

2. 儒家的德才兼备、以德为主论

儒家对道德与才能提出了全面的要求。孔孟始终将德与才、贤与能并举。孔子一方面勉励人们努力从事道德修养，提高自己的精神境界，另一方面又要求人们培养、提高自己的才能。他要求人们“志于道，据于德，依于仁，游于艺”（《论语·述而》）。所谓“六艺”（礼、乐、射、御、书、数），多指才能或与才能有关的技艺。孔子一方面认为达到仁的境界极难，另一方面又感叹“才难”，因而盛赞“周公之才之美”（《论语·泰伯》）。他所崇敬的古代圣贤如尧、舜、禹、汤、文、武、周公，都是德、才、功皆高的人。他本人则被时人看作多艺、多能的人。《论语·述而》记载：“子以四教：文、行、忠、信。”其中既有德育也有智育。孔子曾将自己杰出的弟子按其特长分为“德行”“言语”“政事”“文学”四类（《论语·先进》），其中后三类主要是指才能。可见，他同样重视对才能的培养。孔子认为，无德固然不能成君子，但无才也是严重缺陷，所以他指出“君子病无能焉”（《论语·卫灵公》）。在他看来，合格的君子应该德才兼备、既贤且能。一个有德无才的人，对社会、他人虽不会造成危害，但也不可能做出什么贡献，因此是不可取的。

孔孟认为，德才兼备不仅是个人自我完善的奋斗目标，也是教育者育人追求的目标，同时又是执政者用人的标准。在政治上，他们始终主张“尊贤使能”，要求“贤者在位，能者在职”（《孟子·公孙丑上》）。这些都表明，在孔孟心目中理想的人才应德才兼备，二者缺一不可。不过，在德与才二者之间，孔孟更注重德。孔子曾说：“骥不称其力，称其德也。”（《论语·宪问》）在教育上，他又明确主张：“行有余力，则以学文。”（《论语·学而》）这是由儒家学派的道德本位、道德至上的价值观所决定的。这种理论在中国古代是居于统治地位的学说，对后世产生了重要的影响。

在魏晋时期的才性之辨中，刘劭的《人物志》主张才性兼备，魏时卢毓主张德重于才。魏晋以后，大多数思想家、政治家都以儒家的标准为标准，坚持才德结合、以德为主的观点。如唐代名相魏徵曾说：“乱世惟求其才，不顾其行。太平之时，必须才行俱兼，始可任用。”（《贞观政要·论择官》）朱熹曾说：“君子者，才德出众之名”，理想的人才应是“成德全才之君子”（《朱子语类》卷二十四）。这反映了古人的共同认识。

古人认为，德才兼备，并不是二者并列并重，而是有本末、轻重之分的。“才者，德之资也；德者，才之帅也。”（《资治通鉴》卷一）“德者，体也；才者，用也。”（《朱子语类》卷二十四）“德者，才之主；才者，德之奴。有才无德，如家无主而奴用事矣。”（洪应明：《菜根谭》）多数古代思想家认为，在德才二者中，德是本，是才的灵魂，德统率才。这是因为唯有以德驭才才能保证才与能用于正确的方向，收到正面的效果，以免“施之不当”，造成负效应。对此古人也有很多论述：“才乎才，有德以为功，无德以为乱……无德而才，犹资盗以兵。”（《李觏集》卷二十）“才犹兵也，用之伐罪吊民则为仁义之师，用之暴寡陵弱则为劫夺之盗。是故君子非无才之患，患不善用才耳。故惟有德者能用才。”（吕坤：《呻吟语·应务》）基于上述认识，古人一再要求人们在塑造、完善自身的过程中，应首重修身，以修身为本，培养良好的品德。而在教育中，则始终以德育为本，并将其置于首位。

3. 法家及后世的重才轻德、唯才是举论

法家尚力不尚德，任法不任贤，因此，在德才观上持重才轻德说。韩非说：“上古竞于道德，中世逐于智谋，当今争于气力。”（《韩非子·五蠹》）每个时代的崇尚与追求是各不相同的。因此，“仁义用于古不用于今也”（《韩非子·五蠹》），在激烈角逐争雄的战国时代仁义是不适用的。他认为，君主用人不必考察其德，只看其智力才能即可。对于臣民来说，则应“以力得富，以事致贵”（《韩非子·六反》），也不必追求道德仁义。显然，在德才两者之间，法家所重的只是智力、才能以及由此而带来的事功。

这种重才轻德的理论，在汉末魏晋以后，其主要代表人物有徐幹、葛洪和曹操。

徐幹的德才观是“明哲为先”论。“明哲”说的是人的聪明见识，即才能；“志行”指的是人的品德操行，即德行。徐幹认为，能造福人民，使万物皆尽其用，靠的是明哲，而不是品德。故才德如不能兼备，为人所取，当以明哲为先。也就是说，论人取人要先才而后德。这种观点仅是从管理人才的功利态度来看待德才观的。

葛洪的德才观是“舍仁用明”论。他认为，人区别于物的尊严与价值在于人有仁且明，而万物只有仁而无明。因此，仁明以明为贵，才德以才为重。才贵于德，明优于仁，这是天地间的普遍规律。历史的进步、文明的演进应归功于聪明才智，而不应归功于德行。人类以室居代替穴居，以稼穑代替采集，以衣裳代替裸身，以至发明舟楫、驯服牛马、规定等级、制造器械、创制文字、制定礼律，要之，文明的进步、历史的发展都是由聪明才智推动的。葛洪的这种观点相当于现代的“知识就是力量”，是一种在思想史上很有价值的观点。当然，这种观点未看到人类文明的演进、历史的发展同样有赖于人类道德的进步，因此是片面的。

曹操的德才观是“唯才是举”论。他认为，治世尚德，乱世尚才；治世用人须德才兼备，乱世用人不妨偏重于才。“治平尚德行，有事赏功能。”“夫有行之士未必能进取，进取之士未必能有行也。陈平岂笃行，苏秦岂守信邪？而陈平定汉业，苏秦济弱燕。由此言之，士有偏短，庸可废乎！”（《三国志》卷一）曹操曾多次下求才令，明确主张不拘德行，唯才是举。这反映了魏晋动乱的时代对于人才才质的特殊要求。这种乱世用才的观点，后世也有认同的。“当多事之秋，用无才之君子，不如用有才之小人。”（吕坤：《呻吟语·治道》）古人认为，在多事之秋的乱世，所重的乃是平定天下、拨乱反正的事功，因此用人势必重才。这种乱世用才的理论可以说是一种客观情势下的权宜之计，一旦治平，依然要用德才兼备之人。

总之，唯才是举的理论是有历史条件限制的，即在乱世时为谋求事功才可重才轻德，而在和谐盛世，则不能唯才是举。

4. 重德轻才论

中国古代思想家强调德对才的统率作用无疑具有合理因素，在历史上曾产生了积极影响。但是，由于对德才相资为用、相互促进的辩证关系缺乏认识，不少儒家学者将重德思想绝对化、片面化，逐渐产生了轻才轻能的倾向，这表现为如下几点。其一，以德代才，认为德即是才，所谓“男子有德便是才，女子无才便是德”（石成金：《传家宝》三集卷二）。其二，以无德为耻而不以无才为耻。程颐曾说：“技艺不能，安足耻？为士者，当知道，己不知道，可耻也。”（《河南程氏遗书》卷十八）其三，以才过于德为戒。程颐又说：“君子不欲才过德”，“才过德者不祥”（《河南程氏遗书》卷二十五）。其四，鉴于在现实生活中德才兼备的人才甚少，于是，在用人上，宁用无才之人，而断不用无德之人。

对这种重德轻才论论述得最充分的当属董仲舒和司马光。董仲舒在《春秋繁露·必仁且智》中说：“不仁而有勇力材能，则狂而操利兵也；不智而辩慧狷给，则迷而乘良马也。故不仁不智而有材能，将以其材能以辅其邪狂之心，而赞其僻违之行，适足以大其非而甚其恶耳。”这段话是说，无德而有才，才越大危害性也就越大。无德者之才，正如害人者的利器，器愈利则伤人愈多。迷路者的良马，马越良则迷路越远。故有才而无仁智之德者毫不可取，决不重用。董仲舒的重德轻才论，是两汉王朝察举制度的基本原则。司马光说：“才德全尽谓之圣人，才德兼亡谓之愚人，德胜才谓之君子，才胜德谓之小人。凡取人之术，苟不得圣人、君子而与之，与其得小人，不若得愚人。何则？君子挟才以为善，小人挟才以为恶。挟才以为善者，善无不至矣；挟才以为恶者，恶亦无不至矣。愚者虽欲为不善，智不能周，力不能胜，譬如乳狗搏人，人得而制之。小人智足以遂其奸，勇足以决其暴，是虎而翼者也，其为害岂不多哉！……自古昔以来，国之乱臣，家之败子，才有余而德不足，以至于颠覆者多矣。”（《资治通鉴》卷一）司马光把儒家的重德轻才发展为舍才取德，并把取才遗德抬高到亡国亡家的高度来批判。在他看来，古来亡国亡家的主要教训，在于取人用人蔽于才而遗其德，故此，他认为，与其用小人，不若用愚人。后来，曾国藩也曾说：“与其无德而近于小人，毋宁无才而近于愚人。”（《曾文正公全集·杂著》卷四）和司马光不同，曾国藩不是生于治平之世，其本应持乱世用才的观点，然而他却赞同司马光的观点，可见，重德轻才的观念在中国的影响是很深的。

这种重德轻才的倾向在陆王学派那里走向了极端。陆王的本心是要纠正当时社会上一些人重才轻德的倾向，反对许多士大夫以才作恶的行为，其目的是要整顿封建道德，挽救社会危机。为此，他们一再指出，离开良好的道德片面追求知识才能危害甚大，“记诵之广，适以长其敖也；知识之多，适以行其恶也；闻见之博，适以肆其辩也；辞章之富，适以饰其伪也”（《王阳明全集》卷二）。因此，知识分子应首先重视自身道德的培养。应该说，这些议论是具有合理因素的。可是，他们在强调以德为帅、为重时，却将知识才能放到了可有可无的地位。陆九渊说：“若其心正，其事善，虽不曾识字，亦自有读书之功。”（《陆九渊集》卷二十三）与此相联系，他们又将德育看作教育的唯一内容，认为“明伦之外无学矣”（《王阳明全集》卷七）。显然，陆王最终是从一个极端走向了另一个极端。

对这种重德轻才论予以理论上较为深入分析的当属明清之际的王夫之，他提出了德才体用论。他认为德是体而才是用。德制约才，或者说，有德而后有才，才德是统一的。据此，他批评了“优于德而短于才”的说法，认为这是一种未成德者的文饰之词。有其德始有其才，无其德必无其才，德是才的根本，才是德的表现。这种观点强调了德才的统一性并强调以德为本，有其合理的一面，因为人的知识才能不但受社会实践的制约，也受其立场、世界观的制约。德才虽然不同，却不是彼此孤立无关的。但是，王夫之的德才体用说却抹杀了德才两者的差异，抹杀了德才之间的矛盾，实际上，优于德而劣于才，或长于才而短于德的现象是普遍存在的，在人才培养、选拔、使用过程中随处可见。德才体用论看不到这种现象，也解释不了这种现象，这不能不说是一个很大的理论缺陷。

5. 德才相资、殊用论

如果说前几种德才观都鲜明地表达了德与才之间的价值取舍原则的话，那么，这种观点则更为缜密细致地分析了德才关系，是一种更为深刻的理论学说。

所谓德才相资论，是说才德不是互不相干的两件事，而是彼此互相联系的，互为资用。持这种观点的代表人物是二程和朱熹。他们举例说，如人在德上能做到虚一而敬，自然就能聪明通达，因此，可以说睿智聪明由诚敬而出，这也就是说德能成才。不但德能成才，才亦能成德。在朱熹看来，聪明能够成德，因为聪明本身就是一种德。他不同意司马光把聪明强毅仅仅看成是才。在他看来，无才之德很难称得上是德，要说是德也只是一种“昏德”，即无用之德。才德既然相互为用，那就不能说德是好的，才是不好的。据此他批评了司马光的德好才坏论。才德互为资用，不能孤立地说好说坏，这种观点着力强调了才德的相互联系。

所谓才德殊用论，是说才和德有不同的作用，故取人用人，究竟是才为先还是德为先，要分别情况，区别对待，不可一概而论。如在一个人才德统一的情况下就要重视其才，而在一个人才德分离的情况下就要重视其德。这是汉代思想家荀悦的观点，他论才德区分了才德“合”和“分”两种情况，情况不同，轻重优劣也就不同，即“合而用之以才为贵，分而行之以行为贵”（《申鉴·杂言》）。这种观点更为合理。宋代欧阳修则区别了军旅之士和朝廷之士。他认为，对于军旅之士来说应以才能为先，对于朝廷之士来说则应以德为先。在他看来，军旅主成功，军旅之士无才而有德，是绝不能打胜仗的。而朝廷主教化，因此对朝廷之士的要求，必须以德为先，这样，才能为天下树立道德的楷模。明代吕坤也认为对君子要重其才，对小人要重其德，多事之秋用无德之小人，无事之时要尚德。这些区别不同情况而具体处理德才关系的理论都是很有见地的理论，值得我们借鉴。

二、传统德才观批评

对德才问题的探讨是以积极入世的人生态度为前提的，因为只有积极入世才会有修德长才的需要。道家是一种隐士的哲学，其人生的基本态度是道法自然、逍遥无为、自由超越、隐世遁世，因此，其对德与才均采取一种超越的态度是容易理解的，这种德才观也是无须多议的。

重才轻德或唯才是举论，在中国传统德才观上是一种处于异端地位的学说，这种学说有其特定历史条件下的合理性与局限性，主要是应特殊的社会历史需要，以纯粹用人的态度来处理德才问题。从人性的完善性方面来看，它不具有理论的全面性与合理性，但对于因应以法治国的需要、因应乱世社会治理的需要，这种理论又具有部分的合理性和现实操作性。如果以一种更为广阔的视野来看这种理论的话，可以说，社会在变革和发展时期更需要能人，而社会处于稳定守成时期则应多强调人才的道德水准。这一历史现象似乎可以通过当今的中国社会现实得到印证。改革开放四十年来，社会的改革与发展都需要能人，在这个时代，知识与才能的价值普遍得到崇尚，过去那种“不求有功，但求无过”的政绩观、人才观受到了批判。这种知识才能升值的时代价值观念又推动了中国当代社会的经济与社会发展。

德才兼备、以德为主是在中国传统社会中占主导地位的德才观，是与中国文化和儒家文化的基调相一致的。儒家思想最重要的特点是道德本位或道德至上，其所倡导的是一种伦理政治，也就是说要以道德作为政治的基础。人们只有内圣才能外王，“自天子以至于庶人，壹皆是以修身为本”（《礼记·大学》）。因此，在选择统治人才时，自然是把德看作首要的标准。德是目的，才是手段。在家能否孝亲，在朝能否忠君，是衡量人才的最重要的道德标准。才在传统中国主要被看作一种政治管理能力。所谓治国安邦之才、统治管理之才和征讨伐战之才，并非我们今天所言的人的全面才能，如认识自然、社会实践等才能。这种政治才能相对于忠的政治道德来说自然被看成是手段，是第二位的东西，因为离开了忠这一道德，那么越有才确实会越有害。

这种德才并重、以德为主的德才观，从其社会作用来看，可以说既有合理与积极的方面，也产生了消极的影响。从积极的方面看，对于弘扬道德的价值，鼓励人们注重修身养性、洁身自好，树立正确的人生理想，培养人的道德品质，提升人的道德境界等都产生了积极的影响。从消极的方面看，过分重德使人们谨小慎微，不敢越封建礼教一步。在这种抑制性的文化环境中，那些真正的有才有识之士是难以施展其才干的，也就是说有压抑个性发展的消极作用。

重德轻才的理论是对上述以德为主的理论的极端化，这显然不利于人才的全面发展、全面培养，也势必会在人才的选拔和任用上造成偏差。在古代，曾有这样一些官吏，他们虽能以清、慎、勤自律，但却碌碌无能、毫无建树，这些人正是由这种德才观造就的。而且，重德轻才会使人们轻视事功，更为严重的是，它会使人鄙薄技艺，从而给科学技术的发展带来不利的影响。从我国四十年的对内搞活、对外开放、经济高速增长、国力增强的伟大实践中，我们也深刻地认识到，这种重德轻才的德才观对经济与社会的全面进步，对人的个性的全面发展是不利的，因此，我们仍然要在观念、制度、教育等各个方面切实努力做到德才兼备，树立全面科学的德才观。

德才相资、殊用论，既看到了德才的相互联系，又要求人们对德才问题具体分析具体对待，因此是一种更为缜密、深刻的学说，对我们树立正确的德才观有重要的启发意义。

三、传统德才观对社会与人生的启示

德才观是人生价值观的重要问题，德才关系的正确解决对于社会选拔人才、树立正确的社会价值导向、确定教育目标和原则、提高人的主体修养和素质等都具有重要的意义。中国传统的才性之辨或德才观探讨，对当代社会与现实人生都提供了重要的启示。

1. 德才并重——社会的标准

德才兼备是完善的人的标准，德才并重是社会在培养、选拔、任用人才和干部时的标准。在中国，由于受到传统文化的影响，我们在对待人才的问题上，长期以来实际上坚持了德才并重、以德为主的原则，但对德的评价是比较模糊的，有时把它等同于简单的听话与服从，说一个人有德似乎仅指他有协调性，听上级的话并忠心耿耿，由此可以看出中国传统文化潜在的重大影响。对人的道德的评价与考察，还缺乏具体可行的考察标准，不像对人的才能的考察，有文凭、写作、思维、语言、反应等外在的标准，因此，各团体在用人时只能通过历史地、动态地考察学生是否当过班干部、是不是党员、是否从事过社会公益活动等来间接考察学生的道德素质。在对干部的考察中，更缺乏一种全程考察与监督其道德的办法。有的地方以是否孝亲作为选官的首要道德标准，把私德等同于公德，把人德等同于官德，就是道德评价不科学的体现之一。对干部的道德考察只注重初级公务员入门时的选拔，对干部在任时的道德监督做得还很不够，一个人的人性与道德是会变的，特别是在掌握公权力后，如不自律，又缺乏监督，极容易被权力所腐蚀，导致腐败甚至贪赃枉法。因此，如何对干部进行道德考察与监督仍然是我们在新形势下要不断探讨的问题。

从总体上看，在改革开放的新形势下，我们对人才和干部的选拔坚持了德才兼备的原则，与过去的计划经济时代相比，社会的人才观更加重视人的知识与才能，这是与我们这个时代的价值精神相统一的。如果说计划经济时代具有重德轻才的偏差的话，那么，从社会价值观的角度看，我们今天似乎又存在着重才轻德的偏向，这也是与我们时代的道德价值情况相联系的。因此，在实践中真正树立德才并重的人才观并在培养选拔人才时加以贯彻落实，对于中国的现代化建设事业仍然是非常重要的人才战略。

2. 成人成才——教育的原则

人才是“人”与“才”的统一，可以说人才是要先成人后成才，或者说只有成人才能成才，才不会成为歪才。培养道德完善的人始终是以道德为本位、以德育为重的中国传统教育的根本目标和原则。而今天的教育，却主要是一种科学教育，是“术”与“器”的成才教育，是把人当作一种具有工具性价值的“才”来培养的教育，似乎忘却了提升人性、提升道德、维护人的尊严与价值、促使个性完善的最终目的。百年来，我们引入了西方的科学与民主，其对中国社会进步的推动作用不容否认，但我们在引进科学与民主的同时，却忽视了道德。专业越分越细，通识性的博雅教育、人性化的道德与审美教育均受到冲击，应试教育使年轻人成为应考的工具，似乎教育就是为了找个饭碗。因此，一种工具主义的教育思想充斥着中国当代教育，扭曲了教育的根本目的，贬损了教育的崇高价值。

以儒家思想为主导的中国传统教育重视人文道德教育。人文道德教育培养德性，教人做人；科学教育培养知性，教人做事。两方面是一个不可分的整体。现代科学主义思潮在否定传统人文主义教育的同时，几乎完全否定了传统人文精神，使科学教育的发展失去了人文价值体系的辅助与支持。这样使现代教育忘记了培养人的本体价值，而只注重其工具价值：成才成器。受教育者成了手段而不是目的，人的内在价值和主体性并没有真正地确立起来。这主要表现在：重智轻德，重分数轻素质，重功利价值轻人文关怀。学校教育是为了追求升学考试，而不是为了人格的培养；是为了追求外在的功利，而不是为了提高人自身的价值。学校教育的世俗化、功利化倾向越来越严重。教育目的不仅反映社会对人的发展的要求，而且反映作为社会生活主体的人对自身发展的追求，二者有着内在的统一性。只有以促进人的个性发展为目的，提高人的内在价值，肯定人的主体地位，增加人对改造自然、改造社会的自由度，教育才能发挥其作用，成为推动社会进步的积极力量。教育的个人价值与社会价值、内在价值与工具价值的和谐统一就是教育的完美实现。

3. 德才双修——主体的追求

德才双修是由道德与知识的内在辩证关系所决定的，这要求我们首先要正确认识、处理知识和道德的关系问题。知识和道德是对立统一的关系，即它们之间既有差别、对立，也有统一。

知识是人对事物的认识和经验的总和，即人类的认识成果，它属于人的认识范畴。人类的知识已越来越成为人们认识世界、改造世界的强大武器。而道德是人们掌握世界的另一种特殊方法，它属于价值评价的范畴。它把现象分为有利的和有害的，把行为分为善的和恶的、正义的和非正义的，并按照善的法则创造性地、积极地完善社会关系和自身。所以，知识和道德是有差别的。在现实生活中也存在知识和道德相互矛盾的人。有的人知识丰富，但道德品质很低；有的人文化知识并不丰富，但道德品质却比较高。不过，一般情况下，人们则更多地看到了知识和道德的统一。在历史上，思想家们都认为一个理想的或者一个完善的人，应该是一个德才兼备的人，并重视德对才的统率作用。人才是“人”和“才”的统一，只有先成人才能成才。人才学认为人才有两个最根本的特征：人民性和创造性。前者是人才的社会性和道德的最高表现，后者是其智力和能力的最高表现。德是人才的根本和统帅，一个人如果没有道德，他不仅不会成为社会和人民所需要的人才，还可能成为一个歪才，即使有本事，也可能会因其更高的智力而对社会造成更大的危害。因此古人非常强调德对才的统帅作用。一个道德不高尚的人，即使有才也会行之不远，因为他缺乏成为对社会和人民有大贡献的杰出人才的持久动力和价值方向。

道德是获取知识的内在动力之一。想要有知识就必须学习，而要学习，首先就有个学习目的的问题，是为了个人的一己之利和某种个人目的学习呢，还是为社会、为人民学习呢？这其中就包含了重要的道德内容。为了自己的一己之利和某种个人目的而学习，可能在一定的范围内也能学些知识，但如果这一狭隘的个人目的和一己之利达到了、满足了，他就会减弱或不再有对知识的渴求和学习的动力了。很多伟大的科学家，之所以能够持续不断地学习探索，都是基于对社会和人民的责任。比如居里夫人不畏艰辛而发现了镭，绝不仅仅是为了一己的私利和名声，而是要造福整个人类。马克思正是具有“为人类工作”的博大情怀，才可能坚持不懈地研究四十年，创造出影响人类历史的科学社会主义理论。思想家和科学家之所以能够长期不懈地学习知识、探索真理，正是源于这种对人类的大爱所给予他们的力量和勇气。马克思讲过，在科学的道路上从来没有平坦的大道可走，只有在崎岖的小路上不畏艰苦的人，才有希望到达光辉的顶点。学习文化科学知识是一种艰苦的活动，如果一个人没有高尚的道德品质和为人民、为社会做出贡献的事业心、责任感，那么他就不可能有坚强的毅力去保证对知识的孜孜不倦的追求。强烈的道德感情和高尚的道德品质不仅是获取知识的动力，而且在一定条件下还能直接促进我们认识能力和智慧的提高，使我们能更好地学到知识。比如，真诚是人的一种美德，但真诚总是能够在某种程度上产生认识能力。

道德影响和制约着人对科学知识的判断、吸取和应用。首先，道德影响着人对科学知识的判断。对自然科学知识的道德判断只能是就应用而言的。个人的道德品质只是间接地影响对自然科学知识真伪的判断。而社会科学知识的客观判断标准就在于它是否正确反映了社会发展的规律，是否符合社会进步的利益，所以道德对社会科学知识本身就有一个判断真伪与价值善恶的问题。凡是正确反映了社会发展的客观规律，符合社会进步利益的社会科学知识都是正确的知识，反之则是错误的。其次，道德品质对知识的吸取也起着方向盘似的制约作用，所谓“仁者见仁，智者见智”就是这个道理。比如对于西方文学名著，有些青年主要是从艺术上、思想上吸取其丰富的知识、有价值的营养，而有的青年由于道德品质不高，专门从中吸取一些刺激性的情节。这其中固然有认识水平的问题，但道德品质也是制约吸取知识的重要因素之一。最后，道德也制约着对知识的应用。比如，对于我们个人来说，是把我们学到的知识无私地献给社会，为人民服务，为祖国服务呢，还是把自己学到的知识作为自己的资本，向人民索取？这无疑是一个非常重大的道德问题。马克思说过："科学绝不是一种自私自利的享乐。有幸能够致力于科学研究的人，首先应该拿自己的学识为人类服务。"① 对于致力于科学实践的人来说，更有一个对科学知识的应用是否符合道德的问题。

德才兼备既然是理想人格的完美境界，因此要求我们在加强自身素质修养时，也要德才双修。我们应该努力掌握现代科学知识。在现代社会，如果没有或者缺乏相关的专业知识，就难以立足，也缺乏为社会做贡献的硬本事。因此，对于每一位青年学生来说，要珍惜在学校系统接受教育、系统学习知识的人生美好时光，勤奋学习，掌握知识，增长才干。对于每一位公民来说，也要坚持继续接受教育的先进理念，不断地丰富自己的知识，增强自己的工作能力。人不仅应持守一种"为什么而学习"的工具性、手段性、功利性的学习态度，而且要有一种为提升自己的人性和人生境界、为爱好悦情、为自我实现而学习的自由境界。

不仅如此，我们还要不断地提高自己的道德修养。在当代社会知识才能增值的价值观念的引导下，人们比较重视学习知识、增长才干，但由于当代社会的功利主义文化对道德的冲击，人们的道德修养的自觉性、主动性比较弱，因此加强道德修养就显得更为紧迫和重要。

儒家的德性主义是对人的内在精神价值、内在幸福的关怀，是对人性的提升和弘扬；现代功利主义文化引导人们追求外在的物质利益和幸福。这二者虽然都是必要的，但当代文化似乎更重视后者而漠视前者。幸福虽然离不开外在的物质利益和物质条件，但仅此还是不够的，只有在此基础上注重修德成善、安身立命的内在价值追求，才会使人的个性得到全面发展，才会给人带

① 拉法格．回忆马克思恩格斯．北京：人民出版社，1973：2.

来长远的、深刻的幸福，才会使人有安身立命而不假外求的安宁祥和，才会真正实现人的精神自由。请允许我们在这里引述香港学者石元康如下的一段话："罗素的一句话最能道出现代社会的特质。他说：'现代人认为做所有的事情都必须是为了完成别的东西，而从来不是为了它本身。'我们也可以说，现代人不了解有所谓'内在的价值'这样的东西，所有的价值都是外在的价值。这点在边沁的效益主义中表现得最为明显。马克思所提的'异化'，韦伯的'理性化'，都是对于这个现象一针见血的描述。"① 人文精神和德性主义的弘扬，是克服现代社会弊端的有效途径。为己之学的传统要求我们首先要关切自己的内心世界、灵魂和道德，追求内在价值与自我完善。如果说在现代社会知识是一种力量的话，那么道德更是一种力量，不仅如此，道德是人的价值、尊严的体现，是人性的光辉，拥有美德可以使人获得一种内在的、深刻的、持久的、自足的幸福。德才兼备是人性完善的理想境界，德才双修应该成为我们每一个人努力追求的目标。

① 石元康．从中国文化到现代性：典范转移?．北京：三联书店，2000：121．

第十一章　讲孝德

常言说“百善孝为先”，这句话是说孝是最重要的道德，体现了中国老百姓对孝在传统伦理中首德地位的广泛认同。孝，是中华传统伦理的核心观念和特色，也是中华传统伦理体系的始基。实际上，孝不仅在传统伦理中，甚至在中国传统文化中都具有特别重要的地位与意义。在某种意义上，中国传统文化可称为孝的文化，中国传统社会更是奠基于孝之上的社会，因而孝乃是使中华文明区别于古希腊罗马文明和印度文明的重大文化现象之一。

也许正是由于孝在中国传统伦理和传统文化中的首要与核心地位，因此，在五四时期激烈反传统的过程中，首当其冲受到批判的也是孝。在新中国成立以后的很长时间里，虽然我们实际不反对爱敬父母，但却尽量避免用“孝”这个范畴。“孝敬父母”作为中小学生的行为规范，“孝老爱亲”作为全国五类道德模范标准之一，都是近一二十年间的事。在中国民间社会，自从20世纪90年代中华传统文化重新受到广泛重视以来，孝道作为一种实践性很强的道德，很自然地受到了全社会的广泛重视。那么，孝究竟是什么含义？孝的伦理精神本质是什么？孝作为一种道德规范和行为律令，它给我们提出了哪些要求？它的历史地位和现代价值如何？这是我们这一章将要探讨的问题。

一、孝之三重含义

何为孝？《尔雅·释训》对“孝”的解释是“善父母为孝”。《说文》的解释是“善事父母者，从老省、从子，子承老也”。许慎认为“孝”字是由“老”字省去右下角的形体，和“子”字组合而成的一个会意字，这个解释是以“孝”的小篆字形为依据的。“孝”的古文字形和“善事父母”之义完全吻合，因而孝就被看作子女对父母的一种善行和美德。

孝的这种伦理含义，是战国以后流行的、为儒家所倡导的、为国人所认同的基本含义。但若从文化的其他要素如宗教哲学的视野，从孝之发生的初始含义上再进行仔细考究的话，似乎孝除此之外还有另外两层含义，即尊祖敬宗，生儿育女、传宗接代。孝的这三种含义是同时共有的，但在西周至春秋战国这段时期，后两种含义占主导，之后，善事父母成为孝的核心意蕴。

孝是从尊祖祭祖的宗教情怀中发展而来的。那么，产生于周初的孝是什么意思呢？周代以至春秋，孝的主要内涵为尊祖敬宗，并且施孝的方式主要是祭祀。现有文献中大量可见的“享”“孝”连文的语言表现形态证明了这一点。“享”在西周时代是祭祀神灵、奉献供品的宗教仪式。《诗·小雅·天保》曰：“是用孝享。”《毛传》谓：“享，献也。”可见，“享”有献物祭祀之义。享献与祭祀这一宗教仪式是“孝”的表现形态，《礼记·祭统》云：“祭者，所以追养继孝也。”又云：“是故孝子之事亲也，有三道焉：生则养，没则丧，丧毕则祭……尽此三道者，孝子之行也。”周人将孝的这一道德伦理观念寄托在最普遍的宗庙祭祀仪式上。换言之，孝这一伦理观念是以祀祖的宗教祭祀形式存在的。《国语·鲁语上》有言："夫祀，昭孝也"。

祀祖的伦理精神实质在于尊祖敬宗。周代较之商代的敬天更为尊祖。商人"尚鬼""尊神"，兼有祖宗神和天神身份的"上帝"主宰着商人的意识，祖宗神与天神合而为一，伦理思想尚未从宗教意识中分离出来。周人则完成了至上神与祖先神的分离。周人虽然没有抛弃神权，但至上神与祖先神的分离迫使周人把眼光从天上转到地下，从神界转向人界。如果说商代之敬天、尚鬼、尊神是纯粹的宗教观念的话，那么，西周的敬祖祭祖之孝就是一种更具人文精神的道德观念了。在西周，仍然存在着德孝并称的情况，所谓德以对天、孝以对祖。崇敬上帝、唯天命是从谓之德，敬祖祭祖谓之孝，周人认为，祖宗神常在上帝左右，监视下方，是沟通天庭与人间的神使。祭祖配享以上帝，祭天配享以先祖，他们均可同时来享食贡品，故将祖宗神与天神（上帝）配合起来进行祭祀。

尊祖祀祖的伦理精神在于：

第一，报本返始。《礼记·郊特牲》说："万物本乎天，人本乎祖，此所以配上帝也。郊之祭也，大报本反始也。"所以，郊祭之礼，最重要的是能时时反省先祖创业维艰，感怀上天创生万物之德泽，所以，报本返始是郊祭之礼的重要意义。可以说，祭祀之礼表达了子孙后代这种报本返始的孝子情怀，同时也具有教孝的作用。《礼记·祭义》说："祀乎明堂，所以教诸侯之孝也。"《孝经·开宗明义章》说："夫孝，德之本也，教之所由生也。"指出了祭祀的孝道教化的意义。

有一首通俗歌曲，其中有这样两句："你从哪里来？我的朋友。"这是一种哲学之问。可能有人会回答：我的生命是父母给的，我从父母那里来。那么接着问：你的父母、祖父母、曾祖父母以至其上是从哪里来的？自然，我们家族的生命源自我们的祖先。儒家的代表人物荀子对这一问题是这样回答的："天地者，生之本也；先祖者，类之本也；君师者，治之本也。无天地，恶生？无先祖，恶出？无君师，恶治？三者偏亡，焉无安人。"（《荀子·礼论》）天地，是生命的本原；祖先，是家族的本原；君主，是治国的本原。没有天地，哪能有生命？没有祖先，后代怎么出生？没有君主，怎么治国？这三个方面缺少一个，人们就不会安定。台湾还有一首通俗歌曲，名叫《酒干倘卖无》，其中有几句歌词是这样的："没有天哪有地，没有地哪有家，没有家哪有你，没有你哪有我。假如你不曾养育我，给我温暖的生活，假如你不曾保护我，我的命运将会是什么？是你抚养我长大，陪我说第一句话。是你给我一个家，让我与你共同拥有它。"万事万物都有根源和基础，就像一棵树，必先有根才会逐步长大，有根才会有梢。人类和家族的生命繁衍就像一棵生命之树一样，天地与祖先就是这棵生命之树的根。

中国传统的孝就是这样一种"报本返始"的意识，它是基于生命崇拜和祖先崇拜而产生的，因此，孝最初是指祭祀祖先的仪式与尊祖敬宗的意识。"先祖者，类之本也。"（《荀子·礼论》）父母是我辈生命的直接源泉，是祖先在现实中的象征与代表，因此，珍视生命，首先要善事父母，报答父母的养育之恩。因而崇拜祖先与孝顺父母是吾人对天地生生之德的追思及孝道的表现，孝之本原为人对"生生之德"的崇敬之意。就"生"之德言，父母、祖先与天地同功，故以祖配天，以祭祀祖先来表达孝思。在传统的中国人看来，如果一个人不尊重作为自己生命之源的祖先及其在现世的代表——父母，那就是忘本。一个忘本的人似乎就没有作为人的合法性与合理性了。因此，一个人在日常生活中如果有骂祖宗、骂父母、骂老师的行为，都被看作是非常没道德的表现，因为亲祖父母给了你肉体生命，老师给了你精神生命，这也就是在宋明以后，中国民间将“天地君亲师”立上牌位加以敬奉的原因。

第二，慎终追远。所谓慎终追远就是对亲祖父母葬之以礼、祭之以礼。亲祖父母去世时，要妥善安葬，死事哀戚，符合礼制。追远就是通过祭祀祖先而使后人常存追念先人之孝思。据《礼记·中庸》载：“春秋修其祖庙，陈其宗器，设其裳衣，荐其时食……践其位，行其礼，奏其乐，敬其所尊，爱其所亲，事死如事生，事亡如事存，孝之至也。”“曾子曰：‘慎终追远，民德归厚矣。’”（《论语·学而》）慎终追远，一方面是表达后人孝意的方式，体现着孝的伦理精神，另一方面也可以起到教民以孝的作用。

第三，继志述事。《礼记·中庸》云：“夫孝者，善继人之志，善述人之事者也。”这里的“志”和“事”译成今天的话，便是遗愿（志）和事功（事）。可知周人将继承先祖遗志，完成先人的事业称为“追孝”。孝道以一种特殊的形式寄托了中国人的历史意识。它通过强调继述先人之志，表现出中国人所特有的那种为家庭、为民族乃至为国家负责，为子孙万代造福的精神，这实际上也就是为历史负责。一个人的生命之所以有价值，就在于他把个人有限的生命融入了历史的长河中，把自己看作历代祖先文化理想的实现者。所以，尽管中国人也追求永恒，但与西方人的不同之处在于，中国人并不祈求在超验的上帝那里获得永恒，而宁愿在充满人情和理想的历史中获得永恒。

孝是宗法制度在伦理观念上的表现。嫡庶之分与宗庙之祭是孝的宗法形态。在西周宗法制度下，天子、诸侯以至于卿大夫、士，其续统法必须遵守父死子继的原则，即舍弟而传子，舍庶而立嫡，于是嫡子始尊。这一意识形态实乃孝道观念在宗法制度上的表现。换言之，传子立嫡、尊父敬兄是孝道的宗法形态。

尊祖与追孝这两条互为因果关系的道德纽带维系着西周宗法制于不坠，使宗子有继承祖先的地位、财产和职司的特权。同时，宗子有保护和帮助宗族成员的责任，宗族成员也有支持和听命于宗子的义务；大宗有维护小宗的责任，小宗也有支持和听命于大宗的义务。于是形成了诸如典籍《礼记·大传》所言的“百世不迁”的稳固局面，而这种宗族集团内部以及大宗与小宗之间的牢固的团结，是以尊祖和追孝这两条道德纽带来维系的。这两条纽带的核心元素就是孝道。

孝还有第三个含义，即生儿育女、传宗接代。

如果说尊祖祭祖出于祖先崇拜，那么，生儿育女、传宗接代则是出于生殖或生命崇拜。宋人戴侗曾在他的《六书故》中指出：“爻”字是“孝”的异体字。这就是说，“孝”字还有另外的写法。有人认为“孝”字从“爻”（从“交”），暗示这跟男女交合有关，至于从“子”则表明“孝”也跟生育有关。“‘孝’的原始字形传达的信息是男女交合，生育子女。”① 祖先崇拜与生殖崇拜之间有着千丝万缕的联系，是原始文化的同一类型产生的变异。“孝”字在《诗经》里共出现了 18 次，见于《诗经》的“孝”字主要有三种含义：第一，生儿育女、继承祖业。如《周颂·闵予小子》云：“於乎皇考，永世克孝。”第二，以传宗接代为美德、善行。如《大雅·卷阿》：“有冯有翼，有孝有德。”第三，祈求子孙繁衍的祖先祭祀。如《周颂·载见》云：“率见昭考，以孝以享。”此外，《诗经》中还出现了“孝子”一词，但其含义与后代不同。朱熹《诗集传》云：“孝子，主人之嗣子也。”可知“孝子”即“后代”。

---

① 宋金兰.“孝”的文化内涵及其嬗变. 青海社会科学，1994（3）.

孝的这种初始含义在儒家早期经典里似留有一些痕迹。如《大戴礼记·曾子大孝》云："孝有三：大孝不匮，中孝用劳，小孝用力。"《孟子·离娄上》云："不孝有三，无后为大。"都把传宗接代摆在首位。孝是保障人口绵延的一套规则，它要求每个社会成员把组织家庭、生育子女当作义不容辞的义务，否则就会受到社会的歧视和惩罚。这标志着中国远古社会把交媾生育从人的自然本能上升为一种文化行为。这是社会按照自己需要的模式来限定、引导人的本能的一个巨大的成功。

《易经·系辞下》曰："天地之大德曰生。"天地使万物化生，而男女夫妇之合才有子女，有子女，父母才有可能成为子女向其尽孝的对象。子女善事父母，能继述先人之志，皆出于对己之生命之源的崇拜、认同与回归。"先祖者，类之本也。"（《荀子·礼论》）父母是我辈生命的直接源泉，是祖先在现实中的象征与代表，因此，珍视生命首先要善事父母，报答父母的养育之恩。就"生"之德言，父母、祖先与天地同功，故以祖配天，以祭祀祖先来表达孝思。不仅要珍视生命之所源、生命之所出，而且要延续祖先之生命，生儿育女，传宗接代。"不孝有三，无后为大"（《孟子·离娄上》），因为唯有生命的继续存在才能继先人之志，一切文化理想的实现才有可能。孝即肖，也就是要像。换言之，就是要效仿（法）先人创业维艰、积极进取、努力不懈的刚健精神。刚健就是永远运动、永远前进，而非仅止于崇拜祖先所遗于后人的恩泽，在其余荫之下祈福纳祥。历史文化的发展就在这种生生不息的创造中持续不绝。人的情志也在对过去的怀恋与尊重、对现实的珍视与热爱、对未来的憧憬与信心中得到勉慰，而使中国人有一基于生命论基础上的形上信仰和心灵安顿。因此，生命论实为孝之本质，是生生不息把天地、祖宗、父母、己身、子孙贯通连接起来的。

综上所述，笔者认为孝在西周乃至春秋时期，其初始义是尊祖敬宗和生儿育女、传宗接代。善事父母是其后起之义。前者可以说是一种宗族伦理，后者才是家庭道德。孝要求我们不仅要珍视生命之所源，而且要延续祖先之生命，因为唯有生命继续存在才能继先人之志。现代社会有些年轻夫妻选择了丁克家庭模式，这在现代社会是个人的自由，但在传统孝道看来也许就是不孝，因为这将无法传宗接代，无法延续祖先的生命。当然，我们今天不能简单化地用传统的道德标准要求现代人。

总之，尊祖敬宗是对过去，善事父母是对现在，生儿育女、延续后代则是对未来。孝把过去、现在、未来贯通连接起来了，因此，孝对中国文化和中国人来说，是非常重要的观念与道德。

2014 年新年伊始，习近平首次以国家主席的身份在其办公室发表新年祝词。他办公室的几张照片被细心的媒体发现了：有他与家人推着轮椅上的父亲的照片，有他牵母亲的手散步的照片，还有他与夫人年轻时的合影，有他骑着自行车载着女儿的照片。充分体现出他不仅是党和国家的领袖，更是家庭生活中的孝子、贤夫和慈父。有网友这样评论："看着习近平推着父亲、挽着母亲、载着女儿，以及他与其夫人彭丽媛亲密合影的一张张温馨的照片，我就在想，如果一个人不孝顺父母、不热爱家人、不善待子女，很难想象这样一个不爱家的人会真心爱国，而在这方面习近平为我们做出了榜样。"①

什么是中国文化的特色？什么是中国道路？按照马克思主义的史学观，中国社会走的是一条与古典欧洲不同的亚细亚生产方式的道路，这种未斩断血缘脐带而进入文明社会的道路，造就了中国传统社会家国同构的模式，即家是国的基础，国是家的放

① 源自新华网 2014 年 1 月 1 日金笔头文。

大。中国人特别重视家庭观念，也就自然更加重视父慈子孝、夫和妻顺、兄爱弟悌这样的家庭道德。百姓俗语常说："百善孝为先，万恶淫为首。"看着习近平办公室的这几张家庭生活照，作为一个中国人感觉到特别亲切，感觉到这才是中国的元首、民众的榜样。也可以说，习近平在践行孝道和家庭伦理方面给全国人民做出了榜样。

二、孝道的伦理精神本质

"百善孝为先"，孝是传统道德的首德与始德，那么，孝在传统伦理体系中为什么能处于诸德之首、百善之先和教化之始的根本及核心地位呢？这就在于孝德中蕴含了中华伦理的基本精神。"孝德"即通常所说的"孝道"。具体而言，孝德常常是指个体的一种德，而孝如果作为一种社会的伦理要求，则往往被称为孝道，甚至《孝经》将其论证为"天之经也，地之义也，民之行也"。孝道作为中华文化始基性的价值观念，具有广泛的义理，因此，孝道比孝德的含义更为广泛，但孝道的最终目的仍然要归结到人的孝德上来。那么，孝道的这种伦理精神的本质是什么呢？

孝道，最基本的伦理意义指善事父母，也即子辈对父母的一种伦理义务意识与行为规范。孝道的善事父母的价值观念与行为规范的内容是非常丰富的，那么，其中包含的伦理精神本质是什么呢？笔者以为，是爱、敬、忠、顺。或者说，孝道主要是由爱心、敬意、忠德、顺行构成的。爱生于自然之亲情，敬生于上下之伦理，爱之奉献及体现则为忠，敬之核心及践行则为顺，所谓"资于事父，以事母，而爱同。资于事父，以事君，而敬同。故母取其爱，而君取其敬，兼之者父也。故以孝事君则忠，以敬事长则顺”(《孝经·士章》)。

爱是一种道德感情。说爱是孝的伦理精神本质，首先是指善事父母的孝道要从内在精神上具有爱父母之情，不爱父母而迫于外在压力做出的所谓“善事父母”之行，就不具有太高的道德价值。其次是说善事父母之孝行是在爱父母的自然亲情的推动下、支配下做出的，因此可以说，爱父母是孝道的内在精神动力，孝道产生于爱的自然亲情。

爱的感情，体现为人与人之间的需要、依恋、同情、喜欢、关心、爱护等情感。人与人之间的爱，有亲子之爱、夫妻之爱、朋友之爱等。在这种种爱中，亲子之爱是最早形成的，因为每个人一生下来，均不能免于父母之怀，血缘关系和父母的养育以及亲密的交往等都使这种爱更为真诚、自然、强烈。孩子对父母的感情是对产生和哺育自己生命的人的感情，只有从内心感情上做到爱父母，才会时时处处对父母无微不至，善事父母之种种行为就会皆出于爱之真情。父母爱子女，谓之慈；子女爱父母，谓之孝。孝的精神本质和根源都是对父母的爱与敬。

如果说爱是一种基于血缘亲情关系而形成的道德感情的话，那么，敬则是基于伦理上下关系而产生的一种道德理性和意志。孝不仅包含爱，也内在地包含敬。如果说爱是基于亲子之感情上的平等的话，那么，敬则是基于亲子地位上的差异。父母是上辈人，子女是下辈人，因此，子女对父母的孝，除了爱，还要敬。中华伦理特别强调君君、臣臣、父父、子子的上下尊卑关系，因此，在传统孝德中，敬就成为其伦理本质之一。当然，这并不是说子女对父母的敬仅出于上下尊卑之伦理要求，它之所以成为一种道德意志也是从爱父母的感情中自然产生的，对父母由爱生敬，就如父母对子女由爱而慈惠一样。子女对父母的爱必须通过敬表现出来，否则就乱了辈分，不伦不类。因此，就要靠礼来支配统辖行孝的努力。只有表现敬意，才能使行孝的忠心被父母所感受。“曾子曰：君子之孝也，忠爱以敬，反是，乱也。尽力而有礼，庄敬而安之，微谏不倦，听从而不怠，欢欣忠信，咎故不生，可谓孝矣。尽力无礼，则小人也；致敬而不忠，则不入也。是故礼以将其力，敬以入其忠；饮食移味，居处温愉，着心于此，济其志也。”（《大戴礼记·曾子立孝》）

敬作为孝道的伦理本质，旨在强调孝道的一切行为模式（如事生、事死、事祭等）均要以敬为根本和宗旨。在传统伦理文化中，这一点得到了充分重视。“子游问孝，子曰：‘今之孝者，是谓能养。至于犬马，皆能有养，不敬，何以别乎？’”（《论语·为政》）“曾子曰：‘孝有三：大孝尊亲，其次弗辱，其下能养。’”（《礼记·祭义》）可见，与养相比，敬是更为根本的。孟子认为，孝子事亲，有“养口体”与“养志”之分，不仅要让父母吃得好，而且要顺从父母意志，才是“养志”，才是真正的孝。孟子认为，孝子最重要的事情就是“尊亲”，“孝子之至，莫大乎尊亲”“大孝终身慕父母”（《孟子·万章上》）。那么，如何才能做到敬父母呢？这就是要“生，事之以礼；死，葬之以礼，祭之以礼”（《论语·为政》）。“孝子之事亲也，有三道焉：生则养，没则丧，丧毕则祭。养则观其顺也，丧则观其哀也，祭则观其敬而时也，尽此三道者，孝子之行也。”（《礼记·祭统》）生事之以礼就是要昏定晨省，冬温夏凊，不违父母志意，顺承父母颜色，等等。丧亲之礼非常繁复，最要紧的是要有哀戚之情。祭礼，也非常具体繁复，最要紧的则是要有敬意，恭敬严肃，“祭如在”（《论语·八佾》），要慎终追远，常怀敬意。

爱，作为孝道的伦理本质，从孝的始源意义上来看是更为重要的。从孝道的实践方面看，传统伦理更看重敬。儒学经典中有大量的关于孝敬之礼的近乎烦琐的详细论述，以至于在家庭亲子伦理方面更为强调敬成为中国伦理文化的一个特色。尚敬与尚爱，正是中西家庭伦理的差异。对此，著名学者黄建中先生在其《比较伦理学》中有很好的论述："中土家庭大，亲属众多，易生嫌竞，不得不以礼法维持秩序，故尚尊敬……远西家庭小，家人父子之间，简易无威仪，情易通而嫌难起，而（对子女）拘束不若中土之甚。无所谓父子不同席，无所谓叔嫂不通问，无所谓男女不亲授等等。"① 总之，"敬而不爱，木偶也；爱而不敬，禽犊也。弗爱不亲，弗敬不正；敬胜则济之以爱，爱胜则济之以敬，合敬同爱，和之谓也"②。如果说，爱与敬是孝道最根本的伦理精神，是孝道之心德基础，那么，忠与顺则是孝道之行德应用。爱为体，忠为用，敬为德，顺为行。

忠，在中国传统文化中是一个意义广泛的范畴，其最基本的含义是尽己一心、公而忘私。南宋理学家朱熹解忠为"尽己之谓忠"（《四书章句集注·论语集注·学而第一》），尽己所有、无所保留、为人效力、救人之危、成人之美是其体现。可见忠就是我们今天所说的奉献、献身精神。不仅如此，尽己还须是发自内心、一心一意的。"忠也者，一其心之谓也。"（《忠经·天地神明章》）"内尽于心曰忠，外不欺于物曰信。"（孔颖达：《礼记·礼器疏》）"诚心以为人谋谓之忠。"（刘宝楠：《论语正义·学而》）总之，忠的这层含义很好地解决了个人与他人的道德关系。儒家所言之忠道指的是忠诚信实、尽己以待人。

要言之，忠是一种在人际关系上的奉献精神，那么，我们为什么把忠看作孝的伦理精神的本质之一呢？因为忠之尽己奉献、公而忘私均是从爱中产生出来的，或者说是爱人行为的确证与体

① 黄建中．比较伦理学．济南：山东人民出版社，1998：91－92．

② 同①92．

现。因为爱人而非爱己，这是产生一切道德行为的源头和始基。爱人是对一己之私的超越，是一种利他主义的道德感情。爱一个人，就会发自内心地想尽己之能与力去关心他、爱护他、帮助他，甚至为他奉献出自己的生命。试想，子女对父母之昏定晨省、冬温夏凊、嘘寒问暖、忧年侍疾等诸多孝行，难道不是出于爱心吗？相反，如果无上述忠义之行动来确证爱心，那么爱父母不就成了一句空话了吗？所以我们说爱为体，忠为用，即爱为心之感情，忠为身之孝行。种种善事父母之孝行，皆可归为对父母之尽心竭力甚或生命的奉献。孝，在西方语言中是无法准确对译的，如果勉为其难的话，可以由两个词 filial（子女的）和 devotion（奉献）合起来加以描述。而这种描述正好向我们揭示了孝的伦理精神实质，即子女对父母的奉献，也即这里所说的忠。

当然，作为孝之伦理精神实质的忠，专指忠于父母。虽然其忠之对象是特殊的，但其精神实质则是相同的，这就正如仁之一般含义是指"泛爱众"的博爱，而孝之爱却是指亲亲之专爱一样，但这并不影响爱仍是孝道的伦理精神实质。明白了上述道理，"孝慈则忠""移孝作忠"的道理就不言而喻了，因为孝之中就内含着忠之精神实质，即尽己奉献的精神。在家能对父母竭尽全力、尽心奉献，那么，在社会上肯定会忠于国家社稷，忠于君主，忠于事业。再加上我们马上就要论述到的孝的另一精神本质——顺，这样就具备了忠臣的两个最重要的美德：尽己奉献，顺从无二。正所谓"其为人也孝弟，而好犯上者，鲜矣；不好犯上，而好作乱者，未之有也"（《论语·学而》）。

顺，也是孝的伦理精神的本质之一，以至于我们常常把孝与顺连用。老百姓至今仍有"顺者为孝"的口头禅，表明他们对从孝到顺的全面而深刻的理解。如果说，忠是对爱的实践与确证，那么，顺则是对敬的贯彻与落实。

《论语·为政》曰："孟懿子问孝，子曰：'无违。'"无违，多数学人注为无违于礼，实际上从宽泛的意义上也可理解为无违于父母之意志，这就是顺从。因此"不得乎亲，不可以为人；不顺乎亲，不可以为子"（《孟子·离娄上》）。人子对父母的最大的敬就表现为顺从。另外，还要对父母和颜悦色，不可顶撞。《论语·为政》曰："子夏问孝，子曰：'色难。'"《论语·里仁》云："子曰：'事父母几谏。见志不从，又敬不违，劳而不怨。'"孔子认为，孝敬父母最难的是要做到任何时候都对父母内存恭敬之心，外现和悦之色。即使父母有什么过失，虽要进行适当的劝谏，但也不能违背父母意志，不违逆是孝子最重要的美德。这也许就是长期以来我们视听话的孩子为"好孩子"，而把忤逆父母意志的人称为"不肖之子"或"逆子"的原因吧！"逆子"就是不顺之子，它是对不孝之子的最大谴责。

顺，不仅要对父母承志无违，而且对所有长辈、兄长均要敬顺。"以敬事长则顺，忠顺不失，以事其上。"（《孝经·士章》）"长幼顺，故上下治。"（《孝经·感应章》） "悌，顺也。"（《广雅·释诂》）虽然对顺这一伦理精神的强调是以悌道作为补充的，但其精神实质则是同一的，也可以说，悌道之顺是从孝道之顺中衍生出来的，因而我们常常将孝与顺、孝与悌连用。

三、孝道规范系统

1. 孝道规范系统概说

儒家的孝道观念与规范是非常丰富的，如果能清晰、系统地掌握这一规范系统，不仅可以使我们对中国孝文化的核心内容有所把握，而且可以作为我们今天履行孝道的实践借鉴。

如何概括孝道规范系统？学者们对此提出了不同的意见。比如，骆承烈先生认为孝道的内容大略包括以下内容：（1）养亲，（2）尊亲，（3）遵亲，（4）礼亲，（5）光亲。台湾学者杨国枢则将孝道之内容概括为15项：（1）敬爱双亲，（2）顺从双亲（无违），（3）谏亲以理（勿陷不义），（4）事亲以礼，（5）继承志业，（6）显扬亲名，（7）思慕亲情，（8）娱亲以道，（9）使亲无忧，（10）随侍在侧，（11）奉养双亲（养体与养志），（12）爱护自己，（13）为亲留后，（14）葬之以礼，（15）祀之以礼。葛荣晋先生则直接以“孝”的二重性及其社会价值判断标准来概括孝的内容，他认为，从孝的负面社会价值角度看，孝有以下含义：（1）无违即孝，（2）父子相隐，（3）“父母在，不远游”，（4）“不孝有三，无后为大”，（5）“身体发肤，受之父母，不敢毁伤，孝之始也”，（6）厚葬久丧，（7）“孝感”迷信和“愚孝”观念。从积极正面价值看，孝可包括：（1）赡养父母，（2）敬亲尊亲，（3）谏争即孝，（4）尊老，（5）将孝亲与济国救民结合起来。以上各种意见虽多有其概括的视角和道理，但依笔者之见，有的失之全面，有的虽全面却失之零碎而使人无从逻辑地把握，有的以价值判断作为取舍标准而使人们无法了解中国孝文化的规范内容的实然状态。总之，在孝道研究中，能给孝道的规范内容以全面准确、系统逻辑的概括的文字，似乎还不多见。因此，人们一提孝道似乎都知道，但要具体说说孝道都有哪些具体要求，则又说不出个所以然来。因而无论是从对中国孝文化要获得准确认知的角度看，还是从有资于今人的孝道实践的角度看，都有必要对孝道的规范系统做出准确全面的概括。

我认为，孝道规范系统可分为两个大的方面：一是善事父母的基本规范，二是立身、事君、处世的衍生泛化规范。善事父母是孝的最基本的含义，或者说，孝之最核心的道德义务是以父母为对象的。至于孝之立身、事君、处世的要求，毕竟是其派生之义。因而对孝道规范系统进行概括时，首先要从善事父母这一基本着眼点出发。

2. 善事父母之基本规范

善事父母的具体要求很多，大致可分为事生与事死两方面。其中事生可包含三方面：一是养亲敬亲，二是居常以礼、侍疾以忧，三是行之以顺、谏之以理。事死又可包括三方面：一是葬之以礼，二是祭之以礼，三是继志述事、大孝终身慕父母。下面分别述之。

（1）养亲与敬亲

善事父母，最基本的义务是养亲。虽然在儒家理论中，养的价值似乎不如敬高，但养亲却是最基本的义务，因为“积谷防饥，养儿防老”。人老之后，就渐渐失去劳动能力，如无积蓄，就会衣食无着，即使衣食有所措，也会因为身体衰老、疾病缠身而削弱甚或丧失独立生活能力，因此，要求子女必须尽养口、养体、养身之“反哺”义务。“用天之道，分地之利，谨身节用，以养父母，此庶人之孝也。”（《孝经·庶人章》）“有事，弟子服其劳；有酒食，先生馔。”（《论语·为政》）从孟子对不孝的论述中也可反证出养亲是为人子的基本义务。他说：“世俗所谓不孝者五：惰其四支，不顾父母之养，一不孝也；博弈好饮酒，不顾父母之养，二不孝也；好货财，私妻子，不顾父母之养，三不孝也；从耳目之欲，以为父母戮，四不孝也；好勇斗很，以危父母，五不孝也。”（《孟子·离娄下》）不孝者五，其中三不孝均为“不顾父母之养”。

如何奉养？“养有五道：修宫室，安床笫，节饮食，养体之道也。树五色，施五采，列文章，养目之道也。正六律，和五声，杂八音，养耳之道也。熟五谷，烹六畜，和煎调，养口之道也。和颜色，说言语，敬进退，养志之道也。此五者，代进而厚用之，可谓善养矣。”（《吕氏春秋·孝行》）这种要求可谓周备，但养之价值，最重要的是养志而非养体。实际上，这里所说的养志，就是使父母心情愉快，这实际上已经是敬了。“曾子曰：孝子之养老也，乐其心，不违其志，乐其耳目，安其寝处，以其饮食忠养之……是故父母之所爱亦爱之，父母之所敬亦敬之。至于犬马尽然，而况于人乎！”（《礼记·内则》）“曾子养曾晳，必有酒肉；将彻，必请所与；问有余，必曰有。曾晳死，曾元养曾子，必有酒肉；将彻，不请所与；问有余，曰亡矣，将以复进也。此所谓养口体者也。若曾子，则可谓养志也。事亲若曾子者可也。”（《孟子·离娄上》）不仅要使父母食饱寝安，更重要的是要使他们心情愉快。“孔子曰：啜菽饮水，尽其欢，斯之谓孝。敛首足形，还葬而无椁，称其财，斯之谓礼。”（《礼记·檀弓下》）尽管是吃粥喝清水，能使老人精神愉快，这就是孝了；死后衣被可以遮住身体，殓毕就葬，没有棺椁，能根据自己的财力举办，这就是礼了。可见，从事实判断的角度看，养体是一种基本的、必不可少的客观义务，但从价值判断的角度看，儒家认为养志或悦亲敬亲显然要高于养体。“子游问孝，子曰：今之孝者，是谓能养，至于犬马，皆能有养，不敬，何以别乎？”（《论语·为政》）“子云：小人皆能养其亲，君子不敬，何以辩？”（《礼记·坊记》）孔子把仅能养而不能敬提高到人畜之别、君子小人之别的高度来看待。可见，敬确实是孝的实质。

“养可能也，敬为难。”（《礼记·祭义》）如何做到敬亲呢？“子夏问孝，子曰：色难。”（《论语·为政》）连孔子也认为要保持对父母态度和悦是很难的。这不仅适用于古人，而且对今人的孝道实践也有很强的针对性。“孝子之有深爱者，必有和气；有和气者，必有愉色；有愉色者，必有婉容。”（《礼记·祭义》）孟子也非常强调悦亲的意义：“不得乎亲，不可以为人。”（《孟子·离娄上》）他为我们树立了舜这个以诚感亲悦亲的大孝典型。舜因得不到父母的欢心而忧愁，即使其父瞽叟不慈，舜仍然竭尽孝道，终使瞽叟欢乐，孟子谓此为大孝。孟子进而提出悦亲之道在于诚心，精诚所至金石为开。“悦亲有道，反身不诚，不悦于亲矣。”（《孟子·离娄上》）所以人子事亲，当以诚心尽孝，自可悦亲。不仅在态度上要对父母乐心养志、和悦敬亲，而且在行动上也要时时处处行之以礼，以表敬意，这就是居常之礼了。

（2）居常与侍疾

孝敬父母，必然表现在家庭日常生活中。子女要对父母事之以礼，因为礼的本质无非是敬。如何时时、事事、处处对父母起敬起孝呢？“凡为人子之礼，冬温而夏凊，昏定而晨省。”（《礼记·曲礼上》）这就是说，首先要照顾好父母的日常起居，做到冬天温暖而夏天清爽，另外，还要在晚上安顿好父母休息，早上要去省亲问安。可谓周全细致。“见父之执，不谓之进不敢进，不谓之退不敢退；不问，不敢对。此孝子之行也。”“夫为人子者，出必告，反必面；所游必有常，所习必有业。恒言不称老。”“父召无诺，先生召无诺，唯而起。”（《礼记·曲礼上》）“父命呼，唯而不诺，手执业则投之，食在口则吐之，走而不趋。”（《礼记·玉藻》）“父母在，不称老，言孝不言慈。”（《礼记·坊记》）连穿衣也有要求：“为人子者，父母存，冠衣不纯素。孤子当室，冠衣不纯采。”（《礼记·曲礼》）言谈进退都须对父母表示出恭敬之态。

生老病死是人生的基本存在状态。因此，为人子者不仅在日常生活中要对父母事之以礼，而且要忧年忧疾。“子曰：‘父母之年，不可不知也。一则以喜，一则以惧。’”（《论语·里仁》）为人子者要了解父母的年龄，一方面为他们的长寿而高兴，另一方面为他们的衰老而担忧，民谚所谓“子愁父亡”说的正是这种孝思。“父母有疾，冠者不栉，行不翔，言不惰，琴瑟不御，食肉不至变味，饮酒不至变貌，笑不至矧，怒不至詈。疾止复故。”（《礼记·曲礼上》）这是对孝子在父母患病期间的行为要求。另外，还要做到“亲有疾，饮药，子先尝之。医不三世，不服其药”（《礼记·曲礼下》），当父母患病时，要谨慎择医，药先尝之，侍奉在侧。《二十四孝》第二则故事就记载了汉文帝亲尝汤药、孝侍母病的事迹：“前汉文帝，名恒，高祖第三子，初封代王。生母薄太后，帝奉养无怠。母常病，三年，帝目不交睫，衣不解带，汤药非口亲尝弗进。仁孝闻天下。”

（3）顺亲与谏亲

敬亲，不仅表现在态度上对父母和悦，在行为上事之以礼，而且更为深层的是要顺从父母的意志，唯命是从，所以，常可见孝、顺二字连用。孝、顺二字自汉代就开始连用，后成为一个常用词。“孝者，畜也；顺于道，不逆于伦，是之谓畜。”（《礼记·祭统》）“畜”即顺之意，但顺必须合道，且不违背伦理，才谓之“孝顺”。“敬顺所安为孝”（《国语·晋语》），此指以恭敬顺从父母所安乐的事为孝。顺从是封建孝道的基本前提，大概因为顺从是孝的起码条件，因而儒家经典对顺从的理论论述并不算太多，在历代史书的“孝友传”及《二十四孝》中，也少有记载仅以顺从为事迹的孝子，因为这未免过于平淡和一般化。在实践中，孝必须顺从父母这似乎是不言而喻的。“子云：‘从命不忿，微谏不倦，劳而不怨，可谓孝矣。’”（《礼记·坊记》）不顺从父母的意志，是忤逆之子、不孝之子，是大逆不道。孟子认为“惟顺于父母，可以解忧”（《孟子·万章上》），“不得乎亲，不可以为人；不顺乎亲，不可以为子”（《孟子·离娄上》）。父母是子女的长上，其经历和生活经验较丰富，子女接受他们的教导和指导，不仅仅是子女对父母表敬的孝道，也是人类社会生活的合理原则。但如果认为，父母在一切情况下都是对的，子女在一切情况下都是错的，并且要求子女在任何情况下都要绝对服从父母，显然是片面的。“子云：‘善则称亲，过则称己，则民作孝。’”（《礼记·坊记》）为什么不分青红皂白和是非，要一味地将善归于亲，而将过归于己呢？“子云：‘君子弛其亲之过，而敬其美。’”（《礼记·坊记》）。在儒家看来，一个有道德修养的人子，应对父母之过采取隐的态度，而要颂扬其美，所谓“事亲有隐而无犯”（《礼记·檀弓上》）。“叶公语孔子曰：‘吾党有直躬者，其父攘羊而子证之。’孔子曰：‘吾党之直者异于是：父为子隐，子为父隐，直在其中矣。’”（《论语·子路》）父子互相隐过或隐罪，表明在儒家看来宗法家族制度的亲亲原则是高于其他原则的。而且，孟子认为“父子责善，贼恩之大者”（《孟子·离娄下》），也就是说父子有亲，如果相互责善，那就会破坏这种感情，因为“责善，朋友之道也”（《孟子·离娄下》）。那么，当社会道义与亲子之情发生矛盾，当父母处于不义之境况时，该怎么办？儒家给谏亲留下了一块地盘，即当父母有过时，子女要委婉谏诤。

孔子主张“事父母几谏”（《论语·里仁》），即婉转劝谏，也含有“见微而谏”（王夫之：《读四书大全说》卷四）之义。“见微而谏”是谏于萌芽状态的意思。孟子也曾说：“亲之过大而不怨，是愈疏也……愈疏，不孝也。”（《孟子·告子下》）就是说，子女对父母的过失以及违背道义的行为不怨、不谏，甚至盲目顺从，乃是不孝。对谏亲的道理论述的最为明确与坚定的是荀子。他指出，“入孝出弟（悌），人之小行也。上顺下笃，人之中行也。从道不从君，从义不从父，人之大行也”，因此，子女当“明于从不从之义”，“审其所以从之”（《荀子·子道》）。“孝子所不从命有三：从命则亲危，不从命则亲安，孝子不从命乃衷

（忠）。从命则亲辱，不从命则亲荣，孝子不从命乃义。从命则禽兽，不从命则修饰，孝子不从命乃敬。故可以从而不从，是不子也；未可以从而从，是不衷（忠）也。”（《荀子·子道》）《吕氏春秋·应同》曰：“君虽尊，以白为黑，臣不能听。父虽亲，以黑为白，子不能从。”笼统提倡子女顺从父母之令，并以此为孝是不当的。“昔者天子有争臣七人，虽无道，不失其天下；诸侯有争臣五人，虽无道，不失其国；大夫有争臣三人，虽无道，不失其家；士有争友，则身不离于令名；父有争子，则身不陷于不义。故当不义，则子不可以不争于父，臣不可以不争于君；故当不义，则争之。从父之令，又焉得为孝乎！”（《孝经·谏争章》）这段话论述了谏诤的价值，认为它也是孝义之一。“单居离问于曾子曰：‘事父母有道乎?’曾子曰：‘有，爱而敬。父母之行，若中道则从，若不中道则谏，谏而不用，行之如由己。从而不谏非孝也；谏而不从亦非孝也。孝子之谏，达善而不敢争辨。争辨者，作乱之所由兴也。由己为无咎则宁，由己为贤人则乱。’”（《大戴礼记·曾子事父母》）道理讲得都挺好，中道则从，不中道则谏。然而，谏而不用，还是要将过错归于自己。不谏是不孝，谏了，即使自己是对的，也不能争辩，否则就是大乱之道，这样的谏诤岂不是太无力了吗?“父母有过，下气怡色，柔声以谏。谏若不入，起敬起孝，说则复谏。不说，与其得罪于乡、党、州、闾，宁孰谏，父母怒不说而挞之流血，不敢疾怨，起敬起孝。”（《礼记·内则》）“子之事亲也，三谏而不听，则号泣而随之。”（《礼记·曲礼下》）孝子为了谏诤，态度需要多么恭顺甚至可怜，但还不一定有什么作用。在中国古代，儒家孝道给谏诤之理留下了一块地盘，这具有理论的合理性，但却不具有多大的操作性，因为在传统中国，父子关系本来就是不平等的，而且子女在理论上要绝对服从父母之意志，要亲亲相互隐过（罪）。这与谏诤本身就是矛盾的。因此，历史上曾出现过魏徵这样的以谏诤而闻名的大臣，而鲜有以谏诤而闻名的孝子，这主要是由于君臣关系主要取决于义，而亲子关系主要取决于亲情，等级尊严压倒了公义，因而使谏诤徒有其名。

（4）丧亲与祭亲

“养，可能也，敬为难；敬，可能也，安为难；安，可能也，卒为难。”（《礼记·祭义》）孟子曰：“养生者不足以当大事，惟送死可以当大事。”（《孟子·离娄下》）儒家之孝道，不仅重事生，更重事死。生则养，没则丧，丧毕则祭。养观其顺，丧观其哀，祭观其敬与时。儒家特重丧祭之礼，在其经典《礼记》中对丧祭之礼论述颇详。如对于丧礼，有《丧服小记》《丧大记》《奔丧》《问丧》《服问》《间传》《三年问》《丧服四制》等专篇论述；对于祭礼，则有《祭法》《祭义》《祭统》等专篇论述，详之近于烦琐。丧礼一般要经过以下程序：①停尸小殓（穿“寿衣”）；②招魂；③吊丧；④殡仪，又称入殓、大殓；⑤送葬；⑥守丧祭祀。这还不算闻丧、奔丧、报丧等。所有这些程序都有非常具体的规定，难以尽述。

儒家为什么如此重视丧祭之礼呢？或者说丧祭之礼的价值何在呢？

第一，在儒家看来，丧葬祭祀之礼是用来教导人民的仁爱之心的。《大戴礼记·盛德》说：“凡不孝生于不仁爱也，不仁爱生于丧祭之礼不明，丧祭之礼所以教仁爱也。致爱故能致丧祭，春秋祭祀之不绝，致思慕之心也。夫祭祀致馈养之道也，死且思慕馈养，况于生而存乎？故曰丧祭之礼明，则民孝矣。故有不孝之狱，则饰丧祭之礼也。”这段话是说，凡不孝都是由于没有仁爱之心；没有仁爱之心，都是由于未修明丧祭之礼。能尽爱心，所以能尽到丧祭之礼，如春秋两季的祭祀不断，就是孝子尽思慕的爱心。祭祀是尽馈养的方法，父母过世后尚且知思慕馈养，何况是生前在世的时候？所以说，丧祭之礼修明，人民自然能孝养。因此，有不孝养的讼狱，就该整饬丧祭之礼了。《礼记·坊记》也说："子云：'祭祀之有尸也，宗庙之有主也，示民有事也。修宗庙，敬祀事，教民追孝也。'以此坊民，民犹忘其亲。"

第二，丧祭之礼是对事生之继续，是表达孝子孝心、孝行、孝道的更为重要的环节。"祭者，所以追养继孝也。"（《礼记·祭统》）"事死如事生，事亡如事存，孝之至也。"（《礼记·中庸》）三年的丧礼，是配合人因失亲而表达悲哀心情的轻重而制定的。父母之丧，最为至痛，创伤愈大，平复愈慢，所以需三年之丧期。荀子说："三年之丧，何也？曰：称情而立文，因以饰群，别亲疏贵贱之节，而不可益损也。故曰：无适不易之术也。创巨者其日久，痛甚者其愈迟；三年之丧，称情而立文，所以为至痛极也。"（《荀子·礼论》）这也就是说丧礼是表达孝子悲哀之情、孝敬之意的必不可少的礼仪。荀子认为祭祀是抒发孝子心意和思慕情感的必要形式。忠臣孝子思念君亲的感情是很强烈的，如果没有祭祀之礼，他们的思慕之情得不到抒发，礼节也欠缺完备，所以先王为他们制定了祭祀的礼节，于是"尊尊亲亲之义至矣。故曰：祭者，志意思慕之情也"（《荀子·礼论》）。

第三，重视丧祭之礼，还在于它本身具有教孝的教化作用。《礼记·祭义》云："祀乎明堂，所以教诸侯之孝也。"又说："夫祭之为物大矣……其教之本与！是故君子之教也，外则教之以尊其君长，内则教之以孝于其亲……崇事宗庙社稷，则子孙顺孝，尽其道，端其义，而教生焉。"（《礼记·祭统》）"曾子曰：慎终追远，民德归厚矣。"（《论语·学而》）

如何为父母治丧，或丧亲之孝的要求有哪些？《孝经·丧亲章》引孔子话说：孝子丧失了父母亲，由于悲伤痛苦，哭得声嘶力竭，不再发出婉转的声音了，容貌也没有平时那样端正有礼了。穿上美观的衣服，心中感觉不安（居丧中只能穿麻衣）。听了动听的音乐，也不快乐。吃美味的东西，也不觉好吃。这是孝子丧失父母亲时悲哀忧愁的真情。父母亲去世，经过三天就可以吃饭，这是教人民不要因为过度哀伤而伤害到生者的性命，也不要因为过度哀伤而致绝灭天性的常情。这是圣人对于孝道所施的教训。居丧不超过三年，人民居丧有三年的限期，三年过了，就应结束。父母亲去世，儿子要准备棺、椁、衣、食，举行小殓和大殓，陈列祭器，伤心哀痛，捶胸顿足，哭泣哀送出殡，占卜安葬，兴建宗庙招鬼神来享受祭祀，举行春秋二祭。过年过节要思念先人。在生之时拿爱和敬事奉父母亲，在父母亲去世后拿悲哀和忧痛来料理后事。这样，生民应尽的本分都尽了，养生送死的大义也都做到了。孝子事奉父母亲的义务到此就算完结了。《孝经》的这一章简明扼要地概括了丧葬之礼的基本要求。

在儒家看来，“丧，与其易也，宁戚”（《论语·八佾》）。就办丧事来说，在仪式上办得很周到，不如内心真正悲痛。“临丧不哀，吾何以观之哉！”（《论语·八佾》）可见，儒家强调丧祭之礼的本质是“祭思敬，丧思哀”（《论语·子张》）。

另外，儒家还大力主张“三年之丧”制度。对于“三年之丧”的起源，学术界现在仍有不同的看法，但普遍认为大力主张“三年之丧”是儒家的特征。《论语·阳货》中记载了宰我与孔子对于三年之丧的合理性的讨论，孔子的理由是：“子生三年，然后免于父母之怀。夫三年之丧，天下之通丧也。”即为子当报父母三年哺育之恩。《孟子·滕文公上》谓三年之丧“自天子达于庶人，三代共之”，实承孔子“通丧”说而来。在孟子所处的时代，社会上讲究丧礼之风渐盛，以至滕国国君还要专门向孟子请教如何办丧事。这是儒家提倡孝道的结果。荀子把儒家关于礼的学说改造得更加完善。他主张丧礼要办得隆重，因为“不哀不敬，则嫌于禽兽矣”，三年之丧以“别亲疏贵贱之节，而不可益损也”（《荀子·礼论》）。儒家不仅是这样主张的，而且也是这样做的。孔子的弟子为孔子行三年之丧。《孟子·滕文公上》记：“孔子没，三年之外，门人治任将归……子贡反，筑室于场，独居三年，然后归。”这说明，子贡比其他弟子加倍服丧，庐墓六年。儒家的“三年之丧”虽然受到墨子的激烈攻击与反对，但仍然在历史上产生了重大影响，以至于今天仍为国人所坚持。当然，今人只是进行三年祭日之礼，较古人之守墓三年是大打折扣的。儒家之所以立久丧厚葬，最主要的是使天下儿女能尽孝心，如此，亦使民心归于敦厚，重在精神层面。而墨家攻击儒家，主节葬短丧，则是从物质层面、功利性之立场所进行的衡量。这是两家观点之差异。

“祭如在，祭神如神在。”（《论语·八佾》）关于祭，要求敬并以时，这在《礼记·祭义》中论述颇详。祭祀前，必须事先预想周到；祭祀时所用，事先得筹办周全。“孝子之祭也，尽其悫而悫焉，尽其信而信焉，尽其敬而敬焉，尽其礼而不过失焉。进退必敬，如亲听命，则或使之也。”（《礼记·祭义》）祭祀的礼仪不可繁多，太繁多了则使人感到倦惰，倦惰了就会失去虔诚尊敬的心意；祭祀不可疏简，太疏简了则使人感到怠慢，怠慢了就会使人久而忘祭。所以，有修养的人按照天道的运行，春天举行“禘”礼，秋天举行“尝”礼，祭祀以时。

（5）继志述事

《礼记·中庸》有言：“夫孝者善继人之志，善述人之事者也。”这表明，孝子在父母去世后，不光要对他们葬之以礼、祭之以礼，而且要继承他们的遗志，完成他们未完成的功业。为此，首先要尊重并坚持父亲留下的正确原则：“子曰：‘父在观其志，父没观其行，三年无改于父之道，可谓孝矣。'”（《论语·学而》）“曾子曰：‘吾闻诸夫子：孟庄子之孝也，其他可能也，其不改父之臣与父之政，是难能也。'”（《论语·子张》）“君子已孤不更名，已孤暴贵，不为父作谥。”（《礼记·曲礼下》）据《公羊传·文公九年》载：周代的制度中有一种基于人性而定的礼，那就是天子要等父亲去世三年以后才称王。这是因为孝子在心中终究思念自己的父亲，所以不忍在三年之内就继承父位而称王，以示“三年无改于父之道”的孝道。

3. 立身、事君、处世的衍生规范

孝被看作百善之先、百德之基，因此，立身行道的一切几乎都被看作孝。立身始于存身，因为此“身也者，父母之遗体也，行父母之遗体，敢不敬乎?”（《礼记·祭义》），“身体发肤，受之父母，不敢毁伤，孝之始也”（《孝经·开宗明义章》）。“不亏其体，不辱其身，可谓全矣，故君子顷步而弗敢忘孝也……不辱其身，不羞其亲，可谓孝矣。”（《礼记·祭义》）这段话出自这样的背景：乐正子春有一次从堂上走下来时不慎而伤足，几个月不能出门，面带忧色。他门下的弟子问道：“老师的足伤已经好了，几个月不出门，面有忧色，这是何缘故?”乐正子春曰：“你真是问得好啊！你真是问得好啊！我从老师曾子那里听说，曾子是从孔子那里听说：‘天下所生长的，地上所养育的，世间万物没有比人更伟大的了。’父母把子女完完整整地生下来，子女在死时也应当完完整整地归还父母，这就是孝。不损坏自己的身体，不辱没自己的名声，就算做到了‘全’。所以有教养的人每走一步路，都时刻不敢忘记孝道。这次我忘记了孝道，因此而感到烦恼。”每举一次步都不敢忘记父母，每说一句话都不敢忘记父母。这就是说：一举足都不敢忘记父母，所以行路走大道而不走小路，渡河要乘船而不游水，不敢用父母给予的身体去做不必要的冒险行为。一开口不敢忘记父母，所以骂人的话不会出口，别人也不会用脏话来骂自己。不辱没自身，不使父母蒙辱，这就算是孝子。“全身以归”表示人子生前谨行爱护，不敢毁损伤残其身。所以，曾子病剧将死，召门弟子来前，而告之说：“启予足！启予手！《诗》云：‘战战兢兢，如临深渊，如履薄冰。’而今而后，吾知免夫！小子！”（《论语・泰伯》）曾子以手足示诸生，对学生最后现身说教，以示全而归之之义。为了护全身体，“孝子不服暗，不登危，惧辱亲也。父母存，不许友以死，不有私财”（《礼记・曲礼上》）。

孝子不仅要护持自己的身体，而且要为父母追续子嗣后代。“孟子曰：‘不孝有三，无后为大。’”（《孟子・离娄上》）“父母生之，续莫大焉。”（《孝经・圣治章》）父母生下的儿子，上为祖宗流传后代，下生子孙继承宗嗣，家族的继续绵延莫大于此。

立身，不仅要护持父母给自己的身体，生儿育女以延续父母的血脉生命，而且要积善行德，不辱父母。一言一动均要守礼慎行。“为人子者，居不主奥，坐不中席，行不中道，立不中门。食飨不为概，祭祀不为尸。听于无声，视于无形……不苟訾，不苟笑。”（《礼记・曲礼上》）“父母既没，慎行其身，不遗父母恶名，可谓能终矣。”（《礼记・祭义》）孟子说：“事，孰为大？事亲为大。守，孰为大？守身为大。不失其身而能事其亲者，吾闻之矣。”（《孟子・离娄上》）可见人子只有能守身才能尽到事亲之道。守身就是要坚守做人的原则，爱护身体，珍惜生命，勿为非作歹而玷辱父母，至陷于不义而枉父母之生。朱子注云：“持守其身，使不陷于不义也；一失其身，则亏体辱亲，虽日用三牲之养，亦不足以为孝矣。”（《四书章句集注・孟子集注・离娄章句上》）在守身方面，荀子尤其反对与人争斗，他说：“斗者，忘其身者也，忘其亲者也，忘其君者也。行其少顷之怒，而丧终身之躯，然且为之，是忘其身也。室家立残，亲戚不免乎刑戮，然且为之，是忘其亲也。君上之所恶也，刑法之所大禁也，然且为之，是忘其君也。忧忘其身，内忘其亲，上忘其君，是刑法之所不舍也，圣人之所不畜也。”（《荀子·荣辱》）这告诫人子，不要逞一时之愤怒而与人争斗，这岂不是太不爱惜生命了？而且自忘其身所造成的后果，不但使家室残破，甚至会陷亲人于刑戮之祸。

不仅要做到持守其身、不辱其亲的基本要求，而且要以孝为出发点，以孝的基本精神为基础，做到仁爱、守礼、正义、信实、自强，因为这些皆本于孝道。曾子说：“仁者，仁此者也；礼者，履此者也；义者，宜此者也；信者，信此者也；强者，强此者也。乐自顺此生，刑自反此作。”（《礼记·祭义》）不仅要修身立身，而且要行道立功，“扬名于后世，以显父母，孝之终也”（《孝经·开宗明义章》）。

由此可见，立身行道的各种行为都被当作了孝，而且也被看作各阶层人的道德基础和道德要求。“人主孝，则名章荣，下服听，天下誉。人臣孝，则事君忠，处官廉，临难死。士民孝，则耕芸疾，守战固，不罢北。”（《吕氏春秋·孝行》）《孝经》也提出了五等人之孝的思想。“爱亲者，不敢恶于人；敬亲者，不敢慢于人。爱敬尽于事亲，而德教加于百姓，刑于四海。盖天子之孝也。”（《孝经·天子章》）这强调了天子在行孝方面的表率作用。而诸侯之孝强调了“在上不骄，制节谨度”而能长守其富贵，卿大夫之孝强调了遵道守法、谨言慎行而能长守其宗庙，这几乎与孝没什么关系。在士之孝中论述了这种孝道教化的实质和目的：“故以孝事君则忠，以敬事长则顺。忠顺不失，以事其上，然后能保其禄位，而守其祭祀。”（《孝经·士章》）至于庶人之孝则是勉力以养父母了：“用天之道，分地之利，谨身节用，以养

父母，此庶人之孝也。”（《孝经·庶人章》）

以上孝之全面泛化，旨在强调孝的普遍适用性和重要性，有的内容已超出孝观念的范围而无实质意义了。孝所衍生出的比较有实质规范意义的内容，除了上述的立身内容外，还包括睦族、忠君、尊老、尊长等政治与社会道德内容。

如前所述，孝在周代更为重要的初始意是睦族的宗族道德，在孔子之后，善事父母的含义虽成为孝道的主要内容，但是，睦族的孝义并未消失。这是因为虽然小家庭的地位提高了，但这并不表明宗族就不存在了。宗族在传统社会生活中仍然发挥着重要作用，因而和睦九族仍然是孝道的重要衍生意义。“子云：‘睦于父母之党，可谓孝矣。故君子因睦以合族。’”（《礼记·坊记》）

至于事君以忠，则是孝在政治道德中的衍生，其立论根据主要是认为孝与忠有内在精神实质上的一致性，比如忠敬、服从等。故《孝经·广扬名章》说：“君子之事亲孝，故忠可移于君。”在《孝经·事君章》中是这样说的：“子曰：‘君子之事上也，进思尽忠，退思补过，将顺其美，匡救其恶，故上下能相亲也。’”这里直接讲的是忠，但却被当作孝。可见，事君以忠被当作孝的衍生意义，这也是统治阶级倡孝的真正目的。

尊老、敬长也是由孝衍生出的社会道德要求。“所谓贵老，为其近于亲也。所谓敬长，为其近于兄也。”（《吕氏春秋·孝行》）“事兄悌，故顺可移于长。”（《孝经·广扬名章》）因此，在社会上立身处世，必须尊老敬长。长自己二十岁的人，就要像对待父亲那样对待他；长自己十岁的人，就要像对待兄长那样对待他。《礼记·少仪》中对侍奉尊长也有非常详尽的规定：如对高于自己一辈的尊长，不敢询问他的年龄；在路上遇到尊长，尊长看见了自己，才上前和他见面，没看到就算了；与尊长见面，不要问他到哪里去；对于尊长，可以请求会面，不要请退，待尊长示意再行告辞。总之，孝父、忠君、尊老、敬长可使人成为孝顺的子民，这样犯上作乱者自然就少了。

四、孝道的历史反思

毋庸置疑，孝道是我国传统道德中最重要的德目，对中国人的社会生活与道德实践发生了深远而持久的影响。以今天的眼光对此进行历史反思，我们认为，传统孝道作为一种历史文化遗产，其性质具有两重性，即孝是人民性与封建性、精华与糟粕的混合物。对此我们要有清醒的认识，这样我们才会对其采取批判继承的正确态度，既不是全盘否定也不是全盘照搬，而是要取其精华，去其糟粕。

所谓人民性是指孝是基于人类自然血缘关系而产生的对父母亲人的亲爱之情、忠敬之行。这是一切仁心善德的基础，也是人类对亲子关系普遍规律的合理认识。只要人类亲子关系存在，那么这种伦理感情和伦理义务就有其存在的合理性，并且作为人类伦理文化的精华具有某种永恒的价值从而具有继承性。

所谓封建性是指孝道在封建社会中被统治阶级作为其宗法等级统治的精神基础，并对此不断加以极端化、专制化、神秘化、愚昧化，从而使人形成愚忠愚孝的行为模式，以巩固他们的专制统治。孝道的这种内涵由于具有封建时代的历史局限，以我们今天的价值观来看，显然是糟粕，是应予以剥离和抛弃的。

当然，孝道的某些内涵的性质是复杂的，是精华和糟粕混而为一的。批判继承是对待历史文化遗产的正确态度，据此，我们应以这种两重性的辩证思维来具体分析孝道的内容，以资于我们今天正确对待传统孝道，并进而指导我们的实践。我们认为，孝道的如下内容可以视为人民性的合理因素：

第一，赡养父母。在中国传统社会落后的生产力状况下，在以家庭、家族为基本生产、生活单位的状况下，人们要生存下去，必须采取代际反哺互养的方式，这是人类代际互相珍视和保护生命的合理生存方式。“孝”这一道德规范，除了它赖以存在的经济基础外，还是亲子血缘关系的自然表现。人类要生存下去，除了物质生产之外，还有人类自身的生产（即种的繁衍）。父母对没有独立生活能力的儿女进行抚养和教育，而当父母年老体衰丧失劳动能力时，子女则有眷恋、赡养、扶助、报答父母养育之恩的社会责任，建立在这种血缘基础之上的生命互养是具有普遍适用性及合理性的。这种纯真的亲子关系是“孝”赖以存在的血缘基础。

由于中国社会生产力发展状况以及特定的亲子关系，也由于老年人在家庭中的地位，中国社会形成了独特的家庭养老的“反馈模式”。所谓“反馈”，即费孝通先生所论述的“甲代抚养乙代，乙代赡养甲代；乙代抚育丙代，丙代又赡养乙代”①。下一代对上一代都是反馈的模式，从而形成了中国社会特有的代际双向反馈模式。西方家庭的代际关系与此相反，他们是单项接力模式，即甲→乙→丙→丁，也就是说，只是上一代人对下一代人负责，下一代人却不必对上一代人负责，做父母的只有辛苦抚育子女的责任，而子女毫无赡养和扶助父母的义务。因此，在西方，孝是很少被提及的。中国古代提倡孝，实际上是双向反馈模式的一种反映。这种“孝”的观念与行为规范体现了中国文化的特

① 费孝通选集．天津：天津人民出版社，1988：469.

点，有其存在的合理性。

第二，爱亲、敬亲。每个人生下来都离不开父母的养育，在这种养育的亲密关系中，必会自然地形成子辈对养育自己的父母的爱戴尊敬之情。但时间一长，这种感情往往会由于受到多种干扰而被丢弃，因而儒家提倡孝这一文化、道德规范，以维护人类的这种美好感情，并鼓励人们将这种善良感情和伦理义务不断地推广于宗族、乡里、国家、社会、民族以至整个自然界，这自然是有其合理性的。父母是自己生命所由，也是一切人际关系中最自然、最亲密的人际关系。因此，如果一个人连给予自己生命的父母都不爱不敬，怎么能生发对他人、社会、国家、民族的爱呢？怎么会有健全的人格结构和良好的品质呢？因此，爱敬父母可以说是人类的一种永恒价值。

第三，谏诤即孝。尽管谏诤之孝在儒学体系中是以父子不责善、父子相隐等为前提的，是一种矛盾的存在体，而且在中国历史上也是很难实际做到的一种伦理要求，但是在儒家的代表人物孔子、荀子那里，以及在《孝经》中都给谏诤留下了一块地盘。这要求父子之间均要服从合理合宜的义的要求，显然是有合理性的。

第四，孝之尊老精神。儒家不把孝限于父子关系，而是要求尊重家族中的一切老者、尊者。根据“老吾老，以及人之老”（《孟子·梁惠王上》）的思想，由尊养家庭老者再扩大到尊养社会上所有长者和老人，要求人们不但要孝敬自己的父母，而且也要用同样的感情去敬爱别人的父母。尊老的确是中华民族的独特传统，也是中国文化的重要特征。在代际关系中，西方文化是以子女为本位的，是一种尊重青年的“后喻文化”。前喻文化、并喻文化、后喻文化的概念是由美国人类学家玛格丽特·米德提出来的。“前喻文化，是指晚辈主要向长辈学习；并喻文化，是指晚辈和长辈的学习都发生在同辈人之间；而后喻文化，则是指长辈反过来向晚辈学习”①。前喻文化，即所谓“老年文化”，是数千年以前原始社会的基本特征，事实上也是一切传统社会的基本特征。在传统社会，整个社会的发展十分缓慢，人们从未奢望，也根本不可能设想自己的生活和父辈、祖辈的生活能有什么不同。这样，长者、老者对他们生活于其中的文化了解最深，他们的经历本身就是一种文化。因此，他们是整个社会公认的行为楷模，当然更是年轻一代的行为楷模。在这种以前喻方式为特征的文化传递过程中，老一代传喻给年轻一代的不仅是基本的生存技能，还包括他们对生活的理解、公认的生活方式以及简单的是非观念。为了维系整个文化的绵延不断，每一代长者都会把将自己的生活道德原封不动地传喻给下一代看成自己最神圣的职责。如此，年轻一代的全部社会化都是在老一代的严格控制下进行的，并且完全沿袭着长辈的生活道德，他们当然也就“只能是长辈的肉体和精神的延续，只能是他们赖以生息的土地和传统的产儿”②。在这样的文化中，尊敬老人自然成了一种最为基本的美德和一种最为深远的历史传统。借助米德的“前喻文化”的概念，我们可能会更为清楚地了解中国尊老传统的历史必然性，而具有历史必然性的东西至少是有其历史合理性的。

第五，光耀亲祖。光耀亲祖虽然直接基于对亲人与家庭的伦理义务，但中国传统社会是一种经由家族化推广而来的国家—社会整体，因而由光耀亲祖之孝道伦理衍生出了人生在世要为社会做出贡献的儒家人生观。他们主张入世治国、建功立业、流芳百

---

① 玛格丽特·米德. 文化与承诺. 周晓虹，周怡，译. 石家庄：河北人民出版社，1987：27.

② 同①28.

世，这样便能扬名声、显父母。光耀亲祖之伦理义务引发了人们积极进取的人生观，鼓励人们建功立业，报效国家、民族，这显然是值得珍视的一种有积极进步作用的伦理意识。如岳飞之精忠报国，不仅是岳飞对国家和民族的忠诚，也是铭记母亲的教诲，履行对母亲的责任的一种表现。

孝道的封建性与时代局限性，我认为主要可表现为如下几方面：

第一，地主阶级宣扬“忠孝合一，移孝作忠”的思想，使孝成为封建专制统治的基本道德力量，这是封建孝道的糟粕之一。

孝亲本是家庭和家族道德规范，但由于中国社会具有家国同构的社会结构特点，统治阶级以宗法式家庭形式组织社会，建立了以皇帝的绝对权威为基础的家天下。在这种封建等级制社会里，父亲是一家之长，皇帝是一国之尊。对封建家长的绝对尽孝，扩大到国家就是对君主的绝对尽忠。这样孝亲与忠君便密切联系起来。统治阶级的思想家也大力宣扬“忠孝合一，移孝作忠”的思想，“内则父子，外则君臣，人之大伦也”（《孟子·公孙丑下》）。孝是忠的前提，忠是孝的结果。为了忠，必须讲孝，当忠孝不能两全时，则要求人们舍孝尽忠。只有人人尽孝、个个尽忠，才能稳定封建秩序。封建孝道中的“忠孝合一”的规定性完全适应了统治阶级政治统治的需要，是统治阶级利益的集中反映，客观上为维护封建统治发挥了重要作用，这是我们应该清楚认识并予以抛弃的。当然，在当代民主社会，皇权统治已不复存在，但对于孝具有服务于专制统治的特性与历史，应具有清醒的认识，以防止其流毒的影响。

第二，封建孝道宣扬对父母绝对服从的奴隶主义，剥夺了子女的独立人格，这也是封建糟粕。

本来，作为人子的晚辈尊敬听从父母的教导和意见是合理的，但是封建孝道要求不分是非，子辈必须无条件地顺从父母的意志，否则“不顺乎亲，不可以为子”（《孟子·离娄上》）。到了宋明时期，理学家更是提出“天下无不是的父母”“父叫子亡，子不得不亡”的荒唐之说。在他们看来，父母绝对没有错误，错误总在子女。父母对子女有绝对的支配权，甚至有生杀权，子女只能恭顺屈从、逆来顺受，完全囿于父母的摆布。这种封建孝道是封建亲子关系不平等的反映。在现代社会，人际关系的根本特点是平等，是尊重人的自由意志和独立人格，唯有如此才能实现人性解放。传统孝道要求子女绝对服从父母的意志，这必然极大地压抑了子女独立人格的形成，不仅不利于人的解放，而且最终会影响社会的发展，因而是应该被抛弃的。

第三，厚葬久丧与建设现代社会新风尚是相违背的。

儒家提倡厚葬久丧的孝义，其立意宗旨在于借此表达孝子对父母的哀思，这具有一定的人伦感情的合理性。但如果将其推向极端，则不仅耗时费财，而且也不近情理。厚葬久丧在历史上就曾受到墨家的批判攻击。在现代，厚葬浪费土地资源，耗费大量财物，即使富裕人家能够承受，这又有什么意义呢？如果意义不大，则是对社会资财的一种浪费。在古代，按照朝廷制度，允许从政官员暂时辞官归里，守孝三年，叫“丁忧制度”，以尽孝道。这在现代是不可能的，三年不上班，专去居丧，非丢饭碗不可。所以现代人将“三年之丧”加以象征性地改造，简化为过三个周年纪念日祭祀父母。在传统中国，有许多人在居丧守墓期间，严重损害了自己的身体，有的还因哀恸绝命，这真是死人拖死了活人，是不近人情的。慎终追远、四时祭祀是中国人深厚久远的历史传统，也是重要的民俗之一，借此适度地表达对父母的追思无可厚非，但绝不能过分。儒家的这种“厚葬久丧”的孝道应该被抛弃，代之以厚养薄葬的孝道，这顺应了时代的进步。现代社会应提倡庄敬俭朴办丧事。

五、孝道的现代价值

作为我国传统道德核心和特色的孝道，在现代中国呈现出被批判和被弘扬、被抛弃和被践履两种并存的矛盾情形。在新文化运动和五四运动时期，某些激进的全盘西化论者否定儒家文化，其主要矛头也必然指向传统孝道，认为它是吃人的礼教，而新儒家的新保守主义则力图保持和弘扬传统孝道。中华人民共和国成立后，在很长时间里我们是闭口不谈孝道的，实际上直到 20 世纪 90 年代，在党和政府所颁布的道德建设文件及学生守则中，也没有关于孝的表述。可是民间似乎对孝又非常重视，有的地方中小学开设了孝敬课，有的把二十四孝的故事又重新塑于村头。之所以有这样的双重命运，是因为传统孝道本身含有阶级性和时代性、人民性和民主性的双重性质，是精华与糟粕的混合体。一方面，我们要看到，孝道作为传统文化的原发性、综合性的文化观念与精神，其强大而深厚的影响还存在，当代中国人还有很浓厚的孝道情怀。另外，我们也应该清醒地看到，孝毕竟是传统社会的核心和首要道德，在现代中国，支撑这一道德的社会结构、社会条件都发生了变化，要把它简单地、原封不动地全部搬到现代社会中也是不现实的。那么，究竟应该如何看待传统孝道在当代社会的地位与价值呢？我个人的基本观点是，既要努力弘扬其合理因素，也要保持科学的理性态度，避免盲目性。

首先，孝道在现代社会不大可能也不再能够处于传统社会那样的首德地位了。因为社会生活、社会结构变了，社会不再是家族社会，我们也不再是子民或臣民，而是公民。我们不仅要在家对父母尽孝，而且要对社会、团体、人民、国家尽忠、持敬、尽责。不能再像过去那样把孝泛化了，似乎孝可以解决一切问题。要让孝回到其家庭道德的本来和应有的地位，其合理性就是在家孝敬父母，要避免以孝代替一切。现代公务员要有其相应的技术性训练、专业性知识以及管理能力，我们不能再以古代“举孝廉”的形式来选官，也不能再有“求忠臣必出于孝子之门”的思想。试想，党的好干部孔繁森远离父母去西藏工作，一心为西藏人民服务，他是一个好干部，但未必是一个孝子。而一些贪官的犯罪动机可能是抵不住亲人、家人的情感诱惑。总之，在现代社会，公共领域与私人领域应区分清楚。孝的合理性只能在家庭之内的亲情关系中，不要再将它政治性泛化。

其次，在现代社会，弘扬孝道有利于家庭亲子关系的和谐，有利于解决中国的养老问题。

在现代社会，虽然人们的生产、交往活动的很大部分已经不再集中于家庭之内了，但家庭关系与家庭生活仍然是中国人最重要的人际关系和生活单位。现代的绝大部分中国人仍然有着非常深厚的家庭情结，亲子关系的和谐仍然为人们所珍视。虽然现代的亲子关系要建立在平等的基础上，但仍然要大力提倡孝这一传统美德的合理内核，即养敬父母。在现实生活中我们看到，在某些农村地区，子女赡养父母的状况并不乐观，而在城市，由于人们的经济条件相对较好，因而赡养问题相对不突出，但在精神上关心尊敬父母的状况也不是太好。由于传统文化与道德的式微，有不少家庭的亲子关系并不和谐。虽然我国经济有了相当大的发展，但仍然经常听到、看到很多父母有数个子女而没人愿意赡养父母的情况，也有因为财产分割继承的问题闹得不可开交的情况，也有儿女不能自食其力充当“啃老族”的情况，更有一些杀亲的恶性事件发生，这些现象的形成虽有多种原因，但长期不重视孝道教育可能是原因之一。因此，我们要在道德建设过程中，通过学校、单位、社会等各种途径，对公民进行孝的优良传统美德教育，从而建立和谐的亲子关系、和睦的家庭关系，只有家庭和睦才能促进社会和谐。

另外，在相当长的历史时期内，由于中国社会经济发展水平的限制，也由于文化传统和民众心理的不同，中国养老大多还要采取家庭养老模式。赡养父母虽然也是公民的一条法律义务，但这条义务具有更多的伦理性，其履行需要道德的自觉，因此，加强孝道教育，能促使儿女履行自己养敬父母的责任，从而较好地解决中国老龄社会的养老问题，促进社会稳定。截至 2017 年底，中国 60 周岁及以上老年人口约 2.4 亿，中国已经步入人口老龄化社会，到 21 世纪中叶，我国的老年人将达到 4 亿多。在我们这样的发展中大国，在我们这样的文化传统里，养老仍然是家庭子女的道德甚至是法律义务。为了使所有老年人老有所养，我们要大力弘扬孝道。

最后，弘扬传统孝道，有利于培养现代中国人的道德责任感，提高公民的道德素质。

如果抛弃传统孝道的政治功能，那么，孝作为人的伦理责任心的源头和实践道德的首德，这一内在机制在当代社会的道德建设中并没有改变。确实，人最早接触的人际关系就是与父母的关系，人间的慈爱及呵护首先来自父母，爱教会爱，人总是在他人的爱中感受爱，体验并形成最初的道德责任感。这种基于人类自然血缘关系而产生的对父母亲人的亲爱之情、忠敬之行，确是人的其他德性和责任感的基础。孝是对父母的责任，在传统社会，中国人就可以基于此责任而护身、养身、立身行道、光宗耀祖。在家孝亲，在社会中就会忠于领导和团体，做起事来也就会有责任感和敬业精神，与人打交道也会时时想到“为人谋而不忠乎？与朋友交而不信乎？”（《论语·学而》）。因此，爱团体、爱社区、爱民族、爱国家的道德心与责任感，在中国人的道德思维中似乎都产生于爱父母的感情中。一个人的初始责任也是对父母的责任。人的道德成长正是把这种责任感不断地扩充、升华而形成了对他人及社会的爱与责任。因此，我们在人的道德发展的青少年时期，一定要重视对其进行孝敬父母的教育。中国文化不太强调代际的独立与断裂，因此，我们每个人不管年龄多大，只要父母健在，我们仍然是儿女，不能摆脱孝敬父母的责任。社会成员大多具有为人子女的身份，因此，要求每个人孝敬父母是培养公民道德素质的起点。传统中国之所以能把孝泛化，一方面是因为孝的主体是广泛的，另一方面是因为孝作为道德的起点与内在精神即爱与责任也有进一步扩充、升华的可能性，以至于从孝敬父母中可以升华出爱他人、爱民族、爱国家的社会责任感来，如对民族行大孝的意识，如视祖国为父母之邦的意识等。因此，孝道教育是培养中国人的道德的起点和源头。

第十二章　讲忠德

记得有一次，在我的供职单位，大学生辩论赛出了这样一个题目：诸葛亮能否取阿斗而代之？主张可以取代的认为，诸葛亮既然有本事，取代了昏庸无能的阿斗不是有利于国家和事业的发展吗？但我认为，从历史的观点来看，这实际上是个假命题。现在的大学生们可能不了解，在历史上，忠心不贰是为人臣子最重要的道德，诸葛亮之所以能成为智者和贤相而名垂千古就在于其忠心不贰，鞠躬尽瘁，死而后已，如果他取阿斗而代之，诸葛亮就不是诸葛亮了，他可能就不是忠臣贤相而是乱臣贼子了。

另外，凤凰卫视中文台的《一虎一席谈》节目曾以“中学语文课本中应不应该删除《出师表》”为题进行辩论。主张删除的人认为《出师表》是在宣扬愚忠；而主张不应删除的人认为，抛弃其具体的历史内容，这种忠诚精神正是中华民族优良传统的体现。这种辩论正好体现出双方对忠作为政治道德的狭义内涵和作为社会道德的普遍性内涵的不同认识。

还有一个问题值得思考和讨论：为什么关羽、岳飞是人，在民间却有那么多庙祭拜他们呢？这是因为：中国文化是一种人文类文化，宗教信息不浓，按梁漱溟先生的说法，中国文化是“以道德代宗教”的，或者换句话说，中国文化是一种人文性宗教，具有神人合一的特点。按陈立夫的说法：“中国人之敬神，与外人之敬神，有所不同，我们所敬的是祖先或所崇敬对人类国家有事功的人。”“敬神之真义在崇德”，“扩充此一敬爱之情意，吾国到处所建之庙宇，大都为纪念发明家或有功勋于民族者……其他以德行著称建庙以崇祀者，例如岳王庙以崇祀精忠报国之岳飞，关帝庙以崇祀尚义之关羽，凡此皆以对人崇德示范为主，非为个人祈福也”①。上述三人是我国历史上最有名的三个忠臣，是忠义之士的代表。诸葛亮对刘备的忠体现了为人臣的忠贞不贰；关羽既对刘备尽忠，又对曹操讲义，这种忠义的道德价值超越了政治价值而为民众所认同；而岳飞之精忠报国则体现了他对国家的公忠。可见，忠不仅是我国传统社会的重要道德，而且在今天值得我们对其进行正确认识、批判继承和弘扬发展。

在我国传统道德中，人最重要的道德义务是忠孝，最重要的德目自然也就是忠孝了。为人子要孝，为人臣要忠，这是做人的最基本的道德。但由于它们主要是一种特殊人群的道德，因此未入“五常”，但却是维持“三纲”中的君为臣纲、父为子纲的根本精神和伦理原则。

忠作为一种传统的要求和德性，在历史上主要有两层含义：一是普遍的道德要求与德性，就是要求人尽心为人效力，这是泛义；二是尽心为君服务，这是狭义。孔子说：“与人忠。”（《论语·子路》）曾子说：“为人谋而不忠乎?”（《论语·学而》）这都是从泛义上说忠，朱熹概括为“尽己之谓忠”（《四书集注·论语集注·学而第一》）。孔子说：“臣事君以忠。”（《论语·八佾》）郑玄说：“死君之难为尽忠。”（《孝经注》）这是从狭义上说忠。

① 陈立夫．陈立夫儒学研究言论集．台北：黎明文化事业公司，1983：492.

这两层意思是有内在联系的。但后来的中国历史主要强调忠作为臣子道德的狭义。五四运动和我国现代社会长期以来对传统道德的批判，使人们似乎只看到了愚忠的消极性，而忘却了忠最初的一般社会伦理意义。我们今天重新学习体认传统道德中的忠德，固然要舍弃其封建道德的糟粕，但更主要的使命则是要弘扬其作为广泛社会道德的含义，以提升我们的道德。

一、为臣之忠：奉君竭力

这是比较严格意义上的君臣上下关系中的臣子道德，这一含义随着传统中国社会专制化的不断强化被大加强调。实际上，忠德在产生之初，其含义还并不是为臣之德，而恰恰是为君之德。如《左传·桓公六年》中便有这样的话："所谓道，忠于民而信于神也，上思利民，忠也。"这里的上显然是指君而非臣。这是传世文献中最早的关于忠的解说。道就是忠信，忠的对象是民，信的对象是神，首先要"忠于民"，然后才能"信于神"。而所谓的忠，就是要"上思利民"，也就是在上位的君主必须想到"利民"。这规范了君对民的态度。

春秋时期，作为政治伦理观念的忠，由要求君主忠于民转变为要求臣下忠于君、忠于社稷、忠于公家之事。如在《论语·八佾》中所言"臣事君以忠"。《左传·僖公九年》说："公家之利，知无不为，忠也。"这里是指对"公室""公家"要忠。在《左传·昭公元年》中还有这样的话："临患不忘国，忠也。"这则是指对国家要忠。

总之，在春秋中期以前，忠既是君德也是臣德，而且那时的忠对于君臣关系来说是一种相互的道德要求，并非不平等的单方面的义务。孔子虽主张忠君，但他对君臣双方均提出了道德要求，这便是“君使臣以礼，臣事君以忠”（《论语·八佾》）。孟子则进一步认为，臣对君的态度完全取决于君对臣的态度。他说：“君之视臣如手足，则臣视君如腹心；君之视臣如犬马，则臣视君如国人；君之视臣如土芥，则臣视君如寇仇。”（《孟子·离娄下》）晏子甚至主张“君者择臣而使之，臣虽贱亦得择君而事之”（《晏子春秋·内篇·问上》）。因为臣有择君的自由，甚至“合则留不合则去”，所以并不存在“忠臣不事二主”的观念，自然更不会要求臣忠于昏暴之君。春秋时代的大政治家管仲便是一位曾事二主、不为故主殉节的人物，孔子却高度评价他的历史功绩。孟子甚至完全肯定了臣下讨伐、诛杀昏暴之君的正义性，认为不仁不义的暴君是一夫或独夫，他还曾提出“民贵君轻”的学说。孟子之所以被宋明时期的司马光、李觏所非议，甚至到明初，朱元璋曾一度将孟子逐出孔庙，“罢其配享”，并将《孟子》一书删去多条，皆因为孟子这种君臣平等的思想是不利于片面提倡忠君的。总之，原始儒家所主张的君臣关系带有一定的人格平等色彩，这在历史上曾起过一定的进步作用。

但在战国中期以后，在养士成风、重用人才的情况下，朝秦暮楚的政客比比皆是，这就需要用忠来规范君臣关系，培养臣对君的忠诚。正是在上述历史背景下，忠偏向于忠君，与此同时，忠的地位也被不断提高，如《战国策·秦策一》载张仪说秦王曰：“臣闻之，弗知而言为不智，知而不言为不忠。为人臣不忠当死，言不审亦当死。”

可见，在战国时期的实际政治活动中，忠是对臣下的单方面的绝对要求，它要求臣下对君主知无不言、言无不尽，一切都以君主的利益、愿望为中心，绝对恭顺，而君主却可以为所欲为。对于君主的任何要求，臣下只能绝对服从。在忠的对象上，社稷、公家之事退居次要地位以至几近于无，臣下对君主的忠是无条件的、绝对的。

荀子及其学生韩非强化了这种臣忠的观念。荀子说："无君以制臣，无上以制下，天下害生纵欲。"（《荀子·富国》）因此他强调臣下对君主要忠、顺，"以礼侍君，忠顺而不懈"（《荀子·君道》）。韩非提出了"三顺"之说："臣事君，子事父，妻事夫，三者顺则天下治，三者逆则天下乱。此天下之常道也。"（《韩非子·忠孝》）这个"三顺"之说，为汉代董仲舒的"三纲"说提供了理论基础。韩非认为"专心于事主者为忠臣"（《韩非子·忠孝》）。在韩非那里，即使昏暴如纣、桀，臣下也要绝对地忠，绝对地顺，任他们为所欲为。政治问题上，韩非只讲"势"和"位"，而不论是非，他是一个绝对的君权至上主义者，是一个绝对的君主专制主义者。董仲舒把忠锤炼成"从一而终"式的忠。在董仲舒看来，忠是道德的根本，臣民对君主之忠是确定的、绝对的，是不讲任何条件的。随着"三纲"的出现，董仲舒以及之后的《白虎通》这本书都对"三纲"思想中的君尊臣卑做了理论论证，后者甚至把君臣比作父子，认为臣应像子顺从于父那样顺从于君。刘向也提出了"忠臣不事二君"（《说苑·立节》）的思想。显然，汉代尚忠是为了维护绝对的君权。

后来这种观念得到了进一步的强化，当然在历史上也不是没有人对此进行反思。明清之际，一些进步的思想家如黄宗羲、顾炎武、王夫之等，为了阻止忠的盲目化、愚昧化，在认可忠之本身的道德价值的同时，曾对忠的内涵加以改造和重新诠释。他们并不否认忠君的必要性，但明确指出，所忠之君必须是为人所拥戴的君。顾炎武和王夫之还提出了应区分"国"与"天下"以及"一君之私"与"天下大公"的政治观念。他们的鼓吹和宣传，在当时的思想界引起了一定的反响，对抑制忠之伦理的绝对化和极端性，以及对忠之原始意义的恢复和发展，起了不小的作用。

近代思想家如谭嗣同、严复、梁启超等，主张应把忠君和忠国分离开来，将“忠”更多地同“国”联系在一起，强调个人对国家尽忠是一种天职。梁启超进一步指出，不仅人民有对国家尽忠的义务，国君更有对国尽忠的责任。

道统高于君统，臣虽要忠君，但君臣有义，即双方都要唯义是从。孟子所提倡的“大义”不局限于一国之君的利益。相反，他认为如果君主不能够为老百姓着想，就应该取而代之。杀掉那些昏庸之君不是所谓的“弑君”，而是“诛一夫”（《孟子·梁惠王下》）。他还提出“民贵于君”的思想。孟子说：“民为贵，社稷次之，君为轻。”（《孟子·尽心下》）这应该是最早认识到君主与人民利益未必一致并强调人民利益重于君主利益的言论。《吕氏春秋·孟春纪》也说：“天下非一人之天下也，天下之天下也。”

王夫之在天子与天下的关系上，提出了“一姓之私”与“天下大公”的区别。“一姓之兴亡，私也；而生民之生死，公也。”“国祚之不长，为一姓言也，非公义也。秦之所以获罪于万世者，私己而已矣。斥秦之私，而欲私其子孙以长存，又岂天下之大公哉?”（王夫之：《读通鉴论》）所以天子不可将天下视为一姓私有之天下，而应将天下视为天下生民公有之天下；天子治理天下，不可贪求一姓之私利，而应循从生民之公义，所谓“不以一人疑天下，不以天下私一人”（王夫之：《黄书·宰制》）。如果天子不能循从天下大公、生民公义，那么天子之位也是“可禅，可继，可革”（王夫之：《黄书·原极》）的。黄宗羲在《明夷待访录》中也提到了“天下为主君为客”的民本公义思想。他认为君主强迫天下人为自己服务，君主标榜的“大公”是“以我之大私为天下之大公”，“为天下之大害者，君而已矣”（《明夷待访录·原君》）。他认为封建法制是祸乱的渊薮，要求废除封建君主的“一家之法”而建立“天下之法”。“天子之所是未必是，天子之所非未必非。”（《黄梨洲文集·序言》）君主应该“为天下也”，“盖天下之治乱，不在一姓之兴亡，而在万民之忧乐”（《明夷待访录·原臣》）。

忠作为一种政治道德品质，其伦理义务主要体现在两方面：一是尽心竭力，勤劳王事，奉献自己的一切，必要时还应牺牲生命。二是一心事主，尊敬、顺从君主，颂扬君德，谏诤补过。儒家学说一直主张分清私忠与公忠，倡导公忠，反对愚忠，即忠于天下社稷重于忠于君主个人，对于君主不能不分明暗而一味屈从。但也不可否认，在历史发展过程中，也出现了宋明时期的一臣不事二主、忠臣要为君王死节、君要臣死臣不得不死而不问君是明是暗的愚忠现象。

对于作为臣子道德的忠德，我们今天不能讳莫如深，而是需要采取一种批判继承的正确态度。在任何一种政治活动中都会有上下关系的处理原则和道德义务。忠是古代臣子的道德，虽然在历史上出现了一些愚忠现象，但在政治活动中要求下级尊重上级并竭力奉献以推动事业发展，这种道德态度和伦理行为仍然是正确的、可贵的。如果缺乏这种德性，任何政治管理活动都无法进行。在当代社会，我们还是应该按照孔子所说的那样去做：“君使臣以礼，臣事君以忠。”（《论语·八佾》）应该平等而互相尊重，各尽自己的上下伦理义务。可见，除去传统臣德之忠的服务于封建君主的历史局限后，忠德的核心价值仍然是有益于今天的政治管理和官德修养的。

二、为民之忠：报国兴群

孙中山先生说：“我们现在说到忠于君，固然是不可以；说忠于国是可不可呢？忠于事又是可不可呢？我们做一件事，总要始终不渝，做到成功，如果做不成功，就是把生命去牺牲，亦所不惜，这便是忠。”（《孙中山全集》卷九《三民主义·民族主义》）

忠，不仅是从事政治管理职业的人处理上下关系的伦理义务，也是我们每个普通人对国家、社群、团体的伦理责任。

公而忘私是忠最初的含义。《左传·僖公九年》曰：“公家之利，知无不为，忠也。”正是在这个意义上，“天下为公”才成为中华民族的道德精神，它弘扬大义为先的精神，不以私利而弃义，不以私利损害公利。范仲淹的“居庙堂之高则忧其民，处江湖之远则忧其君”，顾炎武的“天下兴亡，匹夫有责”，这些箴言之所以为历代所崇尚珍视，就在于它体现了人们对忠这种核心价值的珍视。“苟利国家生死以，岂因祸福避趋之”，正是忠这种传统道德鼓舞人们为祖国的兴旺发达而艰苦奋斗、矢志不渝。毛泽东同志曾说：“我们中华民族有同自己的敌人血战到底的气概，有在自力更生的基础上光复旧物的决心，有自立于世界民族之林的能力。”① 人们要在端午节吃粽子，就是为了纪念我国的爱国诗人屈原。张骞为了国家和民族第一次出使西域13年，历尽千辛万苦，为汉朝开辟了通往中亚的交通要道，为促进东西方经济文化的广泛交流做出了贡献。霍去病征西、苏武牧羊、昭君出塞，都是为了国家富强、社会稳定与民族团结。诸葛亮鞠躬尽瘁、木兰从军、岳飞精忠报国，都是为国家与朝廷尽忠。我国是一个多民族的、幅员辽阔的国家，国家统一、民族团结一直是我们追求的目标。文天祥浩气长存、戚继光抗击倭寇、郑成功收复台湾，都是忠于国家和民族的表现。宋朝爱国诗人陆游，临死也

① 毛泽东选集：第1卷．北京：人民出版社，1991：161.

念念不忘国家统一之事，临终做《示儿》诗：“死去元知万事空，但悲不见九州同。王师北定中原日，家祭无忘告乃翁。”这些彪炳千秋的动人故事都是对儒家忠德的践行，是我国爱国主义精神的集中体现，是我们可贵的精神财富。

反观今日，诸多裸官将大量资产转移国外，有的商人、明星偷税漏税，有的员工工作懈怠、随意跳槽，有的文人数典忘祖、有辱斯文，这种种行为都与上述之爱国兴群精神相悖。当然在生活中爱国报国的人还是占大多数的。试想，如果没有“两弹一星”的功臣们几十年的隐名埋姓、默默奉献，就没有我们今天国家的硬实力和威慑力。那些抗震救灾的勇士、戍边守土的官兵、爱岗敬业的模范、见义勇为的义士、最美人物的楷模们是当今社会的忠民义士，也是爱家爱国的模范。今天弘扬儒家之忠德，其要义之一就是我们每一个人都自觉地为国出力、爱国报国，同时，也要热爱我们的民族文化、社群社区、团体职场，为它们的兴旺发达尽心竭力，做一个忠于祖国、忠于民族、忠于人民的现代公民。

三、为人之忠：做人敬事

忠，不仅是为人臣的政治道德，也是为人的基本品德，它可以体现在做人与做事两个方面。

忠作为一种对人的态度和行为，或者说作为一种做人的道德，其内涵主要体现为两个方面：一是态度上的忠诚、忠信，二是行为上的尽己利人。

如从文字意义上看，“忠”和现代意义上的“衷心”是相同的，都是指位于人体正中的心，也就是一种由内而外的由衷的真实情感。二程有言：“忠者，无妄之谓也。”（《河南程氏遗书》卷二十一）陆九渊也说："忠者何？不欺之谓也。"（《象山先生全集》卷三十二）所以忠即诚实之义。在为人立身、待人接物时，诚实即忠。不仅要修己以诚，而且要待人以诚，这就是忠诚，即心中由衷产生的对人对己之诚。诚就是忠，不诚则不忠，"诚心以为人谋谓之忠"（刘宝楠：《论语正义·学而》）。

忠信是忠诚的外在表现。忠是对己而言，信是对人而言。汉代郑玄注《周礼》时，也将"忠"字解作"言以忠心"。忠是心诚，信是身守。忠信把忠诚的内在价值实现于人际交往的实践之中，是忠的外化和展开。立身为人、待人接物要诚实信用，此之谓忠。《论语·学而》有言："曾子曰：'吾日三省吾身：为人谋而不忠乎？与朋友交而不信乎？传不习乎？'"《论语·子路》有言："樊迟问仁。子曰：'居处恭，执事敬，与人忠。虽之夷狄，不可弃也。'"

不仅在思想态度上要诚实待人、言而有信，而且在行为上要尽己利人。南宋理学家朱熹认为"尽己之谓忠"（《四书章句集注·论语集注·学而第一》）。尽己所存、一毫不留、无一不尽是忠。以现代汉语解之，尽己就是奉献自己的所有，以至献身。这种尽己是"为人谋"，是为人效力、救人之危、成人之美。不仅要尽己利人，还要一心，即一心一意。"忠也者，一其心之谓也"（马融：《忠经·天地神明章第一》）。这种一心既包含真心诚意之义，更包括全心全意、竭尽全力为人谋之义，如还有所保留而不是全心全意，那就不是忠。如清代戴震在其所著的《原善》中所言："竭所能之谓忠。"用现代汉语来说，忠就是一种奉献利人的精神，其极致是献身精神。

忠不仅表现在做人方面，也体现在做事方面。为人谋而忠心耿耿，总是要通过做事体现出来，即执事以敬。

忠者对己讲诚，对人讲信，对事讲敬，汉代许慎的《说文解字》以“敬”解“忠”。忠的品德体现在事上就是敬。孔子曰：“居处恭，执事敬，与人忠。”（《论语·子路》）显然，在这里，孔子把兢兢业业、恪尽职守作为“忠”的内涵。所谓笃敬就是主一专心、恭肃谨慎、勤奋认真、兢兢业业。将这种态度和德性运用于人的行为实践中则要求人人专心于其业、忠于其职守、恭勤于其务。“执事敬”是中华民族的优良道德传统。

敬，作为一种临事执业的态度、精神、行为规范，包含如下几层含义：

第一，执有主一、专一之义。宋儒陈淳在《北溪字义·敬》中说：“程子谓‘主一之谓敬，无适之谓一’。”可见，敬首先是指对某种职业和事业要一心一意、全心全意去做，不可三心二意、见异思迁。

第二，敬有对待事情严肃认真之义。西周金文中，王或者诸侯在册封官职之后，经常告诫被封者“敬夙夜勿废朕命”，显然是要求被授职的人要严肃认真地对待君主的任命。现代学者冯友兰也说：“粗浅一点说，敬即是上海话所谓‘当心’。《论语》说：‘执事敬。’我们做一件事，‘当心’去做，把那一件事‘当成一件事’去做，认真做，即是‘执事敬’。”①

第三，敬还有勤勉努力之义。《周礼·天官·小宰》郑注：“敬，不懈于位也。”这说的就是努力。“敬者何？不怠慢、不放荡之谓也。”（《朱子语类》卷一百一十九）

在中国古代，敬业是一种广泛的社会道德。如在政治领域，臣下要敬业、不懈于职，皇帝也要以敬慎的态度对待王事，要主一专心。在经济生活领域的各种商业、行会道德中，敬业精神得到了充分体现，如视顾客为经营者的衣食父母的尊重职业对象的

① 冯友兰．人生四境界．武汉：长江文艺出版社，2016：110.

概念，生意不成仁义在、君子爱财取之有道的原则，公平交易、童叟无欺的经营道德规范，等等。在文化生活领域，在师德与医德中典型地体现了中国古代敬业的优良传统，如师德上的诲人不倦、百年树人、一丝不苟、认真负责、躬亲实践、言传身教、以身作则等，医德上的以医达仁、救死扶伤、精益求精、认真负责等。

可见，忠德是儒家所倡导的最重要的道德之一，它既是为人部下对长上的一种伦理态度和义务，也是一国之民作为国家、团体成员对国家、团体的正确的伦理态度和义务，更是一个人对己对人以及做人做事的伦理态度与原则。一心一意、竭力奉献、忠诚待人、忠诚做事，这些核心价值并不因时代的变化而失去价值。在当代社会，我们在家庭等私人生活领域应该大力提倡儒家之孝德，而在国家政治生活和社会公共生活中应该大力提倡儒家之忠德，以实现现代化的创造性超越，成为我们兴国立人、民族复兴的巨大精神动力。作为国民我们应该爱国报国，作为团体的一分子我们应该热爱集体、努力奉献。我们做人要忠诚忠信、尽己利人，做事要爱岗敬业、勤奋认真、竭力奉献。

四、忠德的现代价值

长期以来，我们比较注意批判忠的封建伦理内涵，而对其一般性的社会伦理之意蕴和精华挖掘提倡不够。固然，封建政治道德的私忠和愚忠，我们今天是要坚决抛弃的，但作为在中国传统伦理文化中具有广泛社会含义的忠的诸多合理因素，在现代社会仍需要大力弘扬。

弘扬尽己利人的忠德有利于提高人们的道德品质和奉献精神。要求人们尽己奉献，这种精神在任何时候都是有其意义的。

"天下为公"一直是许多仁人志士的理想追求，"先天下之忧而忧，后天下之乐而乐""天下兴亡，匹夫有责"等箴言为历代所崇尚珍视。孝是传统家庭道德的首德，而忠则是处理人我关系、群己关系的重要道德要求。目前，弘扬忠之伦理，就是要提倡多贡献少索取、尽心尽力、先人后己、乐于奉献的美德。另外，忠之真诚信用的精神更是人的道德精神的根基，也是现代人际关系的基础。如果人们都有"为人谋而不忠乎?"的精神，以真诚对己，以忠信待人，那我们的社会中就会有更多君子，人际关系中就会有更多友善、团结与互助，这必将有利于和谐社会的形成。

弘扬公而忘私、尽忠报国的忠德有利于培养人们爱国报国的精神。传统忠德包含了中国传统的许多爱国主义思想内容，其主要体现为：为国分忧、为国出力、立功兴利、忠于祖国、忠于人民、忠于本民族的文化等。忠德有利于维护国家的统一、人民的团结、民族的繁荣、文化的昌盛。天下兴亡，匹夫有责，只有国家长治久安，才能给人民带来康乐幸福。爱国主义是我们强大的精神资源与动力，而传统忠德正是当代爱国主义的文化根源和优良传统。我们今天应该理直气壮地讲忠德，弘扬中华民族的爱国主义、报效祖国的优良传统，为实现中华民族伟大复兴的中国梦而努力奋斗。

弘扬执事以敬的忠德可以提高各行各业的职业道德与敬业精神，从而促进社会发展。对于社会主义的劳动者和公民来说，忠不仅要求具有尽己奉献的精神和利国利民的信念，而且要把忠贯彻落实在自己的职业劳动和工作实践中去。这就要求人们专心于其业，恭勤于其务，忠于其职守，要乐业、敬业、勤业、创业，各行各业都应忠诚于其业。要增强事业心，加强责任感。当前，在弘扬传统忠德的过程中，必须及时地、同步地注意培养人们做事的敬业精神。

中国自古以来就有敬业的优良道德传统，但也不可否认，在新中国成立以后的相当一段时间里，由于长期实行计划经济，责、权、利的结合不紧密，干好干坏一个样，责任由集体承担，加之管理体制、组织机构上的论资排辈，缺乏活力和竞争机制，这些都压抑了人们的社会积极性与敬业精神，甚至在部分人中还形成了与敬业精神相反的混事（世）伦理态度。得过且过，对职业劳动缺乏热情，更谈不上顽强拼搏、开拓进取、优质服务、精益求精了。简而言之，就是缺乏严肃认真、恪尽职守的职业责任感。以至人们在打招呼时，相互问候时常常不是问近来“干”得怎么样，而是问近来“混”得怎么样。一部分人不仅持一种混事的从业态度，甚至将其衍化为一种混世的人生态度，这种消极的从业态度和人生态度如果仍然任其存在，必将阻碍中国经济的发展和社会的进步。可见，培养人们的敬业精神是非常必要和迫切的。

令人感到高兴和鼓舞的是，近年来，人们的敬业精神有了很大提高。开拓进取、顽强拼搏、优质服务、精益求精、恪尽职守、讲究信用的工作态度，似乎已成为一种深刻的信念和行为方式。市场经济的等价交换规律和严格管理制度推动了人们敬业精神的增强。在培养人们的敬业精神时，我们也不可放松思想教育，要把经济规律、严格管理与思想教育结合起来，才能达到预期目的。

第十三章　讲仁德

在20世纪80年代，有一首由群歌星合唱的流行歌——《让世界充满爱》，唱出了每一个人内心涌动着的对爱的渴望。建立一个充满爱的和谐社会是我们的理想。

爱是人类一切道德情感的根源，如果一个社会为冷漠所充斥，那无疑是一个由野蛮人组成的原始丛林，社会和人心就会变得异常冷漠。“爱”是我们生活中最常用的语汇，可是，由于传统道德教育的缺乏，可能已经很少有人知道，“爱”用儒家的范畴和德目来表达就是“仁”。当被问及“仁”是什么意思时，可能有很多人回答不上来，其实仁就是儒家所说的“爱”。在这一章就让我们来学习儒家所倡导的仁德。

仁德在儒家的“四德”“五常”中都居于首位。在《论语》中，“仁”字共出现了109次，远出乎“孝”“弟”“天”“礼”等字之上，显然为孔子所常言。但是，孔子却并没有给仁下一个确切的定义，而是在随机回答学生提问时，根据不同境遇和问题对其予以具体的解释。但“仁”之爱人的核心意义，在春秋时期的某些文献中已经出现了，如“爱人能仁”（《国语·周语下》），“爱亲之谓仁”（《国语·晋语一》），孔子将这一观念概括上升为儒家道德的众善之源和百行之本。孔子不仅把仁看作一种特殊的道德，还把仁看作全德之名，即它高于诸德并能统摄、涵盖诸德。诸德则分别是仁在不同方面的表现，各自从不同的方面体现了仁的原则和精神。这也许就是儒学被称为仁学的原因吧！

“仁”是儒家学说的中心范畴。早在春秋时期，就已经以“仁人”“仁者”指有道德的人，而以“不仁”“非仁”来谴责那些不道德的人和事。对于那些毫无道德自觉心的人，我们会谴责其“麻木不仁”，可见，仁在传统道德中的重要地位。那么，仁的思想观念大致经历了什么样的发展演变过程？仁在伦理上的意义是什么？仁德的弘扬对我们今天修身处世有什么样的意义？这是我们这一章想讨论的问题。

一、仁德的形成与演变

“仁”字在春秋以前很少出现，在儒家的早期经典《诗经》和《尚书》中有几见，如“叔于田，巷无居人。岂无人？不如叔也，洵美且仁”（《诗经·郑风》），“予仁亘考，能多才多艺，能事鬼神”（《尚书·金縢》）。这时所说的“仁”指的是贵族的风度、勇气和才能，还不具有鲜明的道德含义。这种作为贵族品质的仁到了春秋时期，慢慢引申出了贵族对于百姓的爱的含义。为什么会有这样的引申呢？因为贵族能有仁的品质，就可能更有力量为民造福，而为民造福不就是“仁民”吗？这种原初的含义，在孔孟的思想中依然存在，如孔子屡次赞美管仲“如其仁，如其仁”（《论语·宪问》），就是因为管仲为民做了很多有益的事。孔子把“博施于民而能济众”（《论语·雍也》）作为一切居于社会上位和统治地位的人应有的道德，而孟子的仁政思想也在一定程度上受到了这种思想的影响。

在春秋时代，仁的观念已经比较流行了，如《左传》中“仁”字39见，《国语》中“仁”字24见，这时期仁主要是与其他德目如忠、孝、义、政、礼、信等并列的具体德目，当然也包含一些普遍的含义。这一时期对仁的含义的论述与界定，虽然与后来孔子的论述有一些差异，但在基本精神如亲亲、爱人等方面都是相同的，从而成为孔子创立仁学的直接思想素材。

在《论语》中“仁”字共出现了109次，孔子的理论突破和贡献主要集中在一点上，那就是把此前有关仁的诸多论说、诸多含义凝聚到一个“爱”字上，使仁成为人生所要终生奋斗的最高的、理想的道德境界，并以此为核心创立了一个博大的思想体系。

从道德思想史的角度看，儒家之礼的观念是在孔子之前就有的，孔子继承三代之礼而有所损益。但仁在某种意义上却可以说是孔子的独创，礼外仁内，以仁之内在自觉为礼奠定了一个道德主体基础。孔子论仁，自然也包含其特殊道德之义，仁既被看作一种具体道德，又被看作全德之名。所谓全德之名，指仁在儒家推崇的诸德目中具有特殊的地位，它高于诸德并能统摄、涵盖诸德，而诸德则分别是仁在不同方面的表现，都各自从不同的方面体现了仁的原则和精神。《论语》中的仁，有几条的含义是与其他德目如智、勇等并举的诸德之一，但更多的则是从全德的意义上来使用的。赋予仁以全德的意义，是孔子仁的思想成熟的标志，是仁学创立的关键，也是孔子在继承前人的有关思想资源的基础上所做的最为重要的理论工作。作为全德而统摄诸德的那个最高之德，并不在诸德之外，而就在诸德之中，这是孔子之仁的高明和卓异之处。这个全德如果是德，那么就仅是一个逻辑上的虚位抽象概念而没有实际意义，对于这个道理，唐代韩愈就已经有了清楚的认识，他在《原道》中指出：“仁与义为定名，道与德为虚位。”对道德问题的理论思考和社会实践，必须也只能落实在仁、义等具体的“定名”上，这样才有实际的意义和操作的可能。正如统领士兵的将领自身亦是这支军队中的一名战斗人员一样，能够统摄、涵盖众多德目的全德并不是一个虚位的概念，而是一个担负着具体功能的实实在在的德目。因此，这个全德不可能存在于具体的德目之外，而只能在众多具体的德目中去选拔和寻找，孔子对仁的定位正是如此。

这种全德之思的贡献是很大的。同样，孔子也对具体德目意义上的仁提出了很全面的论述。例如，他已经指出仁的根本意思是爱人，仁的普遍方法是忠恕之道，仁的根源是亲亲之孝，仁的实行之法是克己复礼，仁的最高境界是博施济众，等等。我们将在下面对这些内容展开分析论述。

孟子继承了孔子的仁的思想，并明确提出“仁者爱人”的命题。另外，孟子还继承了《礼记·中庸》中“仁者人也”的思想，并提出“仁，人心也”（《孟子·告子上》）。这两个命题具有哲学人性论内涵。孟子对仁的观念发展还有一个重要贡献，就是与墨家兼爱思想的辩论，并把仁与义结合起来，“仁，人心也；义，人路也”（《孟子·告子上》），并强调“仁之实，事亲是也”（《孟子·离娄上》），从而维护了儒家等差之爱的实质。义者宜也，仁爱是根据义而有等差的合宜的爱。

汉唐时期，贾谊、董仲舒、韩愈等以博爱释仁，如“德莫高于博爱人，而政莫高于利人”（贾谊:《新书·修政语上》），“仁者所以爱人类”（《春秋繁露·必仁且知》），“博爱之谓仁”（韩愈:《原道》）。这种博爱意识和爱类意识，突破、超越了宗族血缘关系的局限，具有进步意义。有人认为韩愈吸取了墨家的兼爱思想与佛家的慈善普度思想，但也有人认为博爱的观念在《国语》《孝经》中就已经有了，这种观点也能得到文献的支持。张载则把这种爱更加扩大了，提出了“民吾同胞，物吾与也”（张载：《西铭》）的思想，仁被扩充到整个自然界。这种思想被宋儒所广泛认同和继承。

另外，宋儒还从道德形而上学的角度，提出了“仁即性”“仁即理”的命题，认为仁是生生之理。这些观念使仁从一种人伦日常的道德情感上升为一种道德形而上学。

二、仁德的核心内涵

以上简要地勾画了仁的观念演变，那么，仁作为一种具体的道德德目，其含义或道德精神实质究竟包含哪些义项？仁作为德性和品质规范，究竟包含哪些品质或者说有哪些道德内涵呢？《论语》中虽然言仁之处很多，但大都是根据学生的性格和个别情况告诉学生怎样在生活中体现仁，并未给仁下一个定义。在此我将以自己粗浅的学养，斗胆对此进行必要的归纳与概括。根据经典论述，我个人认为，仁德的内涵似乎可以概括为如下几点：第一，仁者爱人的道德情感；第二，亲爱同情的精神根源；第三，忠恕之道的道德金律；第四，克己复礼的实践规范；第五，博施济众的奉献精神。第一点实际上回答了“仁”是什么的问题；第二点回答了仁德是从哪里产生形成的问题；第三点至第五点回答了如何行仁的问题，其中第三点还仅是一个行仁的比较普遍的心理和思维方法，第四点是实际的实践规范，第五点是行仁的最高目标和境界。下面，我们将从上述几方面分别展开分析。

1. 仁者爱人的道德情感

仁是什么？孔子、孟子明确指出了仁就是爱人的道德情感。“樊迟问仁，子曰：‘爱人。’”（《论语·颜渊》）孟子也说：“仁者爱人。”（《孟子·离娄下》）这种观点在思想史上得到了广泛认同，以爱释仁是历代儒者论仁的不二法门。爱人而非爱己，这确实是中国伦理思想的核心，从一开始就奠定了中国伦理的利他主义价值导向。

仁者爱人，仁为心之德、爱之理。仁爱的感情，是对他人的一种喜欢、亲近、需要、依恋、关怀、体贴和爱护，即竭力不使对方受到伤害的温和友善的态度。仁爱与自爱是不同的，仁爱指向他人，因而它具有纯道德的性质。爱不仅是一种感情，也是一种意志、行动和义务，因为心中有了爱，就必然为爱所驱使，为所爱的人做奉献，尽义务，关心他，爱护他。如果没有爱的行动，那么所谓爱就成为一种空洞的抽象了。因此，爱不仅是一种感情，也是一种义务，只是这种义务是出自爱之至诚、自觉与内发，因而，人们并没有感到为所爱的人所做的一切是一种义务，而只是一种爱的自然流露与表现，这正好表现出了爱之义务的纯道德性质：只求奉献不求索取，只尽义务而不以获取权利为前提。这正是道德义务的特点及高尚之处。爱的义务是一种典型的道德义务。

爱是世界各个民族伦理所倡导的重要价值与精神渊薮，但所强调的重点略有不同。在中国思想内部，有儒家等差之爱和墨家兼爱的不同和争论。儒家的仁爱强调等差之爱，即亲亲→仁民→爱物，儒家认为，爱的这些层次、差等，表现了人的自然真实感情，是由人的本性所决定的，是人的本性的有序扩散。而在诸层次中，最核心的是亲亲，即爱父母。这是因为，仁主于爱，而爱莫大于爱亲，故亲亲之孝乃是行仁之本。但儒家并不主张将仁爱止于亲亲，而是提倡将爱按层次层层推开，也提倡泛爱众，以至于“以天下为一家，以中国为一人”（《礼记·礼运》），而达致“仁者，以天地万物为一体”（《河南程氏遗书》卷二）之境界。但这种推扩却是有顺序、有先后、有差别的，如人首先要爱父母胜于爱妻子，爱家人胜于爱他人，否则就会不合儒家等差之爱的原则，从而是不道德的。墨家强调兼爱与周爱，要爱人如己，投桃报李，要先爱别人的父亲，这样别人也会爱自己的父亲。这虽然具有泛爱性质和某种崇高性，但在中国却不符合家族社会的人伦法则，甚至这种先爱别人父亲的思想，被孟子批评为无君无父的禽兽之举，这就是儒墨两家在爱的观念上的差异。另外，双方论证的角度和出发点也是不同的，儒家把仁爱看作一种内发的精神情感，而墨家的兼相爱是与交相利相联系的。

西方思想中基督教所强调的博爱，是建立在人人在上帝面前都是兄弟姐妹这一理论基础上的博爱和泛爱，而世俗的伦理学家如亚里士多德则强调一种建立在个体平等基础上的友爱精神。如果将上述几种爱的观念简单加以比较的话，那么，墨家思想似乎与西方的思想有更多近似的地方，在理论上似乎是更为高尚的一种道德理想。但由于儒家思想是建立在血缘宗法关系基础之上的，因此儒家的等差之爱虽然显得有私情的偏向，但仍因为它的合人情性而比较适应于传统中国的文化土壤，为民众所信服，最有实践性和操作性。这也许就是为什么儒家思想长期在中国占据统治地位而墨家却中绝了的原因。当然，我们在建设现代化的今天，汲取墨家与西方博爱思想的合理性也是非常重要的，否则我们只爱家人和熟人而不爱生人和大众，公义精神就难以建立。

2. 亲爱同情的精神根源

仁是爱人的情感，那么，这种爱人的情感源自哪里？在中国传统思想看来，孝为仁之本，孝即爱亲，也就是说爱亲是爱人的精神根源，仁是对爱亲感情的一种扩充。换句话说，亲爱之情的提升或扩充就是仁的道德情感的源头。人一生下来，首先接触到的人伦关系是与父母的关系，从直接的养育关系中会自然生发人对亲人的爱恋、依赖，人在被爱中学会爱，因此，孝亲是仁爱的源头。儒家把孝看作仁之本，在我理解，这不仅是从方法论角度说的，而且也是从精神本原的角度说的，仁这种爱人的道德情感就是从孝亲这种积极性情感与义务中产生并扩充而来的。早在《国语·晋语一》中就有以亲爱释仁的话语："为仁与为国不同，为仁者，爱亲之谓仁。"孟子也说："亲亲，仁也。"(《孟子·尽心上》)"仁之实，事亲是也。"(《孟子·离娄上》)许慎《说文解字》释"仁"曰："仁，亲也。"可见，"亲亲"是仁的要旨和根源，血缘亲情是仁的自然基础，仁产生于爱亲之孝，实践仁也须从爱亲做起，故《礼记·祭义》述孔子之言曰"立爱自亲始"，《论语·学而》亦载有子之言曰："孝弟也者，其为仁之本与。"在普遍的爱人之中特别强调家庭之爱，这并不意味着要缩减道德的领域，而是要强调其根源。这种由亲爱始的仁爱之心还要不断推扩以及于他人，大同世界是一个"人不独亲其亲，不独子其子"(《礼记·礼运》)的世界，仁心的不断扩充，不仅要求我们要孝亲，而且要仁民爱物以至于民胞物与、天下大同。要"老吾老以及人之老，幼吾幼以及人之幼"(《孟子·梁惠王上》)。

从爱的精神源头来看，我们认为仁产生于爱亲之孝，那么，从众人人性的角度看，可以说仁爱的道德情感产生于孟子所说的"恻隐之心"，即人对他人痛苦的一种同情与关切。所谓"同情"，就是指他人的痛苦也到了我这里，而我的心也到了他人那里，这就是心灵相通。所谓"关切"，表明了恻隐之心的方向是指向他人的，是对他人的一种忧虑、担心，这种感情具有纯粹道德的性质，因为它纯然出自一种对他人的关切，而完全不是为了满足自己的欲望，不是为了使自己获得某种利益。恻隐之心是对他人的痛苦的同情与关切，虽然其所包含的人生内容是负面的，然而其情感的道德指向却是正面的。对别人的不幸感同身受，对他者的受苦心怀不安，仅此还不够，作为一种道德感情的同情心还包含在看到别人遭受严重困厄与痛苦时去主动关怀和协助，即积极行动。

恻隐之心是道德的源头和动力之一。它的性质是纯粹道德的，同时，也是人最起码、最基本、最普通的一种道德感情。实践证明，在每一个人的道德成长过程中，对亲近的人的关切之情显然先于任何道德义务和原则观念的形成。富于同情心是个人道德意识的源头，是道德行为活动的最初动力。经验也证明，如果一个人对他人这个同类的痛苦缺乏基本的同情心的话，就会麻木不仁，就会缺乏佛教所说的基本的“善根”或“慧根”，从而缺乏从善弃恶的基本动因。因此，恻隐之心被孟子看作“仁之端”，即道德的源头和动力之一。从这个意义上看，仁实际上就是所谓的“慈善”。

3. 忠恕之道的道德金律

从上面的分析中可见，仁就是一种爱人的积极道德情感，那么，如何去爱他人呢？有一个普遍的方法论，这就是忠恕之道，它被孔子置于“一以贯之”“终身行之”的突出地位。在中西方道德文化中，它也被看作道德金律。不过，基督教对此是这样表达的：“你们愿意人怎样待你们，你们也要怎样待人。”① 这一金律的实质是对他人的尊重，因此，仁不仅是爱他人，也是尊敬他人。

忠恕之道是实现“仁者爱人”的途径和方法，也就是说忠恕之道是通过将心比心的体验去爱人，设身处地为别人考量。所谓“恕道”是指“己所不欲，勿施于人”，这是说自己不愿意，也不要强加给别人。所谓“忠道”是指“己欲立而立人，己欲达而达

① 见《马太福音》7：12，《路加福音》6：31。至于“金律”这个表述，乃是由18世纪英国历史学家吉本首先在他的《罗马帝国衰亡史》中提出的。

人”，即：自己有所树立，也应让别人有所树立；自己有所通达，也应让别人有所通达。人同此心，物同此理，前者是要求人们不损伤他人，后者则是要求人们积极利人、助人。简单地说，“忠道”就是关心人、帮助人，“恕道”就是理解人、包容人。

朱子《中庸章句》注云：“尽己之心谓忠，推己及人谓恕。”“恕”字按字面理解就是“如心”，就是使己心如人心或人心如己心，就是以己之心度人之心，以己量人，设身处地。“忠”字直解就是由心中发出的至诚的“尽己奉献”意识，朱熹解忠为“尽己之谓忠”“诚心以为人谋谓之忠”。恻隐之情告诉你要同情关心他人，仁爱之心告诉你要爱护帮助他人，而忠恕之道则给出了明确的指令，告诉你对他人应当做（或不做）什么。忠恕使仁爱之心变为明确的义务意识。一个人在人我关系上，如果能够以同情之心将心比心，对他人的过失与不当采取宽恕、忍让、谅解的态度，能出于积极之爱心替他人着想，尽己奉献，则就是一个有道德责任感的人了。恕道的基本精神是替别人着想，其基本方法是将心比心，由己之心去理解、推知他人之心，从而设身处地去为他人着想，其基本精神就是视人如己的高度同情心。不仅如此，恕道还是一种严格要求自己，使自己言行合于道德的方法途径，它体现了“反求诸己”的精神。《礼记·大学》说：“所恶于上，毋以使下；所恶于下，毋以事上；所恶于前，毋以先后；所恶于后，毋以从前；所恶于右，毋以交于左；所恶于左，毋以交于右。此之谓絜矩之道。”絜即度量；矩即制作方形等的曲尺，引申为法度、准则。絜矩就是以法度度量事物，以自心感受、衡量、理解他人，并要求自己，从而遵循道德规范。这种絜矩之道与忠恕之道的实质是相同的，也就是要求将心比心、善待他人、严格要求自己、换位思考、反复体验、推己及人、以己度人，通过这种交叉体验多方理解他人，并严格要求自身。因此，它既是实现仁德的方法和途径，也是自觉修身的方法和要求。

4. 克己复礼的实践规范

“颜渊问仁。子曰：‘克己复礼为仁，一日克己复礼，天下归仁焉。’”（《论语·颜渊》）这就是说，克服、战胜自己的私心、私欲，使自己的思想言行符合礼，便实现了仁。仁是礼的内在基础，一旦具有仁的品德，便能自觉遵守礼制。另外，仁又必须以礼为表现形式，通过礼来节制、规范，即按礼的规定去爱人，遵守人伦之礼是仁的外在体现和行为规范。

从仁爱之心的基本伦理精神的角度看，儒家强调“仁”与“礼”的结合，即“克己复礼为仁”。也就是说，克己以遵守社会道德、维护社会秩序，这是一个人最基本的社会道德义务，也是人在道德上自我实现的途径或行仁之方。既然人在本质上是一种社会角色，是生活在社会关系之中的，那么，人们就必须遵守社会规范和行为方式——礼。一个人只有遵仁循礼，才可能获得真正的自由。当然，儒家所言之礼为后来的统治阶级用来维护封建等级制度，强调上下有等、尊卑有序、长幼有别等，这具有封建时代的历史局限。另外，过分强调“非礼勿视，非礼勿听，非礼勿言，非礼勿动”（《论语·颜渊》），也是不利于个性发展的。尽管如此，如果我们舍弃礼中所包含的具体历史内容，克服其过分强调社会的整齐划一而忽视个性的片面性，那么，儒家仁爱精神中所强调的人要有遵守社会道德规范的义务感仍然是民族的优良传统。道德就是为了协调人际关系、维护社会秩序而产生的。一个有仁心爱意的人，一个有社会责任感的人，首先必然是自觉认同并积极遵守、履行社会道德规范的人。

要做到复礼，就要以克己为前提，即只有克制自己的私欲才能符合社会的道德要求。因此，复礼精神与克己精神是相互联系的。在处理人际关系时，出于自私利己之心不仅不能爱人、利人、助人，甚至还会损人、伤人、害人。因此，培养仁爱之德，就应首先从克制自己的自私利己之心做起。重克己是儒家仁学的又一重要内容。随着利己与爱人的矛盾冲突愈益尖锐，宋代理学家对克己更为重视，他们大都直接以公释仁，以去私作为行仁之方，如朱熹说“公而无私便是仁”“公了方能仁，私便不能仁”（《朱子语类》卷六）。事事出于私心就不能爱、不能仁，所以，“无私是仁之前事”（《朱子语类》卷六），离开无私这一前提就没有仁。这深刻揭示了利己与爱人的矛盾。以公释仁，以去私作为行仁之方，虽是对孔子“克己复礼为仁”的发挥，但也是宋儒对仁爱的新体悟，反映了古人对仁爱理解的深化。因此，要做到仁，不仅要遵守社会道德规范，而且要从克己做起。当然克己不仅是指在思想上克制自己的私心，而且也指克制自己言行上的偏私，这实际上是与复礼或守礼相一致的。

5. 博施济众的奉献精神

人不仅有遵守社会道德的基本义务，而且还有更高的义务，即奉献社会，促进社会进步。孔子要求君子、贤达、君王要具有“博施于民而能济众”的高尚道德品质。《论语·雍也》载：“子贡曰：‘如有博施于民而能济众，何如？可谓仁乎？’子曰：‘何事于仁，必也圣乎！尧舜其犹病诸！’”对于统治者来说，爱人即表现为爱民。统治者应养民、利民、富民、惠民、教民，博施于民，不仅要在思想上具备这样的德性，而且要在政治上实行仁政，“以不忍人之心，行不忍人之政”（《孟子·公孙丑上》）。不仅要“不嗜杀人”，还要“省刑罚，薄税敛”，无夺农时，使民“不饥不寒”，“仰足以事父母，俯足以畜妻子，乐岁终身饱，凶年免于死亡”（《孟子·梁惠王上》），进而乐民之乐，忧民之忧，在政治层面上实行仁政。

另外，作为一种广泛的道德要求，博施济众要求一切“以天下为己任”的仁人志士都要不断扩充仁爱之心，尽可能做到为天下苍生谋利，先天下之忧而忧，后天下之乐而乐，一切行为均以老百姓得到实惠为宗旨。当然，这种道德要求在古代社会还只是一种道德理想，只有少数道德上的圣贤才能做到。在儒家仁爱精神的引导下，古代的许多仁人志士坚持天下为公、奉献社会、造福民众。这些都是以仁爱精神为基础的，也是仁爱精神扩充与提升的必然结果。

三、仁德的现代意义

仁是传统道德的全德，包含着丰富的内涵，长期以来为中国人所实践，那么，我们现代中国人从仁的道德精神中能够汲取哪些精华，以资于我们的现代实践呢？

1. 以同情爱人之情唤醒我们的道德良知

仁是中华道德的全德之名，也是首要道德。人是社会性的存在，因此，人总要有一种类意识，对同类的不幸要怀有一种恻隐同情之心，这恰恰是人性的底线。人与人的关系并不应该等同于狼与狼的关系，而应该是一种相互同情、相互爱护、相互帮助的人道关系。对他人的爱和同情是产生对他人的善意（而非恶意）的精神源头，人如果对自己的同类缺乏基本的同情和爱心，那么，这个人可能就已经失去了基本的人性。“所以谓人皆有不忍人之心者，今人乍见孺子将入于井，皆有怵惕恻隐之心。非所以内交于孺子之父母也，非所以要誉于乡党朋友也，非恶其声而然也。由是观之，无恻隐之心，非人也。”（《孟子·公孙丑上》）在孟子看来，人的恻隐之心，原本就是人之四个善端之一，是人的本性，无恻隐之心就不是人。仁德是儒家思想之源，而这种恻隐之心与爱心又是一切道德的根源。

但是，在现代中国，由于历史上的政治斗争对人的人性、心灵与精神的摧残，又加上市场经济条件下，各人为各人所带来的人与人之间的冷漠，似乎我们的心中已经缺乏道德的基本情感和人性基础了。在佛教看来，如果人还保有对人和万物的基本同情心，那么，就说明这个人还有善根存在。可是，现代某些中国人，似乎越来越丧失同情心了。在“文化大革命”中出现了家人互斗、同事互斗、师生互斗的情况，有时甚至把人往死里打，这种动物式的、非人道的方式对人性和人的尊严的摧毁，长时期以来给现代某些中国人的道德心理带来了非常消极的影响。改革开放以来，人性又受到个人利益最大化的冲击，形成了人骗人、各人顾各人的状况，使人们之间麻木不仁、自私冷漠。在 2011 年，一起小悦悦事件引起了全社会对道德的忧虑。这起事件大概是这样的：2011 年 10 月 13 日，2 岁的小悦悦（本名王悦）在佛山南海黄岐广佛五金城相继被两车碾压，7 分钟内，18 名行人路过，但都视而不见，漠然而去，最后，一名拾荒阿姨陈贤妹上前施以援手。2011 年 10 月 21 日，小悦悦经医院全力抢救无效，在零时 32 分离世。这起事件引发网友热议，感叹人们为何如此冷漠，对社会的道德现状感到深深的忧虑。2011 年 10 月 23 日，广东佛山 280 名市民聚集在事发地点悼念“小悦悦”，宣誓“不做冷漠佛山人”。另外，经常可以听到新闻媒体报道大学生虐待动物的事件，如果我们的道德教育不从同情他人的基本道德感做起，那么，就难免出现大学生中“马加爵杀同学”那样的恶性事件。因此，当我们今天学习中华传统仁德时，首先要树立同情心和爱心。当然，近年来我们可喜地看到，随着我国经济的发展和社会的进步，随着教育水平的提高，年轻一代的道德同情心和善意增强了。随着对道德问题的关注，政府与民间都非常重视道德建设，出现了诸多助人为乐、见义勇为的最美人物和道德模范，给社会带来了温暖和正能量。

仁的道德情感不仅包括同情心，也包括积极的爱人助人精神，这更是道德精神的原发性、动力性的根源。我们不仅要对他人有同情心，而且要有爱心，我们经常唱《让世界充满爱》《爱的奉献》这些歌，岂不知这就是我们传统道德中仁的最基本的要求。爱人是一种积极的情感，它会把人引向对他人的善意、关怀和帮助。因此，我们每一个人首先要有一颗爱心，正如歌曲《爱的奉献》中所唱到的："只要人人都献出一点爱，世界将变成美好的人间！"爱是一切道德义务产生的源泉和动力，只要对他人、社会充满爱而不是恨，那么，道德主体就不仅会主动履行自己的义务，而且能通过义务的履行提升自己的道德和人格。可见，仁爱确实是一切道德的源头。

2. *以忠恕之道培养我们的他人意识*

心中有他人是道德在人际关系上的最直接的体现。明代思想家吕坤在其著作《呻吟语·应务》中曾说："肯替别人想，是第一等学问。"我们每一个人在社会上都要与他人打交道，能否心中有他人是一个人有无道德素质的表现。要以忠恕之道将心比心、换位思考，尽量不要给他人添麻烦，在生活中要常想想你有没有给别人添麻烦，比如，有没有在别人午休时或其他不适当的时间给别人打电话？是不是请求别人替你办事为难别人了？等等。总之，每做一件事都要想想是否给别人造成了不便与伤害，这就是恕道的根本精神。清末学人石成金编了一本书很有名，叫《传家宝》，在该书中，他说："以己之心，度人之心，将心比心，强如佛心。"（《传家宝》初集卷六《天福编》）他还说了一句话："惟恕可以成德……恕则无人我之私，故能进于德。"（《传家宝》三集卷二《群珠》）这句话是说，恕心之所以能进德，就在于在人我关系上，有恕心就能处处想到别人而无私心，所以能进德。

另外，恕道还有一种根本精神就是严己宽人、反求诸己。恕道要求我们对他人要有宽容精神，得饶人处且饶人。当然这种饶人不是无原则的纵恶，而是在同情了解的基础上对他人的体谅和理解。但对自己则要严格要求，严于律己、宽以待人是待人接物的高尚道德品质。韩愈在《原毁》中说："古之君子，其责己也重以周，其待人也轻以约。重以周，则不怠；轻以约，故人乐为善。"严于律己是道德修养过程中追求道德进步与完善、攀登道德高峰的阶梯；严于律己能增强人与人之间的友好情感，有矛盾时有利于化解矛盾。宽以待人，要有恢宏的气量和宽广的胸襟。对人宽容大度，往往环境宽松，气氛和谐。人在宽松的环境里，在和谐的气氛中，会心情舒畅，人乐为善。人有个性差异，在人际交往中应当承认这种差异，要尊重不同的个性，求大同存小异。因此对待人要大度宽容，不能强求别人与自己一样，不能容不得不同意见，更不能排斥异己。道德高尚的人应该胸襟宽广、气度恢宏。古人说"量小非君子，德高乃丈夫"，就是要我们提高道德修养，待人宽容大度。待人宽厚随和，与人为善，人亦与己为善。

他人意识不仅包括恕道，即同情、宽待别人，而且要有忠道，即尽己利人、与人为善、助人为乐。时时处处不仅要心有他人、理解他人、尊重他人，而且要为他人积极奉献，周穷济困，要财以济人、力以助人、智以勉人、德以化人。

3. 以博施济众提升我们的奉献意识

中华传统仁德，遵循一个亲亲→仁民→爱物的不断扩充的路线，仁既是道德的起点，又是一个很高的境界。因此，孔子不轻易以仁许人，甚至认为自己也还达不到仁的至高境界。相对于前面所说的同情仁爱、忠恕之道来说，博施济众就是一个更高的道德要求，它要求我们要以天下苍生为念，以天下为己任，以奉献民众为乐，爱最终就要体现为奉献精神。仁爱精神倡导博施济众、天下为公，与我们今天所讲的为人民服务有内在精神上的一致性。每一个有志青年如果立志做一个仁人志士，那么，就一定要抛弃一己之私，要有宽阔的胸怀和为天下苍生谋福利的理想。一切伟大的人，都是仁心广施的人，如佛祖之所以要普度众生，就是基于他对众生所受苦难的关切；马克思胸怀为人类工作的理想，才可能有影响世界历史的伟大的思想创造；毛泽东则鲜明地提出“为人民服务”是共产主义人生观和道德观的核心。树立奉献意识固然要从人生实践中不断地努力，但从传统仁德中汲取博施济众的思想资源也是提升我们的奉献意识的重要途径。

子曰：“仁远乎哉？我欲仁，斯仁至矣。”（《论语·述而》）也就是说，只要我们努力下功夫，就一定能追求到仁。即使我们不能成为一名仁人志士，也可以提高自身的道德素质，成为一名君子。

仁就是爱，爱就是奉献，让我们从自己、从现在做起，多点爱心去爱我们的父母，爱我们的家人，爱我们的同事，爱我们的同胞，爱这个世界上的每一个人。让我们一起弘扬传统仁德，建立和谐社会和幸福生活吧！

第十四章　讲义德

在中国，大家会看到有很多关帝庙，这是专门祭祀关羽的。刘关张“桃园三结义”的故事也为国人所熟知。在中国民间，关羽为什么能够由人上升为神呢？这主要是因为老百姓崇敬关羽的忠义精神。一个人身上具有某种道德，这种道德似乎能出神入化，具有某种神力，具有“动天地、泣鬼神”的力量。因此，关羽也就由人而升格为神，受到历代民众的祭拜。那么，关羽身上体现出的道德精神主要是什么呢？在老百姓看来，关羽是忠义的典型和化身。关羽对刘备既有臣对君的忠，又有弟对兄的义，即使暂居曹营，仍然是身在曹营心在汉，要等待时机对曹操之恩有所回报后再归汉。义以为上，义字大如天，这就是传统中国人的价值信仰和行为原则。另外，现代作家金庸的武侠小说之所以那么受中国人欢迎，实际上也在于它满足了江湖有义的道德心理需求，可见义德在中国人生活中的重要性。

义在中国传统道德体系中是一个重要的德目，孟子把义看作与仁同等重要的德目。在儒家的“五常”即仁、义、礼、智、信和管子的“四维”即礼、义、廉、耻中它均位居次席，地位显著。《易传》有言“立人之道曰仁与义”，这显然把仁与义看作儒家道德的核心。韩愈在其《原道》中认为：“博爱之谓仁，行而宜之之谓义，由是而之焉之谓道，足乎己无待于外之谓德。仁与义为定名，道与德为虚位。”“凡吾所谓道、德云者，合仁与义言之也，天下之公言也。”所谓“定名”就是概念的特定内容，所谓“虚位”就是概念的抽象形式，这样说来，“仁义”就是“道德”这个概念的实质内容，儒家所言之道德实质上就是指仁义。这也表明仁义在儒家道德中的核心地位，以至于它们成为同位概念和可以互相替代的词。中国人在口头言语中有一个常常连用的词叫“仁义道德”，甚至把“仁义”当作道德的代名词，比如，我们经常说“仁至义尽”“杀身成仁”“舍生取义”。那么，其究竟是什么含义？其思想流变、道德内涵、精神实质如何？在现代社会中如何正确对待与弘扬传统义德思想？这是我们在本章要加以讨论的。

一、“义”的语义分析

从语义上来看“义”是什么意思呢？它主要有如下几种意思，即宜、正、理、则。

《礼记·中庸》曰：“义者，宜也，尊贤为大。”韩愈在《原道》中说：“博爱之谓仁，行而宜之之谓义”。宜，就是善、正确或恰当。对一切事物的判断合于节度，处理一切事物合宜，称为义。

《墨子·天志下》曰：“义者，正也。”道家的《文子·道德》也说：“正者，义也。”总之，以正释义较之以宜释义，使义具有明显道德意味的应然，而非宽松的合宜、恰当。孔子的义，也明显是一种道德意义上的正当，如在义利之间，他坚持“君子喻于义，小人喻于利”“见得思义”“见义不为，无勇也”（《论语·为政》)，这些都是把义当作当为之事或道德上的标准，而非考虑多方因素的合宜。道德上正当的、当为的一定是合宜的，但却不能反过来说合宜的必然是正当的、当为的。

那么，什么是“正”？它是判断一切是非的准则。这种是非准则必定是为公众所接受的，是能够说服人的。《尚书・洪范》有言：“无偏无陂，遵王之义。无有作好，遵王之道。无有作恶，遵王之路。无偏无党，王道荡荡。无党无偏，王道平平。无反无侧，王道正直。”无偏颇、无好恶，不结党营私、不违反法度，这些说的是如何规范社会行为，或者说如何纠偏匡正。王道荡荡、王道平平、王道正直说的则是一种政治与社会的理想状态，这种理想状态是人人所期望的，如此才成为公共的准则。尽管没有哪个人能够完全破除个人的偏颇和好恶，但所有有正义感的人们都一定要寻找这些准则，并拿这些准则来衡量和规约自己的行为。只要大家都这么做，社会的正气就能树立起来，就可能产生那种理想状态了。

义除了具有“宜”和“正”的意思外，还具有“理”的意思。荀子说：“义，理也，故行。”(《荀子・大略》)朱熹说：“义者，天理之所宜。”(《四书章句集注・论语集注・里仁第四》)它首先是一种人伦之理，同时亦被上升为一种天理，即天下之通义。“天下有义则生，无义则死；有义则富，无义则贫；有义则治，无义则乱。”(《墨子・天志上》)义理不仅关系到个人的生存意义、价值取向，也关系到社会的存亡治乱。这种理不仅是人道、王道，也是天道。

由于义的作用在于要求人们的行为合宜、正当，因此必然具有强烈的实践性。荀子说：“仁，爱也，故亲；义，理也，故行；礼，节也，故成。”(《荀子・大略》)义的根本性质是“理”，“理”要落实为道德价值必须依靠人们遵循道理而行动。因此，它就是

人们的行为法度、规范和义则，它是对行为的某种节制。荀子说："夫义者，所以限禁人之为恶与奸者也。"（《荀子·强国》）

义德还具有普遍性特点，与仁类似，在某种意义上也是"全德之名"。"宜"与"正"表示义之普遍价值和道德价值的含义，"理"与"则"则是义的某种实践性、律令性特征。义不仅被作为一般性的善的意旨，而且其"正""理""则"等含义都具有道德的一般性特征。因此，义也可以被看作一切道德的总称。在这一点上，它似乎与仁是一样的，这也许就是为什么在中国语境中仁义等同于道德，如《礼记·礼运》有言："何谓人义？父慈、子孝、兄良、弟弟、夫义、妇听、长惠、幼顺、君仁、臣忠，十者谓之人义。"由这段话明显可以看出，义一方面代表人间的所有基本伦理价值，另一方面又指称丈夫特有的德行。郭店竹简《性自命出》有言："义也者，群善之蕝也。"蕝是表征的意思，这句话可以说准确地表达了义为众善之表征的意义。

二、义德观念的演变

"义"的某些含义早在周代的文献中就有了，如节度事物之宜的含义在《周语·国语》中就有了，某种道德上的正当、公平，天道或天命、王道之义在《尚书》中也有诸多体现。如《尚书·汤誓》所记载的那样，商汤要革夏桀的命，先要数落夏氏的罪行，然后欲以上天的名义，革其不正以归于正。周人论证自己代商而取得天下，也是认为自己更有道德，因此上天将权力授予自己，"惟天监下民，典厥义"（《尚书·高宗肜日》）。《尚书·洪范》中的"王道正直"也是表达"义"的这种天下公义的意思。

尽管如此，具有鲜明的道德意义的"义"的观念主要是由后来的儒墨两家提出来的。

孔子的义德思想奠定了儒家义德思想发展的基础。孔子非常重视义德。“子曰：‘君子义以为质。’”（《论语·卫灵公》）“子曰：‘闻义不能徙，不善不能改，是吾忧也。’”（《论语·述而》）孔子认为，义是一种崇高的德行，能遵义行义是君子之道。君子以义为本质，以义为尚，见义勇为。一方面，在孔子的思想中，义代表着一种客观的伦理秩序，如孔子理解的人伦大义就是君君、臣臣、父父、子子，也就是人们在血缘亲情伦理的宗法体系中要各守本分，以维护一定的人伦秩序。另一方面，孔子所讲的义也是一种价值观，也就是说，在义与利这两种价值间，在孔子看来，道义、道德的价值高于物质利益的价值。“君子喻于义，小人喻于利”（《论语·里仁》），“饭疏食饮水，曲肱而枕之，乐亦在其中矣。不义而富且贵，于我如浮云”（《论语·述而》），“君子义以为质”（《论语·卫灵公》），等等，都表现了孔子的这种价值观。

思孟学派对孔子义德思想的发展，强调了义的人性根源和人性自觉，坚持了义德的心性论道路。孟子认为义德是人心固有的“四端”之一，在实践领域，义是人们成就个体道德人格的力量和表现。孟子说：“生亦我所欲也，义亦我所欲也，二者不可得兼，舍生而取义者也。”（《孟子·告子上》）义在孟子看来是立人之节。有了义就可以富贵不淫、贫贱不移、威武不屈。能行义，就可以堂堂正正做人，为了坚守义，甚至不惜失去生命，这是一种很高的道德境界。孟子的义为立人之节的思想具有明显的人格论思想特色。

荀子则继承了孔子义德思想中“客观伦理秩序”的一面，将义德沿着外治论的方向予以发展。在性恶论的基础上，荀子认为义是社会必要的明分之道，如果没有礼义，整个社会就必定陷入穷乱争斗的局面而难以存在和维持。所以荀子认为义是人伦大要，是天理纲纪，在社会上发挥着治国安邦的功用。荀子说“礼义之谓治，非礼义之谓乱也”（《荀子·不苟》），认为礼义是“治辨之极也，强国之本也，威行之道也，功名之总也”（《荀子·议兵》）。荀子实际上把义看作礼，或者礼就是义，所以他往往礼义连用。荀子着力强调了义的等级区分的客观伦理秩序的含义。

董仲舒的义德思想主要体现在其对人我关系和义利关系的论述上。他看到了道德修养中人与我的不同，认为义的道德作用是治我、正我。“《春秋》之所治，人与我也；所以治人与我者，仁与义也。以仁安人，以义正我，故仁之为言人也，义之为言我也。”（《春秋繁露·仁义法》）这种思想正确看到了仁与义的不同道德作用，强调了以义正我的功能特点。

在义利关系上，董仲舒主张心体二分、义利两养：“义者，心之养也；利者，体之养也。体莫贵于心，故养莫重于义。义之养生人大于利”（《春秋繁露·身之养重于义》）。在价值取向上他认为应该坚持“正其谊（义）不谋其利，明其道不计其功”。总之，董仲舒一方面承认利对人生的意义，另一方面在价值观上坚持并发展了儒家义以为上的价值观。

理学宗师周敦颐把仁解释为“生”，把义解释为“成”。仁生万物，义成万物。“圣人在上，以仁育万物，以义正万民”（《通书·顺化第十一》），所以周敦颐实际是把伦理道德与宇宙生成论联系在一起。义作为成就万物、和正万民的至高法则，具有超越时空的普遍必然性，是天理。实际上，把仁、义、礼、智、信抽象化，使之成为自然和人类的共同本体，正是理学的特点。也就是说，宋明理学家在义的道德内涵上并没有提出更多的思想创造，只是对义和“五常”中的其他之德做了形上化的论证。

在中国伦理学史上，另外一个非常重视义的学派是墨家。墨子认为义是“天下之良宝”，“今用义为政于国家，人民必众，刑政必治，社稷必安”（《墨子·耕柱》）。墨家的义的思想主要有以下几个特点。

第一个特点就是明确地宣称义就是利。“义，利也。”（《墨子·经上》）墨家认为，判断事物义或不义的标准就是看它能不能带来利。“若事上利天，中利鬼，下利人，三利而无所不利，是谓天德。故凡从事此者，圣知也，仁义也……若事上不利天，中不利鬼，下不利人，三不利而无所利，是谓之贼。故凡从事此者，寇乱也，盗贼也，不仁不义。”（《墨子·天志下》）所以，义或不义的实质是利或不利。不过这个利不是一己之利，而是天下大利。义的道德价值不是体现在私利上，而是显示在公利中，这就是墨子兼相爱、交相利的道德原则。义的根本目的在于兴天下之利，除天下之害。

第二个特点是强调天下之公义。由于墨家思想是一种代表下层老百姓的平民思想，因此，它的道义观更多具有天下公义的社会伦理含义，“义正者何若？曰：大不攻小也，强不侮弱也，众不贼寡也，诈不欺愚也，贵不傲贱也，富不骄贫也，壮不夺老也。是以天下之庶国，莫以水火毒药兵刃以相害也”（《墨子·天志下》）。在这一点上，儒墨两家的差异是比较大的。儒家思想反映的是统治阶级的思想，虽然其中也不乏一些平等思想，但其思想主流是维护一种等级秩序。而墨家思想则体现着下层老百姓的利益，因此，其对义的看法更多地强调了一种平等的思想。

第三个特点就是强调周穷济困、利济苍生。墨子说：“有力者疾以助人，有财者勉以分人，有道者劝以教人。”（《墨子·尚贤下》）墨子要求人们乐于助人，为他人谋利，这种天下公义和义济天下的义举思想，具有更强的社会性、民间性、普世性，长期影响着后世，产生了后世的非主流的、民间的、小传统的侠义思想传统。这种思想传统对普通老百姓更有吸引力和思想魅力。

墨家作为一个学派虽然中绝了，但其利济苍生、周穷济困的思想以及追求公平正义的思想，在民间小传统的民众生活实践中仍然发挥着深远而持久的影响。墨家的兴天下之利、利济苍生的思想被中国民间社会所长期实践。义在日常生活与民间文化中被广泛应用，如出于义务而无权利诉求为族人乃至大众谋利的所有行为都被称为义举，如义学、义塾、义仓、义舍、义桥、义路、义井、义田等，这些行为基本上都是济助他人的义行。这种义行有两项要素：一是以造福他人为目的，二是民间自发。正如明代姚舜政的《药言》中所说："立义田以给族之不能养者，立义学以淑族之不能教者，立义冢以收族之不能葬者。"这种义举不仅仅局限于同族中，也在全社会被广泛施行。清初石天基在其著作《传家宝·人事通》中所表达的"义"可以视作民间义观的综合体现："义者，宜也。为所当为，谓之义。如为子死孝、为臣死忠之类是也。其次则于宗族乡党之中，见有贫而不能婚嫁殡葬的，须当量力以赠之。见有遭难困苦、衣食不给的，须当量力以济之。见有含冤负屈而不能伸的，须当出力，率众慷慨公道以白之。至于修桥、修路、施药、施棺，赈饥济乏，喜道人善，广行方便，皆义也。"

另外，"义"除了为天下苍生谋福利的意思外，还有按相应的公义行事，仗正道而行的意思，如义师、义战、义举等。讲究人际道义，为某种天下正道而奋斗，遵守承诺，言而有信，这都被视为有义之人，如刘关张"桃园三结义"被看作中国人友道的榜样，也是中国后世的正义内涵之一。一个勇于承担自己的责任，言必信、行必果的人也必将受到大家的尊重和拥戴。总之，虽然秦汉以后从理论上研究探讨义的人少了，但义在实践中却被中国人广泛实践着。在民间，侠义精神深为老百姓所喜爱。人们津津乐道的一些侠义故事不断流传，成为许多文学形式的素材。

即使是在作为正史的司马迁的《史记》中都专门开辟了游侠列传，记载了郭解等名侠义士的事迹。可见义是中国人最为重视的道德之一。

三、义德的传统道德内涵

在中国伦理思想史上或在中国的传统道德生活中，义的实质道德内容是什么呢？我认为有如下几点。

1. 等级秩序

一定的道德观念总是当时社会关系的产物，传统中国是一个封建宗法等级社会，作为集中体现社会道德范畴的“义”必然是这种关系的集中反映。在我看来，等级秩序就是传统义德的首要道德内涵。义是对等级区分、等级权益的自觉维护和尊重。近代思想家康有为曾说：“界限者，义也。”（《春秋董氏学》卷六）这一观点是准确和深刻的。其实，荀子就是以分来看待义的，他说：“水火有气而无生，草木有生而无知，禽兽有知而无义，人有气、有生、有知，亦且有义，故最为天下贵也。力不若牛，走不若马，而牛马为用，何也？曰：人能群，彼不能群也。人何以能群？曰：分。分何以能行？曰：义。故义以分则和，和则一，一则多力，多力则强，强则胜物，故宫室可得而居也。故序四时，裁万物，兼利天下，无它故焉，得之分义也。”（《荀子·王制》）荀子的基本论点是，人类之所以能成为万物的主宰是因为有社会区分，这使人得以依照不同的身份角色组织起来，建立秩序。社会区分要顺畅运作，必须以义为基础，反过来说，义的精义就是社会区分的原则。因此，在《荀子》一书中，“分义”一词多达六见。在荀子看来，社会本来就应该有贫富、贵贱之分，没有这样的差别是很危险的。他说：“夫两贵之不能相事，两贱之不能相使，是天数也。埶位齐而欲恶同，物不能澹则必争。争则必乱，乱则穷矣。先王恶其乱也，故制礼义以分之，使有贫富贵贱之等，足以相兼临者，是养天下之本也。”（《荀子·王制》）《礼记·丧服四则》有言：“贵贵尊尊，义之大者也。”《大戴礼记·盛德》有言：“义者，所以等贵贱、明尊卑。贵贱有序，民尊上敬长矣。”董仲舒说：“大小不逾等，贵贱如其伦，义之正也。”（《春秋繁露·精华》）他还说：“立义以明尊卑之分。”（《春秋繁露·盟会要》）这些观点都表明了义在当时的社会条件下，其核心是维护等级秩序。这是当时社会最大的人伦和社会秩序，因此也被看作符合正义的秩序和原则。在当时的人们看来，正当的社会生活表现于阶层化的等级秩序中，义要求各人善尽自己角色的责任，服从长上权威，维护此一秩序。社会生活中阶层秩序与合理性的结合就是“义”的精华。至于哪些价值有助于创造合乎“义”的社会秩序，《荀子·大略》提供了最简洁的清单：“贵贵、尊尊、贤贤、老老、长长，义之伦也。”

2. 天下公义

传统中国的基本社会秩序是封建等级秩序，因此，义的核心含义是等级秩序。但不可否认，在这种核心含义之外，还有一种更为超越和普遍的天下公义的意思。如果说等级秩序表达的是一种主流的、统治阶级的、正统的政治意识形态的话，那么，天下公义则表达着一种更具普遍性的、更为社会化的、在某种意义上超越于等级秩序的天下公义和公理。这些观念主要包括：

（1）天下为公、世界均平的观念

在早期社会，“大道之行也，天下为公。选贤与能，讲信修睦。故人不独亲其亲，不独子其子，使老有所终，壮有所用，幼有所长，矜、寡、孤、独、废、疾者，皆有所养。男有分，女有归。货，恶其弃于地也，不必藏于己；力，恶其不出于身也，不必为己。是故谋闭而不兴，盗窃乱贼而不作。故外户而不闭。是谓大同”（《礼记·礼运》）。这种大同世界的理想长期以来就是中国人关于社会正义的一种理想和追求。它希望人人有天下为公的情怀，讲信修睦，出财出力，追求人间普遍幸福。如果说上述等级秩序要求等级区分，人人得其应得，各得其宜的话，那么，天下为公则要求人人各得其平，不仅要求人们关心公共普遍利益的实现，而且要求努力实现人与人之间的公平，以达到世界均平的理想。要公平对待所有人，不偏不倚，“无偏无党，王道荡荡”（《尚书·洪范》），给每一个人以平等的发展机会，举贤不避亲、不避仇。法律面前也要努力实现人人平等，“刑政平而百姓归之”（《荀子·致士》），只有公正的社会才是一个至平的社会。

（2）忧国忧民、利济苍生的观念

关怀民众疾苦，实现社会公义，为天下人谋求利益和福祉，被传统士人看作是自己最大的伦理义务和责任。孔子自言其志：“老者安之，朋友信之，少者怀之。”（《论语·公冶长》）又说君子的最高成就在于“修己以安百姓”（《论语·宪问》）。墨子摩顶放踵，念兹在兹的是“国家百姓人民之利”（《墨子·非命上》）。爱国诗人屈原一句“长太息以掩涕兮，哀民生之多艰”（《离骚》），道出了忧国忧民的情怀。范仲淹之名句“居庙堂之高则忧其民，处江湖之远则忧其君”（《岳阳楼记》），体现了一位封建士大夫无论是在朝还是在野，都能以天下社稷、人民福祉为念。不仅一些统治阶级的人物和士大夫以天下苍生为念，把利济苍生看作社会之正义，而且许多有侠义精神的人也仗义疏财、周穷济困、替天行道，把这看作是一个有道德的人之所当为，是天下之公义。“义”是最常被用来涵盖慈善性、公益性作为的概念。

（3）追求平等和公平的观念

统治阶级的正统思想总是想以伦理、礼法等极力维护等级和特权，但老百姓和民间社会却从来没有停止对平等和公平的追求。陈胜、吴广起义喊出了“王侯将相宁有种乎?”的口号，许多农民起义都主张“均贫富，等贵贱，杀尽不平方太平”“天下男女，尽是兄弟姐妹”，认为应该实现“有饭同吃，有衣同穿”。这种民间的平等诉求长期以来在中国历史上不绝于耳。如果这些诉求不能得到解决，那么，有的侠义之士就以武装的形式劫富济贫、为民除害、路见不平拔刀相助。这种行为似乎是对现存等级秩序的一种僭越，甚至是犯罪，但谁又能说它不是一种超越于等级秩序的更为普遍而广泛的天下公义呢?据《吕氏春秋·孟春纪·去私》记载，墨家巨子声称：“墨者之法曰：‘杀人者死，伤人者刑。’此所以禁杀伤人也。夫禁杀伤人者，天下之大义也。”墨家以不伤害他人为根本的义。在这种思想影响下，中国民间俗语所说的“杀人偿命，借债还钱”被老百姓看作天经地义的天下公义。这种平等与公平的意识在传统中国的正统思想中鲜有，但在民间思想中却是得到广泛认同的社会公义。

道统高于君统的观念也是天下公义，是对等级秩序天然合理性的超越。孟子所提倡的大义不会局限于一国之君的利益。相反，他认为如果君主不能够为老百姓着想，就应该取而代之。杀掉那些昏庸之君不是所谓的“弑君”，而是“诛一夫”(《孟子·梁惠王下》)。孟子还提出“民贵于君”的思想，他说：“民为贵，社稷次之，君为轻。”(《孟子·尽心下》)这应该是最早认识到君主与人民利益未必一致并强调人民利益重于君主利益的言论。《吕氏春秋·孟春纪》也说：“天下非一人之天下也，天下之天下也。”

王夫之在天子与天下的关系上提出了“一姓之私”与“天下大公”的区别。“一姓之兴亡，私也；而生民之生死，公也。”“若夫国祚之不长，为一姓言也，非公义也。秦之所以获罪于万世者，私已而已矣。斥秦之私，而欲私其子孙以长存，又岂天下之大公哉!”（王夫之：《读通鉴论》）所以天子不可将天下视为一姓私有之天下，而应将天下视为天下生民公有之天下。天子治理天下，不可贪求一姓之私利，而应循从生民之公义，“不以一人疑天下，不以天下私一人”（王夫之：《黄书·宰制》）。如果天子不能循从天下大公、生民公义，那么天子之位也是“可禅，可继，可革”（王夫之：《黄书·原极》）的。黄宗羲在《明夷待访录》中也提到了“天下为主君为客”的思想。他认为，君主强迫天下人为自己服务，所标榜的“大公”是“以我之大私为天下之大公”，“为天下之大害者，君而已矣”（《明夷待访录·原君》）。他认为封建法制是祸乱的渊薮，要求废除封建君主的一家之法而建立天下之法。君主应该“为天下也”，“天下之治乱不在一姓之兴亡，而在万民之忧乐”（《明夷待访录·原臣》）。

3. 角色责任

上述两层含义都是对合理的社会秩序的探寻，一是正统的观念，二是更为超越和普遍的观念，二者相互补充，构成了完整的中国传统社会义的社会秩序观。义是一种合理的社会秩序，这种社会秩序是需要人去遵从并维护的，因此，义不仅是关于这种社会合理秩序的观念，也是力图维护这种合理秩序的道德义务、角色责任和道德律令。任何一种社会秩序都是建立在人与人关系的基础上的，处理好人际关系实际上就是对社会秩序的维护。传统中国是一个人伦本位、关系本位的社会，每一个人都在这种人伦秩序中充当了某种社会角色，很好地履行这种角色的责任，不仅是客观人伦秩序的需要，也是为人之义，即处在关系中的人的社会道德责任。因此，角色责任具体表达了传统中国社会中人的责任和义务。以某种伦理要求和规范的形式把这种责任和义务表达出来就是义。《礼记·礼运》有言：“何谓人义？父慈、子孝、兄良、弟弟、夫义、妇听、长惠、幼顺、君仁、臣忠，十者谓之人义。”这就十分明确地表达了这种角色责任。人的角色会随着人生境遇和关系的变化而变化，因此，人的角色责任也处于变动之中。《荀子·非十二子》曾这样描述理想人格（仁人）的行为：“遇君则修臣下之义，遇乡则修长幼之义，遇长则修子弟之义，遇友则修礼节辞让之义，遇贱而少者则修告导宽容之义。”虽然这种角色责任的具体内容可以随不同情况而变化，但履行一定合理秩序基础上的人伦道德义务却是绝对的，是人的客观责任和义务。而且，荀子认为等级差别的礼仪制度必然要求人要有“职分”的区别意识。职分是荀子的一个基本观点，从天人相分到人与人相分，人与天之间的合理与公平就是人不与天争职，明于天人之分的人被称为“至人”。同样，人与人之间的公平与合理在于人人安于自己的职分，使君者为君，民者为民，商者为商，农者为农，所谓“君君、臣臣、父父、子子、兄兄、弟弟一也，农农、士士、工工、商商一也”（《荀子·王制》）。

4. 义务自觉

义不仅是一种客观的角色责任，更是一种人的伦理自觉。义德之所以成为德就在于这种主体性、自觉性和能动性。如果义仅是一种客观他律的外在责任，而没有变成人的内心信念和自觉实践，那么，义就不成其为德了。

孟子认为义是人发自天性的善端，“心之所同然者何也？谓理也，义也。圣人先得我心之所同然耳。故理义之悦我心，犹刍豢之悦我口”（《孟子·告子上》）。“君子所性，仁义礼智根于心。”（《孟子·尽心上》）孟子认为道德义务是由人先天的善良本性产生的，这种先验论的理论未必是科学的，人的义务感的自觉只能是在后天人伦关系的交往实践中逐步形成的。孟子的这种思想是要为其义务的道德主体性进行论证。其义德的人性论根源不一定正确，但从人格论的角度论证义的道德自觉的价值却无疑是正确的。强调人的浩然正气是“集义所生”，只有自觉履行义，人才可以成为“富贵不能淫，贫贱不能移，威武不能屈”（《孟子·滕文公下》）的大丈夫。董仲舒强调义的作用主要在于正我而非正人，旨在强调义之为德的自觉性和主体性，这无疑是对的。只有依赖人的道德自觉，才会把人伦的客观角色责任转化为人的义务自觉，才能真正使义务由客观的“道”转化为主体的“德”，也才能彰显一个人的道德觉悟和道德境界。因此，义作为德，不仅是一种客观的天伦、人伦秩序和客观的人际关系的角色责任，更是一种人的道德义务自觉。

当然，义还具有价值观即义利之辨意义上的内涵，在这个意义上，义是指对道德精神价值的崇尚和尊奉，“义以为上”即道德的价值高于物质利益的价值。宋儒认为“义利之辨”乃儒者第一义，对此多有讨论和论及。但由于它是价值观而不是规范与美德这样严格意义上的道德内涵，因此这里不再赘述。

四、义德的精神实质

从以上关于义的道德内涵的分析中我们可以看出，义是客观伦理精神与主观伦理精神的统一。它既是一种客观伦理秩序及由其决定的人的客观伦理责任，同时，它作为一种道德德性是人的道德义务自觉，从而也是一种道德主体精神。那么，它究竟是一种客观的社会秩序的他律呢，还是一种建立在人的主体自觉性基础上的道德的自律呢？围绕这个问题在中国思想史上是有争论的，对于这个问题的讨论，一方面有助于我们今天正确把握义的精神实质，另一方面也关涉到儒家的三个最主要的德目——仁、义、礼之间的关系，因此是很有意义的。

在战国思想史上，关于义的精神实质的讨论实际上是以“仁义内外”这个问题展开的。儒家特别是思孟学派主张义是内发的。这个主张可从孟轲及其门生与告子师徒之辩中看出。限于篇幅难于引述相关文献，请参阅《孟子·告子》上下篇。

告子主张仁内义外；孟子主张性善，又以仁、义为人类道德的两大支柱，持仁义皆为内在的观点。郭店竹简中有明确表达“仁内义外”观点的文字，如《语丛一》第二十二、二十三简分别曰“仁生于人，义生于道”，“或出于内，或出于外”。这是非常明显的“仁内义外”观。又《六德》有言：“仁，内也；义，外也；礼乐，共也。”这仍然主张“仁内义外”说。“仁义内外”问题的重要性在于它涉及了义的观念的根本属性：义的特色在哪里?与仁如何区分?《吕氏春秋·有始览·听言》曰：“善不善本于义，不于爱。”把义作为道德的根本原理，而且表示这种原理和爱是不同的。《礼记·丧服四制》曰：“恩者，仁也；理者，义也；节者，礼也；权者，知也。仁、义、礼、知，人道具矣。”很明显，在古代一般思想者的心目中，义和仁的一个关键区别是，仁是出于自然的感情，义是具有客观性的道理，两者都是道德意识与行动的重要基础。

究竟什么是内外？在我看来，这个内外可从三方面理解：一是人心之内外，二是人己之内外，三是家庭之内外。从人心之内外来说，仁自然是产生于人的恻隐之心的，主要的分歧是：在坚持“仁义皆内”的人看来，义也是产生于人心中的羞恶之情的；而在坚持“仁内义外”的人看来，义是产生于社会客观秩序的义理，是因外在客观的人伦关系而生的，因此，义的根本在于它是一种客观的伦理精神而不是主观的道德情感。从人己之内外来看，己为内，人为外。仁虽生于我心，但其道德方向却是指向爱人、安人的；而义虽产生于客观的人伦秩序中，但其道德作用的方向却是用以正我的，即要求作为主体的人要自觉恪守一定的人伦秩序，从而达到“正我”的作用。从家庭之内外这个角度来看，由于家族关系的基础是血缘关系，其联系纽带主要是家庭成员之间的感情，因此，家庭成员的伦理关系自然是情高于理、仁重于义的。而在家庭之外的社会关系中，由于人们没有血缘亲情的纽带，因此处理这种社会关系必须建立在客观的道理、公义的基础上，而不能因私化公、因情废理、仁而不义。

从这样的辩论中可以看出，“仁内义外”的观点实际上是在强调二者的不同或者说是在强调义的客观性。我认为这是符合人类道德生活的实际的。实际上道德是外在他律与内在自律的统一，甚至道德在最初起源时首先是他律，只有经过人的自觉，他律才能转化为自律。在中国伦理思想史上，礼先于仁而产生就正好说明了这种他律先于自律的规律。在中国人的实际道德生活中也可以看出这种内外之别，比如家庭私人关系主要是讲恩讲情，而家庭之外的社会关系主要是讲义讲信。如义不责亲的说法就是这样，如果一个人老是要和家人辩死理而不讲情，没有宽容谅解那肯定会因义而伤情。儒家讲的“亲亲相隐”也证明了这种仁与义、情与理的不同，亲人犯法，以义究之应“大义灭亲”，而大多数常人却选择了“亲亲相隐”，能做到“大义灭亲”的人毕竟是少数。

中国传统的道德思维按照正统儒家思想都是循着内圣外王的路线，因此，特别强调仁义的内在性，甚至长期把仁作为全部道德的起点，认为只要有爱就能解决一切社会道德问题，把社会道德归因为个体道德，这种道德思维方式从今天的观点看是有很大缺陷的。殊不知，我国伦理道德的起点不仅是仁，而且还有义，但长期以来，义的这种客观性被思孟学派的心性论路线给消解了。今天我们要重视义作为一种客观伦理精神和社会伦理精神源头的重要意义，在现代道德建设中，不仅要重视内圣的心性论道路，而且要重视规范论的外治路线。

另外，在我看来，仁与义还有一个区别，那就是仁具有某种程度的私人性和特殊性，而义具有社会性和普遍性特点。仁是二人对偶关系，是一种爱的情感，因此，仁的感情所投向的对象必然是一个主体熟悉的甚至是与其有密切关系的人。仁不仅是一种爱的感情，而且还是一种有等差区别的道德理性，因此，对不同对象的人所施予的爱的程度也是不同的，这必然使仁具有某种私人性和特殊性。比如在传统伦理中，爱妻子就不能胜过爱父母。如果将这种私人性、特殊性的爱扩充开来，这本身就包含着矛盾，将其扩充到周爱或泛爱而不是等差之爱，恰恰被孟子看作是无君无父的禽兽之行。义是理，本身具有某种普遍性和客观性，它在传统社会中虽然主要是处理熟人关系的，但其超越于宗法制度的天下公义的思想具有普遍性和社会性，而这种普遍性和社会性特点更能因应现代社会多元化、普遍化的特点。因此，在现代道德建设中，不仅应该从道德主体身上开掘仁的道德情感，而且要充分发挥义对社会生活的整合作用。

就义的客观性而言，它实际上与礼是同质的，二者都是外在于人的个体生命的社会生活秩序及义理规则，都表达了一种社会生活的秩序要求和法则。不过，义是更为抽象的原理，是礼的义理根据，而礼则是义的规范体现。《礼记·礼运》篇云："故礼也者，义之实也。协诸义而协，则礼虽先王未之有，可以义起也。"这段文字是说，礼可以表现出义，有如义的果实。所以礼的根本是义。《礼记·郊特牲》更明白地说："礼之所尊，尊其义也。""义生，然后礼作。"《礼记·乐记》则言："仁近于乐，义近于礼。"这些都是说义是礼的基础和实质，礼是义的表现和果实。

这是义和礼关系的一个方面，如果再对二者的关系做些比较的话，那么，虽然义和礼都有人伦客观秩序之义，但是，似乎义却具有更多的主体性、自觉性内涵。义是一种普遍的、抽象的、合宜的道理、道义，更强调了人的义务意识；而礼则更多地体现了一种外律的制度和规范体系，以及人对礼制秩序的恪守和遵从。

强调义的客观性、外律性是没错的，但并不能因此而否定义作为人的一种道德所具有的主体性、自觉性、自律性特点。它是一种客观伦理秩序，同时也是人的一种主体道德精神。一种社会秩序的客观要求只有转化为人们的内心信念和道德自觉，才会发挥其影响社会实践和人的行为的作用。从这个意义上看，思孟学派着力彰显的义的内在性、主体性也是有其道理的。从义的根源和本质的角度看，我们说义的本质主要是一种客观伦理秩序和客观伦理精神，但从义发挥社会作用的形式和特点的角度看，义作为人的道德又具有主体自觉性的特点。虽然思孟学派将义的根源和本质看作主观的有失公允，但其从道德发挥作用的特点的角度主张由内圣开出外王，由修身而达致平，将外律转化为自律，这肯定是对的。从道德实践的角度看，义的价值不能离开主体的实践，而主体的实践离开了主体的自觉是不可能的，特别是道德实践更是在意识自觉的前提下进行的。如果一定的道义只是一种客观的社会秩序的体现，而未被人们所广泛认同和实践，那它也就形同虚设了。因此，义的精神实质在于它不仅是一种客观的社会秩序，而且是人的道德法则和自觉实践，是人的主体精神。

五、对义德的价值审视

对传统义德应该如何批判继承呢？传统义德对我们现代社会生活和道德建设有何启示呢？

第一，尊重并维护合理的社会秩序及其法则，努力建设平等、和谐的社会。人是群居的动物，人的生活是社会性的生活，社会性的生活必然在客观上需要一定的社会秩序。在荀子看来，人之所以“能群”，即能过社会生活，就是因为人有分有义，因此，对于人的社会生活来说，一定的秩序是不可缺少的。这种社会秩序在西方人看来，实际上是建立在某种社会契约的基础上的。体现这种社会秩序的就是义的法则和规范。如果每个人对社会秩序或正义所依据的准则有共同的理解的话，人们的社会生活和交往活动就较易协调了。

虽然在各个社会时代，其秩序和法则的内容是不同的，但我们要承认这种社会秩序只要是合理的，那就是为人们的社会生活所必需的。因此，我们每一个生活于其中的社会成员都应该努力尊重、维护并遵守其体现的伦理法则，即义。

尊重并维护合理的社会秩序及其法则是一个公民的基本社会义务和做人的美德。当然我们也应该看到，对于什么是合理的社会秩序及其法则，不同时代其标准是不同的。传统中国社会秩序的基本精神和原则是等级制的，这与西方社会和现代社会的观念是不同的。在西方思想史上，与中国古代的“义”最可比照的大概是古希腊的“正义”观念。与中国古代的“义”明显不同的是，西方的“正义”观的核心价值是平等。亚里士多德将“正义”区分为两个基本类型：矫正的正义与分配的正义。矫正的正义指改正伤害或损失状态的原则，在自愿和非自愿的人际交涉中受到损害的一方应该得到补偿，回到其受害以前的状态；分配的正义则涉及公共资源的分配。这两种正义都具有某种平等的意义，譬如，分配的正义主张具有相同条件的人应该获得同等价值的资源，至于矫正的正义，目的在于防止人获得不该得的利益，并协助受害者恢复应有的利益。人不该以不法、不正的方式取得过多的东西，也不该忍受得到过少（除非自愿），这也可算是一种平等的概念。亚里士多德的这种思想成为西方正义观念的基石。中国古代的“义”，重点在于维护既有的阶层秩序，当然我们可以看到，追求平等、公平的理想和诉求在下层民间的思想和实践中也不是没有。追求平等是人类的共同理想，因此，平等是人类精神文明的基本价值和普遍法则。当然，社会生活中的等差与等差精神也是一种客观存在，也有其一定的合理性。因此，建立现代社会秩序要将倡导平等的价值观与等差、分别的礼治精神结合起来，建立一种相互平等、公平正义但又和而不同、稳定和谐的社会秩序。

遵守社会生活秩序不仅体现在按这些价值原则去办事，更重要的是要在生活中遵守基本公共生活秩序，比如人多时要排队，要遵守交通规则，在地铁、餐厅、图书馆、医院等公共场合要保持安静，不得大声喧哗，等等。

第二，天下为公，兴利除害，见义勇为，追求社会正义。如上所述，中国传统义德思想除了主流意识形态的维护等级秩序的内涵外，在民间社会中还有一种天下公义的思想。这种天下公义的思想更多具有理想性、民主性、科学性的因素，因此在现代社会仍然可以继承弘扬。古代社会的仁人义士总是以天下为己任，张载的“为天地立心，为生民立命，为往圣继绝学，为万世开太平”（《张子全书序》），代表了传统知识分子宏大的理想和强烈的社会责任感。大禹治水三过家门而不入是为了兴天下之利，商汤周武兴义师是顺乎天命，为民除害。多少豪侠路见不平拔刀相助，是为了实现一种公平和秩序，为了追求社会正义。在现代社会，我们要弘扬传统义德，要继承这种精神元素，多行义举，如此，我们的社会才会更加美好并具有凝聚力。人类的历史就是仰仗仁人志士的这种不懈的追求而不断进步的。

第三，强化角色意识，在权利义务相统一的基础上建设现代道德。由于中国传统文化是以人伦为本位而不是以个体为本位的，因此，它非常重视人在这种关系中的身份角色。“身份”一词与英语中的 identity 一词的意义不同，后者指的是个体的自我，而前者则是以个体在错综复杂的社会关系网络中的位置来界定的。更重要的是，在饰演某一身份角色时，社会均要求演员履行该角色的义务。孔子说：“不在其位，不谋其政。”（《论语·泰伯》）但如果在其位，则要当仁不让。这种道德训令的用意就是要将人拴在自己的身份上。在传统社会，角色期待是调控中国人社会行为的基本原则。理想的社会关系是，每人都要尽心力去行其事、谋其政、尽其本分。“越俎代庖”是不顾身份，超出自己的业务范围去处理别人所管的事。若抽离了互动中成员的身份角色，也就无从谈义。素位而行是君子的风范，不在其位而谋其政是越俎代庖，至于在其位而失其政则会令大众感到不满。

传统社会的角色期待，其实质内容不可能摆脱当时的尊卑等级关系。中国人的确是生活在这种关系本位的社会中的，这种社会生活结构和内容到现在实际上还没有完全改变。虽然西方的个体本位、维护个人权益的思想观念在近百年来对中国社会特别是年轻一代产生了重要影响，但中国传统文化和道德的影响仍然是深远的。因此，这种角色伦理思维就还具有某种合理性。而且在传统中国，这种角色伦理思维主要是在强调角色的责任而不讲角色的权利。这种角色责任的伦理思维从道德的角度看是有某种合理性的。因为道德总是倡导人们履行义务。但一般认为，现代道德应该建立在权利与义务相统一的基础之上。过去的义务论思维是一种德性主义的道德精英思维，而现代的权利与义务相统一的思维则是一种更具普适性和社会制度关怀的伦理思维方式，后者是一种现代精神。因此，我们在当代道德建设中，应该吸取传统角色责任思维的合理因素，在权利与义务相统一的基础上建设现代新道德。现代的并不一定代表在道德上是高尚的，权利与义务相统一是现代法治和公民道德精神的体现，而义以为上则是一种君子圣贤道德，在道德层次上是更高的，也是值得人们不断追求的。

第四，自觉增强义务意识，不断提升人的道德境界。权利与义务相统一是现代道德的基石和基本精神，因为现代社会已经不再是一个道德本位的社会了，现代性的伦理思维要求现代公民做到基本的道德，以维护社会生活的正当秩序。现代生活的快节奏、多元化也使现代道德具有了某种普适性、底线性的特点，希圣成贤只是道德主体个人的追求，不再是社会对每个社会成员的要求了。现代社会要求公民既要维护自己的正当权利，也应该履行自己作为一个公民和现代社会成员所应尽的基本责任。因此，权利与义务相统一的现代道德精神是由现代社会的某些特质所决定的。但是这并不意味着传统社会的道德主体精神、希圣成贤的伦理自觉、道义责任的自觉意识和实践失去了崇高性和诱人的光环。在任何时代，道德不仅是要维护现存的一种社会秩序，即它不仅是要追求社会的完善，而且要提升人性和人格，要实现人的自我完善。因此，从建设现代社会道德的角度看，我们要力求坚持权利与义务的统一；但如果从主体的人格提升、自我修养的角度看，传统思想中强调义的自觉性、内在性的内圣精神，甚至像孟子所讲的义以立人、义以立节的思想，仍然具有永恒的价值。儒家所讲的“三军可夺帅也，匹夫不可夺志也”（《论语・子罕》）的人格独立精神，君子谋道不谋食、忧道不忧贫的对道义价值的尊重和维护，“富贵不能淫，贫贱不能移，威武不能屈”（《孟子・滕文公下》）的大丈夫精神，杀身成仁、舍生取义的道德至上精神和人格气节等，都是我们在功利主义泛滥、私欲膨胀的当代社会，加强自身道德修养，提升全民族道德素质，提升人的道德境界的宝贵精神财富和营养，因此是需要不断弘扬的。履行公民责任，守秩序、守规则甚至制止影响社会生活秩序的人和事，可以说是现代公民的消极责任，而见义勇为、助人为乐、参与公益、志愿服务等则是现代公民的积极责任。有所守与有所为是公民责任的两个方面，不仅要增强义务意识，而且要从实践上切实履行公民的义务与责任。

权利与义务的关系问题，也是价值观、伦理观的重要问题，义务本位是中国文化核心价值观的根本精神。如果说西方自由主义信奉“天赋人权”的话，那么中国文化则主张“人赋己责”。西方文化以个体为实体，为本位，一个独立的个体要与别人结成一种无血缘亲情关系的、地区的、政治性的、利益性的集团，就必须将个人的权利和义务讲得清清楚楚，否则就无法过一种集团的生活。而中国人生活在一种以血缘亲情为基础的家族社会中，家是国的基础，国是家的放大，政治是一种伦理的政治。人与人之间的血缘性关系易于导致对义务观念的强调，父母、子女、夫妻间的相互义务观念是最自然的义务观念，而强调彼此间的权利则不那么自然。中国伦理也是强调人与人之间各自尽自己的义务，即仁以爱人、义以正己，也就是说要用恻隐、同情、亲爱之心去爱别人，而要用责任、义务来要求自己。传统中国人最基本的人伦义务就是在家孝亲、在朝忠君。中国文化强调士君子要以天下为己任，关怀民众疾苦，实现社会公义。为天下人谋求利益和福祉被传统士人看作是自己最大的伦理义务和责任。

总之，中国传统价值观的核心和特点就是强调义务本位，也就是说义务相较于权利是第一性的，人们应该努力先尽义务，再说权利，甚至作为一个君子是只讲义而不言利和权的。“人赋己责”中的“人”是指别人而非自己，是指人伦关系。人的本质既然存在于人伦关系中，人也只有在这种人伦关系中尽到自己的责任，才能被看作人，那么，不尽义务、只求索取的人可能就是禽兽。人的责任是由客观的人伦关系所赋予的，作为这个人伦关系中的一员，就应该自觉地履行自己的义务，这是成就人格的首要任务和天职。这种义务本位的思想，其内核就是强调个人应把对国家、家族、他人的奉献当作人生价值的基本追求，那些忧国忧民，为人民、国家做出重大贡献或为捍卫伦理原则做出贡献的人都应被称赞和传颂。人们直到今天仍在以过端午节的民俗来纪念屈原的爱国主义精神；范仲淹的美文《岳阳楼记》之所以被长期作为中学课文来学习，就在于我们要学习他那种“居庙堂之高则忧其民，处江湖之远则忧其君”“先天下之忧而忧，后天下之乐而乐”的高尚精神；顾炎武的“天下兴亡，匹夫有责”的名言至今仍然为人们所传诵。这些言行真正代表了中国的义务为本的核心价值观和伦理精神。

在当代中国，由于受到西方文化的影响，人们的权利意识有所增强，而义务意识似乎被削弱了。过去我们讲道德义务的一个显著特点是不以权利诉求为前提，但受西方自由主义权利哲学的影响，伦理学界的某些学者不同意这种观点，认为伦理义务和法律义务一样，也要坚持权利与义务的统一，有人坚持认为权利与义务相统一是现代道德的基石和基本精神。在我看来，这种观点实际上把伦理等同于法律，把思想等同于行为，把主体性的精神化约成一种客观的规律，实际上是在某种意义上取消了道德作为一种主体精神力量的独特作用。伦理义务主要体现为人的一种责任感的主体精神的增强，如果一个道德主体在履行义务时一开始就有权利诉求和功利盘算，实际上这种行为已经失去了道德价值，或者至少是降低了道德价值。康德之所以赞颂“天上的星空和心中的道德律”，就在于这种道德律是出于人的理性的高贵而做出的“为义务而义务”的纯粹性，这也正是其崇高性之所在。

时下，在日常生活中，似乎权利意识增强、义务意识淡化是一个不争的事实。有些人一事当前，不是只管耕耘不管收获，而是权利优先、斤斤计较、不讲奉献、只讲享受，以中国传统价值观看来，这恰恰是道德堕落的表现。这样，如何能推动社会事业的进步和人格的提升以及社会风气的好转？强调权利，必然要强调自由，在没有自由传统和民主习惯的中国，自由变成了任性、自私、贪婪，变成了为所欲为的非道德主义。当西方的某些有识之士看到自由主义文化已经走向穷途末路时，我们却在不断地鼓噪这种自由主义、享乐主义，使当代中国文化陷入了一种低俗化的状态中。偏私、任性充斥我们的生活，人们在享受极大自由的假象中，陷入了深深的缺乏意义感和方向感的孤独、寂寞之中。享乐主义并不能使我们幸福，而且我们在享乐之后会更加空虚。多元的社会使我们无所适从，这种自由主义文化所带来的现代病在当代中国也已经出现。正如霍韬晦先生所说：“个人主义若无更高之理念配合，必然走向个体生命的冷漠和封闭，谁也不管谁，也管不了……表面上人人独立，实质上人人封闭。”① 因此，在当前的核心价值观与伦理精神重塑的过程中，还是要坚持倡导义务为本的精神，这是我们民族的文化之魂。为人民、为社会、为他人谋幸福，奉献自己的精神和力量，将永远是我们民族前进的内在动力，也是我们每个人获取人生意义的根据。失去这些，中国人就不再是中国人，中国文化也就不再是中国文化了。

① 霍韬晦. 新时代·新动向. 北京：中国人民大学出版社，2010：9.

第十五章　讲礼德

我们经常说我国是一个礼仪之邦，孔子也曾说过“不学礼，无以立”（《论语·季氏》）。可见，无论是对于我国社会和文化的繁荣、国际形象的树立，还是对于我们个人的修身做人、事业成功，礼都是很重要的。

在民间有这样一个故事：有一天，一个年轻人骑着马疾驰，一方面想赶路，另一方面看着天色已晚，心里不免有些着急。他跑了半天也不见人烟，好不容易看到前面有一个老人，他就急匆匆地在马上问老人：“喂，老头，前面可有村庄和店家？”老头回答说：“有，五里。”年轻人一听，只有五里，那很近，于是就扬鞭催马往前疾驰，可是跑了很久，还是看不到村店，他心中不免生疑，嘴里念念有词：“五里，五里，无礼，无礼。”他恍然大悟，原来老人是嫌他无礼，他于是急忙掉转马头返回去，下马向老人施礼道歉。老人见年轻人知错就改，心里很高兴，就告诉他附近没有村店，于是让年轻人当晚住在了他的家里。这个传说故事说明我们中国人对礼的重视。

“萧何月下追韩信”的故事则说明礼贤下士是政治事业成功的先决条件。这则故事大概是说：韩信投奔刘邦，但很长时间未被重用，韩信见状，就离开他投。萧何来不及告刘邦就去追韩信。后来刘邦问起此事，萧何说：韩信是不可多得的军事人才，是日后成事不可缺少的将军，这样轻慢他是不对的。刘邦认识到了自己的错误，从而依靠韩信、张良、萧何等人才成就了一番伟业。

还有一个现代的故事。某企业重视人才，一年中一下子招收了几十名大学生作为员工，老板想将这批大学生都放在重要岗位上委以重任。这批大学生报到后，公司召开了首次见面会，老板为能吸纳这么多的大学生而感到高兴。进入会议室后，老板走到每位大学生面前一一与其握手表示欢迎，笑容可掬，但转了一圈，竟然没有一个大学生起立，老板总是弯腰和他们握手，似乎老板倒成了被接见的人。老板因此生气了，感到现在的部分大学生缺乏基本的文明礼貌教育，不学礼无以立呀！因此，老板改变了之前要立刻将这些大学生安排到关键岗位的想法，让他们通通下生产一线进行劳动锻炼。这则反面的事例也告诉我们进行礼德教育的必要性和紧迫性。

其实，在中国古代伦理文化中，礼是最早出现的伦理范畴，周代文明被称为礼乐文明，儒教被称为礼教，礼是“四德”“五常”之一，又是“四维”之首，这表明它是中国传统道德中最重要的德目。那么，礼的含义是什么？它有什么地位与作用？其伦理精神实质是什么？如何在现代生活中将礼的精神发扬光大？这是我们这一章所要探讨的问题。

一、礼的含义、演变与作用

礼源于原始宗教的祭祀活动，由祭天地而祭山川鬼神乃至祭祀祖先成为礼的重要内容。“礼”在甲骨文中是以繁体字“禮”

的右边的“豊”为其原始字形的，像祭祀时所用的器皿。后加上“示”之偏旁，而“示”本身就有祭祀、祈福之义。所以《说文解字》说：“礼，履也，所以祀神致福也。”礼在中国文化特别是儒家文化产生之初，主要体现了其宗教意义，旨在使人们得以内存和悦、外有品节。

后来，礼逐步具有了政治制度的含义，之后又形成了道德、风俗等软规范的含义，以及风俗、仪节、礼貌等含义。因此在中国古代，最广义的礼泛指典章制度、一切社会规范以及相应的仪式节文，包括法令、制度、风俗、道德、礼仪等。荀子说：“礼者，法之大分，类之纲纪也。”（《荀子·劝学》）在中国文化中，礼具有宗教、文化、政治、道德等多重意义。于宗教，它是一种祭祀的仪式和礼节；于文化，它是一种观念和习俗；于政治，它是一种典章制度和法度；于道德，它是道德规范和礼仪。

礼具有广狭之分。礼与仁、义一样，都具有某种普遍性，从道德规范的角度而言，也有人将礼视为全德之称。春秋时人认为：“君令臣共，父慈子孝，兄爱弟敬，夫和妻柔，姑慈妇听，礼也。”（《左传·昭公二十六年》）荀子也认为：“礼也者，贵者敬焉，老者孝焉，长者弟焉，幼者慈焉，贱者惠焉。”（《荀子·大略》）他还认为，礼乃是“道德之极”“人道之极”，即礼是最高的道德规范。北宋李觏则更是认为：“饮食、衣服、宫室、器皿、夫妇、父子、长幼、君臣、上下、师友、宾客、死丧、祭祀，礼之本也。曰乐、曰政、曰刑，礼之支也……曰仁、曰义、曰智、曰信，礼之别名也。是七者，盖皆礼也。”“礼者，虚称也，法制之总名也。”（《李觏集》卷一）二程也曾说：“礼者，人之规范。”（《河南程氏粹言》卷一）这些都是广义的礼，或者说是礼的泛化。

而作为“四德”“五常”之一的礼是狭义的礼，专指礼仪、节文和礼貌。孟子说："辞让之心，礼之端也。"(《孟子·公孙丑上》)"礼之实，节文斯二者是也。"(《孟子·离娄上》)《礼记》说："礼义之始，在于正容体，齐颜色，顺辞令。"这些对礼的解释均属狭义之礼，是与其他道德规范并列的一种具体的道德规范。制度、规范、礼仪、礼貌也许就是礼的几个主要的含义。

礼作为宗法制度和社会制度，在西周时已经颇具规模了，因此，礼作为一种范畴也在西周时产生了。至春秋战国时期，随着周天子地位的衰落，维系这一制度的核心动摇了，出现了孔子所谓的"礼崩乐坏"的局面。孔子就是在这种形势下，以挽救时势的责任感重新呼吁恢复周礼，并强调礼的内在精神，使礼不仅成为一种社会制度，而且成为人们主动服膺的道德规范。管子和荀子也特别强调礼这一制度和规范在社会生活中的重要性。后来，以儒学的内在伦理精神为本质的礼乐制度在维系两千年的社会、政治稳定中起到了关键的作用，而礼也逐渐成为贯穿社会、政治以及人们的日常伦理生活、宗教情怀的核心观念与行为原则。

在古代，对礼的内容的分类有如下几种：根据《礼记·王制》篇记载，有关一般人生活仪节的礼大致有六类，即冠礼、婚礼、丧礼、祭礼、乡礼、相见礼，合称"六礼"。根据《周礼·春官·大宗伯》记载，有关国家大政的礼，有五类，即吉礼、凶礼、军礼、宾礼、嘉礼，合称"五礼"。吉礼即祭礼；凶礼包括丧、荒（饥荒）、吊、禬（为消灾除病而祭祀）、恤五种；军礼有大师、大均、大田、大役、大封等礼，包括了军制、赋税、劳役、封疆经界等仪制，后泛指军中礼节；宾礼是诸侯朝见天子之礼，共八种，即朝、宗、觐、遇、会、同、问、视；嘉礼指饮食、昏冠、宾射、飨燕、贺庆等礼，后专指婚礼。儒家的"十三经"中就有"三礼"，可见礼之重要。一般认为，《仪礼》所载内容等于今人之生活规范，《周礼》则包括国家的内政、外交、教育和军事等，而《礼记》则是关于礼的理论阐发。

在中国古代，礼的要求遍及社会生活的各个方面，这便是荀子所说的“衣服有制，宫室有度，人徒有数，丧祭械用皆有等宜”（《荀子·王制》）。就衣服而言，凡颜色、花纹、质料、饰物等，就宫室而言，凡间架、梁栋、绘饰、房阶、门钉等，就婚丧礼仪而言，凡礼品、祭品的规格等，都有严格的等级标准，不能逾越。总之，社会成员从衣食住行到交际往来，都必须按照各自的等级身份，遵循一定的礼仪，凡下僭上者均要受到法律制裁和道德谴责。

制礼作乐在周代已经基本完成了，经过先秦时期的理论发展与实践日趋完善，但礼的具体内容会随着社会生活的变化而变化。陈来先生认为，礼在中国古代的演变大势是：“先秦儒家致力于研究如何以整体性的礼解决政治—文化一体的问题，而宋以后的儒家如朱子、阳明则限制在‘施于家者而言之’，与荀子以礼治国的论调明显不同，体现了向日常生活的规范的全面转变。”① 也就是说，宋以后的礼主要是适应于宗族生活的家礼。在这一时期，朝觐聘问之礼只在皇朝及其与外部交往中保存，而在社会文化层面，主要是丧祭昏礼、乡饮酒礼等。宋代以后，丧祭之礼主在明父子之恩、长幼之序；冠婚之礼为生命节庆的仪式典节；而家礼则重在强调尊长、卑幼、子妇的义务和规范，这部分不属于生命仪节，而是伦理规范。

那么，礼有何作用呢？在古人看来：

第一，礼是“经国家，定社稷，序民人，利后嗣”（《左传·隐公十一年》）的大宝。举凡国家的一切举措、人的一切活动，无不受礼的指导、约束，礼是治国安邦、治军莅官、宗教祭祀、

---

① 陈来．孔夫子与现代世界．北京：北京大学出版社，2011：80.

教训风俗等的制度根据与行为标准。《左传·昭公五年》有言："礼所以守其国，行其政令，无失其民者也。"汉代贾谊在其《新书·礼》中说："道德仁义，非礼不成；教训正俗，非礼不备；分争辩讼，非礼不决；君臣、上下、父子、兄弟，非礼不定；宦学事师，非礼不亲；班朝治军、莅官行法，非礼威仪不行；祷祠祭祀，供给鬼神，非礼不诚不庄。"由于礼在传统中国具有宗教、政治、道德等诸多内涵，它既是制度又是规范，因此，它对中国传统社会生活的影响是全面的、长久的。

第二，礼是协调人际关系、维持社会秩序的道德规范和行为律令。孔子所谓礼，主要是指遵守等级秩序的生活规范和道德规范。他用"正名说"来强调人们践礼的自觉性。"名"既指名词称谓，也指人的"名分"。正名的实质是强调人们要固守自己的名分，按自己的名分去行动，安分守己，安伦尽分。他把正名看成是推行等级规范的手段或方法，用等级称谓来保证人们遵守礼制。另外，孔子还认为礼的目的是致和，"和"是"礼"的目标和境界。在有等级差别的前提下，又要维持各等级之间的和谐，"礼之用，和为贵"（《论语·学而》），其目的是缓和等级之间的对立，使之不趋于破裂，以安定当时的社会秩序。荀子认为礼的首要作用是"礼以定伦"，即"贵贱有等，长幼有差，贫富轻重皆有称者也"（《荀子·富国》）。道德的作用就在于协调等级关系，使封建社会的等级群体"分"而"和"，避免纷争离乱。礼或道德之产生是出于防止纷争，过一种有等级差别的社会群居生活的需要。只有等级差别，才能避免争乱，使上下齐一、社会安定。礼的产生是人类结成社会组织以征服自然的需要，是人们合理分配消费品的需要。情欲乃人之天性，但顺情欲而行动必起争夺，所以要制定礼以定其分，使人们对物欲的满足不过其分，此即"礼者，养也"（《荀子·礼论》）。所谓"养"有二义：一是使情欲能得到满足，二是情欲要有节制。礼促使人们按自己的角色身份去合宜地行动，履行自己应尽的义务和本分，以维持社会性的安宁和秩序。

第三，礼是人的立身之本。在《论语》中孔子曾说："不学礼，无以立。"（《论语·季氏》）又说："不知礼，无以立也。"（《论语·尧曰》）《左传·昭公七年》中也有这样的话："礼，人之干也。无礼，无以立。"古人之所以视礼为立身之本，除了维护等级秩序，过一种社会的生活外，从个人修养的角度看，首先，人有礼方能免于粗野，成为文明人。正如荀子所说的："容貌、态度、进退、趋行，由礼则雅，不由礼则夷固僻违，庸众而野。"（《荀子·修身》）其次，礼能使人正心、诚意、修身，一举一动都合规中矩，使生活情欲得以节制，合乎中庸之道。《论语·泰伯》云："恭而无礼则劳，慎而无礼则葸，勇而无礼则乱，直而无礼则绞。"《礼记·曲礼上》也说："人有礼则安，无礼则危。"荀子也曾说："凡用血气、志意、知虑，由礼则治通，不由礼则悖乱提僈；食欲、衣服、居处、动静，由礼则和节，不由礼则触陷生疾。"（《荀子·修身》）礼教导人们在言行举止上要有合宜的行动，达于时时事事皆中节的中庸境界。最后，礼使主体更易和别人和谐相处，从而建立良好的人际关系。有礼者敬人，而"敬人者，人恒敬之"（《孟子·离娄下》）；有礼者让人，让人者人恒让之。人人皆相互礼让，人际关系就能和谐、协调。

二、礼的精神实质

礼在传统中国的具体内容和行为规范是非常繁复的，这里难以尽述。况且它的某些内容也已经不适合于今天的生活实际了，因此，也没有必要详述。我们应该舍弃现象而把握礼的精神实质，这不仅是认知的需要，也将有益于我们的实践。

1. 分与和：等级秩序的维持

礼作为中国古代社会的法制之名、人之规范，其宗旨在于维护等级制度。因此，礼的根本精神、原则是分、别、序，即辨别、规定等级区分，使等级关系有序化。陈来先生谓礼“是政治关系和人伦关系的分位体系”①，这个概括是很准确的。宋儒说“礼训别”（《河南程氏遗书》卷二十四），“礼只是个序”（陈淳：《北溪字义·礼乐》），这些解释深合礼的本义。对此，先秦典籍有明确说明：“上下有义，贵贱有分，长幼有等，贫富有度，凡此八者，礼之经也。”（《管子·五辅》）“礼者，贵贱有等，长幼有差，贫富轻重皆有称者也。”（《荀子·富国》）西汉的《淮南子》也曾说：“夫礼者，所以别尊卑异贵贱。”之所以要别等级之差，在荀子看来，就是因为存在人们物质欲望的无限性与社会物质财富的有限性之间的矛盾，人们的权贵之心的无限性与权位的有限性更是矛盾的。因此，如果人们都要平等地获得这些经济与政治资源，那么，势必造成人与人之间无穷的争斗，这样，人类社会必然因争而乱，而弱。因此，为了人群社会的整体利益，就不得不规定“度量分界”，确立“贫富贵贱之等”，使人人居于一定的等级地位，按各自的等级地位取得自己所应得的利益。礼正是要做出这些规定，并使人自觉遵从这些规定，将其内化为自身内心的道德观念。一旦确立了礼的规范，人们便能由知礼而恭敬，由恭敬而尊让，于是“少长贵贱不相逾越”，最终则“乱不生而患不作”（《管子·五辅》）。就是说，如果人人都按礼的规定安于自己的等级地位，并尊重他人的等级地位，社会自然安宁。正像后来程颐所说的：“只有一个尊卑上下之分，然后顺从而不

① 陈来. 孔夫子与现代世界. 北京：北京大学出版社，2011：72.

乱也。”（《河南程氏遗书》卷十八）礼的任务在于使人明分，礼的效应则是使人安分，而安分的前提则在明分。由明分而安分即可免除争心，社会即可有序，天下得以天平。在漫长的中国历史上，礼在这方面确实起了不可忽视的作用。

但是，过于强调有分、明分这种等级差别，就会形成不同阶层的对立。因此，礼一方面要严格等级区分，另一方面又力图调和等级对立。所以，分、别固是礼的精神、原则，而和同样也是礼的精神、原则。有子说：“礼之用，和为贵。”（《论语·学而》）后来，《礼记·儒行》也说：“礼之以和为贵。”和是对分与别的必要补充。在古人看来，社会秩序既是通过等级区分来实现的，也是通过等级调和来实现的。自然，和并不是无原则的，而是以分、别为前提的。分表明礼具有威严秩序的功能，和则表明礼有亲和人际的作用。礼是礼乐之总名，其中礼主秩序，乐主和谐，故礼是秩序与和谐的统一。

为了实现等级间的调和，礼在协调、处理人际关系时提出了双向要求，即不仅对臣、子、妻、卑、贱、幼的一方提出了要求，也对君、父、夫、尊、贵、长的一方提出了要求。《管子·五辅》中有这样一段议论：“为人君者中正而无私，为人臣者忠信而不党，为人父者慈惠以教，为人子者孝悌以肃，为人兄者宽裕以诲，为人弟者比顺以敬，为人夫者敦懞以固，为人妻者劝勉以贞。夫然，则下不倍上，臣不杀君，贱不逾贵，少不陵长，远不间亲，新不间旧，小不加大，淫不破义。凡此八者，礼之经也。”就是说，只有人际关系的双方都遵守各自的道德准则，等级制度才能稳固，社会秩序才能安宁。为使礼能体现和谐，先哲又曾提出了“礼以顺人心为本”（《荀子·大略》）、“礼从宜”（《礼记·曲礼上》）、礼以“时为大”（《礼记·礼器》）等宝贵思想。总之，中国古代的礼之所以重分、重别、重和，都是为了建立、协调社会秩序，明显体现了一种重秩序的精神和追求，这是有其合理性的，因为任何社会生活要得以存在和发展，社会秩序的正常运转都是必不可少的。

礼的分、别之义的确体现出传统社会的等级精神而非平等精神，这在传统等级社会自有其合理性。另外，在传统礼文化中，也并非一点不包含平等精神，各尽自己的伦理义务，讲究礼尚往来，这本身就是一种平等。如果说这只是一种消极平等的话，那么，贵人敬让则体现出一种积极的平等。

如何看待平等与等级的关系，这是我们在建设现代伦理时不能不考虑的一个重要问题。

西方价值观不仅强调个体本位、利益追求、权利至上、自由无价，而且还强调平等。平等作为一种价值观，最初起源于基督教的人在上帝面前都是平等的观念，也是资产阶级在发展过程中为了追求自由贸易和本阶级的政治统治权而提出的一种阶层、阶级的政治诉求，在西方文化中经过长期演变，在法国大革命中终于以“自由、平等、博爱”成为西方价值观的系统表达。在上帝面前人人平等是一种基督教的抽象观念，在世俗生活中，人人是否真的平等，或者应该平等、能够平等，这是另一个问题。资产阶级革命中的平等似乎主要是资产阶级为了反抗本阶级所受的压迫，为了争取本阶级的利益和权利而提出的一种集团性、阶级性的价值观念和革命口号，它在产生之初并不是首先作为道德观念去调解人与人之间的日常生活和日常交往的。当然也不可否认，后来这种平等观念成为西方社会的核心价值观。也就是说，平等的宗教含义、政治集团含义是否应该成为一种伦理合理性的价值观念和必然的行为规范，似乎从未有人认真思考过。在西方文化的强大影响下，平等似乎成了一种不容怀疑的价值原则。

中国的伦理精神则是强调等差精神的。这种等差虽然也含有社会或阶级的等级意识，但主要是作为一种处理人与人之间关系的伦理精神和原则。儒家道德一是强调仁爱的主观精神，二是强调礼义的客观精神，但这二者都强调等差精神，如仁的实质虽然是“仁者爱人”，但这种爱是有差别的，它既不是墨家的兼爱，也不是不分差别的抽象的博爱或泛爱。这种等差之爱，与兼爱和博爱相比，似乎在理论上没有它们高尚，但却符合人伦关系的真实性，有很强的可操作性和中国文化土壤的可接受性。

不仅爱人的思想情感是有等差的，而且，对别人的行为上的义务和恭敬即义、礼也是有差别的，也就是说，人对别人尽义务，也是要根据人伦关系的亲疏来决定的，不是对所有的人行同样的义务。人的义务是由人的地位和身份决定的。礼作为人合宜、适当的行为方式和行为规范，其本质更是用以确定不同人的伦分和礼数，也就是说，礼的本质是一种别异精神，即上下有等、尊卑有序、长幼有差。礼的根本精神和原则是分、别、序，即辨别、规定等级区分，使等级关系有序化。“乐者为同，礼者为异。同则相亲，异则相敬。”（《史记·乐书》）如果人人都按礼的规定，安于自己的等级地位，并尊重他人的等级地位，社会自然安宁。正像后来程颐所说的：“只有一个尊卑上下之分，然后顺从而不乱也。”（《河南程氏遗书》卷十八）礼的任务在于使人明分，礼的效应则在于使人安分，而安分的前提在于明分。由明分而安分即可免除争心，社会即可有序，天下得以太平。

中国伦理精神的这种别异等差精神是真实人伦关系的反映，是和而不同思想的体现，也是人们之间产生相互道德义务的基础。现实的人伦关系的不平等是绝对的，平等是相对的。在政治生活中，如果没有上、下区别，政治活动和管理活动实际上是无法进行的。在家庭生活中，父尊子卑、父主子从是由自然年龄、阅历经验、肉体上和经济上的养护关系、法权上的监护关系、精神上的教育关系所决定的，怎么可能是完全平等的呢？在中国传统伦理中，平等只是没有血缘关系只有道义关系的友道，我们现在常常倡导父子要如朋友、师生要如朋友，这实际上体现了要把西方的平等价值观或者中国的友道泛化在一切人伦关系中去的努力，这是西方价值观影响中国一百多年来的巨大成果，但它是否是完全合理的，已经很少有人反思了。如果父子变成了平等的朋友，那么父亲对子女能否像对朋友那样想不管就不管呢？朋友关系可合可散，如果子辈稍有不满，是否可以对父母弃而不顾呢？显然这是不合理的。如果师生完全变成了平等的朋友，那么，教师施教的知识和人格的合法性何在？师道尊严何存？中国的伦理精神强调人伦关系的等差，就是根据不同人的伦分赋予他们以更加真实客观和崇高的义务，如做父亲、为人师长似乎很尊贵，但实际上这赋予了他们更多的人伦义务，父亲不仅要养育孩子，而且“子不教，父之过”。老师之所以被儒家和中国传统的核心价值观放到了“天地君亲师”的崇高祭坛上，就意味着他们有培育、发展人的精神生命的重任。要学高才能为师，身正才能为范，要爱生如子。父亲可能因为“亲不责善”而不能教孩子，君王可能因为学不高、身不贤而不能教孩子，只有有才有德之人，才能为人师。如果没有师道尊严，教育活动何以开展？我们今天倡导师生平等，将学生当作老师的客户和上帝，让学生消费并享受老师付出的智力服务，这真是人伦秩序的大颠倒。由上述论述可见，我们要认真反思自五四运动以来对西方平等价值观的宣传教化，要吸取其合理的内在精神，而不是外在的扭曲理解。另外，要在新的历史条件下重建中国社会的人伦秩序，必须理直气壮地倡导中国人伦关系的等差精神。平等是要求齐一，而等差则是强调不同，这是中国“和而不同”的哲学思想在人伦关系上的体现。只有承认这个不同，各尽自己的伦理义务，才会实现“礼之用，和为贵”的有差别的和的状态，各安其分，实现人与人之间关系的和谐。

2. 敬与让：礼的道德实质

礼是制度，是行为规范，这种规范是由人规定的，也是人要去奉行的，循礼的行为是在主体的思想意识的主导下做出的。礼从外在的制度和外律的规范变为人们的道德行为和品质就在于它得到了道德主体的思想情意的支持。因此，我们不可能一一了解古人有关于礼的规定，但却可以也有必要把握其道德实质。在我们看来，礼的伦理精神实质，一为敬，二为让，且这两者又是相互联系的。

上面我们曾谈到，礼是产生于宗教祭祀活动中的，如果没有“敬神如神在”的心理虔敬，那么，这种祭祀活动不仅是徒具虚文，而且是对神的一种亵渎。不仅要敬天、敬神，而且要敬人。这里所说的人，不仅是上位者，也是下位者。有德之人应敬一切人，对一切人均应以礼相待。不仅要敬贤者、能者、贵者，而且对不肖者、无能者、贱者也不可轻侮、无礼。因此，礼的伦理精神的本质首先是敬。“敬，礼之舆也，不敬则礼不行。”（《左传·僖公十一年》）“有礼者敬人。”（《孟子·离娄下》）“恭者，礼之本也。”（王符：《潜夫论·交际》）这些都是说礼的伦理本质在于敬人。恭敬他人是持礼德的人对他人的一种态度，也是一种行为方式，离开了敬，礼就变成了虚伪的伪装和欺骗。所以孔子强调，如果“为礼不敬”（《论语·八佾》）的话，也就不足以观了。譬如行孝礼，如果对父母仅仅能够尽到赡养的义务，那只能说是像喂犬马一样地赡养，而不能说是孝，只有在赡养的同时做到敬，才可以说是孝。

所谓敬人，就是以他人为尊为贵。《礼记·坊记》：“君子贵人而贱己，先人而后己，则民作让。”“善则称人，过则称己，则民不争。”《礼记·表记》说：“君子恭俭以求役仁，信让以求役礼，不自尚其事，不自尊其身，俭于位而寡于欲，让于贤，卑己而尊人，小心而畏义。”从上述对敬的论述中可以看出，敬内在地包含着尊人卑己和谦让的精神。

礼的道德实质不仅是敬，而且是让，即辞让。孟子明确讲：“辞让之心，礼之端也。”（《孟子·公孙丑上》）《左传·襄公十三年》也明确说：“让，礼之主也。”《礼记·礼运》说：“故圣人所以治人七情，修十义，讲信修睦，尚辞让，去争夺，舍礼何以治之？”喜、怒、哀、惧、爱、恶、欲七者为人情，父慈、子孝、兄良、弟弟、夫义、妇听、长惠、幼顺、君仁、臣忠，此十者为人义。礼的目的是治人情，修人义，而所以治修的主旨和根本则在于“讲信修睦，尚辞让，去争夺”。可见礼的根本精神在于敬与让。辞让不仅是一种态度，也是一种行为上的利益让度。它与争是相反的，争破坏人际的和谐，而让恰恰能维持这种和谐。

虽然恭敬与谦让在分别使用时具体含义、要求不尽相同，但二者之间又有密不可分的联系，即二者都是要求自身辞尊居卑。因此，古人或以恭敬释礼，或以谦让释礼，或二者并释。总之，在古人看来，礼与敬、让是密不可分的，因此古来又有礼敬、礼让之说。

西方的价值观强调个体本位，强调个人利益最大化和权利优先，这必然鼓励竞争。虽然讲的是一种正当的竞争，但不可否认的是，竞争价值观是以资源的有限性作为前提假设的，竞争是将对方置于与自己对立而非合作的立场上考虑问题的。如果竞争不能以道德的手段进行（由于利害关系，这种概率可能是很高的），竞争就变成了明火执仗的利益争抢。竞争使当代中国人心浮气躁，始终就像要上末班车似的，如果自己上不去，似乎就永远没有机会了。争抢带来了普遍的道德缺失、人际关系的紧张和社会风气的败坏。下面让我们通过生活中的几个实例来进行分析。中国近年来开车的人越来越多，随之而来的就是交通事故频发。据统计数据显示，我国每年因交通事故伤亡数万人，交通事故为什么频发？就是因为个别人没有规则意识，道德素质低下。更为深层的原因就是这种争抢的价值心理，任意变线、插队，抢在别人之先，毫不顾及别人的路权和心理感受。

中国传统伦理，在人际观上恰恰强调的是礼让而非争抢。孟子说："有礼者敬人。"（《孟子·离娄下》）"辞让之心，礼之端也。"（《孟子·公孙丑上》）孟子的这种论述告诉我们，礼的实质就是对别人的恭敬和辞让。现代人且不论他有无爱人即"仁"的善意，首先应该从理性意志的角度做到对别人的消极性的尊重，如果目中无人，在人际交往的过程中毫不顾及别人的权益和感受，社会如何能有文明道德呢？因此，在当前的社会条件下，我们在提倡竞争价值观的基础上，应该吸取和弘扬中华核心价值观的恭敬和辞让精神，这样才能使我们的社会更加和谐，使人民的道德更加高尚。

3. 内情与外行：礼的实践机制

礼，首先是基于建立社会生活的客观秩序的需要，因此，它是客观的、外在于人的一种他律，因为制度与规范都是外在于人的社会他律。但在中国文化中，礼不仅是制度与规范，而且还被看作人的高尚品质，它是内情与外行的统一，这是儒家学说所着力强调的礼的内在精神，也是一个人践礼所应遵循的实践机制。古人强调，礼不可停留于形式，不可追求虚文，而应出于真心真情，贵在真诚。韩非曾说："礼者，所以貌情也。""礼者，外饰之所以谕内也。"（《韩非子·解老》）就是说，礼是反映表达自己内在情感的，这便是古人常说的"礼为情貌"。因此，真正的礼应做到竭情、致诚，将自己内心的真实情感通过一定的形式、仪则表达出来。对于礼，先哲大多重视其内容、实质而不过于追求形式。孔子说："礼云礼云，玉帛云乎哉？乐云乐云，钟鼓云乎哉？"（《论语·阳货》）就是说礼乐不仅仅是玉帛、钟鼓这些形式化的东西，而且有更深一层的内涵。孔子把这深一层的内涵落实在以仁为核心的人的内在道德情感上，所以说："人而不仁，如礼何？人而不仁，如乐何？"（《论语·八佾》）正因为人的内在情感是礼的本质，所以对于父母的孝之礼，就不仅仅是一个赡养的问题，而且要有敬之心，并且表现在言谈举止、声色形貌中。所以在子夏问孝时，孔子说"色难"（《论语·为政》）。再如祭祀之礼，"祭如在，祭神如神在"（《论语·八佾》），这就是要在祭祀中表现一种庄严肃穆的精神，如果心不在焉，那和不祭祀又有什么区别呢？又如丧礼，大讲排场，风风光光的，并不足以寄托对死者的哀思，所以"与其易也，宁戚"（《论语·八佾》），足以寄托哀思就可以了。其实，如果在礼的行为中，人们能时时保持一颗庄敬之心，保持一种真情实感，那也就是做到仁了，所以说"克己复礼为仁"（《论语·颜渊》）。人们的言行举止时刻保持着一种礼的自觉，也就是在实践仁了。礼的本质不在其外在的形式，而在其背后的内容。礼后德先，礼的外在行为方式要以道德的内在情操为基础。"质胜文则野，文胜质则史。文质彬彬，然后君子。"（《论语·雍也》）虽然强调文质统一然后成君子，但当二者之间存在矛盾时，还是要以质为本。"先进于礼乐，野人也；后进于礼乐，君子也。如用之，则吾从先进。"（《论语·先进》）尽管在"质"中体现的是原始、质朴的"野人"的一面，但因为它更符合礼的内在精神，所以二者择其一时，孔子选择了"先进"。

孟子作为儒家心性论、内圣论的最大代表，自然也强调礼乐的内在精神，他把礼直接归结为是由人的恭敬、辞让之心扩充而来的，这与其人性善理论有着必然的联系。主张人性恶、外治论的荀子在这个问题上似乎与孔子、孟子略有不同。荀子言礼之敬是直接与礼之文、饰联系在一起的，谓之“敬文”“敬饰”。因为人之情、欲可能流于恶，流于乱，因任人情、人欲则易生轻慢之心，而起于圣王教化的礼，就是要使人们在文理隆盛的仪节、仪式中时刻保持一颗敬重心。所以荀子在讲礼时，强调其隆、重、厚、高、广、大等形式上的意义，就是要人们在这种庄严肃穆的氛围中随时以敬重心收拾自家精神。这种敬重心要贯穿人之生与死的全部，所谓“敬始慎终”（《荀子·礼论》）说的就是这个意思。也就是说，相较于孔孟，荀子比较强调礼的外在性、形式化的客观精神，其隆礼贵义的思想更是对礼的客观精神的落实。可惜的是，荀子在儒学史上长期被视为异端而非正统，其思想也长期不受重视。

固然，礼之本在于其内在的等级精神、道德精神，但礼的这种本质也必须通过具体的行为方式、规范、风俗、仪节来加以体现和实现，要将礼义、义理化为礼仪和礼俗才能实现礼的社会功能。

《礼记·经解》在说明礼的作用时指出：“故以奉宗庙则敬，以入朝廷则贵贱有位，以处室家则父子亲、兄弟和，以处乡里则长幼有序……故朝觐之礼，所以明君臣之义也。聘问之礼，所以使诸侯相尊敬也。丧祭之礼，所以明臣子之恩也。乡饮酒之礼，所以明长幼之序也。昏姻之礼，所以明男女之别也。”礼确实是价值观、行为和是非标准的价值观念体系，同时，也是一套实践的体系和传统。礼是儒家道德观念与伦理精神落实为生活实践的可操作的具体方式，一套习俗礼节仪式正是落实相关伦理观念和价值标准的具体的实践途径。因此，礼的实践不仅要“养之以德”，而且要“齐之以礼”，从而化民成俗。儒家认为，一个人不通过礼的训练就不能养成仁等高尚的品质。儒家礼的模式以秩序为目标，这可以限制人对自由的滥用，放任的、无限制的自由足以破坏社会。在现代社会，我们应该加强礼的教化，使中国真正成为一个礼仪之邦。

三、礼的现代实践

通过对传统礼的精神的讨论，我们应该从中汲取怎样的经验以指导我们的现代实践呢？在我看来，主要可从如下三个方面努力：

1. 树立规则至上的现代意识和法治精神

如前所分析的那样，中国古人特别强调礼的内在精神，这自有其合理性的一面，也是由儒家内圣外王的思维方式所决定的。把一切社会治理都归结为人心道德，在传统封闭的一元化社会，这种思维方式也许有一定的合理性。但现代社会是一个开放的、多元的社会，对于社会生活来说，一种普遍的、客观的伦理精神、法治精神也许是更为重要的，用一种精英主义的心性论的道德思维方式来解决社会秩序与社会治理问题，是非常软弱而无效的。如之前所讲的，儒家的内圣论被看作正统，孟子不仅强调礼的内在性，而且强调仁义均为内在的，反对告子等人的仁内义外说，这种思维方法和观点都在一定程度上消解了义和礼的客观伦理精神。儒家文化过于重视主体精神，这使中国文化容易形成一种特殊主义的倾向，从而消解义与礼的客观性和普遍性。礼或制度、规范如果是因人、因时而异的话，那么，实际上制度和规范就被消解了。中国人之中庸、权变，从德性论的角度看是一种人生的智慧和境界，但在社会治理中，这种因人、因时而异的思维必然使中国社会缺乏西方社会那样一种法制化的客观理性精神。

西方法治的核心和精髓是规则至上。现代人学礼，首先要重视礼的客观精神，加强制度与法治建设，这是现代中国社会实现政治文明和完善社会治理的客观需要。中国古代虽然强调礼法并重，但实际上是以礼为主的，天理、王法无非人情，这种传统思维是阻碍现代法治建设的深层的思想障碍。在现实生活中，很多制度都被这种主体性思维消解了，所谓“上有政策，下有对策”“制度是死的，人是活的”等中国人的思考方式都是有碍于现代政治、经济、制度建设的。现代文明国家如果没有一套完善的制度和体制并被严格遵循，那将是难以想象的。礼作为制度和规范，如果不被严格遵循和执行，而又被化约为人的情感、因时因人而异的权变，那就形同虚设了，这也许是在中国很多事办不好的原因。因此，作为一个现代中国公民，在学习传统礼文化的时候要吸取这种历史教训，要结合现代社会的需要和时代精神，树立规则至上的意识，为中国的制度文明建设而努力！

2. 遵守社会公德

从道德的层面来分析，礼主要是指道德规范和文明礼貌。在传统中国，道德的要旨在于要在家国同构的社会基础上维护一种宗法血缘等级制度，亲亲、尊尊、长长、君君、臣臣、父父、子子是道德的基本精神和主要要求。而在现代社会，社会秩序主要体现为社会公共生活秩序，因为现代社会人们的公共生活和公共交往日益丰富，不再像传统中国人那样是生活在家族中的“子民”和受当时社会政治统治的“臣民”，而是生活在现代公共生活和法治国家中的“公民”。作为政治生活中的公民，主要是要遵纪守法；作为社会生活中的公民，主要就是要遵守社会公德。

社会公德是指人们在公共生活中为了维护正常的社会生活秩序，必须遵守的最基本道德准则。社会公德属于基础道德，它是社会道德建设的基石，是衡量一个社会道德文明水平、风尚好坏和社会成员文明素质的重要标志。

社会公德是人类在长期的社会实践中逐渐积累起来的最基本的公共生活规则。随着社会现代化程度的提高，公共活动范围日益扩大，人与社会的关系愈来愈密切，人与人的交往愈来愈频繁，人与生存环境的关系更加紧密，社会公德也就显得更为重要了。在农业社会，人们自给自足，社会闭塞，“鸡犬之声相闻，民至老死不相往来”（《老子》第八十章），没有频繁的交往，没有广泛的公共生活，社会公德显得并不十分重要，个体行为的道德倾向很少体现。农民在自家院子里大喊大叫，受干扰的只是自己的家人。现代社会人们聚居，大声喧哗就会惊动很多人。如果谁家看电视、听音乐音量放得很大，甚至足以使一幢居民楼的邻居心烦意乱。在现代社会，社会公德是维护社会正常秩序，保证社会正常运转的重要条件。

如果社会成员连起码的道德规范都不能遵守，那么这个社会的道德水准肯定是低下的。社会公德是一个社会运作有序、稳定安宁、融洽和谐、持续发展的重要保证。不要说有很多人，只要有一少部分人不遵守交通规则，交通事故必定频发。在发生突然事故时，如果人人都只考虑自己的安全，不听指挥，不守纪律，一定会大大增加意外伤亡。人们不讲礼貌，不讲谦让，甚至互相敌视，一定会使争执、吵架、斗殴不断。市民乱丢废弃物，随地大小便，大家就只能在垃圾堆中过日子。往河道倾倒垃圾，随意排污，任意堆放有毒废料，环境必定受到污染。不讲公德的社会必然脏乱差，还谈什么文明?

社会公德从其基本内容分析，可分为若干层面。在人与人的关系层面上，要求举止文明，尊重他人，诚实守信，助人为乐；在人与社会的关系层面上，要求遵守公共秩序，维护社会公益，讲究公共卫生，爱护公共财物；在人与自然的关系层面上，要求保护环境。涉及人与社会的关系层面上的社会公德，其内容主要可包括如下几个方面：第一，遵守公共秩序；第二，讲究公共卫生；第三，爱护公共财物；第四，尊重、爱护他人，热心社会公益。下面对其分别进行论述。

第一，遵守公共秩序。公共秩序有广义和狭义之分。广义的公共秩序包括公共场所活动秩序、交通秩序、社会管理秩序、工作场所秩序、居民生活秩序等，狭义的公共秩序即公共场所活动秩序。公共场所活动秩序的要求主要有两种不同的形式：一种是有明文规定的，主要是各种公共场所明文规定的纪律、规章、社会公约，如车船、店堂、图书馆、医院、博物馆、文化馆、剧场、运动场、公园、公寓宿舍等公共场所的相关的公德和秩序；另一种则是没有明文规定的，是人们在长期的公共生活中形成的道德经验与行为习惯，如购物时排队、乘车时讲秩序等。

在各类公共场所保持安静，不让自己的说话声或手机铃声成为他人耳边的噪音，体现的是人与人之间的尊重，既是公民文明修养的表现，也是一种基本的公共生活的场所道德。但国人似乎总喜欢热闹，喜欢大声喧哗。难怪柏杨先生说中国人“最明显的特征之一就是脏、乱、吵”，“中国人的嗓门之大，真是天下无双”①。

遵守交通规则是维护有序、安全、畅通的交通秩序的首要条件，只有良好的秩序才能提高各种交通工具的运转效率，才能尽可能公平地保证每个社会成员的利益。遵守交通规则体现了公民的守法意识、安全意识、礼让意识，同时也是公民珍惜自己和他人生命、财产的表现。公民应当合理使用交通这一有限的公共资源，严格遵守交通规则，做到文明行走、文明行车、文明乘车、文明停车，坚决杜绝闯红灯、酒后驾车、横穿马路、超载、超速

---

① 柏杨．丑陋的中国人．苏州：古吴轩出版社，2004：7.

和逆向行车等行为的发生。违反交通规则不但扰乱了交通秩序，而且会使许多人因此丧失性命。交通方面的公德失范还表现为不遵守乘车秩序，逃票，携带危险品上车，不给老、幼、病、残、孕让座，不讲究公共卫生，损坏交通标志、交通工具、交通灯具、井盖等公共交通设施，等等。

第二，讲究公共卫生。公共卫生直接影响到全体公民的生活质量和健康水平，标志着一个国家、民族的文明程度。“非典”爆发后，公共卫生问题已引起人们越来越多的关注，但公共场所的卫生状况还是不容乐观，随地吐痰、乱扔垃圾等不讲卫生的行为依然很普遍。“早在一个世纪前，孙中山在一艘外国轮船上，目睹一位脑后拖条长辫的同胞，把一口浓浓的黄痰吐在了鲜红的地毯上，不由得感慨万端，经常以此为例，呼唤民众觉醒。”① 可一个世纪后，不少国人仍然保留这一陋习，经历 21 世纪初的公共卫生事件后，这种陋习才有所改善。公共场所吸烟的现象也比较严重，当前在公共场所全面禁烟已经成为普遍共识和公德，违反者越来越为人们所厌恶。乱丢瓜果皮核、烟头、纸屑、报纸、饮料瓶、塑料袋、包装物等废弃物的现象之前也较为普遍，近年来似乎已经有所好转。需要特别指出的是，不少国人如厕后都没有冲水的习惯，弄得整个厕所臭气熏天，难怪有的海外游客挖苦说：“中国的美味佳肴享誉全球，中国的公共厕所却臭名远扬。”近年来，随着公共文明素质的提升，中国人在这些方面都有很大进步。“讲究卫生，人人有责”，每个公民都应树立环保意识，努力营造一个整洁、舒适和干净的公共场所。

第三，爱护公共财物。公共财物一般指属于社会全体成员或某一集体全体成员的财物，如国土、资金、文物古迹、公用建

① 解思忠. 国民素质演讲录. 上海：上海社会科学院出版社，2003：168.

筑、公用设施等。公共财物是全体社会成员公共生活正常进行的必要条件，爱护公物是对他人和社会公益的尊重。人与物的关系，实际上反映的是人与人的关系。但国人损坏、偷盗公共财物的现象时有发生，如偷盗马路上的铁铸井盖，在名胜古迹上随意刻字留念，损坏座椅，随意践踏草坪，攀折花木，在公共图书上任意圈点、验算、涂改、影描，甚至撕毁有用资料等。费孝通先生曾说："一说是公家的，差不多就是说大家可以占一点便宜的意思，有权利而没有义务了。"① 有人则戏言"外国有个'加拿大'，中国有个'大家拿'"，形象地揭露了个别人在使用公共财物上的缺德现象。

第四，尊重、爱护他人，热心社会公益。在公共场所中应当尊重、爱护他人，礼貌待人，助人为乐，这是社会公共道德的本质，也是一个人是否具有公共道德的重要体现。对待秩序、公物、卫生、规则、环境的态度最终都体现为对他人的人格权利与尊严的尊重和维护。在公共场所中因一点小小的摩擦、碰撞就恶语相向甚至拳脚交加，遇到人与人发生冲突时就看热闹瞎起哄，拾到他人财物据为己有，这些都是不道德的行为。道德是心有他人，这是对道德真谛的最简明的概括。心中有他人，也就是将他人当人看，尊重他人的人格，将他人看作是与自己平等的交互主体，而不只是将他人视为自己的一个工具、手段，如此，才会真诚对待他人，才能够意识到自己的某些失德行为恰恰是对他人正当权利的侵害。自觉遵守公共道德是对他人的尊重与爱护，只有这样才会有真正的道德。市民在公共场所中，理应善待老、弱、病、残、孕及怀抱婴儿者，善待外来人员，耐心、热情地回答陌生人的询问，绝对不能"事不关己，高高挂起"。此外，还应形

① 费孝通. 乡土中国 生育制度. 北京：北京大学出版社，1998：24.

成尊重他人的内心信念并以适当的礼节加以表示，比如，对酒店服务生或礼仪小姐的问候应该回礼，对待服务员要充满善意和平等精神，要有礼貌。很多细节实际上体现了对他人的尊重。

3. 讲究文明礼貌

如上所述，最狭义的礼是指礼仪、礼节、礼貌，因此，我们现代人学礼，最终要落实到讲究文明礼貌，做一个有修养的文明人。首先让我们来讨论一下礼貌与道德的关系。

礼貌与道德虽都是人与人之间相互交往的行为规则，但又是有区别的。

礼貌是指人们在社会交往中形成的、以建立和谐关系为目标的、表示相互尊重的行为准则和规范的总和。道德虽然也是一种处理人与人之间行为规范的总和，虽然也要以社会舆论、传统习惯为维系手段，但它的主要特点和价值是以人的内心自觉信念为根本维系手段的一种行为规范。在这一点上，它既不同于法律的强制，也与礼貌不尽相同。二者的区别表现在：

第一，规则形式的外在性、他律性与内在性、自律性。礼貌是人类社会、人与人之间交往的一种约定俗成的行为规则，较之道德，它更多地体现出其习俗的他律性。礼貌是一种纯形式的、表象化的人与人之间的行为方式和规则，是一种外貌、装饰和文饰。而道德则是以人的内心自觉和信念为基础的，它是人类精神的自律，自觉性越高，其价值就越大。

第二，正因为存在着上述差异，所以在人的行为中礼貌与道德可能有某种分离和对立，即有礼貌并不表明必然有道德，有道德有时不一定有礼貌。如某些大人物们的“侮辱性的礼貌”，还有许多小人物的阿谀奉承的或奴颜婢膝的礼貌。礼貌使坏人更为可恨，因为这表明他受过教育，如果没有受过教育的话，他的恶毒几乎还可以原谅。有些有良好教养的人士可能有很周全的礼貌，但不一定比没文化、没礼貌的人道德品质更好，这也说明如果礼貌不与有德结合，它就有可能变成一种伪善。

第三，礼貌与道德的内容既有重合又有差异。礼貌只是道德的一个很小的部分，它是道德中那些基本的、外在的、表象的部分，是社会公德的一部分内容。而道德作为一种行为规范，要比礼貌包含更为丰富的内容。与其说礼貌是一种美德，还不如说礼貌是文明人的素质，这表明礼貌并不具备非常深刻的善恶性质，而是一个文明人与人打交道的基本素质。礼貌好比一种身体的道德、一种行为的伦理、一种社会生活的法规、一种仪式，它只是美德的表象，却能使美德变得更可爱。道德犹如一种心灵的礼貌、一种自我约束的礼仪、一种内心生活的礼节、一种责任的法规。

第四，礼貌与道德在产生上是不同步的。礼貌先于道德。规则最初起源于习俗而不是人的自觉，最初的规则除了习惯和对习惯的尊重之外没有别的理由。所以道德最初只是礼貌：服从习惯，服从既定的规则，服从表象的规范化的规定以及规矩。使用先于价值，服从先于尊重，模仿先于责任，他律先于自律，行动先于信仰，因此，礼貌先于道德。

另外，礼貌与道德又是相互联系、相互作用的。一方面，道德是礼貌的内在精神基础。道德可以提升礼貌的真诚性、自觉性。礼貌只有与内在道德精神相结合，才能真正表达对他人的友善和尊重，否则就是一种伪善。一个对他人心存善意和敬意的人，也必然会自觉地、更多地通过自己的礼貌行为表现出对他人的敬意，从这个意义上可以说，道德是礼貌行为的内在精神动力。另一方面，礼貌行为可以引发和培养道德，可以显示和表现道德，可以在行为层面保障道德的实施，具体体现为以下三方面。

以礼引德。礼仪、礼貌作为一种基础性的行为规范，可以引导人们加强道德修养。“不学礼，无以立。”（《论语·季氏》）“人而无礼，焉以为德?”（扬雄：《法言·问道》）不学习礼，就无法立身处世；如果人没有礼，就谈不上道德修养。从人的一生来看，人最初接触的行为规范就是礼貌和礼仪：在待人接物方面，要恭敬、谦逊、礼貌；在仪态仪表方面，要端庄、调和、文雅。此后，人们才学习善良、宽容、诚信等道德规范。礼仪、礼貌虽然只是美德的外表，但却是美德产生的根源。在这种对传统、习俗的规则的学习模仿和行为实践中，人们逐渐培养形成了对他人的尊重。礼貌模仿美德的外表，是在为美德做准备。正是通过这种训练，在模仿美德的各种方式时，我们逐步成为有道德的人。

以礼显德。礼仪作为一种道德精神的外在形式，可以显现人们的道德水平。礼仪可以展现一个人的道德素质，从人的仪态和行为中，可以体现出对道德的价值的认知水平和修养程度。礼貌和道德实际上是一种本质和现象的关系。道德是礼貌的内在本质，礼貌是道德的外在表现。在社会生活和交往中，总是通过礼貌来显现人的道德修养水平和道德素质。人的道德素质是沉淀在内心世界的，但是，它可以通过人的礼仪行为表现出来。所以，观察一个人的仪态仪表、行为举止、语言文字，往往可以了解他内心的道德世界，包括道德认识、道德倾向和伦理精神，从而评价他的道德水准和修养程度。

以礼保德。礼仪、礼貌作为一种操作性很强的道德规范，可以保证道德原则的实施。礼仪这种规范和准则的操作性很强，可以用语言、文字、动作进行准确的描述和规定。礼仪是待人接物的道德规范，也是保证道德实施的基本条件，“礼义之始，在于正容体，齐颜色，顺辞令。容体正，颜色齐，辞令顺，而后礼义备”（《礼记·冠义》）。礼的开始，就是要体态端正、面色和悦、语言和顺，做到了这些，礼就具备了。礼仪的教育和训练可以帮助人们增强内心的道德信念，掌握正确的行为准则，在社会交往中进行标准化操作，从而保证道德原则的实施。

礼仪具有重要的道德功能，它能引导人们的道德修养，显现人们的道德精神，保证道德原则的实施。那么，我们应该怎样发挥好礼仪的道德功能呢？首先，要弘扬民族的传统美德。我们的国家和民族有礼仪之邦的优良传统，应该很好地继承和发扬。我们要抛弃那些落后于时代的繁文缛节，保留有普遍意义的礼仪习惯，吸纳有积极意义的待人之礼。其次，要健全现代的礼仪体系。构建现代的礼仪体系，要坚持民族性、世界性和时代性相结合的原则。我们应当继承民族传统礼仪中具有恒久价值和旺盛生命力的内容，吸收国际礼仪中具有积极作用和进步意义的内容，同时还要面向现代化，增加一些适应社会主义市场经济的发展要求、反映时代精神的内容，综合成一个新的科学的体系。最后，要把礼仪教育纳入国民教育的全过程。礼仪属于社会公德的范畴，涵盖了社会上一切人的行为，是每个公民都应该掌握和遵守的。因此，要把礼仪教育作为文化建设的一项重要任务纳入国民教育的全过程，从孩子抓起，贯穿终身教育的各个阶段，使每个人都能成为懂礼仪、通礼节、讲礼貌的好公民。总之，要切实加强礼仪建设和礼仪教育，充分发挥礼仪的道德功能，在全社会树立学礼仪、讲礼仪的风尚，营造文明的氛围，促进社会主义精神文明建设。

现代社会交往频繁，人们越来越认识到礼貌的重要性。具体说来，其价值和作用可以表现在如下几方面：第一，礼貌待人可以化解矛盾或避免冲突，使人与人相处融洽和谐。礼貌是人类社会的润滑油，这句话形象地表达了礼貌在融洽人际关系中的作用。第二，礼貌待人除了使人际关系融洽和谐，还会产生一种良好的社会效应，有利于团体管理和社会服务。第三，礼貌待人是人的美德和修养，它使自己心情舒畅。是否讲礼貌能看出一个人文化水平的高低，也能看出一个人道德修养的高下。第四，礼貌待人是社会公德，无论是对亲戚朋友，还是对陌生人都要讲礼貌。

我们每个人都应该从语言与行为诸方面加强自己的文明礼貌修养。

礼貌语言很重要，它能使人际关系融洽。有一首小诗《语言赞“对不起”》说得很好：你内疚地说一句“对不起”，他原谅你回答“没关系”；歉意融化了感情的冰障，风格筑起了友谊的长堤。20 世纪 80 年代在开展以“五讲四美”为内容的文明礼貌活动时，共青团中央曾号召团员青年经常使用 10 个字的礼貌用语：请、你好、谢谢、对不起、再见。当然，礼貌语言不仅仅是这 10 个字，提出这 10 个字的礼貌用语是为了易于为群众所接受。使用礼貌语言不仅要知道该说什么，还要懂得怎么说。一是语气要温和。与人交往说话声音要轻，语气要温和，不要大声嚷嚷，不要咄咄逼人。二是使用礼貌语言要发自内心地尊重他人。

不仅说话要使用礼貌语言，行为举止也要讲礼貌。在日常交往活动和实践中，如在打招呼、打电话、交际、待客、聚会等生活的诸方面要时时处处讲礼貌。懂得礼貌是向他人表达自己的尊重和友好感情的行为方式。懂得了这个道理，就要根据这个道理去思考自己应采取什么样的行为。凡尊重人的行为就是礼貌行为。

重彰礼仪之邦的文明大国的形象与风采，提高中华民族整体的道德素质与文明素质，需要我们每一个人从践礼做起。

第十六章　讲智德

对于很多中国人而言，无论他对《论语》这个中国人的“圣经”式的文本的熟悉程度如何，我相信其中的这样一句话还是为大家所熟悉的：“知者乐水，仁者乐山。知者动，仁者静。知者乐，仁者寿。”（《论语·雍也》）智者是喜水的、活泼的、快乐的，而仁者则是爱山的、恬静的、长寿的，在儒家看来，智与仁共同构筑成了儒者的理想人格。虽然在中国传统道德中，智不像西方那样居于首德地位，但仍然是最重要的道德之一。《论语·宪问》中说：“子曰：‘君子道者三，我无能焉：仁者不忧，智者不惑，勇者不惧。’”孔子首度将知（智）与仁、勇并称为“君子道者三”，之后的《礼记·中庸》则更明白地将三者并称为“三达德”。孟子的仁、义、礼、智“四德”包括智，到了汉代董仲舒则明确提出了“五常”——仁、义、礼、智、信，智德也包含于其中。仁、义、礼、信是为人处世的基本原则，而要将这一切联系起来就需要智贯穿其中，否则即使有仁、义、礼、信加持于身，也不可能通达无碍。

汉儒董仲舒曾经写过一篇题为《必仁且知》的文章，一开头就强调：“莫近于仁，莫急于智。”他认为：“不仁而有勇力材能，则狂而操利兵也；不智而辨慧狷给，则迷而乘良马也。故不仁不智而有材能，将以其材能辅其邪狂之心，而赞其僻违之行，适足以大其非而甚其恶耳。”在董仲舒看来，一个人如果不仁不智却有勇力才能，就会以勇力才能加强其“邪狂之心”，助长其“僻违之行”，使其更加肆无忌惮地为非作恶，祸害人类。对人说来，最切近、最急迫的要求莫过于“必仁且智”。人能有仁有智，仁智兼备而相用，其待人处世的心和行就能当且义。一个人即使具有仁的品质，但如果没有智，就会是非不辨、利害不明、善恶不分。故董仲舒说：“仁而不智，则爱而不别也。”（《春秋繁露·必仁且智》）可见，智也是人的一种不可缺少的重要美德。

一、智德及其特点

那么，何谓智德？不可否认，智德总是与人的认识能力和知识的掌握有关联的。在甲骨文和金文中，智被写成由“矢”和“口”构成的“知”，即象征着一个人像飞矢一样快速地获取知识。知与智在古代中国也往往是通用的。尽管如此，智作为德毕竟不直接等同于能，它是人将自己的知识与认识能力运用于人生和人际关系实践而形成的一种明智的品质。用现代语言说，它不是指纯粹理性，而是指实践理性、道德理性。在儒家传统中，掌握知识被认为是一件重要的事，但更为重要的是德性的提高与完善。儒家的智慧不仅是一种认知的获得，而且是一种生命的体验，格物致知的目的仍然是修身。说一个人有智，在大多数场合并不是指他对外部自然界有多么丰富的知识，而是说他对人生有觉解，处理人事、人际关系和社会事务有智慧。

在中国古代，知与智通用，智字后起，但二者亦有别。《尔雅·释言上》有言：“哲，智也。”从这条释言可以看出，智不同于知，知既包括闻见之知，也包括知人之知，外延要大于智，而中国人更加重视人事之智、知人之智。因此，如果要进一步分别知与智的差别的话，那么，知的意义要较智宽泛，知可能更多的是指闻见、认知之意，而智则是人事、道德之智。

中国儒家智德观的特点在于，它把知或智主要看作是一种人事之智或者说是知人之明。这种人事之智或知人之明主要是“以智辅仁”，这一方面表明儒家的修养论是讲求仁智双修的，另一方面表明智在中国传统道德体系中主要是作为达仁的手段存在的。这也就是说在中国，知或智具有更鲜明的德性意味，重点不在于强调其认知方面，特别是对自然认知方面的能力。这一特点在孟子关于智德的论述中可以清楚地看出来。“恻隐之心，仁也；羞恶之心，义也；恭敬之心，礼也；是非之心，智也。”（《孟子·告子上》）“仁之实，事亲是也；义之实，从兄是也。智之实，知斯二者弗去是也。”（《孟子·离娄上》）可见，智德是指对人事之是非有清楚的把握，对是否合乎仁义这个善的价值目标有明确的判断、选择和决定。一个人能够有人生和人事之明，有辨别道德善恶之智，就可以说是具有智德的人了。

中国文化由于是一种道德本位的文化，因此总是把道德智慧看作高于对一般具体事物的认知能力的“大智”，也就是说所谓“大人”就是大智、大勇、大仁之人。所谓“大智”，就是在眼前与长远之间能够看到长远，在局部和整体之间能看到整体，在自我与他人之间能够看到他人，在人类与宇宙之间能够看到宇宙。在社会生活中，这种超越的大智必然体现为一种道德的、人生的大智慧。荀子说：“所以知之在人者谓之知，知有所合谓之智。”（《荀子·正名》）“知之在人”是讲私理，“知有所合”是讲公理；私理为小故有知之名，公理为大故有智之名。在张载的理论中，“德性所知”是大知，“见闻之知”是小知。他说：“见闻之知，乃物交而知，非德性所知；德性所知，不萌于见闻。”（《正蒙·大心》）这明确强调了道德智慧，即他所说的“德性之知”是高于“见闻之知”的更高的人生大智慧，这也体现出儒家对道德智慧的重视。

中西智德思想或智慧观是有一定差别的。

首先，智慧在各自的道德体系中的重要性有差别。在早期欧洲传统中，理性作为人的一种本质性存在得到了特别强调，西方哲学最初实际上是把理性看作人的基本规定性，是道德的基础，如苏格拉底的命题“知识就是美德”，又比如柏拉图在其《理想国》中提出的西方四主德思想，都是以智慧作为其道德的基础和首德，这种传统长期被西方社会所继承。在柏拉图看来，社会是由三种阶层的人组成的，即僧侣、哲学家、国王，武士或军人，平民。这三类人是由金、银、铜等几种不同的材料做成的，他们的心理精神原素分别是理性、意志和情欲。因此，这三类人所应具有的道德品质分别是智慧、勇敢和节制。这三类人如果能各安其位，社会就会实现公正。而在智慧、公正、勇敢、节制这四主德中，智慧显然是占统治地位的首德，也就是说一切道德都建立在理性与自由意志的选择基础上。而在中国传统道德中，智虽然也是“三达德”和“五常”之一，但其地位是服从并服务于仁、义、礼的。

其次，西方的智慧观与中国的智德所强调的内容是有差别的。西方哲学一开始就强调主客体分离，重视对自然的认识，因此其智多为自然之智；而中国哲学与中国文化则是一种社会伦理型的文化，因此智德的内容必然是一种人事之智、伦理之智、人生之智。这两种智德观分别从社会与个体、客体与主体等不同方面揭示了智德的内容，各有所长，对人类的智德观念的形成做出了各自的贡献。

二、智德的道德内涵

智作为德性，是一种道德理性能力，它不仅是一种道德认识能力，也是一种判断选择能力。从道德认识和判断选择的内容来看，主要是对是非善恶的认识和判断选择，是对人我关系的认识和判断选择，是对自我当行之义务和客观之情势的认识和判断选择。唯有具备这一道德理性能力，方能在面对是非善恶时保持清醒的头脑而不困惑迷乱，方能正确地认识作为道德主体的自我与他人的关系，也才能在特定场合或境遇中审时度势、迅速判断当下可以做的事情和应该完成的最重要的任务。据此，我们把传统智德的道德内涵概括为如下几方面：

1. 明是非、辨善恶

智作为德性，首先体现在对是非、善恶的认知和辨别上。孔子说："知者不惑。"（《论语·子罕》）智者之所以不惑，最根本的原因在于他具备了理性认知和辨别能力，具备了道德理性，因而能够分清事物的是非曲直而不至于颠倒黑白。孟子曾明确将智界定为人辨别是非的能力，他说："是非之心，智也。"（《孟子·告子上》）又说："是非之心，智之端也。"（《孟子·公孙丑上》）在孟子看来，这种内在于人的辨别是非的能力是人之所以为人的重要因素，若丧失了这种能力则难以称作真正的人，"无是非之心，非人也"（《孟子·公孙丑上》）。

荀子对于智的认识受其人性恶思想的影响。与孟子将智作为先天内在于人的"四端"之一略有不同，荀子虽然具有外向型思维特点，但他显然也承认人具有认识事物的能力，他说："所以知之在人者谓之知。"（《荀子·正名》）在荀子看来，智也首先是一种辨别是非的能力，他说："是是非非谓之知，非是是非谓之愚。”（《荀子·修身》）也就是说，智即能明辨是非，颠倒是非是愚蠢的行为。这一说法跟孔孟关于智的认识是一脉相承的，不过荀子进一步说明了“是是非非”，即人的认知结果与被认识的事物的实际情况相符合，他说：“知有所合谓之智。”（《荀子·正名》）如果说孟子强调了人辨别是非的能力的重要性，那么荀子则进一步强调了自我认识的结果与被认识对象的实际情况的一致性，即二者应当合一。用今天的哲学话语来说就是：孟子更加重视人先天所具有的主体的认识能力，而荀子则更重视后天认识结果的客观性与真理性，这种对认识能力与结果的不同重视的合题恰恰是智德的认识前提。

在荀子看来，能够明辨是非曲直，使自己的认识符合事物的实际情况，也就可以说是正确地认识事物了，这也就是他说的“明于事”。荀子说：“知者明于事，达于数。”（《荀子·大略》）在荀子看来，明智的人对事物是清楚明了的，对事理也能融会贯通。邢昺疏曰：“知者明于事，故不惑乱。”朱熹则说：“明足以烛理，故不惑。”（《四书章句集注·论语集注·子罕第九》）那么明什么事？烛什么理呢？在儒家看来，正确地认识对象并把握其相互间的关系固然重要，因为道德作为一种社会行为，必然要求人们具备一定的自然与社会生活常识，并能依此判断事物的是非曲直。但是，仅仅知道事物的实然是远远不够的，从道德实践的角度看，还应进一步形成价值判断，即何者为善，何者为恶，唯有如此，方能知道自己究竟应该如何行动。所以，儒家虽然非常强调知与智，但其理论旨趣并不在于单纯地倡导人们强化对自然事物等“实然”的认识。实际上，儒家强调智德“明是非”的同时又往往将之与“辨善恶”联系起来，如孟子所说：“舜明于庶物，察于人伦，由仁义行，非行仁义也。”（《孟子·离娄下》）这使得儒家的智德更多地呈现出关涉人伦道德、完美人格的养成及和谐社会秩序的达致等特点。是与非或真理与谬误这对范畴在中国语境中并不具有西方语境中的对自然的认识对错的意涵。在中国语境中人们一说起"是非"这个词，就是指人伦社会事务中的是非善恶，是指符合不符合人伦之理与礼。孟子认为智就在于"明人伦、知世故"，所谓"明是非"就是要懂得人伦之理。

"明是非"与"辨善恶"实际上并无内在的冲突，相反，"明是非"是为了更好地辨别善恶，从某种程度上甚至可以说"辨善恶"是"明是非"在道德领域的逻辑引申。孔子早就注意到了二者的内在关系，孔子说："知者利仁。"（《论语·里仁》）又说："未知，焉得仁?"（《论语·公冶长》）也就是说，具备了智德才能分清事物的曲直并明白其利害得失，才会以长远的眼光看事物，才能看到长远的利益，也才能做出正确的道德选择。缺乏智德则失去了正确的道德认识这一前提，不但容易陷入罪恶之中不能自拔，而且难以坚守正确的道德行为，因而也就不可能真正拥有仁德。古人之所以强调"学以致知""博学""明辨""知耻""知荣辱"等，正是看到了智德对于道德实践的重要性。

孔子曾经说："里仁为美。择不处仁，焉得知?"（《论语·里仁》）一般认为，孔子此处强调的是选择居处时要发挥辨别善恶的能力，选择有利于自己德性养成的具有仁风美俗的生活环境。孟子进一步发挥道："夫仁，天之尊爵也，人之安宅也。莫之御而不仁，是不智也。"（《孟子·公孙丑上》）又说："吾身不能居仁由义，谓之自弃也。仁，人之安宅也；义，人之正路也。旷安宅而弗居，舍正路而不由，哀哉!"（《孟子·离娄上》）就是说，仁是天最尊贵的爵位，也是心灵最安逸的居所；义是人类最正确的道路。没有人来阻挡你，你却不仁不义，实在是不明智的自暴自弃的行为。可见，在孟子看来，智就是能分辨善恶、认知仁义。孟子还说："仁之实，事亲是也；义之实，从兄是也。智之实，知斯二者弗去是也。”（《孟子·离娄上》）就是说，仁的主要内容是侍奉父母，义的主要内容是顺从兄长，而智的实质就是明白仁义二者的道理而坚持为仁行义。若不具备智德，缺乏对仁义内容的了解，则不但难以成就人格，而且容易陷入不仁不义的歧途。董仲舒说：“何谓之智？先言而后当。凡人欲舍行为，皆以其智先规而后为之。其规是者，其所为得，其所事当，其行遂，其名荣，其身故利而无患，福及子孙，德加万民……智者见祸福远，其知利害蚤，物动而知其化，事兴而知其归，见始而知其终，言之而无敢哗，立之而不可废，取之而不可舍，前后不相悖，终始有类，思之而有复，及之而不可厌。其言寡而足，约而喻，简而达，省而具，少而不可益，多而不可损。其动中伦，其言当务。如是者谓之智。”（《春秋繁露·必仁且智》）董仲舒的这段话不仅论述了智德对于人生祸福的重要性，而且从言说得当的角度分析了智德的实践发用。

从道德实践过程看，明是非、辨善恶之智，对于人们的道德认识和道德选择起到了重要的指导作用。但正因为对于辨善恶之智的强调，促使儒学在某种程度上成了“成人之教”而有异于西方的“爱智之学”。

2. 善识人、贵知己

智作为德性，不仅要认识人与事的是非善恶，同时还必须与人进行恰当和友善的交往，这就要求善识人、贵知己。孔子有时甚至将“知人”作为“知”的定义，樊迟问“知”，孔子回答说：“知人。”（《论语·颜渊》）在孔子看来，所谓知人，主要指正确地认识人，客观地鉴别人，清醒地理解人。

“君子不可以不修身……不可以不知人。”（《礼记·中庸》）

何谓知人？知人也就是“辨识人之诚伪、善恶、智愚、贤不肖”①。儒家强调“人能弘道”，所以在他们看来，知人对于在位者来说尤为重要，在位者能知人，则能让贤者居位而让不贤者退位。《左传·文公三年》有言：“子桑之忠也，其知人也，能举善也。”就是说，知人重在举善，孔子论知人也主要是从这个意义上说的。“（樊迟）问知。子曰：‘知人。’樊迟未达。子曰：‘举直错诸枉，能使枉者直。’樊迟退，见子夏曰：‘乡也吾见于夫子而问知，子曰：“举直错诸枉，能使枉者直。”何谓也？’子夏曰：‘富哉言乎！舜有天下，选于众，举皋陶，不仁者远矣。汤有天下，选于众，举伊尹，不仁者远矣。’”（《论语·颜渊》）从众人之中选举正直之人，没有知人之智是不可能的。因此古人有言：“知者莫大于知贤。”（《大戴礼记·主言》）

道德智慧无非是一种人际关系的明智。因此，要正确处理人际关系、善待他人首先要了解他人，人与人相交最重要的是了解、理解、谅解，而理解、谅解则是以了解为前提和基础的，所谓忠恕之道就是能以己之心度人之心，而这种心与心的交通必须以对他人的了解和对自己的认识为前提。知人是君子之道，而知己则更是高明之人的优秀品质。人要了解自己的长处与短处，但由于这种对自我的认识是认识主体与客体的合一，就难免会使这种自我认识受到自己主观感情等因素的影响而不能做到客观。有的人可能是妄自尊大，有的人可能是妄自菲薄，不能够了解自己的短长，不能够了解自己在人际中、在组织中的地位，不能够了解自己与环境的关系，这样，不仅影响自己的事业发展，也影响同事之间的关系，从而影响自己的人生幸福。因此，道德智慧中最重要的也许是自知之明。

---

① 陈立夫．人理学研究．台北：台湾中华书局，1975：360．

在儒家看来，智德最重要的便是对自己的认识，认识自己方能进一步认识他人。儒家把具有自知之明，能正确地认识自己看作是比“使人知己”“知他人”更为高明的德性，并将之视作君子的基本德性之一。这一见解与儒家强调的“反求诸己”的思想是一致的。《老子》第三十三章说：“知人者智，自知者明。”说的也是同样的道理。可见，自知之明是儒、道两家共同提倡的。

所谓自知，主要是对于自己的德性高低、能力大小及优缺点有清醒的认识。正确认识自己的德性、能力和优缺点，方能不妄自尊大，不好高骛远，亦不妄自菲薄。孔子说：“文，莫吾犹人也。躬行君子，则吾未之有得。”又说：“若圣与仁，则吾岂敢？抑为之不厌，诲人不倦，则可谓云尔已矣。”（《论语·述而》）孔子的这些说法正是“自知之明”的生动体现。

确实，人生的展开、事业的发展、德性的进步都离不开知人知己，知人是待人、交人、用人的前提，而自知之明则更是君子的德性和品质。

3. 识时势、知当务

智作为德性，不仅是指在社会认识与道德认识上能够明是非、辨善恶，能够善识人、贵知己，而且还指在实践过程中能够审时度势，知先后，掂轻重，择缓急，体现为实践过程中的明智恰当。

识时势就是通常所说的审时度势，也就是道德主体在行道过程中对于道之行与不行的现实性及可行性的客观条件的判断。孔子曾经说：“天下有道则见，无道则隐。”（《论语·泰伯》）“邦有道，谷；邦无道，谷，耻也。”（《论语·宪问》）“君子哉蘧伯玉！邦有道，则仕；邦无道，则可卷而怀之。”（《论语·卫灵公》）也就是说，智者要善于判断究竟形势是否适合行道，可行道则出来当官，不可行道则隐居以养志。在孟子看来，孔子正是具有识时势之智德的典范，“孔子，圣之时者也。孔子之谓集大成”（《孟子·万章下》）。孟子说：“可以仕则仕，可以止则止，可以久则久，可以速则速，孔子也。”（《孟子·公孙丑上》）实际上，孔子就曾经说自己是“无可无不可”（《论语·微子》）的人。“无可无不可”并不是毫无原则，孔子曾经说：“君子之于天下也，无适也，无莫也，义之与比。”（《论语·里仁》）“无可无不可”更不是肆意妄为，而是对于行道之时势的深刻洞察。势可则行，势不可则止。实际上，在现实生活中，道之弘扬并不是单纯依靠自己的能力就能实现的，而是受制于客观时势，这在孔子看来就是命。只有真正了解这一点，才算是具备了智德，也才能被称为君子，这就是孔子所说的“不知命，无以为君子”（《论语·尧曰》）。值得注意的是，知命在孔子看来并非听天由命，孔子是非常主张个人自身的努力的，他自己就是一个努力奋进的“知其不可而为之者”（《论语·宪问》）。他对自己的评价是“发愤忘食，乐以忘忧，不知老之将至”（《论语·述而》）。由此可见，儒家强调知命的同时亦强调个人的努力。但一个智者替天行道，循义而行，却不是盲目蛮干，而是要审时度势，正所谓“识时务者为俊杰”，也就是说一个大仁大智大勇之人不仅是胸怀高远理想和道义原则的人，而且也是能够了解客观情势、掌握运命与时机的人。所谓“时势造英雄”，也就是说他们高于凡人的地方不仅在于他们有仁以为己任、天下为公的胸怀，也具有审时度势、顺天应人的智慧，这样才会成事，才能利国惠己。仅有仁德而无审时度势之智，就会空有报国报民之志，而壮志未酬身先去，这样最终也不会利民利国。

智德在具体道德实践过程中除了要求审时度势，还要求有判别轻重缓急的意识，明白当下之务。孟子曾经说：“知者无不知也，当务之为急；仁者无不爱也，急亲贤之为务。尧舜之知而不遍物，急先务也；尧舜之仁不遍爱人，急亲贤也。不能三年之丧，而缌小功之察；放饭流歠，而问无齿决，是之谓不知务。”（《孟子·尽心上》）也就是说，智者虽然没有不该知道的，但是要急于知道当下最为着急、最为重要的工作，即使是圣人尧舜也不能完全知道一切事物，他们的智慧超群之处正在于能够知道首要任务；仁者按理也应该没有不爱的，但是务必先爱亲人和贤者，即使尧舜这样的圣人也难以普遍爱一切人，他们的明智之处正在于知道怎么爱和首先应该爱什么人，也就是急于爱亲人和贤者。如果不知道急先务，则徒具智力而难称作具有智德，朱熹注引丰氏曰：“智不急于先务，虽遍知人之所知、遍能人之所能，徒弊精神，而无益于天下之治矣。仁不急于亲贤，虽有仁民爱物之心，小人在位，无由下达，聪明日蔽于上，而恶政日加于下，此孟子所谓不知务也。”（《四书章句集注·孟子集注·尽心上》）因此，真正具有智德的人，在具体的道德境遇中能够权衡利弊得失，分清轻重缓急，知道先后顺序，迅速判断当下应该完成的最重要的任务。

然而，道德的原则和规范是既定的，具有普遍性，而人在道德活动中遇到的境遇却是特殊的，如此若是完全拘泥于道德原则和规范的约束，则难以在具体境遇中确定当下应当做的最为着急的事情。因而正确处理经权关系，做到通权达变也就自然成了“知先务”的题中之义。所谓经，就是具有恒定性质的道德原则和道德规范，在通常情况下经作为一般规定以“常行道理”的形态出现；而权则是道德主体在具体境遇中，针对特殊情况，权衡轻重利害、大小本末，对道德原则和规范的一般规定所做的变通。孟子对于人在具体境遇中处理经权关系的通权达变能力的重要性有着深刻的论述：

淳于髡曰：“男女授受不亲，礼与？”孟子曰：“礼也。”

曰："嫂溺则援之以手乎？"曰："嫂溺不援，是豺狼也。男女授受不亲，礼也；嫂溺，援之以手者，权也。"曰："今天下溺矣，夫子之不援，何也？"曰："天下溺，援之以道；嫂溺，援之以手。子欲手援天下乎？"（《孟子·离娄上》）

孟子曰："不孝有三，无后为大。舜不告而娶，为无后也，君子以为犹告也。"（《孟子·离娄上》）

在孟子看来，在嫂溺于水的非常情况下，应当以人的生命为重，援之以手，这虽然违反了"男女授受不亲"的常礼，但却符合仁道的根本精神。圣人舜之所以不告而娶，是因为舜的父亲多次加害于舜，告则不得娶，因而为了传宗接代，舜自当违背"娶妻必告父"和"遵父母之命"之常礼。这两个例子虽然看似违背了常礼，但却尊崇了更为重要的仁道。孔子曾说："君子无终食之间违仁，造次必于是，颠沛必于是。"（《论语·里仁》）而子夏则说："大德不逾闲，小德出入可也。"（《论语·子张》）二者看似矛盾，实际上也正反映了要真正尊崇仁道，需要人们具备很高的智慧去体认蕴含在经这一常行的道德原则及规范背后的仁的精神和本质，"明乎经变之事，然后知轻重之分，可与适权矣"（《春秋繁露·玉英》）。人们需要根据具体的境遇对常理加以变通运用。事情有大小、轻重、缓急之分，道德原则及规范同样也有等级序列，这就需要人们运用自己的道德智慧对其加以权衡，唯有如此，才能真正成为一个既具有仁厚之心又具备道德智慧的人。《礼记·丧服四制》："恩者仁也，理者义也，节者礼也，权者知也。仁、义、礼、知，人道具矣。"可见，权是智德的重要内涵，是对于道德原则及规范的灵活运用，体现了原则性与灵活性的统一。

三、智德的当代实践

以上讲了传统智德最普遍、最重要的几项道德内涵，其实，传统智德的内涵是非常丰富的，对我们现代人的实践也是很有借鉴意义的。我们应该在现代实践中，继承传统智德的合理因素，以明智之德指导我们的为人处世，济人利世，实现人生幸福。

第一，言说得当，行皆中矩，这是智德在个人修养上最重要的体现。《荀子·非十二子》中说："言而当，知也；默而当，亦知也。故知默犹知言矣。"《荀子·子道》中说："言要则知，行至则仁。"这是说，一个人能够在社会生活实践中当言则言，不当言则不言，是一种很高的智慧和美德。董仲舒也形容智者"其言寡而足，约而喻，简而达，省而具，少而不可益，多而不可损。其动中伦，其言当务。如是者谓之智"（《春秋繁露·必仁且智》）。这句话说有智德的人，他的话简短而内容充实，精约而容易了解，简单而意思明达，省略而具备大体，简洁而不可增加，繁多而不可减少。行动合乎条理，言语正合时务。《墨子·修身》中也表达了同样的意思："慧者心辩而不繁说，多力而不伐功，此以名誉扬天下。言无务为多而务为智，无务为文而务为察。"这是说，富有智慧的人，内心明辨而不夸夸其谈，努力做事而不夸耀自己的功劳，说话不追求繁多而讲究富于智慧，不追求文采而讲究明晰。汉代思想家贾谊说："夫一出而不可反者，言也；一见而不可得掩者，行也。故夫言与行者，知愚之表也，贤不肖之别也。是以智者慎言慎行，以为身福；愚者易言易行，以为身灾。"（贾谊：《新书·大政》）这段话说得实在精辟，这也就是说，中国文化从来就把谨言慎行看作智德最重要的要素。

人类之言说，大部分情况不是独白而是交谈，因此，言说是否得当关键在于看什么人当说什么话，该说不说不对，不该说却说了也不对。《论语・卫灵公》："子曰：'可与言而不与之言，失人；不可与言而与之言，失言。知者不失人，亦不失言。'"因此，要言顾行，行顾言。一个智者，必量其力所能至而从事焉。在自我修养上，有自觉的反省改过意识也是一个人有道德智慧的表现。正如曾子所说的"吾日三省吾身"（《论语・学而》），"知过之谓智，改过之谓勇，无过之谓仁……好问好察，改过不吝之谓上智；饰非拒谏，自以为是谓下愚"（《陈确集》别集卷二）。

道德智慧，首先是一种善处人际关系的智慧，而人与人的交往总是通过言与行进行的，因此，在与人的交往过程中，一个有智慧的人必然应该追求言说得当。俗话说："病从口入，祸从口出。"我们的人际关系的矛盾，其实大多是由言说不当引起的，所谓"酒逢知己千杯少，话不投机半句多"，所谓"良言一句三冬暖，恶语伤人六月寒"。因此，一个生活中的智者，一个善处人际关系的人，肯定会在实践中追求言说得当：当说则说，不当说则不说；此时此地能说，而彼时彼地不能说；对此人可说，对另一人也许就不能说。这些都是言说得当的要求。

一个有智德的智者不仅是言说得当的人，也是行不逾矩、诸事皆宜、时时得体的人。这不仅体现为消极性的"非礼勿视，非礼勿言，非礼勿听，非礼勿动"（《论语・颜渊》），而且体现为积极的"时中"，时时事事总相宜，这是一种修养，也是一种境界。

第二，以智求善，利人利国，这是中国智德观念在己群关系上的体现。如前面所分析的那样，智德并没有给我们提供道德生活的价值与目的，它是一种工具性、支持性的德性，是一种中性的品质，有可能导致善，也可能导致恶，因此，智德的正确与充分发挥必须有高尚目的作为指向。真正的智者而非奸诈之人，必是以智慧谋取族群、国家和他人的利益，以自己的智慧来达致这些高尚的目的。因此，在中外历史上，好多仁人志士都认为一个大智、大勇、大仁的人，必然是以智求善、利人利国的。“子墨子言曰：‘知者之事，必计国家百姓所以治者而为之，必计国家百姓之所以乱者而辟之。’”（《墨子·尚同下》）刘向说：“智而用私，不如愚而用公，故曰巧伪不如拙诚。”（《说苑·谈丛》）如果人仅智而不仁不德，那就会如本章开始时所引董仲舒之言，无德而有智，就会大行其奸，为非作恶，祸国殃民。也就是说，用智必须服从仁或者接受仁与善的道德指导和规约，为实现仁人之事而用智。用智而行不仁之事，归根到底也是干不智之事，因为害人终将害己。这表明，不仁而智非真智，真智应该以仁为本，以德为终鹄的。

第三，生涯规划，达致幸福，这是智德体现在主体人生上的大智慧。明智或智慧是有层次性的，道德智慧不仅是一种处事、处人的具体智慧，而且是理智地、清醒地规划并把握自己整个人生幸福的大智慧。伦理智慧要解决生命的意义与价值这样一个终极性的问题，这一终极目标要符合正确的人生观、价值观、道德观。临事处世始终以这种终极价值目标来决定自己的具体选择与取舍，这才是一种大智慧，而不能因小失大，一失足而悔恨终生。另外，从具体的人生过程来看，一切成功人士，其人生的奋斗过程都是忙碌的，每一步或每一个阶段都是其成功人生的必要环节，机不可失，时不再来，我们既要胸怀远大目标，又要从眼前的每件事做起。当年轻人要正式开始自己的人生奋斗过程时，首务是做好这种生涯规划。要明确价值追求领域和人生理想目标是什么，阶段性的奋斗目标是什么。事业与爱情、条件与机遇、立志与践行等都需要认真思考和筹划。智之作用在于使人具有这种事先的预见性、规划性，能够对自己的人生进行这种远程规划的人是一个更加具有人生目标的人和努力奋斗的智者。平凡人的人生也许是跟着感觉走的，甚至是浑浑然混着过的，但一个有理想、有志向的人则希望自己的人生是灿烂的、辉煌的，是要为社会、国家、民族做出贡献的。如此，就要对自己的人生进行自觉有效的规划和实践的努力，并时刻自觉地控制这个奋斗过程，这可以说是一种人生的高度自觉和智慧。孔子说："君子疾没世而名不称焉。"（《论语·卫灵公》）之所以名不称，是因为没有对他人和社会做出贡献，而这也许是由于从人生一开始的时候就未能自觉地规划自己的人生。

第十七章　讲信德

可能很多中国人在儿时都曾听过“狼来了”的故事：从前有一个山村里的小孩子，不诚实，老爱说谎骗人取乐。有一天，他一个人在村外偏僻的地方玩耍，喊着：“狼来了！狼来了！救命呀！救命呀！”村里的大人听到呼喊后，赶紧跑去救他，结果到了一看，原来是这个小孩在骗大家取乐。这样，骗了大家两三次之后，大家都不相信他了。有一天，狼真的来了，这时，这个小孩哭喊着：“狼来了！狼来了！救命呀！救命呀！”村里人以为这个孩子又在说谎，没人去救他，结果这个说谎的小孩被狼吃了！这虽然是一则故事，未必真有其事，但在中国社会长期流传，其文化价值和寓意是很明显的。这则故事体现了中国文化对做人要有诚实美德的重视，如果不诚实，最终连自己的命都保不住。与此类似的历史故事就是周代的“烽火戏诸侯”的故事：春秋时期的周幽王纳褒姒为妃，时常与之寻欢作乐，但褒姒从来不笑。周幽王于是下令谁能博得美人一笑，赏之以千金。有奸臣建议，说先王时期建立的防外侵用的烽火台，一处点燃四处均响应，诸侯各国都将率兵来救。周幽王于是下令点燃烽火，与褒姒高坐观看，见诸侯各军忙忙碌碌赶到后发现受骗，褒姒果然大笑。此后，果真有外侵时，周王点烽火求救，结果诸侯又以为是周幽王骗人就没人来救了。

“狼来了”的故事说明诚实对于做人和人生的重要性，而“烽火戏诸侯”的故事则说明信用对做事保国的重要性。其实，不仅如此，诚信对于社会生活的正常运转也是不可缺少的。古人讲诚信，有“画地为牢”的美谈，更有“夜不闭户，路不拾遗”的理想追求和社会现实，人无信不立，社会缺乏诚信就会大乱，在建设现代信德的过程中，我们应该吸取传统信德的优良传统。

信在传统道德中是“五常”之德，孔子把信列为对学生进行教育的“四大科目”（文、行、忠、信）和“五大规范”（恭、宽、信、敏、惠）之一，信在“五常”中是更具社会道德意义的德目。诚信不仅在传统中国被看作最重要的德目之一，而且在现代社会，诚信也构成了社会合作和社会生活的伦理基础。

一、信德及其优良传统

信，作为人的一种美德和规范要求，其含义主要包含如下几层：一是真诚无妄，二是心口一致，三是言行一致，四是行为始终一贯。为了加深对信德的理解，我们分别从信与诚、信与忠、信与言等几方面进一步厘清信的含义。

信与诚在中国古代是互训的。许慎《说文》云：“诚，信也。”又说：“信，诚也。”“诚则信也，信则诚也。”（《河南程氏遗书》卷二十五）正是因为诚与信的相通与相互依存，才使得诚与信逐渐演化为一个统一的道德范畴——诚信之德。所谓诚，就是不自欺，诚实无妄，表里如一。所谓信，在古代最初是指在神前祈祷时，实事求是，不敢妄言。后来，用在人际关系上，是指不说谎话骗人，能说必能行，内外相统一。所谓内诚于己，外信于人。诚是人内在的德性，信则是诚的外在表现。诚于中，必信于外。古人认为，诚是信的基础，信生于诚，无诚则无信。如诸葛亮曾说："不诚者失信。"（《诸葛亮集》卷三）张载说："诚故信。"（《正蒙·天道》）

另外，诚的含义较信为广，因此朱熹说："信不足以尽诚。"（《朱子语类》卷六）《礼记·中庸》说："诚者，天之道也；诚之者，人之道也。"在这里，诚是一个哲学概念，相当于实存、实有，所谓"不诚无物"（《礼记·中庸》）。诚一般指内心，指一种真实、诚恳的内心态度和内在品质，也指人发自心中的、能言必能行的品质；而信则涉及自己的外在言行，涉及与他人的关系。单纯的诚重心在我，是关心自己的道德水准，关心自己成为一个什么样的人；而信的重心则在人，是关心自己的言行对他人的影响，关心他人因此将对自己采取何种态度。信有诚所没有的另外一种含义，即信任。信任就不是一己之诚，而是必须发生在至少两个人的关系之中。在现代，信用的关系性和制度性得到了强调，而不仅仅是个道德概念。

关于信与忠，《说文》释忠曰："敬也，尽心曰忠。"郑玄《周礼·地官疏》释忠曰："中心曰忠，中下从心，谓言出于心皆有忠实也。"所谓"言出于心皆有忠实"是指实话实说，言从口出须发自肺腑，不能信口雌黄、口是心非。这与信之诚实不欺的基本含义是相同的。正是由于两者的内涵如此接近，所以朱熹说："忠信只是一事……忠是信之本，信是忠之发……有于己为忠，见于物为信。""未有忠而不信，未有信而不忠者。""信非忠不能，忠则必信矣。"（《朱子语类》卷二十一）以上都是说忠与信的一致性或信对忠的依赖性。另外，忠与信也是有所区别的。忠发于心而信周于外，二者有内外之别，因此，忠为信的基础，程子谓："发己自尽为忠，循物无违谓信。"（《河南程氏遗书》卷十一）所谓“循物无违”是指一个人不仅要诚实，更要遵循、顺应事物的发展规律，不违背人的本质属性，不违背事物的本来面目，做到真实无妄。

另外，古人言信多与语言有关。信从人从言，古语有“言而无信”之说，春秋时期就已经突出了言与信的这种联系，当时，不少人都从人的语言来讲信。如《左传·襄公十八年》曰：“太宰伯州犁曰：‘志以发言，言以出信，信以立志，参以定之。’”语言前后如一，说了的话就一定要算话，这就是信。对人言诚实不欺是信的重要内容与要求。《春秋穀梁传·僖公二十二年》也说：“人之所以为人者，言也，人而不能言，何以为人？言之所以为言者，信也，言而不信，何以为言？信之所以为信者，道也，信而不道，何以为道？”《论语》讲“言而有信”（《论语·学而》）、“言忠信”（《论语·卫灵公》），孔子说“古者言之不出，耻躬之不逮也”（《论语·里仁》）。不轻易说话，是因为害怕做不到而遭致羞耻，因此，“君子欲讷于言而敏于行”（《论语·里仁》）。这些都表明信与人的言说有重要的关系。

可以说，信对诚和忠的依赖，表明信的内在真诚和尽己之道德心志，这是信的内在根据。信是对诚与忠的外化。而从外在行为的角度看，人的言行一致、行为前后一致就是信的主要表现。由信产生了人与人之间的信任关系和社会道德风尚。

这种言行一致的具体要求是：其一，对人言要真实，“无便曰无，有便曰有。若以无为有，以有为无，便是不以实，不得谓之信”（陈淳：《北溪字义·忠信》）。对人不可作无根之谈，要做到“君子之言，信而有征”（《左传·昭公八年》）。其二，说话要算数，不可“口惠而实不至”（《礼记·表记》）。要严格践约，不违背自己的诺言，切不可面诺背违、阳是阴非。其三，要做到“言顾行，行顾言”（《礼记·中庸》），言行一致。所以朱熹对信又做了这样的说明："信是言行相顾之谓。"（《朱子语类》卷二十一）朱熹的弟子陈淳曾说："信有就言上说，是发言之实。有就事上说，是做事之实。"（陈淳：《北溪字义·忠信》）信不仅要求人们说话诚实可靠，而且办事也要诚实可靠。孔子所说的"信以成之。君子哉!"（《论语·卫灵公》）便是对事而言。

信在传统中国是备受重视的道德，早在春秋时期，《左传》《国语》等典籍对其均有论及，孔子更是倡导忠信之德。《论语》记载："子以四教：文、行、忠、信。"（《论语·述而》）信被列为"四教"之一，可见其重要性。从这个顺序看，信被放在最后，似乎是不重要的，其实不然。程树德在《论语集释》中对此有一个十分贴切的解释，认为这是夫子教人先后浅深之序。孟子将信看作五伦中的朋友一伦必须遵循的道德准则，也表明了对信的重视。《吕氏春秋》有《贵信》篇系统论信，可看作先秦信论的简要总结。该篇还将信视为天道，它说："天行不信，不能成岁。地行不信，草木不大。春之德风，风不信，其华不盛，华不盛则果实不生。夏之德暑，暑不信，其土不肥，土不肥则长遂不精……天地之大，四时之化，而犹不能以不信成物，又况乎人事?"将信上升为天道主要是为了论证信的重要性。

至汉代，信更受人们的重视。汉初的贾谊将信列为"德之六美"之一（贾谊：《新书·道德说》），并将信与仁、义、礼、智并列（贾谊：《新书·六术》）。后来，董仲舒正式将信列为"五常"之一，信遂成为中国传统道德的基本规范之一。

孟子言四端，不及信。宋儒朱熹是这样解释的："程子曰：'四端不言信者，既有诚心为四端，则信在其中矣。'愚按：四端之信，犹五行之土。无定位，无成名，而水、火、金、木，无不待是以生者，故土于四行无不在，于四时则寄王焉，其理亦犹是也。"（《四书章句集注·孟子集注·公孙丑上》）这是说，既然信即诚，那么，四端皆为诚心，因此，信也就在四端中了。换句话说，信是仁、义、礼、智的基础。这是朱熹对信德的重要论证。

其实，不仅是思想家和政治家这种上层士大夫重视信德，在中国历史的发展过程中，上层文化也必然影响到下层文化。我们的文学艺术等各种俗文化文献中，记载了很多朋友之间、恋人之间讲究诚信的故事和美谈，也有很多名言警句、诗词格言等都体现了社会各阶层对诚信价值的认同和重视。比如，老百姓经常说“君子一言，驷马难追”“海岳尚可倾，一诺终不移”等。又比如：“常存抱柱志，岂上望夫台?”这句唐诗名句就出自一个动人的讲诚信的爱情故事：古代有一个青年叫尾生，他与相好的情人相约于大桥底下见面，结果在情人未到来之前突然山洪暴发，他为了不失信于情人，抱着桥下的柱子而被淹死。这个故事在今天看来不免愚昧，但古人正是通过这个故事来说明诚信之重要。再比如，朋友之交，贵在讲究言而有信、一诺千金。史书中记载了这样一则朋友间讲诚信的故事：东汉时代山阳范式与汝南张劭同在太学读书。分手时，范式与张劭约定，两年后的某一天，自己要去张家拜访。到了那天，张劭请母亲准备饭菜。其母以为时隔两年，两地又相距千里，对此有些怀疑。张劭却坚决认为，范式是诚实守信的读书人，答应过此事，决不会食言。果然，当天范式风尘仆仆地赶到。尽管这是寻常生活中交友守信之事，但小而不做则大而不为，它给人们的启发很大，故《后汉书·独行列传》中特载此事，以彰显范式的诚信品德。

其实，诚信不仅是士人之美德、官德之准则，而且也是社会各阶层人士的品质和各种职业道德的要求，如商德、武德、师德、艺德、医德、史德、民德无不讲究诚信。任何人在职业活动中都要不欺心、不欺人，信于义、行于义，并将其作为守信的标准及行为的准则。以商德为例。明清以后，我国的商业活动日益繁荣，经商取利是商人经商的目的，虽然渴望发财，但却不得不义之财。诚信不欺向来是中国商人在商业活动中自觉遵守的准则之一，是商人成功的主要原因之一。明清小说中有很多故事描写了正派商人忠厚做人、诚实经营、以义取利的事迹，在中国历史上很有名的徽商、晋商无不是以诚信取胜，也无不是以诚信取信于民。不仅是商人，连在政治上处于某种社会制度之外的游侠，其人格特质也主要体现为重诺守信、诚信不欺、重义轻生、知恩图报，这种侠义之士的行为虽然从当时的政治统治来说是反社会的，但其精神却能得到老百姓的认同，也说明中国文化对诚信品质的重视，从另一个侧面也体现出了社会各个阶层对诚信、信义这一传统美德的普遍认同。

二、信的价值与实践原则

信既然如此为古人所重视，那么信有何价值呢？在古人看来，信不仅是立政治国之本、人际和谐与处世之方，更是立身之本。

首先，古人认为，信是政治的基础，是统治者的首要道德。《论语》中有这样一段对话："子贡问政。子曰：'足食，足兵，民信之矣。'子贡曰：'必不得已而去，于斯三者何先？'曰：'去兵。'子贡曰：'必不得已而去，于斯二者何先？'曰：'去食。自古皆有死，民无信不立。'"（《论语·颜渊》）孔子师生之所以一再以"必不得已而去"作为假设，目的是得出"民无信不立"的结论，强调人民对政府的信任的极端重要性。在他看来，君主和政府不失信于民，人民对他们才能信任并树立信心。人民对政府的信任和信心，乃是国家政权稳固的根本。在中国历史上，有一则商鞅"南门立木"的故事。这则故事是说商鞅在变法之初，为了取信于民以便推行新的政令，用重金赏赐移木者来使民众相信他的政策是信实可靠的，最终新法得以顺利推行。这说明诚信是政治统治的基础。

古代政治往往是专制统治，主要取决于君主的道德，因此，古人特别强调君主信德的重要性。其一，君主守信人民才能诚信。这便是所谓的“上好信，则民莫敢不用情”（《论语·子路》）。《论语·学而》也反复强调统治者要“敬事而信”“谨而信”“主忠信”。其二，君主守信才能赢得人民的亲近，这便是所谓的“凡人主必信。信而又信，谁人不亲?”（《吕氏春秋·贵信》）。其三，君主守信臣民才能忠君，这便是所谓的“人君以信训其臣，则臣以信忠其君”，上好信“而民莫欺其上”（傅玄：《傅子·义信》）。其四，更重要的是，只有君主和政府守信，人民才能依赖政府，遵纪守法，君主和政府才能树立威信，做到令行禁止。古人又指出，对君主来说，祸莫大于无信。周幽王为取悦宠妃褒姒，“烽火戏诸侯”的故事就是一个因失信而失德、失国的典型。因此，古人得出这样的结论：“王者体信，而万国以安；诸侯秉信，而境内以和。”（傅玄：《傅子·义信》）取信于臣民乃是君主治理国家、巩固统治的根本。君臣上下间的信任是政治运行的保障。“夫君能尽礼，臣得竭忠，必在于内外无私，上下相信。上不信则无以使下，下不信则无以事上，信之为道大矣。”又说：“贞观十年，魏徵上疏曰：臣闻为国之基，必资于德礼；君之所保，惟在于诚信。诚信立则下无二心，德礼形则远人斯格。然则德礼诚信，国之大纲，在于君臣父子，不可斯须而废也。故孔子曰：‘君使臣以礼，臣事君以忠。’又曰：‘自古皆有死，民无信不立。’文子曰：‘同言而信，信在言前；同令而行，诚在令外。’然则言而不信，言无信也；令而不从，令无诚也。不信之言，无诚之令，为上则败德，为下则危身，虽在颠沛之中，君子之所不为也。”（吴兢：《贞观政要·诚信》）可见，历代思想家与政治家对政治诚信和君主诚信都给予了高度关注。

其次，信为和谐人际关系、维持社会秩序的法宝。古人一再指出，如果在人际关系中缺少了信，社会秩序必将一片混乱，难以维持，其害不可胜言。《吕氏春秋·贵信》说：“君臣不信，则百姓诽谤，社稷不宁。处官不信，则少不畏长，贵贱相轻。赏罚不信，则民易犯法，不可使令。交友不信，则离散郁怨，不能相亲。百工不信，则器械苦伪，丹漆染色不贞。”傅玄也说：“若君不信以御臣，臣不信以奉君，父不信以教子，子不信以事父，夫不信以遇妇，妇不信以承夫，则君臣相疑于朝，父子相疑于家，夫妇相疑于室矣。大小混然而怀奸心，上下纷然而竞相欺，人伦于是亡矣。”（傅玄：《傅子·义信》）反之，如果人皆守信，即可消除人与人之间的怀疑、隔阂，建立起相互信赖的和谐关系。

从积极方面看，在人与人的交往中，诚信是交友的基本原则。孟子把“朋友有信”列为“五伦”之一。孔子的弟子子夏提出：“与朋友交言而有信。”（《论语·学而》）《吕氏春秋》说：“交友不信，则离散忧怨，不能相亲。”结交朋友，如果不以信为原则，就会导致众叛亲离。孔子说：“益者三友，损者三友。友直，友谅，友多闻，益矣。友便辟，友善柔，友便佞，损矣。”（《论语·季氏》）意思是说，与正直的人、诚实守信的人、见多识广的人交朋友就会对自己有所助益；而与那些善于回避而不正直的人、善于谄媚的人和善于夸夸其谈而无见闻之实的人交朋友，就会损害自己。汉代著名学者刘向说：“交不信，非吾友也。”（《说苑·谈丛》）宋代理学家程颐也提出“相交之道，以诚信为本”（《周易程氏传》卷第一）的交友原则。所有这些都强调结交朋友应以诚信为本。

再次，信为立身、进德、修业之本。“子曰：‘人而无信，不知其可也。'"（《论语·为政》）这是说，信是人最基本的道德。"失信不立"（《左传·襄公二十二年》），守信方能立足于社会，信乃是立身做人的根本之一。这是因为，人能守信，其言行可靠，才能取得他人的信任，与他人建立并保持正常的交往。所以孔子说："信则人任焉。"（《论语·阳货》）反之，人若无信，所言所行皆不足依赖，是难以在群体、社会中立足的。《论语·卫灵公》记载孔子之言："言忠信，行笃敬，虽蛮貊之邦行矣；言不忠信，行不笃敬，虽州里行乎哉？"只有言而有信，才能获得他人的信任，这样虽在荒蛮之地也会行得通；讲话不忠诚信实，行为不恭敬实在，就是在本乡本土，也会处处受阻，无法达到自己的目的。"君子不亮，恶乎执？"（《孟子·告子下》），"人不信实，诸事不成"（石成金：《传家宝》二集卷一），"言非信则百事不满"（《吕氏春秋·贵义》），可见信也是一切事业得以成功的保证。朱熹把忠诚、讲信用看作人安身立命的根本，不如此，便失去了做人之道。他说："人若不忠信，如木之无本，水之无原，更有甚底！一身都空了。"（《朱子语类》卷第二十一）陆九渊把诚信看作人区别于动物的重要标志，人不讲诚信，就和动物无异，所谓："人而不忠信，何以异于禽兽者乎？"（《陆九渊集》卷三十二）

最后，古人还把人有无信与其人生福祸相联系。一方面，有信则有福，如赵文子的"能信不为人下"（《左传·昭公元年》）即此义。另一方面，人无信则有祸害，就不能在社会上立足。如季文子说"失信不立"（《左传·成公八年》），晏子也说"失信不立"（《左传·襄公二十二年》）。楚国令尹以为信是无用的，就被伯州犁预言："令尹将死矣。不及三年。求逞志而弃信……何以及三？"（《左传·襄公二十七年》）那些不讲信用、唯利是图的人，更被预言不仅不能得利，反而一定会不免于灾祸，这充分说明古人对信德的重视。

那么，实践信德应坚持怎样的原则呢？在古人看来：

首先，信必须符合道义，而不可守违义之信。作为一项道德规范，信不是无条件的，它受礼义的制约，以礼义为前提。早在春秋时，古人就一再说“信以守礼”（《左传·僖公二十八年》）、“信以行义”（《左传·成公八年》）。孔子曾说：“信近于义，言可复也。”（《论语·学而》）复，即实践所诺之言。意思是说，所诺之言只有符合义，才可兑现。管子也曾说：“圣人之诺已也，先论其理义，计其可否。义则诺，不义则已；可则诺，不可则已。”（《管子·形势解》）孟子也说：“大人者，言不必信，行不必果，惟义所在。”（《孟子·离娄下》）意思是说，有德行的人，说话不一定句句守信，守信与否要看它是否符合道义。违义之诺，则不必信守。后来，朱熹更明确指出“信不近义”（《朱子语类》卷二十一）就不是信，而且“反害于信”（《朱子语类》卷二十二）。他又指出，信之德并不是要求对任何人都“与露心腹”，而是要看对方是什么人，“有可说与不可说，又当权其轻重”（《朱子语类》卷二十一）。这些思想并不是不要人们讲诚信，而是说，真正的大智、大勇、大仁、大义之人，并不是刻板地注重诚信的形式，机械地遵循诚信的要求，而是更注重诚信的精神实质，把诚信置于更高的道义之下，唯义是从。例如，对朋友讲诚信，对敌人则不必讲诚信；对好人讲诚信，对正在犯罪的人讲诚信岂不是在帮助犯罪吗？所以，古人强调：“信之所以为信者，道也，信不从道，何以为信？”（《春秋穀梁传》）

其次，不可轻诺。老子说：“轻诺必寡信。”（《老子》第六十三章）意思是说，轻易许诺他人则难以一一兑现，最终反而会失信。在许诺别人之前首先要考虑可行不可行，自己能不能办到，这样才能保证所诺必信。

再次，说到做到。既然已经许诺，那就要“言必信，行必果”（《论语·子路》）。这也就是说要言语真实、说话算数、信守诺言、说到做到。言必信是指守诺，而行必果是指践诺。只有说到做到，才能“不食其言”（杨雄：《法言·重黎》），才会体现自己的信德，也才能获得他人的信任。

最后，对于符合义的信，要求人的行为保持一贯性，不能朝三暮四、翻云覆雨，要做到始终如一、善始善终，这样才会获得他人的信任和尊重。

三、信德的当代实践

信德是全部道德状况的表征和保障。在传统中国，信德可能主要是一种人品和美德，而在当代中国，由于社会已经从熟人社会进入了陌生人社会，经济形态也从自然经济发展为商品经济，社会交往的广泛性与公共性增强，这一切变化，使信德在现代社会显得更为重要，甚至构成了现代社会生活的道德基础。比如，在现代社会，如果银行等金融机构没有信誉，谁还敢把钱存在银行里？近年来兴起的网络购物、网络支付，如果没有相应的诚信和技术制度作为保障，那简直是不可想象的。

在最近的三四十年里，社会处于转型期，利益最大化的功利主义使全社会的诚信问题在一段时间里比较突出。在经济生活领域，有制售假冒伪劣商品、履约率低、弄虚作假、上市公司信息披露失真、公司财务造假、剽窃专利、偷税漏税、坑人骗人等现象；在政治生活领域，有官出数字、数字出官、弄虚作假、谎报成绩、言行不一、以权谋私等现象；在文化生活领域，有传播虚假广告、学人剽窃他人的成果、制售假学历文凭、职业角色名不符实等现象；甚至在道德领域也出现了“碰瓷”“假慈善筹款”

等现象。这种种失信状况使全社会产生了信任危机，使人与人之间产生了相互猜忌和冷漠的现象。社会诚信的缺失已经对我国的建设发展、对正常的经济秩序和社会秩序的维护、对人民群众的幸福生活的创造造成了巨大的危害，已经严重地影响到了我国经济、政治和文化的可持续发展。

因此，克服诚信缺失，建立诚信道德非常必要和紧迫。加强现代诚信道德建设，对于我国社会文明和道德的全面进步具有重要的价值和意义。如何在现代社会建设诚信之德呢?

第一，认清市场经济对诚信建设的双刃剑影响。市场经济既会产生追求和推进诚信的机制，又会滋生逃避和背弃诚信的特殊诱惑。

一方面，诚信是市场经济的内在要求和客观规律。市场经济是一种间接交换的经济，它以诚信为必要基础，诚信是间接交换能够正常进行的前提条件。市场主体的利益扩张需要诚信来维系，这既是现代市场经济得以产生的一个前提，又是它的一个产物。只要市场交换是长期的，而不是偶一为之的，那么，对交换双方来讲，诚实和守信便是维护双方利益的最好策略。

讲求诚信是减少交易费用的重要手段。经济繁荣不仅是个人追求最大私利的结果，而且是相互信任的个人合作的结果，未来的社会经济繁荣更依靠人们之间的互信。诚信是交换机制最基本的润滑剂。如果诚信原则被抛弃，不仅交换双方的正当利益得不到保障，社会和个人还会花费更多的社会资源，即更多的人力、物力和财力去维护交易秩序和交易公正。

诚信是企业的核心竞争力之一。在市场经济条件下，诚信作为一种无形资产，是企业良好的社会形象的重要体现，是企业核心竞争力的构成要素。在规范的自由竞争市场中，由于消费者只会把货币“选票”投给最诚实守信、最货真价实的企业，因此企业间的竞争从本质上看正是各自的社会信誉的竞争。自由竞争的必然结果，只会是社会信用好的企业胜出，而社会信用差的企业被淘汰。因此，正是自由竞争迫使企业不得不选择诚信。在经济全球化的大背景下，社会诚信环境将影响我国的国际形象和贸易投资环境。增强国际竞争力需要以诚信为基础。

另一方面，市场经济的利益最大化原则又可能使某些人为了一己私利而破坏和抛弃诚信。这一矛盾源于市场经济私利与公利这一内在矛盾。如果不守信的成本很低，就会使有些人或企业铤而走险，做出不诚信的事情，损人利己。市场经济并不必然导致失信行为的泛滥，只有在市场不完善的情况下，失信行为才有滋生的土壤。要依赖成熟完备的制度设计和监管防止失信行为的发生，如现在某些商业企业实行的售后跟踪回访制度就很好地避免了安装人员的失信、失规行为，是一种很好的制度设计，也是促进诚信的有力保障。

当代诚信建设是在市场经济的环境中进行的，市场经济对诚信建设的这种二重性告诉我们，进行诚信建设既是市场经济的内在要求和客观规律，也面临许多挑战，需要我们不断努力建设，才会逐步形成市场经济所需要的诚信环境，诚信之德才会在新的历史条件下逐步形成。随着我国市场经济秩序的逐步完善，企业文化建设和制度安排的不断提升，公民素质的不断提高，我们可喜地看到，近年来我国社会的诚信道德水平正在逐步提高。

第二，认识传统诚信与现代诚信的区别，努力实现美德与制度的统一。

传统诚信主要是一种对个人品质的要求，而非一种制度安排。另外，传统诚信作用的范围局限于熟人社会，具有某种特殊主义品质，而现代诚信的作用范围是陌生人社会，因而必然要求在全社会形成普遍的信用关系。因此，现代诚信固然要以传统诚信的人的品质为基础，但是还要对传统诚信进行现代性转化，即要努力使诚信关系更加普遍化、制度化，使其建立在平等的契约关系基础之上。当然，任何制度化的安排，如果失去了人的诚信品质的主体支撑，那将是无根基的，因此，现代诚信关系和诚信制度的建立又是以人的诚信美德为主体基础的。应该努力把二者结合起来，以人心、德性与制度、规则的合力来推动当代社会的诚信建设。法律、制度、规则是实现社会普遍诚信的可靠保证。法律契约意识的强化，不仅有利于维护正常的经济和社会秩序，有助于切实保护自身的合法权益，也有助于推动整个社会诚信之风的形成。在现代社会，光靠传统道德的君子协定是不行的，还要有现代法律的合约意识。如在美国，每个人都会有一个“社会安全号码”，人的诚信状况都会被记录于其中，并能被查到，一个人如果有诚信污点就会到处碰壁。有一位美国商人曾经说过：一个人可以失去财富，失去工作，但万万不可失去信誉。有这样一个案例：一位中国留学生在美国某著名大学获得了博士学位，研究工作成绩也非常突出。毕业后他自认为找工作会很顺利，应该能得到一所一流大学的教职。可是，刚与他接触时招聘单位都觉得他条件很好，但最后都没有录用他，以至于找到很不入流的学校，结果还是不行。他被逼急了，就问：究竟因为什么拒绝他？最终有一家单位告诉他，因为他有一次坐公交车逃票的失信记录。也许在某些国人看来这是小题大做了，但缺乏诚实之德，也许以后还会做出别的学术不诚信的大事，因此，哪一家单位也不录用他。近年来，我们可喜地看到，我们中国也在努力建设社会信用体系，相关部门也在制订对失信之人的惩戒办法和措施。总之，在现代要建设诚信社会，必须把诚信品德教育与制度监督结合起来才会取得实效。

第三，培养诚信美德应成为公民的自觉行动。

一个社会如果缺乏基本的诚信，可以说就失去了道德大厦的基石，不仅会影响经济发展和社会稳定，而且对社会道德风尚和人的心灵都会造成很大的伤害，建设社会主义和谐社会也将成为一句空话。

诚信是我国公民道德建设的重要内容。当前，诚信也是社会主义核心价值观的内容之一。诚信作为公民的道德规范，既是对中国古代优秀传统道德的继承和弘扬，又是现代公民应具有的道德行为规范和美德。

践行诚信虽然也离不开国家从制度、技术、设施等方面给予的保障，但培养诚信之德还是要依靠每个公民从自己做起。“诚者，天之道也；诚之者，人之道也。”（《礼记·中庸》）在传统中国社会，诚被看作做人的根本，而在当代社会，物欲的膨胀与诱惑使人们不能坚持这一做人的根本。能否诚实做人仍然要依赖每个人自己的选择与努力。“自诚明，谓之性；自明诚，谓之教。诚则明矣，明则诚矣。”（《礼记·中庸》）由于利益的蒙蔽，有的人已经失去了其自诚明的本性，但即便如此，我们也可以通过自明诚的教化，逐步唤醒人们诚的本性，从而达到由明而诚的境界。儒家把诚看作达致智、仁、勇三达德的根本，离开了诚这个基础，一切德性就缺乏内在的根据了。内诚于己才能外信于人，做一个诚实的人才能受人信任，而只有建立了人与人之间的信任，才能建立一个和谐的社会。因此，每个人还是应该从我做起，诚实做人、做事，让社会重建诚信！

第十八章　道中庸：传统道德智慧的境界与方法

在我们即将结束中国传统道德智慧之旅时，我们就会想，中国传统道德智慧有没有一个一以贯之的总体性的东西呢？有没有一个一言以蔽之的东西呢？在我们看来，这个答案是肯定的。

《礼记·中庸》中有这样三句话：“君子尊德性而道问学，致广大而尽精微，极高明而道中庸。”一般认为这几句话概括了传统智慧的核心与精髓。既要尊崇道德又要追求学问，这不仅是一种价值观，也是一种修养观。作为一种价值观，我们希望现代人尤其是现代青年要德才兼备，知识积累与道德成长并进，既要学知识，又要修道德。作为一种修养方法，在中国思想史上曾经是理学与心学辩论的焦点问题，这就是著名的“鹅湖之会”。淳熙二年（公元 1175 年），学者吕祖谦邀集朱熹与陆九渊及其兄陆九龄等人到信州（今江西上饶）鹅湖寺进行学术辩论，辩论的主题就是所谓“尊德性与道问学”，即治学是以“尊德性”为本为先，还是以“道问学”为本为先呢？与此辩论相联系，还引发了心学与理学关于知行关系的辩论。理学家朱熹在知行观上主张“知之在先”“行之在后”，强调了知对行的指导作用；而王守仁则针对朱熹的“知先行后”说提出了“知行合一”说，他认为将知行分割会造成有些人“必先知了然后能行”，导致终身不行的状况。他指出：“外心以求理，此知行之所以二也。求理于吾心，此圣门知行合一之教。”（《王阳明全集》卷二）他认为知行工夫本不可离，两者是“知行并进”的同一过程，所谓“知之真切笃实处即是行，行之明觉精察处即是知”（《王阳明全集》卷二）。

道德与知识的关系是各民族文化都要关切的问题，相较而言，正如我们前面所说的，中国文化是一种伦理本位的文化，因此，更加重视道德的价值，智是服从并服务于仁义之道的。中国文化不仅是观念的，而且是实践的，不仅要格物、致知、穷理，而且要知行合一、勇于实践。道德的一个根本特点确实是知行合一，因为道德本身是一种实践智慧，从这个意义上看，王阳明的上述观点很有道理。对于道德来说，知之真切在一定意义上必然引发道德实践，因此已经是行了，而道德实践又能进一步强化和明确道德意识。那么，如何去实践道德呢？这就是不仅要从大处着眼，而且还要从小处着手，所谓“致广大而尽精微”（《礼记·中庸》），“不矜细行，终累大德”（《尚书·旅獒》），“千里之行，始于足下”（《老子》第六十四章）。

在古人看来，传统道德智慧所要达到的目标和境界就是“极高明”。“高明”被看作天的德性和境界，即出神入化、天人合一、天纵英才、遵仁循礼。总之，要努力追求一种“高明”的境界。那么，这种玄远的境界如何达到呢？就是要“道中庸”，即在日常生活中恪守中庸之道，这是中国传统人生与道德智慧的境界、目标与方法，也就是其一以贯之之道。

因此，在我看来，《礼记·中庸》中的上述几句话可以说是中国传统人生与道德智慧的集中概括，它道出了中国传统智慧的核心与精髓。我很喜欢这几句话，在装修自己的住室时，我就把

“尊德性而道问学”“极高明而道中庸”这两句话用篆字刻成木质对联悬挂在“中堂”位置。对联中间是国画“牡丹图”。其上的匾额是“豳风轩”几个字，因为我是陕西彬县人，我们彬县就是《诗经》中“豳风”所描述的古豳之地，这里曾经是周人祖先公刘、亶父活动的地方，也是我国古代农业文明的发源地之一，而周代则是我国礼乐文明大盛的时代。儒家文化兴盛于齐鲁之地，而儒家文化的源头却在陕西，因此本人不仅数次敬拜过孔府、孔庙、孔陵，也曾经敬拜过坐落在陕西岐山即周原地区的周公庙。传统人生与道德智慧不仅是思想的、观念的，也是生活的、实践的。对于传统道德智慧，我们不仅要把它作为一种文化资源和观念知识去学习，还应该抱着一种生命体验的、实践的态度去践履，化作我们的生命、生活、实践和人格的一部分。我们不仅要做儒家学者，而且应该努力做儒者，通过对传统道德智慧的吸收，使我们成为儒雅的、有儒者气象的人。

那么，何谓中庸？其实质是什么？如何达致中庸的境界？中庸之道在现代的利弊如何？下面我们将对这些问题进行讨论。

一、中庸：德性的特征、方法与境界

孔子曰：“中庸之为德也，其至矣乎！民鲜久矣。”（《论语·雍也》）这是说中庸是一种最好的、最高的德性。一切道德行为都体现为一种面对具体情境而做出的适宜、恰当的行为，即无过无不及的行为，因此，在一定意义上可以说中庸是德性或美德的形式化的特征。说它是一切道德和行为的特征，是说具有中庸之德的人的行为和品质总是具有一种做人做事的无过无不及的特征。说它是方法，是说我们做人做事应当“执两用中”，即做人做事尽量不要走极端，要允执其中。说它是一种境界，是说要时时、处处、事事做到适宜、恰当，这是需要很高的修养才能做到的，因此是一种至德境界。

一个有美德的人应当如何去行为呢？德性论要求要根据美德的既定要求，运用理性权衡当下的具体环境和条件。也就是说，没有一种理性的行为规范是放之四海而皆准的，一切都随时间、地点和条件的变化而变化，既不要过，也不要不及，道德的行为就是过和不及之间的中道。一个在行为中达到中道的人，其道德品质就达到了中庸。

在中国思想史上，关于中庸或用中、中行的思想首见于《尚书·大禹谟》，意为中正行事，体现了这一时期以酋长为中心主持中正公平的伦理观，且“中”已与“德”“刑”结合出现。而较早并且较为系统地阐述这一思想的应当首推《周易》。《周易》多用“中”“中正”“中行”“中孚”等概念，在经文和传文中有多处阐述。不过确切地说，“中庸”一词是由孔子最早提出来的。如上《论语》中所说：“中庸之为德也，其至矣乎！民鲜久矣。”（《论语·雍也》）那么，什么是中庸呢？简单说来，中庸就是恰到好处。对人的行为实践来说，即适当的举止：“不得中行而与之，必也狂狷乎！狂者进取，狷者有所不为也。”（《论语·子路》）狂有所过，狷有所缺，不狂不狷是为中行。“君子惠而不费，劳而不怨，欲而不贪，泰而不骄，威而不猛。”（《论语·尧曰》）这是说君子言谈举止、处世为人要做到恰到好处，避免不足与过之。在孔子看来，中庸之道是指行为的恰到好处，这是道德实践的最高境界，也是实行道德的最好办法。孔子的弟子后来整理出《中庸》专篇置于《礼记》之中。

何谓中庸？“喜怒哀乐之未发，谓之中；发而皆中节，谓之和。中也者，天下之大本也；和也者，天下之达道也。”（《礼记·中庸》）中庸之道通过“执中”而达到“中和”，即把人们的感情、欲望、思想及行为控制在封建政治及道德的范围之内，使之恰到好处。据宋儒说，不偏不倚谓之中，恒常不易谓之庸，中就是适度、适宜、恰当，是价值标准，庸为对中的固守，庸有“用”和“常”两种意思，因此，中庸也可解释为“用中”。中就是合乎礼的无过无不及，可以说中庸是道德的形式原则。

中庸不仅被看作德性和行为的特征，而且是人生的境界，被中国文化看作一种普遍的处理各种社会问题和人生问题的人生智慧、实践原则和方法。比如，孔子不仅认为中庸是至德，而且在他的人生和社会实践中，他时时处处坚持其中庸的为人处世原则。譬如，“子温而厉”（《论语·述而》），“人而不仁，疾之已甚，乱也”（《论语·泰伯》），是他待人的中道；“季文子三思而后行。子闻之，曰：‘再，斯可矣。’”（《论语·公冶长》）是他做事的中道；“见危授命”（《论语·宪问》）与“危邦不入”（《论语·泰伯》）是他处理生死的中道；“师也过，商也不及”（《论语·先进》）是他评价人物的中道；“乐而不淫，哀而不伤”（《论语·八佾》）是他审美的中道；“敬鬼神而远之”（《论语·雍也》）是他对待鬼神的中道；“周而不比”（《论语·为政》）与“和而不同”（《论语·子路》）是他交友的中道；既要“亲亲”又要“尚贤”是他选用人才的中道；“礼之用，和为贵”（《论语·学而》）是他治国之道的中道，如此等等。在继孔子而起的儒家后学中，中道被顺理成章地进一步发展为主宰自然与社会的根本法则，成了儒家发展社会政治、哲学、伦理学说的理论基础。

在儒家思想中，中庸之道是一以贯之之道，是儒家判断道德行为的最高原则和个人道德修养的最高境界。《礼记·中庸》中所说的“极高明而道中庸”也就成了中国哲学的精髓和做人的准则。按《礼记·中庸》之说，“高明”是天的德行，所谓“高明配天”“高明所以覆物”。圣人的境界如天那样高明悠久，发育万物，教育万民。要达到“极高明”的境界，还须通晓并实践中庸之道，要“道中庸”。要真正做到中庸之道也是很难的，它是一种至德，只能体现在理想人物即君子和圣人身上，只有君子和圣人才能达到中道的境界，所谓“君子中庸，小人反中庸”（《礼记·中庸》）。中庸之道是儒家思想的核心，又因为儒家思想在中国历史上长期占据统治地位，因此，中庸之道已积淀为民族性格、心理、意识等深层的存在形式，长期在中国人的人生实践中发挥着重要的道德选择和调节作用。

无独有偶，在西方的伦理学中也存在着这种中道的伦理学传统。在古希腊时期，德谟克利特认为，美德既不是过分，也不是欠缺，而是适度的节制。毕达哥拉斯在其哲理史《金言》中也说道“一切事情，中庸是最好的”，更加强调“中庸为善”，“无节制的欲望是一个儿童的事，而不是一个成人的”。伦理学的鼻祖亚里士多德更是明确提出中道本身即一种德性。在亚里士多德看来，人们的道德德性同感情与实践相关，而在感情与实践中存在着过度、不及与适度，“那么德性就必定是以求取适度为目的的”。“德性是一种适度，因为它以选取中间为目的。其次，错误可以是多种多样的，正确的道路却只有一条。也是由于这一原因，过度与不及是恶的特点，而适度则是德性的特点。”“德性是两种恶即过度与不及的中间。”“但是，并不是每项实践与感情都有适度的状态。有一些行为与感情，其名称就意味着恶，例如幸灾乐祸、无耻、嫉妒，以及在行为方面，通奸、偷窃、谋杀。”①概括地说，道德德性，“第一，它是两种恶即过度与不及的中间；第二，它以选取感情与实践中的那个适度为目的。就是由于道德德性是这样的适度，做好人不是轻松的事。因为，要在所有的事

① 亚里士多德. 尼各马可伦理学. 北京：商务印书馆，2003：46－48.

情中都找到中点是困难的”[①]。那么，如何在实践中获得这种适度？在亚里士多德看来，第一，要避开最与适度相反的那个极端，两恶相权取其轻；第二，要研究我们自身容易沉溺于其中的那些事物，只有远离错误，才能接近适度；第三，在所有事情上，最要警惕那些令人愉悦的事物或快乐，因为对于快乐，我们不是公正的判断者。中道不仅是伦理认识和选择的方法，还是一种境界和理想，在关涉我们感情和实践的道德生活中我们要时时处处做到适度实际上是很难的，尽管如此，由于它是德性，因而是我们应该努力追求达到的目标和境界。

所谓“中”不是量上的绝对平均值，而是意味着合适。比如相对于10与2而言，6是中间，但对于人来说，却不能这样。比如对于男女老少不加区别地让每人每天都吃六两饭，似乎是很公平的，但实质上是不公平的。如对一个柔弱的女子来说，六两可能正好，而对于一个干体力活或当运动员的强壮男子来说，让其一天吃六两饭，这无疑是一种惩罚与虐待。亚里士多德认为，勇敢这一美德就是“鲁莽”（过）和“恐惧”（不及）之间的中道，节制这一美德就是“麻木”（过）和“放荡”（不及）之间的中道。道德的行为就是避免过和不及两个极端，就是走中间道路。可见，中西方的中庸或中道伦理观有颇为相似的地方，都肯定了人的道德行为应采用的适度原则。

中庸首先是一种形式化的实践理性方法论，人生要面对很多具体的两极选择，中庸哲学要求人们有效地在对立的两极之间找到一个均衡的支点，并以这支点为中心使对立的双方归于统一。在现实实践中，守中、不走极端是古代中国人固守的人生信条，也是在千变万化的世相面前防止自我迷失的最佳路径。居于两端

① 亚里士多德. 尼各马可伦理学. 北京：商务印书馆，2003：55.

之间而又不改变自己的立场才是中庸之道的精义。中庸之道是对矛盾的驾驭和超越，而不是不讲原则的简单折中。很明显，一个人既要保持道德判断中的中立角色又要不丧失原则、正义是十分困难的事情。所以，在中国传统社会中，中庸作为中国哲学的精粹，为人们追求自然与人生、理想与现实的统一提供了一个完满的境界。因此，中庸之道或中庸之德一直是中国人追求的理想境界和理想人格。

二、经与权：达致中庸的方法论

中庸是面临具体实践与选择情境时，时时处处要做到合适、恰到好处，那么，这个恰到好处的标准究竟是什么？这个合适的标准，一方面可以是一些明确化的理性规范与原则，这用中国的传统范畴来说就是“经”，即常道、道德律；另一方面，在承认合适的标准的同时，更为重要的是将原则、规范与实际情境相结合。面对具体情境，在众多原则中做出一种权衡、选择与取舍，这就是传统中国哲学所说的“权”。因此，可以说对经权关系的正确处理是达致中庸的方法论，也是道德智慧的体现。智慧不同于理性，它是主体的意志、情感的理性化表现，是主体对原则的自觉、自愿的运用，是普遍性的经与特殊性的权的统一。作为一种实践智慧的道德智慧，必然是把一种原则、常道与实际情境相结合，对其给予合宜、恰当的运用，这才是一种道德的智慧境界。

经权之辨，是儒家文化中极富辩证色彩的一个命题。经，又被称为常、中，是指一般性原则；权，是指在特殊情况下的通权达变。怎样掌握守经与行权的临界点，一直是儒学在不断探讨的一个问题。经权关系问题是原则性和灵活性如何统一的问题。经权关系在西方思想史上被称为“决疑法”（casuistry），即在实践中出现与原则相悖的情况时，加进一些补充性的原则，使实践与原则恢复一致，使实践在道理上讲得通。对于如何处理经权关系，古代不少思想家曾进行过深入的思考，孔子的道权说、孟子的礼权说、《公羊传》的“反经合道”说、程颐的“权即是经”说、朱熹的“常驻则守经，变则用权”说等，都是古人不断思考经权关系的理论成果，对于我们处理基本理论、基本原则和通权达变、因地制宜、因时制宜、因人制宜的关系，提供了启发和借鉴。

孔子在论及人生阅历、交友之道时，就人的品格境界列述了由低到高的几个层次：“可与共学，未可与适道；可与适道，未可与立；可与立，未可与权。”（《论语·子罕》）由此看来，在孔子的心目中，能通权达变者是最难能可贵的。先秦儒家已注意到权在道德实践中的意义，孟子指出：“执中无权，犹执一也。所恶执一者，为其贼道也，举一而废百也。”（《孟子·尽心上》）并举例做了解释：“男女授受不亲，礼也；嫂溺援之以手者，权也。”（《孟子·离娄上》）按当时的普遍规范，男女之间不能直接接触，但在某些特定的情景之下（如嫂不慎落水），则可以不受这一规范的限制。在这里，具体的情景分析，即构成了对规范做变通、调整的根据。如果缺乏通权达变的灵活性，片面地强调执中守经，实际上是对道的严重损害，甚不足取。为什么呢？因为做到男女授受不亲这只是守礼的表现，但“嫂溺援之以手”则体现了对人的生命价值的呵护，这是比守礼更高的价值。

作为西汉儒学主流的公羊学派对经权关系有更深入的阐发。春秋时郑国辅政大臣祭仲从权行事，与宋人定盟而废立本国国君，《公羊传》对此大力肯定：“何贤乎祭仲？以为知权也。”（《公羊传·桓公十一年》）这是对权的本质特征所做的经典概括。

公羊大师董仲舒认为，经与权是《春秋》中所包含的“微言大义”之一，二者有完全不同的适用范围：“《春秋》之道，固有常有变，变用于变，常用于常，各止其科，非相妨也。”（《春秋繁露·竹林》）经是道德原则，董仲舒也称其为“常义”；权是对原则的灵活运用，董仲舒也称其为“应变”。董仲舒承认行权的必要性，但他对行权的条件提出了自己的看法，认为行权要有一定的范围和条件的限制，否则就不能行权。在常与变、经与变之间，他以常、经为主，变服从于常、经，反对以变害常、以变害经。他认为，常与变、经与变的关系就是经与权的关系，“夫权虽反经，亦必在可以然之域。不在可以然之域，故虽死亡，终弗为也”（《春秋繁露·玉英》）。变只能在道、礼所允许的尺度内，超出“可以然”这个尺度是绝对不允许的。董仲舒的这一经高于权、权必须服从经的观念，成为后来经学家处理经权关系的准则。

宋儒的经权关系论，关键体现在对权的不同理解上。权是反经的，但不是任何反经的言行都可以被称为权，权乃是指那些虽然反经却又是正确的、合理的言行。就此而言，其作用等同于经。因此，程颐认为权即是经。在朱熹看来，这种说法是有失偏颇的：“孟子分明说男女授受不亲，礼也。嫂溺援之以手，权也。”此中的礼便是经，是常道，而权则是在一种特殊情况下的变通。“盖经者只是存得个大法正当的道理而已。盖精微曲折处，固非经之所能尽也。所谓权者，于精微曲折处曲尽其宜，以济经之所不及耳。”（《朱子语类》卷三十七）经是一般的法则，不可能涵盖所有的个别，而权就是对经之所不及之处的补充。所以经与权在形式上虽有不同，但权不离经，从根本上说，权是不违背道或理的。汤武诛桀纣，虽违背君臣之义，却是顺天意而行。因桀纣乃是无道暴君，诛暴君而救黎民苍生实为替天行道，所以可称之为“权”。以此观之，权的特征就是反经（违背某一经）而合经（符合另一经），且归根结底合于道或合于理。因此朱熹说：“经者，道之常也；权者，道之变也。道是个统体，贯乎经与权。”（《朱子语类》卷三十七）由于经是常是道，一般人容易把握并遵循；而权具有反经的特点，如何判断某一反经的言行同时又是合经合道的，是比较困难的。为防止“后世无忌惮者皆借权以自饰”，借权之名而行反经之实，朱熹强调说：“至于权，则非圣贤不能行也。”（《朱子语类》卷三十七）

在这一基础上，朱熹很注重权的作用，他曾对孟子的如上思想做了发挥：“执中而无权，则谬于一定之中而不知变，是犹执一而已矣。”“道之所贵者中，中之所贵者权。”（《四书章句集注·孟子集注·尽心上》）执一，即拘守某种规范而不知变通，与之相对的权则意味着通过对特定条件的分析，对原则的作用方式做相应的调整。相对于经主要突出道德的普遍性、绝对性，权更多地侧重因时变通。朱熹特别肯定时间条件的意义，在解释“时中”之意时，朱熹指出：“盖中无定体，随时而在，是乃平常之理也。”（《四书章句集注·中庸章句》）应注意一般原则在不同时间中的作用方式，唯有如此，才能达到“事事有个恰好处”（《朱子语类》卷六十二），即通过对具体情景的分析，使行为既合乎一般规范，又适应具体情景。

对经权关系的探讨体现了道德实践的原则性与灵活性的统一。儒学经权理论的基本特征，在于承认客观事物有普遍和特殊的区别，主张在特殊状态下，应该通权达变，不能用僵死的教条去规范变化万端的现实。但同时又强调，行权仅仅是在某种特殊条件下对守经的随机变通和补充，必须具备善良的动机，并最终能取得合乎常道的结果，这是对行权范围的严格限定。傅伟勋先生认为：“经是永恒不变的道德原理，权是适宜地解释经在不同的道德情况下所彰显着的具体义蕴，而作为正当合宜的道德判断与实存的道德选择。”①

经以确定性、稳定性为特点，主要从形式的方面体现了原则的普遍规范作用；权则与具体的境遇相联系，更多地从实质的层面涉及了规范作用的条件性。可以看到，经与权的统一通过普遍原则与情景分析的双重肯定，从另一个侧面触及了形式与实质的相关性。按其理论内涵，普遍规范与情景分析同时又涉及了理念与境遇的关系：理念以超越特定时空关系的一般本质和普遍关系为其根据，境遇则反映了存在的历史性、特殊性，从而普遍规范与情景分析的相摄互容又蕴含着理念与境遇之间的互动。

这种追求理念与境遇相统一而达到合宜、至善的经权智慧既是对中庸之道的适中、时中等境界和目标的追求，也是对情理精神的实现；既是对普遍性、形式化的“理”的固守，也是对客观境遇、主体情感、人伦关系等“情”的考量，并且努力把二者结合起来而选择一个最合宜的中道。因此，我们说中庸之道和中庸之德均是依靠对经权关系的正确处理而实现的。

三、情与理：中庸的实质性选择

如果说对经与权的选择是实现中庸的方法的话，那么，对情与理的选择则是中庸的一种实质性选择。或者换句话说，能够在实践中对情与理做出正确选择，其行为是合情合理的并具有一种中国式的情理精神，实际上就是这个人达致具体中庸行为的体现。在繁复众多的人生与道德的选择中，如果抽象掉一切具体情境从心理内容实质上看中庸的话，实际上它就是在情与理之间做

① 傅伟勋. 从西方哲学到禅佛教. 北京：三联书店，1989：231.

一个恰到好处的选择。这种选择可能既不是纯粹情境、情感的，也不是绝对理性的，而是合情与合理相结合的一种情理精神，这种情理精神实际上是中庸之方法论的实践贯彻。一个人一旦处世为人达到了懂情理的境界，那么，他也就成了一个不偏不倚的“极高明而道中庸”（《礼记·中庸》）的具有中庸之德的君子了。

中国传统教育的目的是培养懂情理的人，懂情理的人实际上就是具有中庸的行为方式和处世作风的人。一个受过教育的人，首先应该是通情达理的人，他通常富有庸常的见解，喜欢随和与克制，在思想上痛恨一切抽象理论与逻辑极端，在道德上对所有过激的行为表示厌恶。那么，什么是情理精神？如何在实践中成为一个懂情理的人？

儒学或中国文化中的情理精神的特色首先在于它既不是西方式的情感主义又不是典型的理性主义，而是一种合感性与理性为一体的情理精神。它以情感为基础，又以理性为指导，以实现通情达理、合情合理为目标，而且在这种情与理的交融中化解了理性与感性的对立冲突，达到了一种中庸的理想境界，即合乎理性的伦理情感。它是中国的理智（良知）而非西方的理性。儒家所追求的境界是合情合理、情理圆融、天理人情统合为一。因此，情理这一特殊范畴表达了儒学与中国文化中的一种情理交融、以情为本、以理为用的特有文化精神。它具有人本、直觉（情理一体的瞬间判断）、庸常、实践、平实、中庸等特点。

情感和理性均为人性，但中国文化似乎更为强调情感的先在性。林语堂说：“中国人在判断某论点正确与否时，并不仅仅诉诸道理，而是既诉诸道理，也诉诸人情。‘reasonableness’译成中文为‘情理’，包含了两方面的内容，‘情’即‘人情’，或‘人性’；‘理’即‘天理’，或‘外部原因’。‘情’代表着可变的人的因素，‘理’代表着不变的宇宙的法则。这两个因素的结合，就是评价某项活动，或某个历史问题的标准。这种区别也可见于英语的 reason（道理）和 reasonableness（合情理）的对比。我相信是亚里士多德曾经说过，人是论理的动物，但不是合情理的动物。中国哲学也承认这一点，并认为人应该设法使自己变得合情合理的而不只是讲理的。中国人将合情理置于道理之上。道理是抽象的、分析性的、理想化的，并倾向于逻辑上的极端；而合情理精神则更现实、更人道，与实际紧密联系，能更正确地理解和审时度势。”① 这种合情与理为一体的情理精神首先体现在儒学的中心和首要概念“仁”中。谢寒枫先生的《理性与情感维度下的仁》② 一文对此已做了很好的分析。首先，孔子的仁是感性的具体的情感，是以家庭亲情为出发点的，人情是以亲情为基础和根本的。他以“孝”释“仁”，以“仁”释“礼”。其次，仁是理性的感性情感，也即情感需要由理性来调节、约束，这主要依靠“恕道”，即“己所不欲，勿施于人”（《论语・卫灵公》）。仁通过理性约束、节制感性情感，使之成为理性的感性情感。不仅要把感性情感提升为理性情感，而且要把爱亲的“私情”或人的特殊化感情提升为一种爱人的“公情”，即普遍化的感情。忠恕之道之所以能成为儒家的一以贯之之道，就在于它能把“仁”的这种情理交融的精神贯彻到底。“己所不欲，勿施于人”（《论语・卫灵公》）体现了人的理性对感性情感的约束和节制，而“己欲立而立人，己欲达而达人”（《论语・雍也》）则体现了人对感性情感的理性推扩和提升。孔子以仁是理性的普遍情感这一论断解决了理性和情感的统一问题，为儒学和中国文化奠定了情理精神。

---

① 林语堂．中国人．上海：学林出版社，2001：100．

② 谢寒枫．理性与情感维度下的仁．齐鲁学刊，2002（2）．

理或理性，在认识论中一般是指人的概念、判断、推理等思维形式和思维活动的能力，它能使人透过事物的表面现象看到事物的本质、内部联系和规律性。另外，理性这一概念还常被看作人类独有的用以调节和控制人的欲望和行为的一种精神力量。上述两方面的含义可分别表述为认知理性与实践理性。但在中西文化中，所强调的侧重点是不一样的。

在西方文化中，理性主要被看作认知性的纯粹理性，具有某种普遍化、形式化的特点。它强调了理性与情欲的对立，由此也维护了理性的纯粹性。在中国文化中，天理或理性主要是一种实践理性、道德理性，它是在人性、人情基础上的情理，因而具有某种特殊性、人情情境的多变性和权宜性。所谓天理，其内容实指伦理道德的原则规范，理实际上就是礼，理与礼出于情又要节制指导情，这便是情与理交融统一的情理。

西方的理性精神是以承认理性与情感不能合一为前提的，是在意识到二者的对立的基础上求统一的。古希腊人有两种倾向：一种是理性主义占上风的日神精神，另一种是非理性主义占上风的酒神精神。如何达到情感与理性的和谐就成了西方哲学探讨的一个重要课题。苏格拉底强调个人内心的正义，即用理性来增加勇气以控制情欲，以形成人格的和谐。柏拉图以理念的沉静代替了情欲的沉醉，认为最高的道德理想乃是个人特别发展其理性，以求灵魂的提升，并与观念世界的至善的理想合一。在中世纪，人们把情感给予了上帝，经院哲学的全部任务似乎可以归结为用那没有诗意的理智来制服世俗的情感。近代的观念变革并没有消除情感与理性的对立。西欧近代思想家为调和情感与理性的对立做了巨大的努力，情感与理性的对立在浮士德身上通过强调对真善美的追求而统一起来，构成了近代理想人格的辩证发展。20世纪以来西方社会科学主义与人文主义两大思潮的对立，依旧是古希腊的日神精神与酒神精神的对立在当代社会条件下的继续。

在中国传统的农业宗法社会中，实践理性与情感的对立似乎已消融于情理合一的思维方式中了，实现二者和谐的途径是强调天理出于人情，而理无非是伦理的道义。血亲与人际之情产生了理和礼，这种理和礼又返回来再约束指导情感，使情感的表达完全遵循宗法社会伦理道德的规范。

当代学者刘清平教授通过研究比较孔子与苏格拉底的伦理观，对中西方伦理与精神文化中这种具有源头意义的差异做了很好的论证。他认为两位圣人的伦理观的差异在于“血亲情理与道德理性的鲜明反差”①。孔子与苏格拉底都试图为人们的道德行为和伦理规范寻找某种终极的理由根据和基本原则，但他们却是有根本差异的。苏格拉底的道德理性精神坚持把理性知识与感性情感严格地区分甚至割裂开来，特别强调二者在道德领域内的张力冲突，认为只有理性知识才是支配人的各种行为的终极因素，明确将知识置于情感之上，主张道德实践之理仅仅存在于理性知识之中，一切欲望情感都必须遵循和服从这种理性之理。虽然后来的西方哲学传统逐步肯定了情感意志在道德领域内的积极意义，但苏格拉底将道德理性建立在认知理性基础之上的根本精神，却长期在西方伦理学传统中占据着主导地位，以至于那些理性主义的哲学家们总是坚持把人的灵魂分为理性与非理性两大部分，并且特别强调理性部分（思维认知）对于非理性部分（情感欲望）的主宰支配作用。这一点构成了西方哲学道德理性精神的根本特征，而其思想渊源正是苏格拉底。相比之下，孔子的血亲情理虽然也指出了知识与情感的差异，但并没有特别凸显二者在道德领域内的矛盾对立，而是认为只有感性的血缘亲情才是支配

---

① 刘清平．血亲情理与道德理性的鲜明反差．孔子研究，2001（1）．

人的各种行为的终极因素，明确将情感置于知识之上，主张道德实践之理仅仅存在于感性情感之中，就连知识也必须遵循和服从这种情理之理。这种重视情感的血亲情理精神构成了儒家思想的基本特征，并且长期在中国文化传统中占据着主导的地位。

孔子是一个感情十分丰富的人，他主张人应该过一种合理的感情生活，这与亚里士多德主张人应该过一种合理的理性生活刚好相反。孔子对于颜渊，遇之乐而丧之哀，这是情；虽有哀乐，却不为哀乐所累，此为发而中节，便是合理。理是情的中节。情为理先，就在于只有通情才能达理。由情入理，透过通情来求达理，往往更加有效。通情就是彼此尊重，尽量给对方面子，大家先交流情感，然后再来寻求合理点，当然更加方便。情不能通，理很难达，最好不要开门见山就说理，要借由彼此的通情而进入达理的境地。因为对中国人来说，说话的妥当性大于真实性，同情性大于同理性，合理性大于合法性。

中国人所讲的理一定不是抽象的大道理，中国人也不会认死理，而是要讲情理、懂人情、知世故。讲理但不固执，因为这个理是有情有义的情理而非死理。论情则更能使人达到一种诸情中节、诸事合宜、不偏不倚的中庸境界。情理精神的实质大致相当于黑格尔所说的合乎实践理性的伦理情感。

以儒家为代表的中国传统文化实际上强调的是一种情理精神，普遍的理性原则总是离不开具体的情。此中所谓的情是一种具体性的原则，它包括具体而特殊的情感、关系、处境及诸种偶然的因素等。《礼记·中庸》所谓“义者，宜也”，韩愈《原道》所谓“行而宜之之谓义”，都包含了要充分地考虑到和适应于当下具体的生活情境的含义。“宜”必然关涉到具体的时间、地点、条件等，所以讲“因时制宜”“因地制宜”，讲“时中”“圣之时也”。孟子说：“言不必信，行不必果，惟义所在。”（《孟子·离娄下》）本来言必信、行必果是一般的原则，但这种原则还必须符合情义、道义。这种情理不是一种纯客观化、形式化的认知的、真理的追求，而是一种社会生活中的价值评价化的合理性的追求，因此它选择事物和行动，就不仅要考虑客观事物的属性和规律，而且要考虑主体的需要。一个判断和选择要由充足的、多元的理由来决定，要能为人们所理解和体谅，这种判断和选择根据时间、场合、年龄、性别、辈分、习俗、群己、人我等诸多要素来权衡是否合乎情理。

情理精神除了上述比较抽象的含义外，它实际上在人们的社会交往与道德实践、人际互动与社会秩序整合中，还有比较具体的社会关系学含义与交往法则。

第一，人情和面子是人际交往的根据。作为交往根据的人情是指熟人社会的人际关系和交际情境，是交际双方的情感和情面。人与人之间要有人情必须先要有关系，没有以各种缘分（如血缘、姻缘、业缘、地缘、趣缘等）为基础所形成的人与人之间的相互联系，就不会由生人变成熟人，就不会发生交际，自然也就不会有人情。而且，作为一种庸常的、平实的、富有人情味的交际，必然要充分考虑并根据交际的对象、场合、条件等具体交际情境采取不同的交际方式。这样，随着交际的逐步进行，就会逐渐积累起双方的情感，在此基础上双方彼此就互相有了情面或面子。关系与情感可以说是人情、面子作为交际的客观与主观两方面的根据。

第二，懂人情是人与人交往的规范。作为交往规范的人情，似可包括如下含义：重视人际交往的价值趋向和重视情感与礼貌的交往态度，重视精神和物质的礼尚往来的对等报偿。

首先，人情是重视人际交往的价值趋向和重视情感与礼貌的交往态度。中国传统社会重视人际关系，攀人情有非常重要的人生意义和功利价值，因此，人们都有多结善缘的愿望。一个通晓人情的中国人，往往具有同理心，他会在别人遭遇各种不同生活情境时，理解、体谅别人的情绪反应，喜其所喜，哀其所哀，恶其所恶，投其所好，这样的人便是通情达理的人。对与自己相关的人（关系网中的成员）的疑难之事、病痛之事予以关心体谅，并尽力帮助，扶老济贫，护幼助弱，乃人之常情。人际往来要讲究日常礼节，如彼此招呼，互致问候，互相拜访，礼尚往来。人情世故是中国人十分重视的，所谓“世事洞明皆学问，人情练达即文章”。

其次，人情作为一条交际规范，还必须重视精神和物质的礼尚往来的原则。在精神上要人敬我一寸，我敬人一尺，要“投我以桃，报之以李”（《诗经·大雅》），人情法则最基本的内容就是回报。同情与回报既然是情感的最基本的特征，当然也就必然是人情的最基本的法则。人与人之间的情感关系，也就往往被看成是“施”与“报”的关系，亦即“送情”与“领情”的关系。既然“领”了情，“回报”也就是理所当然的。这不仅是指物质上的对等或超值偿还，也指精神和情感上的回报。在此意义上人情特指人与人进行社会交往时，可以用来馈赠给对方的一种精神的或物质的资源。如别人家有喜庆之事时，我以礼物相送，即我是“送人情”；若别人收了我送的礼物，而在此之前，该家人没有送我什么东西，那么，该家人便“欠了我的人情”，来日我家有喜事，该家人以礼回赠，则该家人对我是“还人情”。我欠别人的人情多了，一时还不清，便有了“人情债”。

第三，作为人际关系互动和社会秩序整合基础的情理精神，表现为如下原则：通情达理，合情合理；人情高于公理，人情大于王法。因为天理无非人情，王道本乎人情，王法本乎人情。普遍精神服从特殊私情，法理不外乎人情。一切人际关系互动和社会秩序皆以人情原则为最终根据。情理法，这种语序不是随便说的，而是中国人的价值观。要先通情，后达理，再论法，否则就是不懂人情，不讲人情，也就不合理，更不合法。可见中国人的这种情理精神对于建设现代法治社会，对于形成普遍的公义精神是有消极影响的，但这却是传统中国的价值观和传统中国人的思维方式。

中国哲学智慧的真蕴和魅力就在于以中庸为至高的人生和道德境界，以经权关系的正确解决为中庸的实现之道，而以情理精神为中庸的实质内涵。掌握这一玄机和奥妙并努力按此实践的人，在中国传统文化看来，必将是一个“极高明而道中庸”（《礼记·中庸》）的君子。

四、利与弊：中庸之道的反思批判

中庸之道确实是中国文化的特点和一以贯之之道，是中国传统人生与道德智慧的核心，是中国人的思维方式，这是不容否认的客观事实。林语堂在其《中国人》一书中说：“中国人如此看重中庸之道以至于把自己的国家也叫‘中国’。这不仅是指地理而言，中国人的处世方式亦然。这是执中的，正常的，基本符合人之常情的方式。”① 不管这种说法是不是牵强，但中庸之道是中国人的处世方式和思维方式，这则是一个不争的事实。那么，这种思维方式和处世方式究竟是好还是不好呢？我认为任何一种民族文化精神，自有其产生的地理条件、社会历史和生活实践基础，这不是一天两天形成的，也不能简单地用一句话说它是绝对好还是绝对坏，而是既有合理性又有片面性，甚至是这两者交织在一

① 林语堂．中国人．上海：学林出版社，2001：119.

起的，因此我们对其只能采取一种有分析的批判继承的态度。

中庸之道的实质就是强调一种无过无不及的中道精神，中国人厌恶一切过激理论和过激行动，在道德上对所有的过激行为都抱持厌恶的态度，结果自然形成了中庸之道。按林语堂的说法，这实际上也就是希腊人“nothing too much”（凡事适可而止）的理想。“Moderation”的汉译为“中和”，意思即“不走极端、和谐”。“Restraint”的汉译为“节”，意谓“控制到合适的程度”。也许西方人的思维方式是力图证明各自观点的正确性，而一个典型的中国式论断则是：“甲是正确的，而乙呢，也不错。”中庸之道蕴涵了中国人的中道处世观，一个性格温和、处世平和、不走极端的人似乎能被其周围的人接受、喜欢，而一个爱走极端、性格暴躁的人，大家都不怎么喜欢他。很多中国人的人生态度和处世方式都是一种不走极端的半半主义：一半是儒一半是道，不那么消极也不那么积极，不那么冒头也不那么缩头，一半有名一半无名，等等。因为人怕出名猪怕壮，木秀于林风必摧之，一种中和而不走极端的平常生活才是最健全的理想生活。这种理想在李密庵的《半半歌》中被美妙地表达了出来：“看破浮生过半，半字受用无边。半中岁月尽幽闲，半里乾坤宽展……心情半佛半神仙，姓字半藏半显。一半还之天地，让将一半人间。半思后代与沧田，半想阎罗怎见。饮酒半酣正好，花开半时偏妍。帆张半扇免翻颠，马放半缰稳便。半少却饶滋味，半多反厌纠缠。百年苦乐半相参，会占便宜只半。”这种崇尚中庸平和、不走极端的做人之道使人容易处理和周围人的关系，也可以使自己的人生不那么紧张。当然这种中庸之道也常常被批评为骑墙主义、折中主义、滑头主义、妥协主义，这种批评不能说没有一点道理，但在孔子看来，坚守中庸之道并不是不讲原则，而是要找到一个最完善的目标。孔子也是反对那些不讲原则、讨好所有人的“乡愿”的。

如前分析的那样，中庸之道的实质内容在我看来是一种情理精神，即做人办事、制度安排要尽量合情合理。“对庸见（Common Sense 即‘常识’）或曰通情达理精神的信仰是儒家人文主义的组成部分。正是这种合情合理的精神才使得中庸之道——儒家的中心思想得以产生。”① 科学精神是一种理性精神，而人文精神则不仅要考虑普遍的理性精神，而且要针对具体的情况、情境、人情等做出判断和选择。在中国人看来，一个人为人处世如果仅仅根据一些普遍的道理和原则而不结合具体的情境和人际关系，那就是认死理、不通情理，也就是不讲道理。因为在中国人看来，理必然是包含了情在内的情理而不是绝对的死理。比如，直到今天，学术界仍然在辩论是“法律面前人人平等”好呢，还是“亲亲相隐”更符合人道人情呢？要求亲人不包庇或者回避，而是去揭露亲人的罪行，这对被侵害者似乎是实现了社会公平正义，但对亲人来说是不是违背了人性与人情呢？这样的辩论之所以被重新提出来，就在于中国文化坚信一种情理精神，因为法理不外乎人情。

中国文化的中庸之道和情理精神，其消极性和弊端在于不利于制度与法制建设，它使中国作为一个民族很难对一种制度树立起完全的信心，也就是说，中华民族的民族心理是认同情理精神而不怎么认同制度和法制的。在中国人看来，制度是死的，人是活的，中国人不太接受法制，总是喜欢仁政，因为它更灵活、更人道。缺乏制度精神这个特点在我们的社会组织中随处可见。在组织运行中，总是渗入过多的个人因素，如裙带关系、情面、偏袒等。只有“铁面无私”的硬心肠的人才能坚持其不可改变的制度原则，然而如此“铁面无私”的人在中国却不大受人喜欢。

---

① 林语堂. 中国人. 上海：学林出版社，2001：117－118.

这种情理精神可能会带来销蚀制度文化和法治建设的消极作用，但在日常的人际交往中，这种情理精神似乎还是很受中国人喜欢的。林语堂认为："近情精神是中国所能贡献给西方的一件最好的物事……近情的精神乃是中国文明的精华和她最好的方面。""近情精神实是人类文化最高的、最合理的理想，而近情的人实在就是最高形式的有教养的人。""Reasonableness 这个字，中文译做'情理'，其中包括着'人情'和'天理'两个原素，而'理'则代表着宇宙之万古不移的定律。一个有教养的人就是一个洞悉人心和天理的人。"① 近情精神使我们的思想人性化，人类是有灵心的，不能仅去做逻辑辩论，而是应在互相冲突的冲动、感觉和欲望的变迁的海洋中保持一种合于理智的平衡，这就是人事中的真理。无从答复的论据常可由怜悯之情答复它，充足的理由常可由爱情打破它。在人事之中，不合逻辑的行为常是最动人的。专讲逻辑的人往往是自以为是的、专断的，而具有近情精神的人不会固执己见。近情精神可以磨去我们的行为的棱角。和近情精神相反的就是思想和行为中的狂热和武断。

法律本身也未必能处处绝对平允和公正，所以它允许法官有一定的自由裁量权，真正的良法是以人情、天理、道德为基础的。在中国曾发生了这样一个案例，引起了媒体和公众的关注：有一个小伙子在银行的自助取款机上取款时，发现从一台取款机上每取走 1 000 元，账户仅被扣除 1 元，他索性就利用取款机系统错误总计取款 17.5 万元，因此而被逮捕，并要以盗窃金融机构罪被判刑。这引起了人们的争论。有人认为，银行的过错导致了当事人的犯罪行为，在某种意义上说，当事人是在合法取钱，如果不是银行系统出现错误，当事人无论如何也取不出这么多

① 林语堂．生活的艺术．北京：华艺出版社，2001：397－398.

钱，因此，要简单以现行法条判罪，显然是不人道的重刑主义。这个案例就说明仅靠法条办事恐怕是不近人情的，这样的法律会导致社会的非人道。可见，情理精神也是利弊参半、见仁见智的，我们仍要批判继承。

中庸之道讲时中，情理精神讲具体情境、人情，经权之辨要人们既要重视常道又要注意具体权衡，这些都表明中国人的思维方式具有一种特殊主义倾向，而缺乏对普遍性的重视。如人人都是要死的，但在传统中国却因为人生前的身份不同而对其死的说法有所不同：天子曰崩，诸侯曰薨，大夫曰卒，士曰不禄，庶人曰死。而在英语中，死在任何场合，名词为 death，动词为 die。又比如，中国人的称谓是如此复杂和特殊，常常令外国人搞不懂，但在中国人看来，这些不同的称呼恰恰表明人的关系的类别和亲疏，而这就是伦理即不同辈分和类别的人际关系，一个人只有懂得这些关系亲疏并加以正确对待，才是懂人情、知世理的人。中国人重视特殊的思维方式在儒家经典中也有鲜明体现。传统中国人都将“五经”视为自己安身立命的生活规范，但其中都是对过去个别事实的记载，如《论语》这部中国人的“圣经”，孔子所言说的道德要求也是根据不同的情景、不同学生的提问、不同学生的资质而予以回答的。这种个别性，不仅是因人而异的，而且也是因时间、空间、条件而变化的，因此，才会有中庸之道的“时中”观念，才会有对“权”这个最高方法和境界的强调。这种重视特殊性的思维方式，在毛泽东的一句名言中得到了真实的体现：“马克思主义的活的灵魂，就在于具体地分析具体的情况。”①

那么，这种特殊主义的思维方法究竟是好还是坏呢？客观地

---

① 毛泽东选集：第1卷. 北京：人民出版社，1991：312.

说是利弊参半的。生活是复杂多样的，因此，为人处世要根据具体情境做出判断选择，这肯定有其合理性。正如我们之前讨论孟子提出的“嫂溺援之以手”，显然有其合理性。从伦理学思维的角度看，这种对特殊性的重视，就是对人性和人的德性、人的主体性、人生活的完整性的尊重。相信依靠人的经验、直觉和内在德性，在面临具体情境中能做出正确的判断和选择，而不是相信一种死理和僵死的规范。修身是齐家、治国、平天下的基础，那么，一切生活的选择都要依靠主体即那些希圣成贤的道德主体去做出正确的选择，而不是企图用一些既定的规范去约束指导人的行为。这种思维方式在精英文化、道德主义的传统时代具有相当的合理性。但在近现代社会，社会生活日益复杂化和世俗化，现代的民主观念和民主制度都使人们认为社会只能要求公民做到基础道德，而这种基础道德作为一种社会的要求肯定有相当广泛的普遍性而不是特殊性，而且必须以某种制度化甚至是法制化的普遍化形式确立下来，这样才能为更多的公民所认同践履。也就是说特殊主义是一种德性伦理学的思考方式，而普遍主义则是一种规范伦理学的思考方式。当然，如前所述，中国人这种重视特殊性的思维方式的弊病就在于容易导致对普遍精神、制度甚至是法制的忽视。

人生智慧与道德智慧是一种实践智慧。智慧是普遍性与特殊性的统一，对于中庸之道这个中国人的人生智慧和处世之道我们既要看到其人文的、近情的、灵活的合理性，也要看到其不足和其不适合于现代精神如制度化和法制化的消极因素，以分析批判的态度取舍之、借鉴之、吸收之，以资于我们的人生！

参考文献

著作类

罗国杰．中国传统道德．北京：中国人民大学出版社，1995.

陈荣捷．中国哲学文献选编．南京：江苏教育出版社，2006.

张锡勤．中国传统道德举要．哈尔滨：黑龙江教育出版社，1996.

瞿振元，夏伟东．中国传统道德讲义．北京：中国人民大学出版社，1997.

焦国成．中国伦理学通论．太原：山西教育出版社，1997.

罗炽，白萍．中国伦理学．武汉：湖北人民出版社，2002.

周桂钿．中国传统哲学．北京：北京师范大学出版社，2000.

亚里士多德．尼各马可伦理学．北京：商务印书馆，2003.

陈立夫．人理学研究．台北：台湾中华书局，1975.

冯友兰．贞元六书．上海：华东师范大学出版社，1996.

傅伟勋．从西方哲学到禅佛教．北京：三联书店，1989.

林语堂．中国哲人的智慧．北京：中国广播电视出版社，1991.

林语堂．中国人．上海：学林出版社，2000.

林语堂．生活的艺术．北京：华艺出版社，2001.

钱穆．现代中国学术论衡．长沙：岳麓书社，1986.

李泽厚．中国古代思想史论．北京：人民出版社，1986.

孙隆基．中国文化的深层结构．桂林：广西师范大学出版社，2004.

陈来．孔夫子与现代世界．北京：北京大学出版社，2011.
陈弱水．公共意识与中国文化．北京：新星出版社，2006.
何友晖，彭泗清，赵志裕．世道人心——对中国人心理的探索．北京：北京大学出版社，2007.
石元康．从中国文化到现代性：典范转移？北京：三联书店，2000.
哈佛燕京学社．儒家传统与启蒙心态．南京：江苏教育出版社，2006.
蒙培元，任文利．国学举要：儒卷．武汉：湖北教育出版社，2002.
乔健，潘乃谷．中国人的观念与行为．天津：天津人民出版社，1995.
黄开国，唐赤蓉．诸子百家兴起的前奏——春秋时期的思想文化．成都：巴蜀书社，2004.
杨庆中．周易与人生．北京：中国人民大学出版社，2010.
肖群忠．孝与中国文化．北京：人民出版社，2001.
肖群忠．伦理与传统．北京：人民出版社，2006.

论文类

陈来．孔子与当代中国．读书，2007（11）.
张汝伦．重思智慧．杭州师范大学学报（社会科学版），2010（3）.
白奚．从《左传》、《国语》的“仁”观念看孔子对“仁”的价值提升．首都师范大学学报（社会科学版），2007（4）.
赵敦华．中国古代价值律的重构及其现代意义（上）．哲学研究，2002（1）.
赵敦华．中国古代价值律的重构及其现代意义（下）．哲学研究，2002（2）.
李承贵，张芙蓉．中国传统伦理思想中的“理”、“欲”关系论．江西师范大学学报，2006（2）.
谢寒枫．理性与情感维度下的仁．齐鲁学刊，2002（2）.
刘清平．血亲情理与道德理性的鲜明反差——孔子与苏格拉底伦理观之比较．孔子研究，2001（1）.
郭莹．中国传统处世之道的文化性格．学术月刊，2001（7）.

肖群忠. 论中国传统人性论思想的特点与影响. 齐鲁学刊, 2007 (3).
肖群忠. 儒道的人生进退之道及其影响. 道德与文明, 2002 (5).
肖群忠. 智德新论. 道德与文明, 2005 (3).
肖群忠. 诚信与社会全面进步. 东南学术, 2003 (2).
肖群忠. 中庸之道与情理精神. 齐鲁学刊, 2004 (6).
肖群忠. 传统"义"德析论. 中国人民大学学报, 2008 (5).
肖群忠. 儒家"仁义内外之辨"的现代伦理意义. 齐鲁学刊, 2009 (3).
肖群忠. 儒者的安身立命之道. 哲学研究, 2010 (2).
肖群忠. 促进学生道德成长与人格完善——大学通识课"中国传统道德智慧"的教学探索. 中国大学教学, 2010 (4).
肖群忠. 智慧、道德与哲学. 北京大学学报(哲学社会科学版), 2012 (1).
肖群忠. "礼义之邦"的礼义精神重建. 江海学刊, 2014 (1).
肖群忠. 铸民族文化道德之魂——学习习近平总书记有关理想、文化、道德的重要论述. 中国教育报, 2014-02-06.
肖群忠. 仁义信和　民本大同——中华核心价值"新六德"论. 道德与文明, 2014 (5).
肖群忠. 中华传统美德的时代价值. 光明日报, 2015-04-30.

后　记

当前，弘扬优秀传统文化的外部社会环境是新中国成立以来甚至是近百年以来最好的，党和国家领导人多次就弘扬优秀传统文化发表讲话。2017 年 1 月 25 日，中共中央办公厅、国务院办公厅印发了《关于实施中华优秀传统文化传承发展工程的意见》，这个文件明确指出，中华传统美德是中华优秀传统文化的三大主要内容之一，这三大主要内容分别是核心思想理念、中华传统美德和中华人文精神。传统道德是中华文化的鲜明特色和核心灵魂，这在学界取得了普遍共识。弘扬优秀传统文化是我国当代文化建设的重要使命，也是重铸民族精神、实现中华民族伟大复兴的中国梦的强大精神动力。在这种形势下，我以为本书无论是对于校内伦理学专业学生的中国伦理思想史课程的教学，还是对于专题通识课的教学，抑或是向社会大众读者传播中华传统道德智慧，推动全民道德素质提升，都是有意义的。

本书是在《中国道德智慧十五讲》一书的基础上经过重大修订增补后出版的，书名定为《传统道德与中华人文精神》。《中国道德智慧十五讲》作为“名家通识讲座书系”中的一本，于

2008年由北京大学出版社出版，曾经三次印刷但未再版。该书在社会上产生了比较好的影响，但十年过去了，现在已经很难买到了。该书支持了高校相关专业与通识课程的教学，教育部建设的“中国大学视频公开课”之一“儒家道德八讲”也是以该书的导言和后面七章为核心内容的。该课程在线三年多来，点击收看人数已经超过二百万，得到了网友的肯定与赞扬：“不愧是人民大学的公开课，不愧是名校的教授，从讲课的内容看，逻辑清晰，老师的素质涵养非常高，对中国的传统文化理解非常深刻，感谢网易，感谢人大，感谢肖老师。”“强烈建议大家都看看，如果中国人都能看到这个视频公开课，我相信我们的传统文化就不会被遗忘!”“主旨鲜明，材料信手拈来，原理与阐发，传统价值与当代意义并重，讲得好!”看到这三条居于最前面的热门帖子，我作为一名教员甚以为慰，也产生了修订该书的想法。另外，十年来，学界在此领域的研究也有了很大进步，自己的相关研究与教学也有了些许进步，都应该被吸取进来，因此，有必要也有可能对该书进行一次全面的补充完善。

本书所讲的内容是传统道德，而其目的则是弘扬中华人文精神，实现传统道德的创造性转化和创新性发展，弘扬中华优秀传统文化，提高全民族的道德素质。另外，由于不用再受“十五讲”书系的体例约束，因此把之前的绪论拆分成了第一、二章，这是因为增加了较多对于哲学前提性问题即智慧、人生智慧、道德智慧等的探讨，使这一部分的内容增加很多，如果仍作为一章就太长了。原书的结论，即“道中庸”，成了本书的第十八章。因此，本书的基本章节结构和思想核心与《中国传统道德十五讲》相比没有太大变化，主要是对于某些内容进行了增删，比如对智慧、道德智慧、智商、情商、德商等问题的论述就主要吸取了我发表在《北京大学学报》2012年第1期的《智慧、道德与哲学》一文及在《中国教育报》“理论周刊”版上连载的“智慧四题”的相应内容，也就是说，这次修订尽可能地吸收了学界和我自己的最新研究成果。另外，这次修订尽量去繁就简，如在讨论仁德的忠恕之道时就删除了以前对西方文化中“金银铜铁律”的讨论，并且吸纳了本人为讲“中国大学视频公开课”所准备的一些通俗表达材料，使本书的第十一章至十七章的内容多了一些生动的个案和材料。

这次修订，一方面使思想内容有所充实完善，另一方面由于对引用的文献都进行了逐条核查，使其更加准确可靠，书的质量的整体提升是作者师生和编辑通力合作的成果，也令我感到欣慰。期盼这本书能够受到读者的欢迎，以传播中华优秀传统道德文化。

时光如逝，岁月蹉跎。《中国道德智慧十五讲》出版时，笔者尚在知命之年，十年过去了，如今已近花甲之年了。人这一生能做一两件有意义的事就很不错了，虽然投身学术界三十余年，公开发表论文二百余篇，出版各种著作十余种，但最为自己看重的，一是《孝与中国文化》，另一就是这本书了。前者是在本人博士论文的基础上修订出版的，是该研究领域具有重要影响的著作，分别有大陆简体版和台湾繁体版两个版本，如果说它是一本集中的问题研究的书的话，那么，本书就是更为全面地论述中国传统道德智慧及其现代价值的书了。本书是在自己盛年时期还能集中精力完成的集研究与教学为一体的一本著述，体现了自己在专业领域即中国传统伦理思想史领域的研究与教学成果。熔知识与思想为一炉，集传统与现代为一体，合传承与创新为一志，注意进行中西比较，努力实现理论与实践的统一，这些都是本书的追求。期望通过本书的出版，能够使青年学子和社会大众了解中华传统道德智慧及其现代价值，促进中华文化的伟大复兴，提高全民族的道德素质。由于水平有限，错误在所难免，敬希方家读者不吝赐教。

本书在选题策划、编辑出版的过程中，得到了中国人民大学出版社学术出版中心主任杨宗元编审、王鑫编辑的大力支持，在此对她们付出的辛劳表示由衷的敬意和谢意！我的学生杨帆、霍艳云、张桂超也协助做了文献校核的工作，在此一并表示感谢！

肖群忠

2018 年 9 月 28 日于北京

图书在版编目（CIP）数据

传统道德与中华人文精神/肖群忠著. —北京：中国人民大学出版社，2019.5
（人文大讲堂）
ISBN 978-7-300-26932-0

Ⅰ.①传… Ⅱ.①肖… Ⅲ.①道德-研究-中国 ②中华文化-研究 Ⅳ.①B82 ②K203

中国版本图书馆 CIP 数据核字（2019）第 080393 号

人文大讲堂
传统道德与中华人文精神
肖群忠 著
CHUANTONG DADE YU ZHONGHUA RENWEN JINGSHEN

出版发行	中国人民大学出版社		
社　　址	北京中关村大街 31 号	**邮政编码**	100080
电　　话	010－62511242（总编室）		010－62511770（质管部）
	010－82501766（邮购部）		010－62514148（门市部）
	010－62515195（发行公司）		010－62515275（盗版举报）
网　　址	http://www.crup.com.cn		
经　　销	新华书店		
印　　刷	天津中印联印务有限公司		
规　　格	148 mm×210 mm　32 开本	**版　　次**	2019 年 5 月第 1 版
印　　张	13.25　插页 2	**印　　次**	2022 年 6 月第 6 次印刷
字　　数	320 000	**定　　价**	68.00 元